沅江年鉴

2017

沅江市人民政府　主办
沅江市档案局　　编

方志出版社
Publishing House of Local Records

图书在版编目（CIP）数据

沅江年鉴. 2017 / 沅江市档案局编. -- 北京：方志出版社，2019.1

ISBN 978-7-5144-3478-1

Ⅰ. ①沅… Ⅱ. ①沅… Ⅲ. ①沅江市－2017－年鉴 Ⅳ. ①Z526.34

中国版本图书馆CIP数据核字（2019）第034155号

沅 江 年 鉴（2017）

编　　者：沅江市档案局
责任编辑：朱　姝

出 版 人：冀祥德
出 版 者：方志出版社
　　地址　北京市朝阳区潘家园东里9号（国家方志馆4层）
　　邮编　100021
　　网址　http://www.fzph.org
发　　行：方志出版社图书经销中心
　　电话（010）67110500
经　　销：各地新华书店
印　　刷：湖南省越来越好印务有限公司
装帧设计：斯盛文化

开　　本：889×1194　　1/16
印　　张：25
字　　数：532千字
版　　次：2019年1月第1版　　2019年1月第1次印刷
印　　数：001～300册

ISBN 978-7-5144-3478-1　　定 价：188.00元

《沅江年鉴（2017）》编纂委员会

《沅江年鉴 2017》编纂办公室

主　编　罗必胜

副主编　谢　贵　吴赤虎　杨建波　皮学红

总　纂　王友达

编　委　陈军琦　罗育平　蒋　歆　曾平阳　彭建福

摄　影　廖　文

排　版　胡　艳

校　对　胡　艳

《沅江年鉴（2017）》审稿组

组　　长　罗必胜

副 组 长　谢　贵

审稿人员　吴赤虎　罗建军　皮学红　杨建波　陈军琦

罗育平

编辑说明

一、《沅江年鉴》是沅江市人民政府主办、沅江市档案局承编的沅江地方综合年鉴，首部年鉴于2014年编纂。本期年鉴以马克思列宁主义、毛泽东思想、邓小平理论、“三个代表”重要思想、科学发展观、习近平新时代中国特色社会主义思想为指导，坚持辩证唯物主义和历史唯物主义的立场、观点和方法，全面、客观、系统地记述沅江的年度发展情况。

二、《沅江年鉴（2017）》的起始时限为2017年的1月1日至12月31日。

三、《沅江年鉴（2017）》全面、客观、系统地记述全市年度政治，经济、社会等方面的发展变化，删繁就简，平铺直述，旨在存史、育人、资政。也为峥嵘岁月留一份记忆，让人们知政多一个平台。

四、本鉴所载资料，由入编单位选送，分管负责人把关，力求事实清楚，数据准确，表述得当。

五、编纂方法以述为主，按年鉴体例要求修改、编排。

六、为增加可读性，也为以后修志积累资料，本办在编末附有《年度人物》《名特优产》《沅江诗韵》《记住乡愁》等栏目，限于篇幅与时间，或有不全，容待后续。

节会盛况

2018年6月16～18日，在沅江市浩江湖举行“2018湖南益阳第二届洞庭湖生态文化旅游暨水上运动节”

图1：节会场地

图2：节会“志愿者”

图 3：中共沅江市委书记陶德保致辞

图 4：沅江市市长杨智勇主持开幕式

图 7：开赛仪式

图 5：徐少春致辞

图 6：李江宣布开幕

图 8：领导和贵宾观看比赛

图 9：各界人士观看比赛

图 10：运动员入场

图 11：划艇展示

（图 1 ～图 11，均廖文摄）

精彩展示

图1：赛场鸟瞰　　　　（黄云摄）

图2：赛手出征："我们必赢"！　　　　（廖文摄）

图 3：下水试桨　　（廖文摄）

图 4：金蝶赛艇大连队　　（廖文摄）

图 5：比赛前夕　　（廖文摄）

图 6：击浪飞舟　　（廖文摄）

图 7：比赛一角　　（曾翊摄）

特技表演

图 1：水上竞技

图 2：巾帼水上风采

图 4：水上竞技

图 5：水上竞技

图 6：水上竞技

图 3：水上钢铁侠表演

图 7：水上竞技　　　（图 1～图 7，均廖文摄）

颁奖仪式

图 1：中共益阳市委常委、宣传部部长胡立安颁奖

图 2：胡子敌颁奖

图 3：中共沅江市委书记陶德保颁奖

图 4：中共沅江市委副书记、市长杨智勇颁奖

图5：中共沅江市委副书记陶汉文颁奖

图6：中共沅江市委常委、常务副市长罗必胜颁奖

图7：中共沅江市委常委、市委办主任李向前颁奖

（图1～图7，均为廖文摄）

展览展示

场馆展示外景　　（廖文摄）

展览展示区大厅入口　　（廖文摄）

文艺节目

图 1：洞庭水美人更美

图 2：武术表演

图 3：舞蹈表演

图 4：击鼓表演

（图 1～图 4，均廖文摄）

目　录

特　载

专　载

大事记

综　述

交通　海事

街道　镇　场

金融业

驻沅江单位（部分）

附　录

特载

在市委经济工作会议上的讲话

中共沅江市委书记　陶德保

（2018年1月22日）

这次市委经济工作会议的主要任务是，高举习近平新时代中国特色社会主义思想伟大旗帜，全面贯彻落实中央、省委和益阳市委经济工作会议精神，总结2017年经济工作，部署2018年经济工作。

一、回顾总结2017年工作，进一步坚定发展的信心和决心

过去的一年，是我市经济社会发展面临困难和挑战较多的一年，也是各项工作卓有成效的一年。一年来，在省委省政府和益阳市委市政府的坚强领导下，全市上下始终坚持"一个要务、三个生态"，凝心聚力，攻坚克难，经济社会呈现发展速度明显加快、发展质量明显提高的良好态势，向跻身益阳县域经济发展前列迈出了坚实一步。

（一）综合实力有新提升。全年实现地区生产总值285亿元（预计数，下同）、增长8%、居益阳第4；规模工业增加值84.1亿元、增长8.8%、居益阳第1；一般公共预算收入10.47亿元、增长12.5%、居益阳第4，税收占比79.23%（新统计口径）、同比提升10.3个百分点、居益阳第3；固定资产投资233.24亿元、增长5%、居益阳第8；城乡居民可支配收入23559元、增长9%、居益阳第4。

（二）三次产业有新发展。一产、三产保持稳定，二产快速发展。全年实现农林牧渔业总产值100亿元、增长3%、居益阳第5。大宗农产品产量稳定，获评省粮食生产先进县、粮油生产全程机械化示范县、农产品质量安全示范县。"沅江芦笋"通过国家农产品地理标志登记、成为全省首批十大农业品牌、纳入国家三产融合发展试点，四季红镇腐乳获评"国家地理标志证明商标"，稻虾共作实现突破、小龙虾产量近万吨。实现规模工业总产值394.13亿元、增长16%、居益阳第1，工业税收2.2亿元、增长36.7%，工业用电量增长 33%。规模以上工业企业 157 家，产销过亿元企业 114 家,税收超千万的 10 家(辣妹子、新马制衣、沅纸、太阳鸟游艇、赤峰农化、华兴玻璃、鑫海绳网、恒瑞管桩、中联重科、金太阳纸业)，纺织服装、湖鲜食品、船舶制造、专用汽车、传统产业产值分别增长 23.7%、22.5%、23.6%、94.9%、11.9%。新马制衣完成税收 3634.5 万元、同比增收 1260.9 万元，成为全市工业企业 2017 年度第二纳税大户，仅次于辣妹子。第三产业实现增加值 114.71 亿元、增长 10%、居益阳第 4。成功举办首届洞庭湖生态文化旅游暨水上运动节—“中国沅江赛艇大师赛”和“湿地文化之旅”两项主体活动，对外推介了沅江，展示了沅江形象，获评“湖南省旅游精品线路重点县”。

（三）改革开放有新突破。全面深化各项改革，8 大类 31 项 110 个改革任务按既定要求和时间节点稳步推进，“放管服”改革成效明显，全年精简取消行政审批项目 9 项，推行行政审批“一站式服务、一窗式受理、一次性告知、一条龙审批”制度，园区建设投资项目备案类和审核类审批时限压缩 2/3。提升对外开放水平，全年引进市域外资金形成固定资产投资 75 亿元，“招商活动月”现场签约奥园等 8 个项目、资金超百亿元，完成外贸进出口总额 1.32 亿美元。

（四）生态建设有新成效。坚持“12345”工作思路，统筹推进“一个抓手、两大建设、三个拆除、四个退出、五项治理”专项整治行动，全面打响洞庭湖生态环境保卫战。河道湖泊采砂全面禁止，非法砂场码头和赤山岛非法取土洗砂有效整治，79 处非法砂场拆除 73 处,24 家黏土砖厂依法关停或整改,6.49 万亩天然水域投肥投饵养殖基本退出，798 户畜禽养殖全部退出，南洞庭自然保护区核心区 24796 亩欧美黑杨彻底砍伐清退，12.5 万亩迷魂阵、72 处矮围网围功能性摧毁，省委主要领导批示肯定，主流媒体广泛报道。全年空气质量优良率 80.5%，城市饮用水水源地水质达标率 100%,浩江湖水质明显改善。

（五）民生民利有新改善。全面小康总体实现程度达 94.5%，比上年提升 7.8 个百分点。脱贫攻坚扎实推进,改造困难群众危房 881 户、易地搬迁贫困人口 1335 名、发放扶贫小额贷款 9475 万元，7368 名贫困人口、12 个贫困村实现稳定脱贫。投资 1.2 亿元新建南洞庭实验学校，引进玉潭学校，预增学位 6860 个，有效化解城区“大班额”问题。交通建设稳步推进，益南高速沅江段 2018 年建成通车，沅宁线、河南线即将建成通车，乐漉线建设完成投资 50%，四共轴线、茶草线前期工作启动，益沅线新能源公交进入试运行阶段。弘扬 1998 年抗洪精神,成功处置茶盘洲镇“1+9”重大“管涌群”等险情隐患，防汛抗灾取得全面胜利。坚持“六原则”“五要求”抓实信访维稳工作，13 个历史遗留问题依法依规积极稳妥处置，社会大局安定有序。

在肯定成绩的同时，也要清醒看到存在的问题和不足，主要表现在：经济总量偏小，产业项目不大，发展环境不优；市级财政支出压力大，镇场街道财政运行困难，村级集体经济薄弱；政府债务、社会稳定、安全生产存在潜在风险，安全生产、人口和计划生育、社会治安综合治理三项工作均未进入全省先进行列；全面小康建设时间紧迫，脱贫攻坚工作任务繁重，生态环保积累问题较多；个别干部怕得罪人、怕议论、怕担责、怕出力，干事创业的氛围有待进一步浓厚，等等。对这些问题，我们必须高度重视，采取得力措施，切实加以解决。

二、准确把握经济发展形势，明确2018年经济工作思路

做好今年的经济工作，必须学懂弄通并贯彻好习近平新时代中国特色社会主义经济思想，科学研判和准确把握今年经济工作面临的新形势。从全国来看，党的十八大以来，我国经济发展取得历史性成就、发生历史性变革，经济实力再上新台阶，成为世界经济增长的主要动力源和稳定器。中央经济工作会议认为，中国特色社会主义进入了新时代，我国经济发展也进入了新时代，经济已由高速增长阶段转向高质量发展阶段，有基础、有条件、有动力实现稳中有进、持续向好。从省市来看，省委按照“一带一部”和“三个着力”要求，抢抓国家“中部崛起”战略机遇，坚持创新引领开放崛起，发展定位精准、发展战略科学、产业支撑有力、发展趋势向好，今年将继续保持经济平衡健康发展势头。益阳市委突出新时代益阳新发展主题，深入实施产业兴市、创新引领、开放崛起、乡村振兴、可持续发展战略，今年将在推动益阳新发展上实现新突破。从我市来看，沅江正处于厚植优势、赶超发展的关键阶段，以园区为载体的新型工业化加快推进，纺织服装、湖鲜食品、船舶制造、专用汽车等优势产业不断壮大，能源通信、商贸物流、文化旅游等新兴产业和现代服务业快速发展，传统产业“老树发新芽”，为实现“跻身益阳县域经济发展前列”打下了坚实基础。同时，我市第十二次党代会和市委十二届四次、五次全会提出的发展思路与省委、益阳市委的战略部署高度契合、一脉相承，“一个要务、三个生态”在全市凝聚了广泛共识，只要保持战略定力，坚定不移抓好贯彻落实，我们完全有信心、有能力保持经济平稳健康发展，实现赶超目标。

2018年是贯彻党的十九大精神的开局之年，是改革开放40周年，是决胜全面建成小康社会、跻身益阳县域经济发展前列的关键一年。做好今年经济工作，必须全面贯彻党的十九大精神，以习近平新时代中国特色社会主义思想为指导，加强党对经济工作的领导，坚持稳中求进总基调，坚持新发展理念，紧扣社会主要矛盾变化，按照高质量发展的要求，统筹推进“五位一体”总体布局和协调推进“四个全面”战略布局,以“一个要务、三个生态”为中心，突出抓好创新开放、产业项目、新型城镇化、乡村振兴、民生改善等各项工作，在打好防范化解重大风险、精准脱贫、污染防治攻坚战方面取得扎实进展，推进经济社会持续健康发展，确保位居益阳“第一方阵”。

市委考虑，今年经济增长预期目标为8.5%，一般公共预算收入增长9.5%，规模工业增加值增长9%，固定资产投资增长13.5%，社会消费品零售总额增长11%，城乡居民人均可支配收入增长9%。其中，经济增长和社会消费品零售总额两项指标，比政府工作报告确定的目标均提高了0.5个百分点。

把两项指标均提高0.5个百分点，是市

委经过慎重研究决定的，既是紧跟益阳发展预期目标的需要，也是传递奋发进取压力，释放稳中有进、趋势向好信心的需要。特别是把今年经济增长预期目标提高到8.5%，主要基于以下三点考虑：第一，这是落实中央、省委和益阳市委决策部署的要求。省委、益阳市委分别把今年经济增长预期目标定为8%、8.5%，市委提出8.5%左右的增长目标，略高于全省增长速度，与益阳持平，切合沅江实际，符合党的十九大提出的“坚持质量第一，效率优先”，中央经济工作会议提出的“推动高质量发展”，以及省、益阳市要求。第二，这是实现赶超发展的要求。三年跻身益阳县域经济发展前列、五年跻身全省县域经济发展前列，这“两个前列”，是益阳市委对沅江未来发展的殷切期望，也是我们的奋斗目标。去年是打牢基础的第一年，成效显著；今年是第二年，要再上新台阶，确保位居第一方阵。要实现这个目标，必须在推动高质量发展的前提下，确保增长速度达到或高于益阳平均水平，并在实际工作中争取更好结果。第三，这是稳定市场预期的要求。8.5%左右的增速，是在综合分析我市发展现状和趋势的基础上提出来的，与我市发展潜力和发展目标相吻合，有利于稳定和引导市场预期，有利于调动积极性，也为打好“三大攻坚战”争取了空间。

实现今年预期发展目标，必须按照中央、省委和益阳市委经济工作会议精神，结合沅江实际，把握以下几点要求：一要提高政治站位。坚持用习近平新时代中国特色社会主义思想武装头脑、指导实践、推动工作，切实把思想和行动统一到党的十九大精神上来，统一到贯彻落实中央、省委和益阳市委的部署要求上来，统一到实现预期发展目标的任务上来，把讲政治体现在具体工作实践中、落实到经济工作的方方面面。二要坚持稳中求进。中央经济工作会议强调，稳中求进工作总基调是治国理政的重要原则，是做好经济工作的方法论。贯彻“稳中求进”总基调，要把握好“稳”与“进”的关系，既反对消极应付、不思进取，又反对冲动蛮干、急于求成，该稳的要稳住，该进的要进取。稳是基础、是大局，要稳预期、稳增长、稳民生，“稳”得牢靠；进是方向、是目标，要在深化改革、创新开放、产业发展、园区建设等重点领域有所作为，“进”得有力。三要推动高质量发展。这是中央经济工作会议的突出亮点，也是经济发展进入新时代的根本要求。高质量发展，就是能够很好满足人民日益增长的美好生活需要的发展，是体现新发展理念的发展，是创新成为第一动力、协调成为内生特点、绿色成为普遍形态、开放成为必由之路、共享成为根本目的的发展。推动高质量发展，要贯彻新发展理念，坚持以质量效益为中心，推动经济发展质量变革、效率变革、动力变革，提升产品质量、工程质量、服务质量、环境质量，提高经济效益、社会效益、生态效益，实现更高质量、更有效率、更加公平、更可持续的发展。四要大力发展产业。经济发展的根基在实体、在产业。要坚持以园区为载体，以产业链为抓手，以优化环境为基础，以项目落地为关键，以引才聚才为支撑，着力培育、发展、壮大、做优产业。五要突出抓重点、补短板、强弱项。这是推动发展的基本方法。发展中的不平衡不充分就是工作中要突出的重点、要补上的短板、要加强的弱项。要紧紧围绕产业发展、创新开放、脱贫攻坚、发展环境改善、洞庭湖生态环境治理等短板和弱项，集中力量攻坚克难，把重点落实、把短板拉长、把弱项变强。

三、牢牢抓住发展重点，推动沅江发展再上新台阶

做好今年的经济工作，必须紧密联系实际，抓重点、补短板、强弱项，着力在六个方面实现新突破，以重点突破带动全局发展。

（一）全力发展实体经济。坚持发展第一要务，大力推进现代产业体系建设。一是做强园区主阵地。牢固树立“抓园区就是抓发展”“抓园区就是抓产业”理念，始终把抓园区作为抓发展的首要任务，形成“一切围绕园区、一切服务园区”的浓厚氛围。加强园区组织领导，理顺园区体制机制，以最强的领导、最顺的体制、最强的合力推进园区发展。完善园区规划编制，加快基础设施和公共服务设施建设，增强园区承载能力，筑牢发展平台，推动产业集群和企业集聚。深入实施“百亿园区”工程和园区财税倍增计划，力争到2019年“两园”规模工业增加值突破百亿元、工业税收实现翻番。二是聚焦产业发展。按照主攻优势、突出新兴、提升传统原则，全力推进一二三产业融合发展。以新型工业化为第一推动力，继续做大做强纺织服装、湖鲜食品、船舶制造、专用汽车等优势产业，积极培育新能源、医疗医药等新兴产业，大力支持传统产业改造提升。着力发展体育休闲、旅游业、康养业、电子商务、现代物流、现代金融、信息服务等现代服务业，提升第三产业比重，形成多点支撑的产业格局。要针对性地建链、补链、强链，延伸产业链，形成产业集群。深入实施中小企业成长工程，推动“个转企、企升规、规转股、股上市”梯次发展，支持新马制衣、鑫海绳网上市。三是抓好项目建设。紧紧围绕国家、省、益阳市产业政策和投资方向，认真研究政策，及时捕捉项目申报信息，主动做好对接，力争一批项目、产品、企业进入全省“五个100”和益阳市“五个10”笼子。把产业项目作为项目建设的重中之重，扎实开展“产业项目建设年”活动，紧盯对经济增长有强劲拉动作用的产业项目，加强调度，强化保障，强力推进，推动形成更多的产业成长点、经济增长点、发展兴奋点。四是优化发展环境。围绕“讲诚信、重服务、求实效”，坚持职责兑现、合同兑现、制度兑现、服务兑现，扎实开展“优化经济发展软环境建设年”活动，营造亲商、安商、富商的良好氛围。构建“亲”“清”政商关系，为企业发展撑腰助力。深化“放管服”改革，坚决消除各类隐性障碍和“潜规则”。加快推进闲置土地处置工作，严厉查处损害投资者合法权益的行为，营造公平公正的市场环境。激发和保护企业家精神，尊重企业家和纳税人，鼓励更多社会主体投身创新创业。

（二）全力推动创新开放发展。大力实施“创新引领”战略，坚持创新是引领发展的第一动力，按照省委“四大创新”行动和益阳市委“五个一”创新行动的部署要求，把创新摆在全局发展的核心位置，着力补齐创新氛围不浓、创新投入不足、高新技术企业规模和实力不强等短板，推进以科技创新为引领的全面创新，提高创新对经济的贡献率。突出企业创新主体地位，鼓励企业加强创新意识和质量、品牌、标准意识，强化知识产权保护，引导企业加大研发投入和研发平台建设力度，引导各类创新要素向企业集聚，促进企业真正成为技术创新决策、研发投入、科研组织和成果转化的主体。完善体制机制，加快建立与市场经济体制相适应、符合科技发展规律的现代科技体制和服务体制，打造科技创新的政策洼地；在园区、重点企业加快组建企业技术中心、科技企业孵化器、产学研平台，着力构建科技创新平台体系；强化人才支撑，制定引才育才计划，着力引进和培育创新人才。加强科技供给，围绕经济社会发展需求，加大科研攻关、成果转化力度，扩大有效科技供给能力，促进实体经济发展和经济转型升级。鼓励、引导企业与高校院所开展技术合作，共建研发机构，促进高新技术成果在企业实现转化。大力实施“开放崛起”战略，按照省委开放崛起“3+5”实施方案要求，遵循共商共建共享原则，坚持引进来和走出去并重，着力补齐开放水平和层次不高、引进大项目和好项目不多等短板，以开放促发展促转型，全面扩大对外开放领域，在开放合作中借力发展、借梯登高。拓宽开放视野，把沅江的发展放在全市全省全国甚至全球范围内来谋划推进，抢抓长江经济带、洞庭湖生态经济区等国家发展战略机遇，积极承接发达地区产业转移，扩大开放合作，全面构建开放大格局。大力开放引进，把招商引资作为开放发展的首要任务，作为经济工作的“第一菜单”、领导干部的“第一责任”、绩效考核的“第一指标”，瞄准“3个500强”，积极引进一批技术含量高、投资规模大、产出效益好的龙头基地型项目。积极开展“迎老乡、回故乡、建家乡”活动，吸引沅江籍人士返乡投资兴业。发挥龙头企业优势，以商招商，拉长产业链条，壮大产业集群。搭建对接平台，鼓励支持企业“走出去”，积极参与国际合作与竞争，增强企业活力、加快产业转型升级，提升对外开放层次水平，发展更高层次的开放型经济。

（三）全力打好三大攻坚战。打好三大攻坚战，关系全面建成小康社会能否取得决胜。一要坚决打好防范化解重大风险攻坚战。坚持问题导向、底线思维，有效防范政府债务、社会稳定、安全生产等各类风险，做到早识别、早预警、早发现、早处置，牢牢守住不发生系统性风险的底线。要防范政府债务风险，打消政府债务中央“买单”的念头，按照“严格控制增量、逐步消化存量”要求，摸清底数，明确责任，精准发力，杜绝盲目举债建设，特别在融资项目建设上做到“四个坚持”，确保收入多、支出顺、问题少、大局稳；要防范社会稳定风险，以习近平总书记“三到位一处理”为基本遵循，坚持“六原则”“五要求”抓实信访维稳工作，确保社会大局稳定；要防范安全生产风险，压实安全生产责任，突出隐患排查和监管执法，紧盯高危行业、企业，落实监管举措，坚决遏制重特大事故发生。二要坚决打赢精准脱贫攻坚战。习近平总书记在2018年新年贺词中向全党全社会发出了脱贫攻坚总攻动员令，我们要坚决响应，聚焦总体目标，尽锐出战，精准施策，以最严的考核、最实的作风，用心用情用力抓好抓实。坚持精准扶贫、精准脱贫，把提高脱贫质量放在首位，集中力量，整合资源，注重扶贫同扶志、扶智相结合，盯住最困难的地方，瞄准最困难群体，抓住最需解决的问题，更加有力有效实施好“六个精准”“五个一批”。进一步加强领导、转变作风、压实责任，深入开展“三走访、三签字”工作，抓好驻村帮扶和结对帮扶，构建专项扶贫、行业扶贫、社会扶贫互为补充的大扶贫格局，确保如期完成脱贫8100名建档立卡贫困人口、退出11个贫困村、易地搬迁贫困人口760名、发放扶贫小额贷款5457万元的年度目标任务。加强考核监督，扎实开展扶贫领域腐败问题和作风问题专项治理，对弄虚作假、搞数字脱贫以及贪占挪用扶贫资金的严肃查处。三要坚决打好污染防治攻坚战。践行“两山”重要思想，贯彻绿色发展理念，坚持全民共治、源头防治，构建政府为主导、企业为主体、社会组织和公众共同参与的环境治理体系。牢固树立打攻坚战、持久战的思想，聚焦生态环境突出问题，坚持“12345”工作思路，以河长、湖长制为总抓手，持续深入打好洞庭湖生态环境保卫战。要高度关注洞庭湖生态环境专项整治相关工作的后续管理，加强巡查监管，巩固整治成果，严防问题反弹。加强对已拆矮围网围和血防围的水面管理，自然水域所有资源均属国有，任何个人不得侵占。按照全省洞庭湖生态环境专项整治三年行动计划，扎实推进“沅江七湖”流域片区水环境综合治理，确保三年达到Ⅲ类水质。全市自然水域水质改善工作纳入绩效考核，水质恶化的，属地镇场街道和管理责任单位此项工作计零分。统筹推进土壤管护修复和大气污染防治工作，构建绿色发展长效机制，持续推进生态文明建设，促进经济社会可持续发展。

（四）全力推进新型城镇化。新型城镇化是现代化的必由之路，也是拓展发展空间、释放发展潜力的重要载体，必须坚持以人为本这个核心，继续扎实推进。一要坚持一体化发展思路。严格实施“全市一盘棋、规划一张图”，优化空间布局，突出特色定位。发挥规划龙头作用，把抓好规划摆在推进新型城镇化的首要地位，牢固树立“规划即法”理念，坚决做到违反规划的项目不批、不做详规的项目不批、选址不合理的项目不批，确保新型城镇化在规划框架内推进实施。二要做大做精中心城区。坚持南接南进，抢抓益沅桃城镇群一体化发展机遇，融入“大益阳城市圈”。立足水资源、做活水文章，站在“惠民生、树形象、促发展”的高度，加强城市建设管理，着力提升城区内湖水质，扎实推进浩江湖和胭脂湖综合开发，打造“五湖连通升级版”，擦亮“生态宜居魅力水城”名片。加快海绵城市建设，提升公共设施服务功能，增强城市综合承载能力。深入开展城区卫生、交通秩序整治，严格治违控违，改善市容市貌，全面提升城市形象。强化房地产市场管控，加快建立多主体供给、多渠道保障、租购并举的住房制度，促进房地产市场平稳健康发展。三要加快小城镇建设。按照“重点突出、彰显特色、示范引领”原则，加强小城镇基础设施建设，增强中心镇人口集聚能力，加快推进国家级重点镇、省级试点镇、市级示范镇建设，重点打造商贸重镇、旅游名镇。

（五）全力推动乡村振兴。大力实施乡村

振兴战略，着力解决好“三农”问题，努力建设“产业兴旺、生态宜居、乡风文明、治理有效、生活富裕”的现代化农业农村。一要大力发展优质高效农业。抓住农业供给侧结构性改革这条主线，把增加绿色优质农产品供给放在突出位置，深入对接益阳“131千亿级产业”工程，以粮食、油菜、芦笋、果蔬、畜禽、水产为重点，加大现代农业示范镇、示范区、示范片、产业园的创建力度，推进“稻虾共作”等特色高效种养示范基地建设，打造优质农副产品供应基地，促进农产品供给从“量”到“质”的转变，实现农业增效、农民增收。二要加快农村土地流转。落实农村土地“三权分置”改革，依法维护农民合法权益，引导农村土地规范有序流转，提高农业机械化水平，推进农业规模化、产业化、专业化经营。注重集体资产的清理整治和规范管理，发展壮大村级集体经济。三要积极培育新型农业经营主体。重点培育农业产业化龙头企业、种养业专业大户等经营主体，实现小农户和现代农业发展有机衔接。促进农村一二三产业融合发展，支持和鼓励农民就业创业，拓宽增收渠道。四要加强农村基础设施建设。持续推进“五路两桥”建设，其中“四路先行”，全力破解北部交通瓶颈。统筹推进高标准农田、农村道路、水利、电力等基础设施建设，提高农业生产保障。把“厕所革命”作为乡村振兴战略的一项具体工作来推进，努力补齐这块影响群众生活品质的短板。五要强化乡村治理。大力实施农村清洁工程和农村环境综合整治工作，着力治理农业面源污染，切实改善农村环境质量。健全自治、法治、德治相结合的乡村治理体系，不断提高治理水平。

（六）全力推动民生改善。坚持以人民为中心的发展思想，把人民群众关心的事当作自己的大事，不断提高保障和改善民生水平，着力解决好人民群众最关心、最直接、最现实的利益问题，努力在幼有所育、学有所教、劳有所得、病有所医、老有所养、住有所居、弱有所扶上不断取得新进展。不断完善社会保障，稳步提高社会保险待遇水平，加快保障性住房建设。实施积极的就业政策，健全就业服务体系，增加居民收入。持续加大教育投入力度，有序推进薄弱学校改造和合格学校、农村公办幼儿园建设，着力解决好中小学生课外负担重、“择校热”“大班额”等突出问题。加快推进公共卫生服务体系和公共文化服务体系建设，加大文化体育基础设施建设力度，统筹推动各项社会事业繁荣发展。要特别强调的是，民生建设既要尽力而为，也要量力而行，不能吊高胃口，不能为了改变形象而盲目举债搞工程。

四、坚持和加强党对经济工作的领导，确保沅江发展取得新成效

做好经济工作，关键在党，关键在党员干部。要把党的领导贯穿经济建设的各领域、全过程，为推动沅江新发展提供坚强保证。

（一）必须坚持党对经济工作的领导。坚持政治引领、提高政治站位，是我们做好一切工作的首要前提。一要把“四个意识”摆在首要位置。自觉维护党中央权威和集中统一领导，把思想和行动统一到党的十九大精神上来，统一到党中央、省委、益阳市委和沅江市委对今年经济工作的部署上来。二要善于把方向、观大势、谋全局。所有工作部署都以贯彻中央精神为前提，把习近平新时代中国特色社会主义经济思想贯穿经济工作的全过程、全领域，切实把党对经济工作的领导落到实处。三要保持坚韧不拔的战略定力。当前经济社会发展进入了高质量发展的新阶段，过去看重规模、看重总量、看重增速，现在更看重质量、看重效率、看重标准。这意味着担好发展责任、干好沅江事情，比以往更加需要定力。我们一定要有“功成不必在我、建功必须有我”的境界，坚定不移沿着既定思路干下去，坚持不懈抓、持续用劲抓，抓一项成一项，确保经得起历史、群众的检验。

（二）必须夯实基层基础筑牢战斗堡垒。党的十九大报告指出，我们党面临的执政环境是复杂的，影响党的先进性、弱化党的纯洁性因素也是复杂的。我们必须全面加强基层党组织建设，发挥基层党组织的战斗堡垒作用，为经济发展提供组织保障。一要以提升组织力为重点，树牢“一切工作到支部”的鲜明导向。着力抓好学校、企业、农村、社区、两新组织、机关、离退休干部党建工作，实现党的组织和党的工作全覆盖。进一步扩大党内基层民主，推进党务公开，畅通党员参与监督党内事务渠道。强化党支部的规范化建设，重点突出“三会一课”，稳妥有序开展不合格党员组织处置工作，解决好基层组织弱化、虚化、边缘化问题。二要树立正确的选人用人导向，打造“撸起袖子加油干”的铁军先锋。突出政治标准，按照“五个过硬”要求，遵循干部人事调整“七个坚持”，大力选拔培养忠诚干净担当的干部。加大干部教育培养力度，重点增强干部队伍的专业化水平，提升研究、分析、解决实际问题的能力。发扬“马上就办、工匠、推土机”三种精神，以工作实绩比高低、论英雄，为担当负责的干部撑腰，鼓励引导党员干部在改革创新、产业发展、脱贫攻坚、生态文明建设、信访维稳等重点领域和基层一线锤炼成长，锻造推动沅江新发展的强大主力军。三要持续创新方法，建设“带领群众一起干”的坚强堡垒。不断健全市、街道、社区党组织三级联动体系，让基层党组织实现社区、居民小区和楼栋全覆盖、作用发挥常态化，构建城市党建新格局。深入推进基层支部“五化”建设，推动责任下沉、关口前移，提升基层党组织书记履职能力水平。大力宣传优秀事迹、先进典型，教育引导广大党员干部群众干事创业，汇聚起推动沅江新发展的强大合力。

（三）必须用好督查考核指挥棒功能。坚持正向激励与负向惩戒相结合，充分发挥督查考核“指挥棒”作用，促进干部干事创业，推动沅江新发展。一要突出重点。紧紧围绕全市中心工作，抓住发展“牛鼻子”，引导广大党员干部牢固树立正确的政绩观，不提不切实际的目标，不搞寅吃卯粮的工程，不做破坏环境、贻害子孙的事情，多做打基础、利长远的事。突出改革创新、产业发展、项目建设、脱贫攻坚、生态文明建设等重点工作，提高考核指标权重。二要创新方式。整合督查考核力量，提高督查考核水平，增强督查考核的权威性、实效性。绩效考核工作要做到方案精准、目标精准、操作精准、结果精准，注重发挥企业家代表在社会公认评估中的核心作用，更加客观准确反映被考核单位社会公认度。三要动真碰硬。把督查考核结果与选人用人、评先评优结合起来，以推动沅江新发展的实绩实效论英雄、排座次、定奖惩，真正让不干事的人坐不住、想干事的人有平台、干成事的人提拔重用，确保督查考核成果在抓重大决策落实的速度、力度和效果中得到充分体现。

（四）*必须持续加强党风政风建设*。推进新时代高质量发展，行动最有说服力、落实才有实效性。一要养成“马上就办”的干事作风。坚持闻风而动，把马上就办、办就办好作为准则，看准的事要果断施行，决不能让机遇在按部就班中错过，决不能让项目在推诿扯皮中流失，以坐不住的紧迫感、等不起的责任感、慢不得的危机感，自我加压，顽强工作，争创一流业绩。二要敢于向不正之风“亮剑”。认真落实习近平总书记关于进一步纠正“四风”、加强作风建设重要批示和中央八项规定实施细则精神，聚焦习近平总书记指出的形式主义、官僚主义十种具体表现，特别是对表态多调门高、行动少落实差等突出问题，紧抓不放、一抓到底，驰而不息整风肃纪，推动党风政风持续好转。三要着力打通“最后一公里”。坚决破除工作落实上的“中梗阻”，杜绝市委市政府高度重视、市直部门单位和镇村两级敷衍了事的“上边热，下边冷”现象，确保上级重要会议精神和重大决策部署，在沅江不折不扣落地落实。四要进一步营造“山清水秀”的政治生态。贯彻落实十九届中央纪委二次全会精神，坚决整治群众身边腐败问题，把惩治基层腐败同扫黑除恶结合起来，坚决查处涉黑“保护伞”，坚决斩断伸向群众利益的“黑手”。坚持挺纪在前，把握运用好监督执纪“四种形态”，着力抓好“关键少数”，坚决整肃庸政懒政怠政行为，严厉惩处贪污腐败，大力弘扬崇尚实干、清正廉洁的优良作风。

同志们，新时代要有新气象，更要有新作为。让我们紧密团结在以习近平同志为核心的党中央周围，全面贯彻习近平新时代中国特色社会主义思想，不忘初心、坚定信心、求真务实、埋头苦干，大力推动经济高质量发展，为决胜全面建成小康社会、加快建设富饶美丽幸福新沅江而努力奋斗！

沅江市人大常委会工作报告

在沅江市第十七届人民代表大会第二次会议上

沅江市人大常委会主任 连建华

（2017 年 12 月 20 日）

2017 年工作回顾

2017 年是本届人大常委会开局之年。一年来，常委会在市委的坚强领导下，深入学习贯彻党的十八大和十八届三中、四中、五中、六中全会及十九大精神，以习近平总书记系列重要讲话精神为指引，坚持党的领导、人民当家作主和依法治国有机统一，紧紧围绕全市工作大局，依法行权履职，积极开展工作。全年共召开常委会会议 9 次，常委会主任会议 6 次，开展专题调研 24 次，听取审议“一府两院”专项工作报告 17 项，任免地方国家机关工作人员 100 人次，交办代表建议、批评和意见 104 件，圆满完成了全年各项任务，为促进全市经济社会发展、加强民主法制建设做出了应有贡献。

一、围绕中心，坚决贯彻市委重大决策部署

依法议决重大事项。在市委的领导下，依法行使讨论决定重大事项的职权，做到市委有决策，人大有决定。一年来，常委会围绕经济建设等重大事项，作出系列决议决定。其中，作出同意高新技术开发区、船舶制造产业园、城市建设投资公司、交通建设投资公司融资的相关决议 11 个；第四次会议作出了处理历史遗留问题中涉及经营性商住用地增加容积率补缴土地出让金的决议；第五次会议作出了批准 2016 本级财政决算的决议，作出了同意沅江高新区标准厂房项目采取 PPP 模式的决议；第九次会议作出了关于同意沅江市 2017 年度预算调整的决议。

依法行使任免权。坚决落实市委意图，坚持党管干部和人大依法任免干部相统一原则，严格按照相关法律程序做好人事任免工作，为经济和社会发展提供了组织保障。年初，常委会及时对新一届市人民政府的组成人员进行了任命。在任免工作中，坚持任前法律知识考核、公开任职承诺、向宪法宣誓等制度，增强被任命人员的宪法意识和公仆意识。

服从市委中心工作。及时传达市委的重大决策部署和重要会议精神，并研究提出贯彻落实的具体措施。一年来,市委部署的“两学一做”学习教育、精准扶贫、防汛抗旱、重点项目建设、招商引资、环保整治、市级领导联系驻点、党建工作、十九大精神专题学习等中心任务和重点工作，常委会都用实际行动推动市委决策部署落到实处。

二 、强化监督，促进经济社会健康持续发展

加强对计划和预算执行情况的监督。常委会扎实抓好预算审查工作，促进政府实施更加全面规范、公开透明的预算。第五次会议审查批准了2017年财政预算编制报告；听取审议了2016年本级财政决算的报告及审计报告，批准了2016年财政决算；第七次会议听取审议了2017年上半年国民经济和社会发展计划、上半年财政预算执行情况的报告。针对全市投资增长动力不足、融资难、支出压力不断增大等问题，提出了相应的审议意见，交由市人民政府及相关职能部门办理，力促实现全年工作目标，全面完成人大会议批准的预算。此外，还听取审议了关于市城市建设投资开发有限公司2016年财务审计报告和2017年财务收支计划报告，进一步规范公司财务管理。

加强对政府融资工作的监督。严格落实上级要求，全面清理违规举债，对2014年底以来的政府性融资进行了摸底。9月份，组织相关部门对四个融资平台的资金使用情况进行清查审计，对经人大审议的融资债务进行逐项审核，并提出了相关建议，力促政府加强财政资金管理，规避债务风险。

加强对生态环境保护工作的监督。绿水青山就是金山银山。常委会组织对全市环境保护工作情况进行了调研，对城区五湖水质情况进行了实地考察，督促有关部门重点对城市污水管网及城市居民生活污水和企业排污进行整改。第四次会议听取审议了市人民政府关于污水处理情况的报告，提出了加强领导、出台管理办法、加强执法检查等审议意见；第五次会议听取审议了市人民政府贯彻实施新环境保护法情况的报告，要求政府加强宣传力度，完善联动机制，落实主体责任。此外，常委会还召集相关职能部门对南洞庭湿地生态红线的划定进行了充分调研、讨论，制定了适应沅江经济社会发展的生态红线建议方案，为市委决策提供了较为全面的参考意见，有力推进了我市生态文明建设。

加强对民生工作的监督。食品药品安全是人民群众最普遍关心的问题。常委会听取审议了市人民政府关于食品安全监管体制建设情况的报告。会议提出加强监管协作、强化监管保障等审议意见，交由政府及相关职能部门办理落实。常委会还针对人民群众关心的农业综合开发、农村医疗卫生阵地建设、交警事故处理、城乡居民医疗保险和城镇职工医疗保险等热点问题，召开主任会议，听取了专题汇报，提出了交办意见。此外，常委会还继续开展了“三湘农产品质量安全行”、“三湘农民健康行”等专项行动，收到了一定的社会效果。

加强对审议意见落实、审计问题整改的监督。严格按照《沅江市人大常委会审议意见及主任会议交办意见督办办法》及《沅江市人大常委会关于加强审计整改监督工作的若干规定》等规定，加强对审议意见落实、审计整改情况的跟踪监督，有效提升了监督实效。全年共发出常委会审议意见5件、主任会议交办意见4件，进行了办理情况的满意度测评5次；听取了住建局等6个单位上年度审计整改情况的汇报，并进行了满意度测评。

三、依法治市，积极推进民主法治建设

弘扬宪法精神。坚持将宪法这一根本大

法作为人大工作的基本准则，为使国家工作人员牢固树立宪法意识，恪守宪法精神，履行宪法使命，贯彻实施了向宪法宣誓制度。一年来，常委会共组织78名由人大任命的国家工作人员向宪法宣誓。

加强法律监督。常委会加强了规范性文件备案审查工作。一年来，收到市人民政府报送备案的规范性文件28件，均已按要求进行审查,并及时登记归档。组织开展了《种子法》《妇女权益保障法》等相关法律的执法检查。

加强司法监督。听取和审议了市人民法院关于刑事审判工作情况的报告、市人民检察院关于职务犯罪预防工作情况的报告。会议提出了相应的审议意见，交由“两院”办理落实。

协助开展立法调研。配合省人大开展《湖南省水上交通安全条例》和益阳市人大开展《安化黑茶文化遗产保护条例》的立法调研以及司法体制改革专题调研。

做好涉法涉诉案件督办工作。一年来，共受理人民群众来信来访65件（次），上级督办函5件，向有关部门转办重要申诉案件12件，其中，要求报告结果的10件，均已办结并得到回复。

四、提升能力，充分发挥代表主体作用

做好履职培训。组织了驻沅江益阳市人大代表各小组正副组长、市人大常委会委员以及人大机关干部分批参加履职培训。10月，常委会举办了人大工作业务培训班，组织了常委会委员和各镇街场人大主席团正副主席（主任）、人大秘书以及机关干部80余人，在市委党校进行集中培训。同时，指导乡级人大开展了人大代表的培训工作。通过培训，提高了人大代表和人大干部的理论素养和履职能力。

强化服务保障。为市级人大代表征订了《人民之友》,为驻沅益阳市人大代表征订《中国人大》等杂志，坚持向人大代表寄送《人大常委会公报》《人大工作通讯》，及时向代表提供我市经济社会发展动态、人大常委会工作情况，保障人大代表的知情权知政权。坚持邀请人大代表列席人大常委会会议、参与执法检查及调研等活动。为调动代表参政热情、提升代表履职能力创造了条件。

加强工作指导。督促和指导各镇依法开好人代会议，在会议程序和内容上严格把关，确保会议按期召开，取得效果。今年按上级要求督促各镇召开了两次人代会。指导乡级人大开展代表调研视察活动，发文指导，督促把关，确保调研视察有的放矢不流于形式。同时，加强了对基层人大工作的调研，适时掌握基层人大工作动态，广泛收集群众意见，为做好全市人大工作打好基础。

重视建议办理。为做好人大代表建议办理工作，市人大常委会会同市人民政府召开了代表建议交办会议，对照部门职责落实办理责任。常委会采取上门督办和电话催办等形式，对办理工作进行了全程监督，督促政府有关部门及时办理代表建议。同时，坚持建议办理考核制，8月，对各办理单位进行了考核，促进代表建议办理的落实，提高了办结率和代表的满意率。

五、开拓创新，着力抓好常委会和机关自身建设

加强政治建设。常委会把政治建设放在

自身建设的首要位置，把讲政治作为开展一切工作的前提。始终坚持服从党的领导、服务全市工作大局，坚持重大事项、重要工作向市委请示报告制度，主动将人大工作置于市委的集中统一领导之下。把学习作为落实政治建设的重要手段，建立健全了常委会、党组中心组和机关学习制度。系统学习党的十八大以来党和国家的最新理论、方针、政策，重点学习了习近平总书记的系列重要讲话和党的十九大精神。按照市委统一部署，人大常委会党组和机关党支部，开展了“两学一做”专题学习教育,扎实推进“两学一做”学习教育常态化制度化，进一步提高了党员干部的党性修养。同时，把学习党的十八大和十九大报告中关于人民代表大会制度的论述与人大工作实际结合起来，在实践中提高常委会组成人员和机关工作人员的政治理论水平，业务知识素养。

加强作风建设。坚持把作风建设作为提高工作水平的有效手段，认真落实党中央关于改进工作作风的有关规定，自觉践行党的群众路线，把密切代表和人民群众的联系、改进会风文风、节俭办公等作为重点进行了贯彻落实。坚持常委会组成人员联系代表制度，大兴求真务实之风，深入开展调查研究，问需问政问计于民。开展精准扶贫工作，常委会组成人员及机关干部下到驻点村开展工作，定期深入到各帮扶村、农户了解情况，研究制定帮扶措施，落实帮扶责任，为我市的脱贫攻坚做了应做的工作。

加强机关建设。坚持把机关建设作为提高服务保障能力的重要抓手。深化机关内部管理，坚持以制度管事管人，营造风清气正、团结进步、真抓实干的工作氛围，机关参谋助手和服务保障作用得到充分发挥。以党性教育为主题，开展了丰富多彩、健康向上的支部活动和工会活动，增强了机关的凝聚力和活力。

扩大宣传与交流。坚持办好了“一网两刊”（人大信息网、人大常委会公报、人大工作通讯），发出人大声音，讲好人大故事，积极对外推介沅江，宣传沅江人大的工作动态和工作经验。一年来，省内外多个县市区人大前来沅江考察，有效促进了我市对外交流。

各位代表：回顾一年来的工作，我们深知：成绩的取得，是市委正确领导的结果，得益于全体人大代表、常委会组成人员及市乡两级人大工作者的共同努力，得益于“一府两院”和全市各级干部群众的大力配合支持。在此，我谨代表十七届人大常委会，向全体代表，向所有关心和支持人大工作的各级组织、各部门、离退休老同志和社会各界，向全市人民表示衷心的感谢！

各位代表，在总结成绩的同时，我们深感工作还有许多不足之处，常委会工作与宪法和法律赋予的职责、与人民群众的期望、与人大代表的要求，还存在不小的差距，人大工作理念与机制需进一步创新，监督工作需进一步深化，代表工作需进一步提升，自身建设需进一步加强。对此，常委会将高度重视，采取切实可行的措施加以改进。

2018 年工作思路

各位代表，2018 年是全党全国贯彻落实党的十九大精神、决胜全面小康的攻坚之年。

市人大常委会工作的总体思路是：坚持以邓小平理论、“三个代表”重要思想、科学发展观、习近平新时代中国特色社会主义思想为指导，认真贯彻落实党的十九大精神，紧紧围绕市委决策部署和全市工作大局，坚持与时俱进，开拓创新，积极作为，扎实履行宪法和法律赋予的职责，为促进全市经济社会发展，推进民主法制建设，为建设富饶美丽幸福新沅江作出新的更大的贡献！

一、学习贯彻党的十九大精神，进一步做好新时期人大工作

党的十九大报告指出：人民代表大会制度是坚持党的领导、人民当家作主和依法治国有机统一的根本政治制度安排，必须长期坚持，不断完善。人大及其常委会要把学习领会党的十九大精神作为当前和今后重要的政治任务，紧紧围绕十九大确定的目标，结合人大工作实际，监督、支持“一府两院”贯彻落实十九大的部署和要求，全面推进各项工作的开展。一是要讲政治。“党政军民学、东西南北中，党是领导一切的。”人大工作必须坚持党对一切工作领导的原则，牢固树立“四个意识”，更加自觉地维护党中央权威和集中统一领导，更加自觉地在思想上政治上行动上同党中央保持高度一致。二是要讲学习。常委会要深入开展十九大报告专题学习，认真领会以习近平同志为核心的党中央关于人民代表大会制度的新部署新要求新举措。切实发挥常委会党组的带头作用，号召和带领全体常委会组成人员、人大代表增强学习的责任心、自觉性，兴起各级代表学习十九大精神的热潮。三是要抓落实。要把十九大精神与沅江实际结合起来，推动十九大精神在沅江落地生根，要把加强党的领导落实到人大工作的方方面面，各个环节。确保党委的意图在人民群众的意愿中充分体现，党委的安排在人大的法律程序中得到实现。

二、服务经济社会发展，认真行使法定职权

依法行使决定权。落实党中央关于健全人大讨论决定重大事项制度的相关精神，正确处理市委决策权和人大决定权的关系。在市委领导下，认真总结人大讨论决定重大事项的实践经验，进一步完善讨论决定重大事项工作机制，依法推进工作制度化规范化。着眼全市重大改革举措、重大民生工程、重大建设项目等具有全局性、长远性的重大事项，适时作出决议决定，切实把市委决策意图，通过法定程序变成地方国家权力机关意志和全市人民的自觉行动。人大及其常委会要加强对决议、决定落实情况的监督检查，加强跟踪问效，将决定权与监督权有机结合起来，有力促进市域经济社会健康发展。

依法行使监督权。监督工作中，要精选议题，加强调研，突出监督重点，提升监督质效。在经济工作方面，常委会将听取审议2018年部门预算编制情况的报告；听取2017年财政决算报告及审计报告，批准2017年财政决算；听取审议2018年上半年国民经济和社会发展计划执行情况和财政预算执行情况的报告，听取审议部门预算执行审计整改工作报告，听取和审议市城市建设投资开发有限公司2018年财务收支计划和2017年财务审计报告，开展对国家重点投入资金和预算追加资金的监督。为落实十九大关于实施乡村振兴的战略，常委会还将听取农村公路规划与建设情况的报告；为落实加快建设创新型国家的要求，常委会将听取科技创新及投入工作情况的报告。*在民生工作方面*，重点抓住脱贫攻坚这个中心工作，适时开展视察、听取专项报告。常委会还将听取全民健身工作情况、水利基础设施建设情况的报告，继续开展“三湘农产品质量安全行”“民族团结进步行”“三湘农民健康行”等民生领域的专项活动。*在生态文明建设方面*，重点抓住洞庭湖环境专项整治工作这个“牛鼻子”，开展专题调研和视察，听取工作报告，加强跟踪监督。此外，还将对全市国土资源利用以及洞庭湖退耕还湖退田还湖情况进行调研，对全市禁养区畜禽、珍珠退养及限养区、适养区规模化养殖情况和城区五湖水质治理情况进行专项调研,适时听取报告。继续开展“环保世纪行”活动，促进环保事业的发展。*在法律监督方面*，常委会将听取和审议市人民法院、市人民检察院关于深化司法体制改革工作情况的报告,听取《妇女权益保障法》《气象法》等法律贯彻实施情况的汇报。做好协助立法、涉法调研等工作，继续做好规范性文件备案审查工作，促进依法行政。加强和改进信访工作，认真处理人民群众来信来访，加大重点信访案件督办工作，努力维护人民群众合法权益，促进社会公平正义。要发扬“钉钉子”的精神，以抓铁有痕、踏石留印的力度，落实监督措施，确保监督实效。

依法行使任免权。常委会要坚持党管干部和人大依法行使任免权相结合、任命和监督相结合的原则，坚决落实市委的组织意图，严格按照法定程序，认真做好每一个环节的工作。坚持做好任前考察、任中审议、任后监督的工作，切实增强国家机关工作人员的人大意识和公仆意识。

三、夯实工作基础，加强和改进代表工作

开展好人大代表履职培训，不断提高履职能力。健全代表履职服务保障机制，依法保障人大代表活动经费。围绕全市中心工作和群众关注的热点问题，组织代表开展调研、视察。坚持邀请代表列席常委会会议，参加常委会有关活动。做好乡级人大联络指导工作，督促指导各镇依法召开人代会，提高代表活动实效。深入开展“双联”工作，推动落实常委会组成人员联系代表，代表联系选民制度，更好发挥代表桥梁纽带作用；完善代表建议办理机制，进一步强化跟踪督办，不断提高办理实效。建立代表履职档案，探索建立代表激励、考核、退出机制，促进代表依法规范履职。

四、加强自身建设，不断提升整体工作水平

加强思想政治建设，始终在思想上政治上行动上同以习近平同志为核心的党中央保持高度一致。加强政治理论学习，严守政治纪律和政治规矩。加强党的建设，落实全面从严治党主体责任，深入推进党风廉政建设，进一步严肃党内政治生活，为各项工作开展提供思想和组织保障。加强作风建设，自觉践行全心全意为人民服务的根本宗旨，践行党的群众路线，求真务实，始终保持奋发有为、积极进取、清正廉洁的精神状态。加强制度建设，准确把握人大的政治定位、法律定位和工作定位，健全议事程序，完善运行机制，进一步推动常委会工作制度化、规范化。加强新闻宣传工作，营造良好舆论氛围。积极探索人大制度理论创新和工作创新，对中央、省委关于进一步加强和改进县乡人大工作的相关文件精神落实情况继续开展督促检查，促进各项措施落实到位，进一步提升人大工作水平。

各位代表：党的十九大绘就了新时代国家发展的美好图景。我们要以习近平新时代中国特色社会主义思想为指引，不忘初心，牢记使命，倾听人民呼声，汇集人民智慧，回应人民期待，在中共沅江市委的坚强领导下，凝心聚力，攻坚克难，真抓实干，砥砺奋进，为全面建成小康社会，建设富饶美丽幸福新沅江而努力奋斗！

政府工作报告

在沅江市第十七届人民代表大会第二次会议上

沅江市代市长　杨智勇

（2017年12月19日）

一、2017年工作回顾

在益阳市委、市政府和沅江市委的坚强领导下，我们紧扣“一个要务、三个生态”[1]思路，攻坚克难、务实进取，“富饶美丽幸福”新沅江建设取得新成绩、开启新征程。2017年发展速度明显加快、发展质量明显提升：完成生产总值285亿元（预计数，下同）、比上年增长8%，规模工业增加值84.1亿元、增长8.8%，财政收入10.47亿元、增长12.5%，固定资产投资233.24亿元、增长5%以上，社会消费品零售总额99.12亿元、增长10.8%，城乡居民可支配收入23559元、增长9%。

工业经济开创新局面。一年来，我市坚定贯彻新发展理念，突出工业主导地位，优势产业蓬勃发展，新型工业化、园区大会战考核稳居益阳前列。总体形势更好。实现规模工业总产值394.13亿元、增长16%，工业税收2.2亿元、增长36.7%，工业用电量增长18%、近三年首次“转正”；新入规企业20家，产销过亿元企业114家，税收超千万的9家。园区平台更实。投入3.6亿元，建成标准厂房15万平方米，完成文明路、晨光路等园区道路建设。高新区五大考核指标居益阳十大园区榜首、上半年规模工业增加值增速居全省50大重点园区首位。特色产业更优。纺织服装、湖鲜食品、船舶制造、专用汽车、林纸板材产值分别增长23.7%、22.5%、23.6%、94.9%、11.9%。服装产业园投产企业95家，新马制衣税收达3500万元、出口创汇5200万美元，启动5亿元扩建项目；鑫海网业税收近1300万元，启动5亿元扩能项目。食品产业园辣妹子税收近4000万元，华兴玻璃税收增长3.5倍，洞庭湖鲜5000吨豆制品项目开工；芦笋大市场开业，“沅江芦笋”产值增长15.2%。船舶产业园太阳鸟金属船舶1万平方米厂房、造价2.4亿元的自航绞吸式工程船完工，海荃游艇国内最大吨位太阳能豪华游船下水，金航工程船舶8000平方米厂房投入使用，厚普LNG船舶订单达2.3亿元。专汽产业发展提速，中联重科产值突破11亿元、增长3.5倍。传统产业回暖，沅纸杨木化机浆项目投产，赤蜂农化、恒瑞管桩税收分别增长230%、50%。创新驱动更快。研发经费过亿元，开发新技术新产品150项，申请专利500件，获评省“知识产权建设强县”。船舶产业园获批省军民融合产业示范基地、省中小微企业创业创新基地、益阳金融生态建设试点园区。辣妹子、鑫海网业建立省级研发中心，太阳鸟入围军标企业，海荃游艇、大洋机械、精一科技、帝豪舾装荣获省高新技术企业称号。

现代农业迈出新步伐。一年来，我市深入推进农业供给侧结构性改革，大宗农产品产量稳定，被评为省粮食生产先进县、粮油生产全程机械化示范县、农产品质量安全示范县。基地建设初具规模。创建特色农业基地26个、标准化生产基地30万亩，重点建好了草尾万亩粮油全程机械化、共华万亩绿色水稻、泗湖山千亩稻虾等基地，其中稻虾7.2万亩、产小龙虾0.7万吨近1.6亿元。新型主体不断壮大。新增家庭农场300个、农民合作社240个，省、益阳龙头企业分别增至5家、69家，500亩以上种粮大户70户，培训新型职业农民442人次。品牌战略深入实施。完成10万亩水稻、5000亩柑橘、2000亩枳壳品改。新认证无公害农产品84个、国家水产健康养殖3000亩，“沅江芦笋”通过国家农产品地理标志登记、成为全省首批十大农业品牌，四季红镇腐乳获评“国家地理标志证明商标”，“辣妹子”辣椒酱、億昌麻香糕等入选省农产品品牌名录。同时，芦笋产业纳入国家三产融合发展试点，小龙虾等入驻58农服益村平台。

城乡发展呈现新面貌。一年来，我市主动融入“大益阳”、做足“水文章”，力推城乡融合发展，获评省旅游精品线路重点县。城市建设持续发力。启动“两湖新区”[2]规划，完成国际策划方案征集。投资1.3亿元，完成城区道路改扩建、市政设施改造，三个月高标准建好浩江湖区域3条干道、太阳鸟码头等基础设施，成功举办洞庭湖生态文化旅游暨水上运动节，“生态水城”新品位、“沅江艇好”新形象全面展现。推进市容市貌、一江三路专项整治，拆除违章建筑1.75万平米。商品房销售55万平方米、增长15%，棚户区改造稳步推进。基础设施日臻完善。益南高速沅江段、乐漉线分别完成投资30.4亿元、2.5亿元，河南线、沅宁线通车在即，农村公路加宽、危桥改造、安防工程等完工。旱改水4.13万亩、建成高标准农田5.83万亩，共双茶垸蓄洪安全项目有序推进，沟渠塘坝清淤增蓄、“三小”[3]水利、水毁修复及堤防加固、石矶湖大堤整治分别完成投资1.03亿元、7100万元、4000万元、3000万元。茶盘洲电力体制得以理顺，虹润风电一期并网发电，115个通信基站建设、149个村级光网改造完工。美丽乡村发展加快。小城镇建设投入1.62亿元，草尾、南大膳、南嘴等重点镇功能大幅提升；美丽乡村建设投入1000万元，新湾、荷花、榨南湖等示范村面貌显著改善；164个村民服务中心投入使用。

项目投资取得新进展。一年来，我市突出抓项目、扩投资，发展后劲明显增强。项目建设有力度。深化“项目建设年”，12个省级、20个益阳级、62个本级重点项目分别完成投资26.5亿元、21.14亿元、55.58亿元。争资引资有成果。立项争资42亿元，太阳鸟34亿元收购军工企业成都亚光电子、鑫海网业获国家“火炬计划”[4]4000万元项目资金支持，未来发展可期。引进市域外资金64亿元，“招商活动月”新签约奥园等8个项目、资金超百亿元。要素资源有保障。依法依规依程序积极融资，到位资金20亿元；农商行挂牌营业，“助保贷”[5]实质启动，在沅金融机构新增贷款21.4亿元。报批各类用地3500亩；坚持“征拆安一体化、一条龙服务、一把尺子量到底”，55个项目共拆迁房屋1563户，是拆迁最多最快的一年。出台益阳首个《园区建设投资项目行政审批操作细则》，备案和审核类项目审批时限压缩三分之二至61天、73天；出台“用地、税费、厂房租金”等鼓励投资优惠政策，“尊商、亲商、安商、富商”氛围日益浓厚。

生态环保实现新突破。一年来，我市强力推进“五大专项行动”，全面打响洞庭湖生态环境保卫战，河湖水质、空气质量明显改善。政治站位全面提高。始终与中央、省、益阳同频共振、同向发力，全面落实市委“12345”思路，着力解决突出环境问题，守护洞庭“母亲湖”。专项整治卓有成效。“全党动员、全民动手、全力以赴，出一身汗、脱一层皮、舍一身剐”，铁腕整治突出环境问题：全面禁采河道砂石、强力整治非法砂场码头和赤山岛非法采砂取土，24家黏土砖厂依法关停或整改，1.06万亩珍珠养殖、5.43万亩水产精养、723户畜禽养殖全部退出。作为全省任务第二大县，自然保护区核心区24796亩欧美黑杨彻底砍伐。沅江水域12.5万亩迷魂阵、72处矮围网围功能性摧毁，洞庭湖面积最大、跨域最广、历时最长的下塞湖矮围节制闸爆破拆除，省委主要领导批示肯定，主流媒体广泛报道。环保设施不断完善。第一污水处理厂二期运营，第二污水处理厂主体基本完工，草尾、南大膳、四季红等镇污水处理厂开建。14个乡镇垃圾中转站、2个船舶污染物收集点建成，固体垃圾焚烧发电项目启动。环保工作凝聚着全市上下的艰苦努力和辛勤汗水，成绩实属不易，大家辛苦了！

民生福祉获得新改善。一年来，我市始终坚持“以人民为中心”的发展理念，财政支出70%以上投向民生，群众获得感、幸福感持续提升。脱贫攻坚精准有效。深化“大排查、大诊断、大整改”，用心用情用力抓脱贫攻坚，改造困难群众危房881户、易地搬迁贫困人口1335名、发放小额扶贫贷款9475万元，7368名贫困人口、12个贫困村稳定脱贫，国检、省检获上级高度肯定。民生保障兜底有力。新增城镇就业5350人，“五类保险”持续扩面提标；阳光救助1.17亿元，10683户城乡低保对象、6724名特困供养对象、15028名残疾人、423名孤儿受益；凌云塔等8个村（社区）列入省城乡养老服务示范点；避险解困搬迁安置大中型水库移民676人。各项事业稳中有进。优先发展教育事业，全力化解“大班额”[6]，玉潭学校建设加速，投资1.2亿元的南洞庭实验学校开建，预增学位6860个；合格学校创建、D级危房整改、“四改三化”[7]、功能室及信息化装配全部到位；补充优质教师288人，推进“三名”[8]工程，教育质量稳步提升。深化医院综合改革，严控医疗费用不合理增长；计生便民惠民服务扎实推进，群众性文体活动深入开展。社会大局安定有序。深化平安创建、严惩违法犯罪，刑事立案下降36%、破案上升6.4%。坚持“六原则”[9]，狠抓信访维稳工作，顺利完成两会党的十九大等特护期安保任务；落实“五要求”[10]，妥善处置商品混凝土市场、超容积率等历史遗留问题。加强食药安全监管，确保了“舌尖上的安全”。强化隐患排查和监管执法，安全生产事故指标“三下降”[11]。全力应对近二十年罕见特大洪水，成功处置茶盘洲重大“管涌群”等险情隐患，防汛抗洪战役全面胜利。同时，“治超”工作扎实推进，村级换届和征兵任务按时完成，地方志、老干、党校、档案、粮食、民宗、人防、工会、共青团、妇联、工商联、科协、烟草、邮政、气象、石油、盐业等工作取得新成绩。

政府建设再上新台阶。一年来，我们始终“守规矩、明职责、重担当”，政府效能整体提升。*严格依法履职*。坚决服从市委领导，全面接受人大、政协和社会监督；重大事项认真听取人大代表、政协委员和社会各界意见建议，突出法制把关作用，做到了依法行政、民主决策。*敢于务实担当*。面对财税“收入基数高、历史包袱重、收支平衡难”困境，顶住巨大压力、争取上级支持，调减任务基数2.6亿元；坚决杜绝空转和预缴，做实财税收入、全力挺过“难关”，圆满完成全年任务，税收占比超80%、提升10个百分点。财政管理绩效综合评价从C类提升至A类、全省区县排名13位。*注重清廉守正*。深刻吸取教训，出台政府议事、调度、督办规则和政府性资金、国有资产、工程项目等监管制度，用规矩制度管人管事。深化“两学一做”[12]，落实党风廉政建设主体责任，高压反腐、持续纠风，政治生态风清气正。

各位代表！2017年，全市经济社会发展稳定向好，这是市委总揽全局、坚强领导的结果，也是人大、政协有效监督、鼎力支持的结果，更是各级领导干部和全市人民团结拼搏、埋头苦干的结果。在此，我代表市人民政府，向积极投身沅江事业的干部群众，向关心支持沅江发展的各界人士，向始终理解支持政府工作的各位代表、各位委员，表示衷心的感谢！

回顾一年，我们清醒地认识到，工作中还面临着一些问题和挑战。*任务滞后*：食品产业园、五湖连通、棚改等项目进展缓慢，固定资产投资等未完成任务。*质效不优*：三次产业占比21.6 ∶ 38.4 ∶ 40，二、三产业发展不充分；服装、船舶、专汽等产业集聚度不高，产业链不全不长；领军企业不多、没有一家税收超5000万元，中小企业融资难用工难；生态环保政策收紧，传统产业发展受限，转型升级任重道远。*后劲乏力*：5000万元以上在库项目仅31个、投资贡献率低于益阳22个百分点，重大项目储备不足，缺乏大项目、好项目支撑；办事效率不高、部门担当不够，项目落地慢、推进难；政府融资平台持续经营和市场化能力明显不足。*基础欠牢*：城镇规划起点不高、特色不明显，管理有待加强；水陆交通、农田水利、市政设施等较为薄弱。*政令不畅*：部分干部“慵懒散、推拖躲”，执行力、协调力、担当力不够。同时，环保整治、征地拆迁等容易引发不稳定因素，部分利益群体诉求强烈，解决历史遗留问题任务繁重，政府性债务、安全生产存在潜在风险，等等。对此，我们一定高度重视、主动担当、全力解决。

二、2018年总体部署

2018年极为关键，是全面落实十九大精神的开局之年，处在改革开放四十周年的历史节点，也是我市“跻身益阳县域经济发展前列”的攻坚之年。

深入学习贯彻十九大精神，是当前和今后一个时期的首要政治任务，特别是“习近平新时代中国特色社会主义思想”，为新时期基层工作提供了根本遵循和前进方向。十九大报告提出的“贯彻新发展理念，建设现代化经济体系”“供给侧结构性改革、乡村振兴、中部崛起”以及国家“一带一部[13]、洞庭湖生态经济区”，省、益阳“创新引领、开放崛起”等，都蕴含着重大战略机遇。只要我们敏锐感知大趋势、准确把握大逻辑，从“思维定式、行为惯性、路径依赖”中解放出来，主动对接、抢抓机遇、乘势而上，正确处理加快发展与生态保护的关系，完全可以走出一条深度契合沅江实际的转型升级发展之路。

沅江水域100万亩、耕地88万亩、湖洲湿地86万亩，岸线近100公里，城区内湖28.5平方公里，水产品年产16万吨，是亚洲最大的芦苇产地、国家重要商品粮油生产基地，发展禀赋得天独厚。作为湖南最早的县级市之一，沅江曾久负盛名、成就斐然；近年来，我们根植本土、深挖潜能，湖鲜食品、纺织服装、船舶制造、专用汽车等特色产业逐步壮大，“生态水城”美誉度不断提高。沅江人民开放包容、敢闯敢拼，干部吃苦霸蛮、担当奉献，特别是在新一届市委坚强领导下，“奋发向上、开拓进取”成为全市共识和一致行动。沅江有大美、有大爱、有大气，加快崛起正得其势，赶超跨越恰逢其时。只要我们不忘初心、紧跟核心、凝聚民心，立足本地资源，推动质量变革、效率变革、动力变革，一定能厚植发展新动能、打开发展新空间、提升发展新境界，让“洞庭明珠”重新璀璨。

市第十二次党代会提出“三年跻身益阳县域经济发展前列、五年跻身全省县域经济发展前列”奋斗目标，市委十二届四次全会进一步确定了发展原则、根本方向、重点关键。政府工作必须紧跟市委决策部署，明确具体思路、实施路径、操作方略，2018年和今后一段时期的指导思想是：高举习近平新时代中国特色社会主义思想伟大旗帜，坚持以人民为中心，深入贯彻新发展理念，紧扣市委“一个要务、三个生态”核心思路，深化“园区大会战、交通大会战”，打好“风险防范、精准脱贫、污染防治”攻坚战，大力争资引资、振兴实体经济、壮大产业规模、补齐基础短板、增进民生福祉，建设“重法治、受监督、敢担当、求高效”的人民满意的服务型政府；“一年打基础、两年上台阶、三年见成效”；2018年主攻九方面、主抓十件事，力求发展速度更快、发展质量更高，确保进入益阳县域经济第一方阵。

2018年经济社会发展主要指标确定为：GDP增长8%，达到省、益阳平均水平；财政收入增长9.5%、税收占比80%；规模工业增加值增长9%；固定资产投资增长13.5%；社会消费品零售总额增长10.5%；城乡居民人均可支配收入增长9%。单位生产总值能耗、主要污染物排放量、人口自然增长率控制在省、益阳市目标以内。

三、2018年具体安排

为实现上述目标，必须从九个方面发力。

（一）坚定不移抓发展、提质效，培强“实力园区”。坚持创新驱动，走新型工业化道路，规模工业增加值突破百亿元。

持续打好园区大会战。推进“三年百亿

园区及财税倍增”行动，园区规模工业增加值达到65亿元、税收3亿元，综合考评稳居益阳前列。科学布局：完成高新区控制性详规、船舶园用地和产业发展详规编制，明晰产业发展定位，合理布局纺织服装、湖鲜食品、船舶军民融合等“园中园”。加速转型：进一步理顺管理体制、精简办事流程，推动园区市场化运作、企业化运营。出台优惠政策，帮助园区卸下包袱、倾力发展，促推产业集聚、提质、增税。完善基础：新建标准厂房15万平方米，硬化金美大道、四方园路、旺丰路以及青年路、状元路、明星路等延伸路段，完善消防、电力、绿化、亮化、净化等配套设施，全面提升园区承载能力。

持续锻造特色产业链。全力打造五大“百亿产业集群”。纺织服装：建好服装产业园三期，确保新马制衣扩建、鑫海网业扩能项目投产；重点招引优质品牌和先进代工企业，新投产50家以上；大力招引纺纱、织布、水洗及绣花、拉链、纽扣等原辅材料配套企业，新投产10家以上；完善“电商平台+供应链生产”新模式，基本形成“面料辅料、设计生产、批发零售、仓储物流”全产业链格局。湖鲜食品：以食品类标准厂房为平台、以辣妹子为龙头，招引优质食品加工企业、新投产10家；支持辣妹子研发高附加值产品、创新销售模式，力争税收突破5000万元；确保洞庭湖鲜豆制品项目投产、华兴玻璃二期开工，支持恒联水产等小龙虾加工企业拓展市场。支持“芦笋大市场”发展，加速壮大平芝、三一通达等本土企业，新引进优质投资商3家；支持省“沅江芦笋”研究院落户博大天能，深化与“庆丰包子”“海底捞”合作，力推沅江芦笋进高铁、上飞机、入超市；狠抓质量监管，严控品牌使用，完成生态原产地产品认证；力争芦笋产能达到5万吨、产值突破30亿元。船舶制造：抢抓“国家海洋工程装备产业发展、军民融合发展、湖南促进船舶工业大跨越和智能船舶制造”等战略机遇，大力发展清洁能源、旅游等船舶，确保太阳鸟1号车间、厚普LNG船舶、桃花江游艇等项目投产，德旭能源、通达板材等项目开建；支持太阳鸟做大做强，引导海荃、美蓝、金航等企业加速成长，招引船舶配套企业，促进产业集聚发展；全面推进船舶军民融合示范基地建设，加速打造环洞庭湖区LNG船舶港口集散中心和辐射全国的公园游览船展示中心。专用汽车：积极对接《湖南工业新兴优势产业链行动计划》，出台随车吊产业发展规划，争取2个以上“制造强省”项目落地。全力支持中联重科重回行业领军地位，力争产能突破5000台。支持“随车吊”整合资质，组建战略联盟，共建共享共赢；围绕建链、补链、强链，引进战略投资商和配套企业2-3家，打造全国有影响力的随车吊制造基地。传统产业：加大技改投入，完善环保配套，力促“老树开新花”。支持沅纸建好杨木化机浆配套项目，支持林源、金太阳、赤蜂农化、恒瑞管桩等企业技改增效。

持续培强骨干企业群。帮扶骨干企业扩大规模、中小企业加速成长，新入规企业15家，税收过5000万元企业新增2家、超千万的新增5家。出台政策措施：设立产业发展基金，加快实施“市长质量奖”[14]，在“科技创新、技术改造、质量提升、品牌建设、并购上市”等方面，给予企业实质性奖补和优惠；支持新马制衣、鑫海网业加速主板上市。深化企业帮扶：加大服务平台建设，筛选30家重点企业，市级领导跟踪服务、职能部门专人负责，在“银企对接、用工用地、手续办理、市场拓展、环境整治、落实政策”等方面主动作为，解决实实在在的问题。构建“亲”“清”关系：坚持“亲”不逾矩、“清”不远疏，真诚坦荡同民营企业接触交往，鼓励参加正常涉企公务活动，给予企业家应有的政治待遇和社会地位。

（二）坚持不懈夯基础、促融合，振兴“美丽乡村”。贯彻乡村振兴战略，争创国家农业可持续发展试验示范区。

做强基地农业。以工业化理念，打造现代农业“标准化厂房”：落实“三权分置[15]”改革，巩固确权颁证成果，新流转土地3万亩。重点建好10万亩优质稻、15万亩“稻虾”共作、10万亩优质油菜、5万亩水产健康养殖、5万亩有机绿色蔬菜、8万亩柑橘和枳壳、10万亩优质芦笋、2万亩其他高效经济作物等基地。集中建好一批高标准示范基地，功能涵盖“现代农业、旅游观光、道路交通、生态环境”等多领域，培育特色产业“孵化器”。

打造特色农业。推进农业供给侧结构性改革，走“优质、高效、品牌”之路：坚持市场导向，因地制宜发展一批特色农产品，重点发展高档优质稻、优质双低油菜、名优特水产品、有机小水果和绿色野生食材，品改柑橘和枳壳5000亩，为“湖鲜食品”提供高品质原料。壮大本土企业，新发展龙头企业6家、家庭农场100个、农民合作社100家、新型职业农民200人。大力招引优质工商资本、龙头企业、销售大户，力争每镇招引投资不低于1000万元的企业1~2家。力推“沅字号”，扩大“沅江芦笋”、四季红镇腐乳等品牌影响，力争“沅江枳壳”“阳罗面”等通过国家地理标志认证，筹办首届“沅江小龙虾美食节”。

推进生态农业。坚持绿色发展理念，增强农业可持续经营能力：整治农业面源污染，推广“秸秆综合利用、测土配方施肥、病虫害统防统治、畜禽粪便资源化利用”等技术措施，实现化肥农药零增长；创建农村清洁工程示范村14个以上。积极发展“稻虾共作、稻蛙共生、稻油、稻菜”等生态循环种养模式，实现“一田双收、一水两用”；建好胭脂湖万亩生态农业产业园。大力发展标准化生产，新认证“三品一标”[16]产品20个；强化质量安全监测，争创国家农产品质量安全示范县。

发展智慧农业。大力推进“互联网+”[17]，为农业插上“智慧”翅膀：积极推广高速插秧机、高效植保机械等智能装备，农机耕作58.8万亩、工厂化集中育秧7万亩、机插秧20万亩，重点建好草尾万亩粮油全程机械化生产示范基地。引进农业智能化服务企业2家以上，加快构建智慧云平台，通过互联网、云计算、大数据和传感器，为农业生产提供精准化种植、可视化管理、智能化决策。以黄茅洲省级现代农业综合产业园创建为重点，延长产业链条，促进三产融合。

夯实基层基础。有效整合涉农资金1亿元以上，重点倾斜有实力的新型经营主体、有示范作用的镇场街道。深化农村产权制度改革，盘活“闲置学校、村办企业房屋、农村建设用地”等集体资产；大力发展“一村一品”[18]，壮大村级集体经济；探索“以奖代补”模式，由农村基层组织负责道路、沟渠等设施养护及河道保洁、环境卫生、基层治理等公共服务，增强村级运转经费保障；用2~3年帮助村级逐步走出困境。完善村民服务中心功能、发挥综合服务作用。推动示范村建设，新创建美丽乡村3个。

（三）精益求精提品质、强功能，做美“魅力水城”。以创建国家智慧城市为引领，加速新型城镇化，擦亮“水城”名片。

突出“两湖新区”开发。高起点规划：立足“洞庭湖水文化体验区、国际知名湖泊旅游目的地”定位，用国际视野、专业水准，完成规划编制。系统化治污：抓好内湖水质提升城建“一号工程”，巩固浩江湖综合整治成果，确保浩江湖年内达到三类水质。大力度招商：以城建投公司为业主，精深包装项目，加快对接引进战略投资商，整体开发、持续经营。实质性建设：强化规划红线保护，严控非法私自建设；加速连通胭脂湖，先行开发浩江湖片区，启动环湖景观带、道路交通网、国际游艇俱乐部、休闲旅游区建设。突出“沅江艇好”主题词，发展“互联网+体育”，继续办好沅江洞庭湖生态文化旅游节，力促金蝶公司“活力沅江、赛艇名城”项目落地。

突出中心城区提质。立足“惠民生、树形象、促发展”，有保有压、量入为出，完成投资10亿元。提速城市路网。拉通“断头路”，建好桔城大道与沅纸大道连接线、狮山路（桥）、新源路南延、跑马岭路、小河咀大堤、南洞庭大道、石矶湖大桥等路桥。提升“五湖连通”。拓宽加深汲水港等水渠，疏通杨泗桥人工运河，改扩建内湖控水闸，真正实现“五湖连通”。推进上琼湖北岸线景观工程，建设更多特色休闲设施和地标性建筑。提标市政设施。确保自来水三厂运行，加快配套燃气、公厕、垃圾处理、停车场等设施，推进排水管网改扩建、防洪排涝系统等项目，提高公共服务质量。

突出城镇精细管理。推进“智慧城管、智慧交通、智慧社区”等为主的新型智慧城市试点，提高智能化、精细化管理水平。以琼湖路、沅江大道、巴山路、橘城大道等路段为重点，强力整治占道经营、夜市漫酒、非法停靠等市容秩序；以一中南校、石矶湖大堤、工业园及物业管理空白区域等为重点，集中整治环境卫生。依法惩治违法违章建筑，健全道路保洁、绿带管理、市政设施管护、“一江三路”等长效机制，确保通过省级卫生城市复检。推动城乡融合发展，打造精致精美小城镇，发挥重点镇辐射带动作用，争创省级卫生镇1个。

（四）千方百计促流通、扩消费，打造“人气沅江”。发挥消费的基础性作用，壮大现代服务业，更多地汇人流、聚人气。

打造全域旅游[19]精品。严守生态保护红线，突出“一城、一湖、一岛”，出台全域旅游五年规划：“一城”，打造“五湖连通”升级版，实现河湖一体化，重点开发好“两湖新区”；“一湖”，依托南洞庭湖优美的生态环境、丰富的历史遗迹和悠久的湖乡文化，打造全国知名的“最美洞庭湿地”；“一岛”，充分挖掘赤山岛自然风光优势和人文历史底蕴，打造“赤山国际生态旅游岛”。2018年，高品质包装、高标准建好项目库，招引战略投资商，引进1个以上重大旅游项目；实质性推进新湾湖湘风情文化旅游小镇、洞庭乡愁三眼塘乡村旅游、八百里水上旅游等项目。

激发商贸物流活力。加快传统商贸转型升级。建设专业大市场：力促瑞丰城市综合体项目基本完工、红星美凯龙项目启动建设，加速恒大、奥园等商业综合体项目落地。打造物流集散地：力争引进1家综合物流中心，发展1~2家集“种养加工、产品检测、仓储配送”于一体的农产品冷链物流综合体。发展商贸新模式：积极推介“沅江芦笋、辣妹子、僖昌麻香糕、洞庭斋食品”等产品“借船出湘”;完善市镇村三级电商体系,铺开“益村平台”电商超市建设，引进知名电商企业2家以上，推动农产品上行。力促新马制衣、鑫海网业、力聚木业、千姿实业、赤蜂农化等企业扩大出口，创汇1亿美元以上。

优化金融生态环境。以创建“诚信沅江”为目标，坚决打击非法集资、金融诈骗、恶意逃债等行为，推行失信联合惩戒机制，坚决维护金融债权，确保“益阳市金融安全区”创建成功。引进1家以上域外金融机构入驻，支持农商行等金融机构创新发展，组织2次以上“政银企”恳谈活动，推动“助保贷、农信担、财银保”等扩面提效。健全金融机构考核奖励、财政性存款调整机制，引导金融机构服务地方实体经济，新增贷款18亿元以上。

（五）聚精会神补短板、谋长远，推进“畅通工程”。大力完善基础设施，加速筑牢发展根基，重点建好“三张网”。

畅通城乡交通网。突出“五路两桥”，坚持“四路先行”[20]，打好交通大会战。全力支建益南高速、确保年内建成通车，支持益常高速复线建设，开启沅江交通新时代；高标准建好益南高速沅江南（竹莲）、沅江北（杨阁老）、南嘴、草尾互通及赤山生态服务区，打造沅江形象新窗口。全力攻坚北部交通，确保乐漉线建成通车，四共轴线、茶草线开工建设；做好漉湖特大桥前期工作、力争沅共大桥列入省近期规划；完成农村公路改造和维护任务。全力保障交通建设，加快对接益阳交发投公司、争取国开行贷款，推行“EPC[21]、PPP[22]”等建设模式。完成城市出租车公司化改制，加快城乡客运绿色公交化改造，动工新建沅江汽车站。

畅通农业水利网。投资9000万元，旱改水2.5万亩；投资6500万元，建成高标准农田4.62万亩；投资1000万元，新开发耕地800亩。投资6.5亿元，完成水毁修复、堤防加固等“七大工程”建设；共双茶垸蓄洪安全建设完成90%工程量，疏浚大中小型沟渠850条1525公里、塘坝26处。同时,未雨绸缪、统筹兼顾,狠抓备汛防汛工作、确保度汛安全。

畅通能源通信网。发展清洁能源产业，力争漉湖虹润风电二期、凯迪生物质发电、光伏发电项目开工建设。完成投资1亿元，新建改造南大和团山110千伏变电站、配电台区296个、高低压线路415.6千米，完成85个村农网升级改造；开展电力线路清障，确保电网安全运行；加快解决漉湖电力体制“老大难”问题。新建4G基站20个，乡镇4G网络、光纤网络全覆盖，确保沅江通信畅通。

（六）全力以赴抓项目、增后劲，激发内生动力。发挥投资的关键性作用，以项目承载投资、以投资推动发展。

项目建设大提速。强化项目建设经济主抓手作用。定好“盘子”。坚持“实效性、操作性、全局性和政策性”，不盲目举债搞建设，重点突出“重大产业项目、重要基础设施、急需民生项目”，全年投资78亿元、实施重点项目70个。提前储备。紧扣国家宏观产业政策，精心策划、专业包装，争取一大批项目进入上级“笼子”，全年开发储备5000万元以上项目40个。加速建设。加快拟建项目立项、规划、征拆等前期工作；市级领导牵头、部门配合、专人对接，确保招商签约、立项争资项目迅速落地；倒排工期、挂图作战，凝心聚力促开工、赶进度，全面完成重点项目建设年度任务。

要素保障大提升。全面破解项目建设瓶颈。大力招商引资。瞄准“国”字头、“央”字号和世界500强、中国500强、民企500强企业，有针对性地开展产业链招商，重点招引“大而精、质量优、税收高”的好项目，力争引进“三个500强”企业2家、引进市域外资金形成固定资产投资73.6亿元。鼓励部门“放开手脚、眼球向上”，敏锐捕捉政策机遇，立项争资48亿元以上。奋力融资筹资。落实“四个坚持”[23]，加速资产归集、防范债务风险，持续提高政府融资平台规范化、市场化经营能力，主动对接政策性银行、商业性银行、债券基金等，融资30亿元以上。全力供地用地。启动琼湖国家湿地公园调规，力推南洞庭湿地自然保护区、龙虎山省级森林公园尽快调规；启动第三次全国土地调查，争取更多“旱改水”、高标准农田、土地整治等指标；积极报批土地，批回1000亩以上；坚决收回闲置两年以上建设用地，腾地300亩以上；加速“征拆安一体化”，提前储备“熟地”，征地1200亩以上。

营商环境大提质。全面落实“对接北上广，优化大环境”行动导则[24]，出台“软环境服务年”建设实施方案，最大限度减少许可事项，推行“两不见面”工作法[25]，产业项目“多评合一、多图连审”、探索“先建后验”新模式，在我市“备案类、核准类项目投资审批办结时限缩至61、73天”基础上，再压缩办理时限；最大限度降低企业成本，最大限度优化法治、信用、创新、服务环境。借鉴浏阳政务办事“最多跑一次”[26]模式，力争年底覆盖80%左右的行政事项，真正创优营商环境、实现“后发赶超”。

（七）持之以恒守红线、重治理，保护“大美沅江”。打好洞庭湖生态环境保卫战，推进人与自然和谐共生。

继续坚持一个思路。沅江区位敏感，是洞庭湖生态环境整治主战场。必须按照市委提出的“12345”创新思路，统筹治理洞庭湖生态环境，即：以全面落实河（湖）长制为总抓手，推进“城乡污水处理厂、固体垃圾焚烧发电厂”两大建设，巩固“矮围、网围、迷魂阵”拆除成果，落实“天然水域全面退出投肥投饵养殖、市内水域退出珍珠养殖、禁养区退出畜禽养殖、自然保护区退出欧美黑杨”四个退出，深化“采砂和非法砂场码头、城区水环境和黑臭水体、工业污染和船舶污染、黏土砖厂和各类扬尘、农村卫生环境和沟渠淤塞”五项治理。同时，打好大气和土壤污染防治战，重点推进“企业脱硝改造、挥发性有机物治理、秸秆禁烧、城区餐饮油烟治理、黄标车淘汰”等工作。

共同守护一湖清水。突出专项整治，深化洞庭湖生态环境保卫战。全面落实“河(湖)长制”：聚焦“六大任务”[27]，一河一档一策，“控源、截污、清淤、调水、管理”多管齐下，营造“水清、岸绿、堤固、河畅、景美”的生态环境。加速问题整改：针对环保督察问题和突出环境问题，持续用力、强力整治，确保第二污水处理厂投入运营，草尾、南大膳、四季红污水处理厂年内建成，加速其他建制镇污水处理厂建设；坚持不懈推进“厕所革命”[28]，努力补齐影响群众生活品质短板；缓冲区、实验区内欧美黑杨稳步退出；限养区畜禽养殖整治到位，适养区畜禽养殖场标准化改造；妥善解决林源纸业环保问题，加速固体垃圾焚烧发电厂建设，加快黑臭水体和扬尘治理。巩固提升成果：坚决杜绝“矮围网围、迷魂阵、水产精养、珍珠养殖、畜禽养殖、砂场码头、欧美黑杨”等问题反弹。启动省“洞庭湖生态环境治理三年行动计划”，推进第二次全国污染源普查。

奋力促进一方发展。坚持生态建设与经济发展共生共赢，破坏生态环境的坚决禁止、符合绿色发展的大力倡导。抢抓洞庭湖生态经济区建设和环保整治机遇，全力向上争资，确保投资8亿元的“两江七湖”[29]水环境综合整治国家级A类项目、投资1000万的电镀厂土壤污染修复省级A类项目落地。深入实施全省农村环境综合整治整县推进项目，完成省级森林经营高标准农田林网示范基地建设。加快改造造纸、农药等传统产能，大力发展新能源、现代农业、先进装备等契合生态环保的新兴产业，为沅江转型升级、厚植优势、永续发展打好基础。

（八）真心实意办实事、惠民生，提升“幸福指数”。既尽力而为、又量力而行，不断满足人民日益增长的美好生活需要。

决战脱贫攻坚。习总书记指出：“让贫困人口和贫困地区同全国一道进入全面小康社会，是我们党的庄严承诺”。突出脱贫攻坚“重大政治任务、第一民生工程”地位，坚持“脱真贫、真脱贫”，扶贫扶志扶智结合，深化“三年行动计划”，加大“六个一批”[30]建设力度，抓实结对帮扶、产业扶贫、教育扶贫、健康扶贫、培训就业，推进“互联网＋社会扶贫”，坚决打赢脱贫攻坚战、提高群众满意度，确保8100名贫困人口脱贫、11个贫困村退出，易地扶贫搬迁760人，发放扶贫小额贷款5457万元。

兜住保障底线。贯彻就业优先战略，新增城镇就业5200人，培训及转移贫困户660户，帮助企业招工6000人。推进多层次社会保障体系建设，深化“全民参保计划”，完善城镇职工医保异地实时结算，推动五大保险扩面提质，完成“医保”小康考核指标。强化劳动监察保障，依法严惩拖欠农民工工资行为。统筹城乡社会救助体系，真情关心关爱留守儿童、妇女、残疾人和孤寡老人；推进“医养结合”，提高养老服务水平。促进房地产市场健康持续发展，理顺不动产登记管理体制，加大城中村、棚户区改造力度，提高货币化安置比例，改造农村危房900户，让全体人民住有所居。

提升公共服务。致力打造“教育强市”：落实城乡教育一体化“十项计划”[31]，确保“学校建设、教师编制、公用经费、装备配置”标准统一和“两免一补”[32]全覆盖；继续化解“大班额”，确保玉潭学校、南洞庭实验学校秋季开学投入使用，凌云塔、团山等学校完成提质改造；深入推进“三名”工程，持续加强师德师风建设，高度重视学生心理健康，确保教育教学质量进入益阳第一方阵。致力打造“健康沅江”：推进医疗、医药、医卫改革，推行分级诊疗制度；加强禽流感、艾滋病、肺结核等传染疾病预防控制，严防学校等公共场所发生重大公共卫生事件；强化目标管理，推进计生惠民便民，确保进位争先；繁荣文体事业，继续实施文化惠民、全民健身等工程，讲好沅江故事、发出沅江声音。

加强社会治理。坚决打击“盗抢骗、黄赌毒、黑拐枪”等违法犯罪，有效整治“校园霸凌”[33]，深入建设“平安沅江”。严格按照习近平总书记提出的“三到位一处理”[34]要求，坚持“六原则”、落实“五要求”，突出无信访问题村创建，维护社会大局稳定；依法依规、公平公正妥善处置历史遗留问题，确保社会公平正义。聚焦水陆交通、治超、消防、校车、危化品、烟花爆竹等领域，落实“属地管理、部门监管、企业主体”责任，强化监管执法和基层基础，坚决杜绝较大及以上安全生产事故。加强食品药品监管，严守田间到餐桌的每道防线，保障“入口”安全。

同时，加强国防动员工作、维护军人军属合法权益，注重发挥老干部“政治优势、经验优势、威望优势”，做好民宗、外侨、对台、人防、档案、地方志、公积金、红十字会等工作，支持工会、共青团、妇联、科协、文联、工商联等社团工作，重视老龄、残疾人事业发展，促进各项社会事业全面进步。

（九）锲而不舍转作风、优服务，建设“高效政府”。“重法治、重程序、重借鉴、重担当”，全面增强政府公信力和执行力。

强化政治建设。增强“四个意识”，旗帜鲜明讲政治，思想上政治上行动上，始终同以习近平同志为核心的党中央保持高度一致，不折不扣坚决贯彻中央决策部署。坚持在益阳市委、市政府和沅江市委的领导下开展工作，自觉接受人大法律监督、政协民主监督和社会舆论监督，认真落实人大决议，办好人大议案、代表建议和政协委员提案。健全重大事项决策机制，落实行政执法责任，坚持依法、科学、民主决策，规范、公正、文明执法，树立政府新形象、提升政府公信力。

大胆解放思想。积极借鉴先进地区经验做法，深入解放思想，坚决摒弃僵化保守观念、打破条条框框约束、破除体制机制弊端和部门利益障碍，一切服从沅江发展大局。深化“放管服”，推进“五证合一[35]、一照一码[36]”，构建行政审批“绿色通道”，着力破解“手续办理难、项目落地难、工作推进难”等顽瘴痼疾。健全激励机制和容错纠错机制，给干事者鼓劲、为担当者撑腰，保护褒奖一心为公、敢作敢为、锐意进取的干部，着力破解“招商引资瞻前顾后、立项争资裹足不前、干事创业徘徊观望”等沉疴积弊。落实“创新引领、开放崛起”战略，大力引进高级专业人才，鼓励干部主动接受新思想、努力探索新路子、大胆提出新方案，全力促推经济社会大发展。严格乡镇预算和财政财务管理，实施“镇级财政国库集中支付”和“村账镇代理”，推进消赤减债、严控债务新增，预防政府性债务风险；公平公正、统筹安排财政专项资金，适当给予乡镇二次分配权，加快理顺芦苇场体制机制。

突出执行有力。坚持分线负责、层级管理、请示报告制度，强化政府分管副职和部门单位职能职责,确保层级关系“规规矩矩”、沟通协调“顺顺畅畅”、履职尽责“扎扎实实”。倡导“马上就办、推土机、工匠”三种精神，以果敢负责的作风、一丝不苟的态度、坚韧不拔的意志推动工作，做到执行有力、落实迅速、督查到位、报告及时。强化执行纪律，政府决策一经拍板，必须坚决服从、主动落实；加强督查督办、坚决兑现奖惩，确保政令畅通、执行高效。

坚持廉洁从政。定好“明规矩”,破除“潜规则”，聚焦“资金、项目、人事”等关键领域,进一步健全“预决算公开、资金审批、投资评审、国资管理、国库集中支付、政府购买服务”等财政监管制度，进一步完善“工程建设、招标采购、土地出让、保障房建设、工程款支付”等项目监管制度，进一步规范人事编制管理，逐步解决编制遗留问题，推进事业单位分类改革。坚持行政管理“制度化、公开化、规范化”，落实“财政财务公开，选人用人进人公开，资源资产处置公开,工程项目全过程公开”，强化监察、审计等专项监督，让政府权力在阳光下运行。落实党风廉政建设“一岗双责”，强化不敢腐的震慑、扎牢不能腐的笼子、增强不想腐的自觉。

各位代表，2018年工作任务艰巨、责任重大，必须统筹兼顾、突出重点，集中力量抓好事关发展、稳定、民生大局的十件实事：1.聚焦“纺织服装、湖鲜食品、船舶制造、专用汽车、传统产业”五大特色产业，扎实推进工业项目建设；2.连片打造65万亩农业基地，重点建好“稻虾共作”等标准化示范基地；3.精心办好洞庭湖生态文化旅游节，同步筹办“沅江小龙虾美食节、沅江芦笋美食节”；4.重点突出城建“一号工程”，全面治理城区黑臭水体、提升内湖水质；5.奋力打通北部交通网，加速“乐漉线、四共轴线、茶草线”等建设，做实漉湖特大桥、沅共大桥前期工作；6.全面实施“七大”水利工程，大力推进“水毁修复、堤防加固、共双茶垸蓄洪安全、沟渠塘坝清淤增蓄、小型农田水利、农村饮水安全、泵站改造”等备汛水利工程建设；7.全力化解“大班额”，如期建好南洞庭实验学校、玉潭实验学校，秋季开学投入使用；8.决战决胜精准脱贫，确保8100名贫困人口脱贫、11个贫困村退出；9.坚持“12345”思路，坚决打赢洞庭湖生态环境保卫战;10.重点防控政府性债务风险,聚焦“财政部门、融资平台、市直部门、镇场街道”，打好防范化解重大风险攻坚战，确保“收入多、支出顺、问题少、大局稳”。

各位代表，新使命呼唤新担当，新思想引领新未来。今天的沅江，正站在崭新的历史起跑线上。让我们以十九大精神为指引，在益阳市委、市政府和沅江市委的坚强领导下，不忘初心、牢记使命，始终紧扣经济建设这个中心、始终抓牢发展第一要务，以“坚如磐石的决心、务求全胜的信心、久久为功的恒心”，团结一致、只争朝夕、开拓进取，奋力走好新时代长征路，合力谱写“富饶美丽幸福”新沅江华丽篇章！

注释：

[1] 一个要务、三个生态：把加快发展作为第一要务，打造“山清水秀的政治生态、公平正义的社会生态、绿水青山的自然生态”。

[2] 两湖新区：对接益沅桃城镇群一体化发展，全力推进浩江湖和胭脂湖综合开发，力争打造全省一流的特色城镇旅游新区。

[3] 三小：小堤、小垸、小穿堤建筑物。

[4] 火炬计划：是一项发展中国高新技术产业的指导性计划，1988 年 8 月开始，由科学技术部（原国家科委）组织实施。

[5] 助保贷：由企业按照贷款总额一定比例缴纳助保金，与政府风险补偿铺底资金一起，建立“重点中小企业助保金池”，共同对贷款提供风险保证。

[6] 大班额：随着城镇化进程加快，流动人口不断向城区涌入，人民群众对优质教育资源的需求与教育供给之间的矛盾日益突出，城市学校所承受的压力越来越大，城区学校每班人数剧增、超出额定人数。

[7] 四改三化：指改食堂、改寝室、改旱厕、改澡堂和净化、亮化、绿化，全面改善农村义务教育学校师生基本生活条件。

[8] 三名工程：为促进教育均衡发展，在全市各中小学开展的“名教师、名班主任、名校长”评选活动。

[9] 六原则：对符合政策的诉求，及时就地有效解决；对不符合政策的诉求，不开政策口子，不留余地；对各项改革的政策规定，在没有新的政策出台前，坚持执行，不作调整；重视苗头，坚持抓早抓小，把问题稳控化解在萌芽状态；对涉访违法行为，发生一起，依法惩处一起；职能部门和属地各负其责、各司其职。

[10] 五要求：尊重历史、正视现实、依法依规、积极稳妥、杜绝引发新矛盾。

[11] 三下降：“安全生产事故起数、死亡人数、直接经济损失”均较上年下降。

[12] 两学一做：学党章党规、学系列讲话，做合格党员。

[13] 一带一部：2013 年 11 月，习近平总书记视察湖南，提出湖南应发挥作为东部沿海地区和中西部地区过渡带、长江开放经济带和沿海开放经济带结合部的区位优势，提高经济整体素质和竞争力。

[14] 市长质量奖：是市政府设立的最高质量荣誉奖，主要授予在沅江市登记注册、有广泛社会知名度和影响力、实施卓越绩效管理模式、质量管理水平和自主创新能力处于行业领先地位、取得显著经济效益和社会效益的单位，以及为我市质量振兴作出突出贡献的个人。每 2 年评选一届，每届设单位奖 4 个、个人奖 4 个。

[15] 三权分置：农村土地所有权、承包权、经营权分置。

[16] 三品一标：无公害农产品、绿色食品、有机农产品和农产品地理标志。

[17] “互联网 +”：即利用信息通信技术以及互联网平台，让互联网与传统行业进行深度融合，创造新的发展业态。

[18] 一村一品：在一定区域范围内，以村为基本单位，按照国内外市场需求，充分发挥本地资源优势，大力推进规模化、标准化、品牌化和市场化建设，使一个村（或几个村）拥有一个（或几个）市场潜力大、区域特色明显、附加值高的主导产品和产业。

[19] 全域旅游：是指在一定区域内，以旅游业为优势产业，通过对区域内经济社会资源尤其是旅游资源、相关产业、生态环境、公共服务、体制机制、政策法规、文明素质等进行全方位、系统化的优化提升。

[20]“五路两桥”“四路先行”：“五路”是指S228沅江至宁乡菁华铺、S217线大通湖河坝至南大河、S322线草尾乐园至漉湖、S222四季红至黄茅洲大桥、八形汊至茶盘洲公路，其中后四路先行建设；“两桥”是指漉湖特大桥与沅共大桥。

[21] EPC：是指公司受业主委托，按照合同约定对工程建设项目的设计、采购、施工、试运行等实行全过程或若干阶段的承包，并对其所承包工程的质量、安全、费用和进度负责。

[22] PPP：即政府和社会资本合作，是公共基础设施中的一种项目融资模式。在该模式下，鼓励私营企业、民营资本与政府进行合作，参与公共基础设施建设。

[23] 四个坚持：融资项目要坚持积极的态度，坚持考虑承受能力、轻重缓急和效益回报，坚持程序，坚持公开透明。

[24]“对接北上广，优化大环境”行动导则：2017年11月，省委、省政府办公厅印发《对接“北上广”优化大环境行动导则》，要求按照对标先进、问题导向、改革创新、融合推进的原则，充分借鉴“北上广”经验做法，着力解决影响企业建设、运营、发展全周期面临的突出问题，努力打造便捷高效的政务环境、宽松有序的市场环境、配套完善的商务环境。

[25]“两不见面”工作法：即在服务入园企业方面，提倡企业不必与审批部门见面、不必与征地群众见面。

[26]“最多跑一次”是通过优化办理流程、整合政务资源、融合线上线下、借助新兴手段等方式，群众和企业到政府办理“一件事情”，在申请材料齐全、符合法定受理条件时，从政府部门受理申请到作出办理决定、形成办理结果的全过程一次上门或零上门。

[27] 河（湖）长制，即由中国各级党政主要负责人担任“河（湖）长”，负责组织领导相应河湖的管理和保护工作。2016年12月，中共中央办公厅、国务院办公厅印发《关于全面推行河长制的意见》，主要任务包括“水资源保护、河湖水域岸线管理保护、水污染防治、水环境治理、水生态修复、执法监管”六方面。

[28] 厕所革命：是指对发展中国家的厕所进行改造的一项举措，最早由联合国儿童基金会提出。2017年11月，习近平总书记就旅游系统推进“厕所革命”工作取得的成效作出重要指示，三年来第二次作出重要指示，为新时代推动旅游业大发展、实施乡村振兴战略注入了强大动力。

[29] 两江七湖：两江即沅水、资江；七湖即在“下琼湖、上琼湖、蓼叶湖、浩江湖、石矶湖”城区五湖基础上，加胭脂湖、黄家湖。

[30] 两免一补：是指农村义务教育阶段贫困家庭学生免教科书费、免杂费、补助寄宿生生活费。

[31] 城乡教育一体化“十项计划”：今年8月，省政府公布《关于统筹推进县域内城乡义务教育一体化改革发展的实施意见》，推出“城乡学校建设、学校标准化建设、大班

额消除、乡村教育提质、城乡师资统筹配置、乡村教师待遇保障、教育治理体系改革、控辍保学、随迁子女就学保障、农村留守儿童关爱保护”十项计划。

[32] 六个一批：产业发展一批、改造搬迁一批、培训就业一批、教育助学一批、救助救济一批、兜底保障一批。

[33] 校园霸凌：国际定义为一个学生长时间、重复地暴露在一个或多个学生主导的欺负或骚扰行为之中。在中国，校园霸凌的边界不明确，往往被旁观者认为是玩笑和打闹，且绝大多数人不正视欺凌现象。

[34] 三到位一处理：对诉求合理的解决问题到位，诉求无理的思想教育到位，生活困难的帮扶救助到位，行为违法的依法处理，真正把信访积案化解好，把群众合法权益维护好，进一步赢得群众的信任，不断提升群众满意度和公信力。

[35] 五证合一：即营业执照、组织机构代码证、税务登记证、社会保险登记证和统计登记证“五合一”登记制度。

[36] 一照一码：即通过“一口受理、并联审批、信息共享、结果互认”，将由三个部门（工商、质检、税务）分别核发不同证照，改为“一窗受理、互联互通、信息共享”，由工商部门直接核发加载法人和其他组织统一社会信用代码的营业执照，并将办理时限由8天缩短至3天以内。

中国人民政治协商会议 沅江市第九届委员会常务委员会 工 作 报 告

在政协沅江市第九届委员会第二次会议上

肖正军

（2017 年 12 月 18 日）

2017 年工作回顾

2017 年是实施“十三五”规划的重要之年，也是我市人民政协事业发展传承接力的一年。一年来，在中共沅江市委的坚强领导下，在市人大常委会、市人民政府的大力支持下，常委会准确把握人民政协的性质定位，坚持团结和民主两大主题，围绕中心，服务大局，发挥优势，履行职能，各项工作取得了较好成绩，实现了新一届政协工作的良好开局。

一、紧扣中心，在助推发展中有所作为

一年来，常委会紧紧围绕市第十二次党代会确定的“跻身益阳县域经济发展前列”奋斗目标，主动融入全市发展大局，积极投身沅江经济建设主战场。

群策群力建言献策。我们在政协系统开展“我为沅江发展建言献策”主题活动，各镇场街道政协联工委、市直委员活动组、市政协各专委会从工业强市、创新驱动、绿色发展、现代农业、现代服务业、新型城镇化、教育卫生、文化旅游等方面，分别选取 1~2 个方面的问题进行调研，每位委员提交 1 条以上意见建议。活动共收到调研报告 28 篇，意见建议 176 条，对有一定参考价值的调研报告、意见建议及时汇编成册，为市委市政府科学决策提供参考，市委书记陶德保同志欣然作序。

发挥优势引资引智。我们严格落实益阳市委书记瞿海同志在益商大会上所作的“引老乡、回故乡、建家乡”指示，多次通过经促会平台组队赴北京、上海、广州、深圳等地招商，促成广东东莞通达板材入驻船舶产业园；促进景星寺主体建筑工程的扫尾和园林绿化工作的全面启动；促推江西正邦集团来沅发展稻虾共作和水产高效精养模式；引荐中国道教文化博物馆馆长陈特明为发展文化产业把脉支招，华中师范大学城市与环境科学学院常务副院长周勇为科学规划用地、提高土地利用率出谋划策，省农科院食品研究所、汉阳专用汽车研究所、东华大学、长沙理工大学、岳阳市旅游协会等单位专家分别为食品、汽车、服装、生物、旅游等产业发展提供智力支持。

忠于职守服务大局。按照市委的安排部署，市政协班子成员带领委员积极投身重点项目建设、企业帮扶、防汛抗灾等中心工作。深入所联系的重点项目生产现场，积极协调有关问题，帮助解决实际困难。深入所联系的企业和委员创办的企业现场办公，积极排忧解难，帮助解决生产经营过程中遇到的困难和问题，促进所服务的企业健康发展。防汛抗灾工作中坚守在一线，组织委员加入突击队、抢险队、服务队行列，陈群力副主席还获评益阳市抗洪救灾先进个人。防汛工作结束后，市政协主席会议成员带领部分委员前往赫山区小河口特大险情处置现场考察，听取工程技术人员的情况介绍，学习防汛知识，增强危机意识。

二、聚焦重点，在协商议政中奉献智慧

一年来，常委会牢牢把握协商议政的主动权，紧紧围绕市委提出的“一个要务、三个生态”[1]核心工作思路，建诤言、献良策，协商议政卓有成效。

紧扣加快发展第一要务，开展调查研究。针对我市区域经济发展所面临的产业支撑乏力现状，精心选择食品产业、文化旅游产业、专用汽车产业、纺织服装产业、小龙虾产业及优化经济发展软环境等重点调研课题，分别由主席会议成员牵头，组成相关委室及部门协同参与的调研组。他们深入基层、深入群众、深入实际，学习理论、钻研政策、借鉴外地经验，认真分析、仔细研究、反复征求意见，形成了一批可供市委市政府和有关部门作为决策参考的睿智之言、务实之策。如对发展食品产业提出了突出食品产业园建设、争取内引外联、做强龙头企业等建议；对发展文化旅游产业提出了以打造南洞庭旅游作为切入点，尽快抢占“张家界看山、洞庭湖观水”的黄金码头，以组建旅游投资公司作为发力点，统筹全市旅游策划、规划、建设、运营一体化的市场化运作手段，务实推进旅游产业等建议；对发展专用汽车产业提出了规划引领、园区发力、培育壮大龙头企业等建议；对发展纺织服装产业提出了加大知名品牌企业招商引资力度、切实解决劳动用工问题等建议；对发展小龙虾产业提出了以扶植龙头企业实行规模化、集约化、标准化发展带领农民一起干，以推进一二三产业融合发展做实做强产业链等建议。市委副书记、代市长杨智勇同志作出重要批示，要求相关部门认真研究，尽快将调研成果落地落实。部分调研报告还将在本次全会上作大会发言。

围绕“山清水秀”的政治生态，加强民主监督。探索党内监督与政协民主监督相结合的形式，先后邀请市纪委、市委组织部主要负责同志通报党风廉政建设和组织工作情况，常委们就加强作风建设、树立正确选人用人导向等积极建言。针对我市经济发展软环境、“中梗阻”问题，我们会同市纪委开展明察暗访活动，走访了部分企业，发放调查问卷381份，召开研讨会深入剖析问题成因，形成了“关于优化沅江经济发展软环境的建议”，得到了市委的重视和采纳，陶德保书记作出重要批示：“务必用壮士断腕的勇气、刮骨疗毒的决心整肃发展环境”。通过选派特约监督员、行风评议员，对相关政府部门、司法部门的工作开展监督，积极为我市全面构建良好政治生态贡献力量。

聚焦公平正义的社会生态，进行双月协商。完善双月协商工作制度，围绕时势所趋、党政所需、群众所盼的热点难点问题，制定下发了《沅江市政协2017年度协商与监督工作计划》，先后就“2017年度财政预算编制”“经营性商住用地增加容积率补缴土地出让金方案”“城建投融资方案”“法院执行难问题”“1—7月份经济社会形势”“旱改水项目利益分配方案”等群众普遍关切的重大事项，同市委市政府及相关职能部门进行了充分协商。特别是在“法院执行难问题”协商中，提出的形成齐抓共管大格局等3条建议，得到市委市政府的高度重视和法院的及时采纳，并出台了《关于支持和加强人民法院执行工作的若干意见》，公布了两批42名失信被执行人名单，促成了协商成果的转化落实。

着眼绿水青山的自然生态，开展提案督办。委员们贯彻绿色发展理念，从加大芦苇产区速生林管控、赤山岛生态资源保护、规范河道采砂、湖洲产业转型、美丽乡村建设等方面提出提案，市政协主席会议成员领衔督办，助推生态沅江建设。各承办单位以洞庭湖生态环境专项整治为契机，认真办理提案，有力助推了全市“一个抓手、两大建设、三个拆除、四个退出、五项治理”[2]工作的落实。

三、注重创新，在改善民生中倾情服务

一年来，常委会不断创新工作思路，以民为本，着力推动民生改善，维护社会和谐稳定。

以委员工作室为依托，构建社情民意直通车。为更好地联系群众，服务群众，让群众感到政协离自己很近，各镇场街道、市直活动组建立了政协委员工作室，构建了社情民意直通车。一年来，委员工作室对廉租房分配、村（社区）两委换届、安全垸建设、低保评定、征地拆迁等重点工作进行跟踪监督，帮助解决群众危房改造、贫困学子上学难等50多个民生问题，并将收集的加强园区建设、加大招商引资、提升城市品位等方面20多条重要社情民意进行分析讨论研究，积极与有关部门沟通协调，促进了一批问题的解决，增进了人民群众对政府工作的理解和支持。特别是工商组、新湾镇将委员工作室真正办成了政协直接面对群众的窗口、帮助群众排忧解难的场所、及时反映社情民意的平台、架通党委政府联系群众的桥梁。

以“脱贫攻坚·委员在行动”活动为载体，投身精准扶贫攻坚战。由政协班子成员牵头，分别重点帮扶一个贫困村，并对全体委员发出“集结贫困村·聚力三个一[3]”的号召，委员们按照“一对一”的方式与贫困户进行了结对帮扶，发挥各自优势，既注重经济帮扶，更注重智力帮扶，通过开展助学、实用技术培训、介绍就业和义捐、义卖、义诊等爱心行动，积极投身脱贫攻坚战。据不完全统计，全市政协委员累计为贫困户捐款捐物160余万元，帮助就业200多人，助学200多人，开展实用技术培训300多人次。

以政协云、益村APP为平台，打造政协工作新引擎。政协云APP是省政协推行的政协履职平台，自推广使用以来，我们就把政协云作为委员学习和履职的重要工具，指导全体委员安装、使用。及时上传市委市政府的重大活动、重要决策、政协资料，方便委员知情明政；积极参与政协云、益村的对接工作，组织6名专家委员拍摄实用技术辅导视频供群众学习，实现资讯共享、资源对接；选派委员线上值班，与群众良性互动，帮助群众释疑解惑。

四、团结民主，在凝心聚力中尽心尽职

一年来，常委会充分发挥人民政协大团结、大联合的组织优势，为建设富饶美丽幸福新沅江激发正能量。

团结各界合作共事。开展委员大走访活动，与委员们近距离沟通交流，听取委员对全市经济社会发展和市政协工作的意见建议，激发委员履行职能、干事创业热情。加强同工商联、人民团体和无党派人士的沟通联系，邀请委员参加市政协组织的调研、协商、视察、民主监督等活动。认真交办委员提案和意见建议，及时报送委员提供的社情民意信息，支持委员充分履行协商参政、民主监督职能。

广泛开展联谊交流。加强与经促会会员和外地委员的联系，发挥好他们在推介沅江、招商引资和社会公益事业建设等方面的积极作用，增进乡情乡谊。指导沅江市经促会上海分会成功进行换届，成立沅江市经促会武汉分会。一年来，深圳经促分会为我市在深农民工返乡过节提供免费大巴；武汉经促分会发动爱心人士为我市防汛受灾严重地区捐款20万元；上海经促分会为在沪沅江籍大学生提供特困救助、实习和就业帮助。与此同时，市政协积极配合上级政协来沅开展基层宗教场所公共安全管理、优化非公经济法治环境、加大生态保护利用力度、特色教育、发展现代农业、化解大班额问题等课题的调研；加强与兄弟政协的联系交流，与全国最大专用汽车基地山东梁山县、龙虾产业第一市湖北潜江市、大湖旅游发展成效明显的江西鄱阳县、通过抓干部作风促进经济后发赶超的贵州万山区、经济社会发展迅速崛起的宁乡市等地方政协结成友好单位。他山之石，可以攻玉，学习外地成功经验，助力沅江加快发展。

加强宣传文史工作。进一步加强与新闻媒体的合作，办好市政协门户网站、《沅江政协》内刊和沅江政协微信公众号，加大对政协履职成效和委员风采的宣传，扩大政协工作的社会影响，全年共在《湘声报》《益阳日报》《益阳政协》等媒体刊物上稿116篇。发挥文史工作的独特作用，继续做好沅江历史文化等文史资料的收集整理工作，组织刘喜良、黎梦龙等一批文史工作者完成《上琼湖生态公园主题文化概念性规划》、《赤山岛文化纲要（道文化部分）》，协助编辑《东荡子全集》，恢复出版《沅江文史》刊物。

五、强基固本，在“三化”建设中提升水平

一年来，常委会坚持以严的标准、实的要求加强自身建设，着力提高领导能力和服务水平。

重视制度建设。以政协工作法制化、程序化、规范化建设为抓手，进一步健全完善了《关于政治协商、民主监督、参政议政的规定》、《常委会工作规则》、《提案工作条例》、《双月协商座谈会工作办法》等工作规章制度，为各项工作顺利开展提供了保证。

强化队伍建设。按照“懂政协、会协商、

善议政”的要求，提升委员素质，发挥委员主体作用。举办益阳市政协委员陈艳辉先进事迹宣讲报告会，激发委员们见贤思齐、学先进赶先进争先进的热情。加强委员服务管理，举办社情民意信息撰写讲座，充分调动委员履职的积极性。制定出台《政协联工委工作考核办法》和《政协委员履职考核暂行办法》，对各委组工作进行月督导、季调度、年考核，对委员出席会议、撰写提案、反映社情民意、参加活动等履职情况进行量化考核，切实增强了委员履行职能的责任感，根据考核结果，劝辞了1名不称职委员。加强专委会建设，选聘了25名素质高、能力强、有影响力的委员担任专委会副主任或成员，充实了队伍力量，发挥了应有作用。

规范机关建设。扎实推进“两学一做”学习教育常态化制度化，切实抓好机关党建工作，严肃政治纪律和政治规矩，严格党内政治生活，落实全面从严治党主体责任。支持市纪委驻机关纪检组开展工作，自觉接受监督。加强机关思想建设、队伍建设、制度建设和党风廉政建设，机关干部全局意识、责任意识、法律意识进一步强化，能力素质进一步提高，服务保障水平进一步提升。

一年来，各镇场街道联工委、市直委员活动组发挥各自优势，开展了一系列富有成效的履职活动，增强了政协工作的影响力。如南嘴、漉湖、南洞庭、农林科技组等委组对生态环境整治开展专项视察；琼湖、茶盘洲等联工委加大对当地重点工程项目的监督；胭脂湖、教卫组等委组积极反映社情民意，主动与相关部门联系，督促问题解决；新湾、草尾、经济组等委组围绕民生改善开展专题调研；南大、阳罗、黄茅洲等联工委就发展小城镇建设积极献计出力；共华、泗湖山、四季红等联工委上门走访群众，妥善化解矛盾，促进社会和谐；工商组在防汛抗灾活动中捐款捐物价值200余万元；民宗组、文艺组等积极围绕民生热点问题开展对口视察，促进部门工作，体现民本情怀。

一年来，广大政协委员发挥自身优势，履职尽责，涌现了一大批先进典型。有的委员忠诚履职，成效明显，如唐辉委员用心调研，撰写调研报告2篇，反映有价值的社情民意5条，所提提案被列为重点提案；有的委员立足岗位建功立业，为沅江经济社会发展贡献了力量，如新马制衣有限公司副总经理付强委员、远鹏服饰有限公司副董事长石月娥委员精心经营服装企业，今年分别缴纳税收2300余万元和600余万元；周铁清委员真情关爱留守儿童、个性少年的成长，获得益阳市关心下一代工作突出贡献奖，今年全国两会上人民代表报整版报道了他的教育事迹；胡远利委员为加快推进南洞庭芦苇场核心区欧美黑杨砍伐退出工作，率领工作组连续39天驻守在湖洲苇山林地，提前25天完成任务。有的委员热心公益事业，倾情回馈社会，彰显了高尚情怀，如龙浪委员带领爱心志愿者协会开展志愿服务100多次，获得益阳市十佳志愿服务组织和优秀志愿者等荣誉；益阳市政协委员李剑志在南洞庭湖建立三个鸟类保护站，被省环保志愿服务联合会授予突出贡献个人奖；益阳市政协委员聂和春在防汛抗灾中带领琼湖商会捐款捐物价值22万元，等等。广大政协委员以自己高尚的品行、实在的业绩和无私的奉献，为政协组织赢得了赞誉，为政协工作增添了光彩！

各位委员，同志们！过去一年，我们围绕中心，服务大局，履职活动有了新成效，各项工作有了新进步。这些成绩的取得，是市委高度重视和市人大、市政府大力支持的结果，是各级政协组织、广大政协委员和政协工作者团结奋斗的结果，也是各部门单位、各镇场街道，以及老领导、老同志、社会各界人士关心关注的结果。在此，我代表市政协常委会，向所有关心、支持政协工作，为沅江政协事业发展作出贡献的同志们、朋友们，表示衷心的感谢！

在肯定成绩的同时，我们也清醒地认识到，我市的政协工作与党和人民群众的期望相比，与肩负的职责使命相比，还有较大差距和不足，如参政议政水平不够高，主要表现在调研不够深入，部分建议前瞻性实效性不强；民主协商的工作机制需进一步完善，主要表现在制度不配套，协商不规范；民主监督有待进一步强化，主要表现在制度操作性不强，措施不够有力，实效不够明显，存在不愿、不敢和不善监督的问题；界别特色彰显不够，主要表现在以界别为单位组织的参政议政活动较少；委员主体作用发挥不足，主要表现在个别委员缺乏履职责任，既不提交提案，又不反映社情民意，更不撰写调研报告，等等。这些问题都需要我们下大力气加以改进和解决。

2018 年工作思路

2018 年是深入贯彻落实党的十九大精神的开局之年，也是决胜全面建成小康社会的关键之年。新一年市政协工作的总体要求是：以习近平新时代中国特色社会主义思想为指导，深入贯彻党的十九大精神，在市委的坚强领导下，紧紧围绕市委市政府中心工作，坚持团结和民主两大主题，认真履行政治协商、民主监督、参政议政职能，着力推进政协协商民主建设，着力强化民主监督职能，为助推我市经济社会加快发展作出新的更大贡献。

一、提高政治站位，用十九大精神统领政协工作

十九大精神是新时代人民政协事业发展的根本指南，全市政协系统要把学习贯彻十九大精神作为思想理论建设的重中之重，自觉用习近平新时代中国特色社会主义思想武装头脑、指导实践、推动工作。始终维护市委的坚强领导，团结引导广大政协委员和各界人士，切实把思想和行动统一到市委的决策部署上来，坚持与市委同心同向、同频共振、同舟共济。十九大报告指出，我国社会主要矛盾已经转化为人民日益增长的美好生活需要和不平衡不充分的发展之间的矛盾。解决这一矛盾是当前沅江最大的政治，广大政协委员务必积极投身经济建设主战场，把助推沅江发展作为首要职责。

二、坚持团结民主，凝聚发展合力

人民政协因“和”而生，依“和”而存，为“和”而兴。统一各方思想，凝聚各方力量，维护改革发展稳定大局，人民政协具有不可替代的地位和作用。我们要发挥政协联系广泛、智力密集的优势，围绕群众思想认识上的“困惑点”，矛盾的“易发点”，协助党委、政府多做解释疏导、理顺情绪、增进团结的工作，减少阻力，增添助力，形成合力。继续开展“引老乡、回故乡、建家乡”活动，发挥经促会内引外联的作用，加强与沅江籍在外人士的交流交往，激励他们关心家乡、投资家乡、建设家乡、回报家乡。把握政协团结联谊工作特点，密切与无党派人士、少数民族人士、宗教界人士等的联络，增进与非公有制经济人士、新的社会阶层人士和社会各界别的沟通，促进形成合作共事的良好格局。进一步推进政协委员工作室建设，继续坚持委员值班接待、上门走访制度，与政协云平台相结合，进一步畅通社情民意表达和反馈渠道，发挥好党和群众之间的桥梁纽带作用。围绕省委提出的“创新引领 开放崛起”战略举办专题座谈会，邀请政协委员、关注沅江发展的知名人士，共商发展大计，共话美好未来，努力营造齐心协力促改革、和衷共济谋发展的良好氛围。

三、注重求真务实，推进协商民主

十九大报告提出，人民政协是社会主义协商民主的重要渠道和专门协商机构，把协商民主贯穿政治协商、民主监督、参政议政全过程。我们要按照“有事好商量，众人的事情由众人商量”的要求，不断提高人民政协协商民主制度化水平。*政治协商要务实。*不断完善民主协商的内容形式、运行机制和工作程序，谋划重点协商议政活动，构建以全会协商为龙头，常委会协商和专题协商为重点，对口协商、界别协商、提案办理协商等为常态的协商议政新格局。立足市情，围绕市委重要决策，聚焦“整合涉农资金、中小企业融资难”等课题开展民主协商。*民主监督要加强。*在完善民主评议、委派民主监督小组、选派特约监督员等方式的基础上，探索民主监督与舆论监督相结合的新形式，建立网络民主监督平台，着力提高民主监督的组织化程度，重点围绕“洞庭湖生态环境保卫战、园区项目建设”等重要课题开展常委会视察，围绕“经济发展软环境建设、食品安全、人民法院执行工作”等群众普遍关心的社会热点问题持续开展监督，及时发现问题，提出意见建议，促进相关问题得到解决。*参政议政要提升。*充分发挥委员的主体作用，开展“撰写一份提案，参与一个课题调研，反映一条社情民意”的委员履职活动。加强提案督办，推进提案开门办理和复文公开，确保提案办理实效。充分发挥专委会的基础作用，突出各专委会的不同特点和功能，丰富参政建言内容和形式。组建专家咨询团，为市委市政府交办的重大课题研究提供智力支持，有效提升参政议政水平。

四、加强自身建设，提高履职水平

人民政协自身建设的水平，影响着协商议政的质量，关系到履行职能的成效。*要加强委员服务管理。*以提高履职能力和水平为目标，举办政协委员培训班，促使委员真正做到懂政协、会协商、善议政。完善政协云履职平台建设，严格委员履职考核管理，引导委员在立足本职和履职奉献中施展才华、建功立业。*要创新委组活动形式。*突出抓好委组建设，加强专委会与委组之间的工作联动、协作和交流，积极探索开展委组活动新方法新途径，建立委组召集人例会制度，发挥好委组召集人的带头作用，使履职活动更加经常、规范、有序，更加彰显特色，更加富有成效。要强化政协机关建设。继续扎实推进“两学一做”学习教育常态化、制度化，严格执行作风建设各项规定，严守政治纪律和政治规矩，着力提升机关干部议事能力和服务能力，进一步健全规章制度和激励机制，打造一支讲政治、守纪律、爱学习、重实干、有担当的干部队伍。

各位委员、同志们！行进在创新引领、开放崛起的新长征路上，我们只有登高望远，才能审时度势；只有脚踏实地，才能勇创佳绩。让我们以习近平新时代中国特色社会主义思想为指导，在中共沅江市委的坚强领导下，同心同德、群策群力，忠诚履职、奋发作为，为加快建设富饶美丽幸福新沅江，让“洞庭明珠”重焕光彩而不懈奋斗！

注释：

〔1〕一个要务、三个生态：把加快发展作为第一要务，营造“山清水秀”的政治生态、公平正义的社会生态、绿水青山的自然生态。

〔2〕一个抓手、两大建设、三个拆除、四个退出、五项治理：以全面推行河长制为总抓手；建设城乡污水处理厂和固体垃圾焚烧发电厂；拆除矮围、网围和迷魂阵；天然水域全面退出投肥投饵养殖，市内水域退出珍珠养殖，禁养区退出畜禽养殖，自然保护区退出欧美黑杨；治理采砂和非法砂场码头、城区水环境和黑臭水体、工业污染和船舶污染、治理黏土砖厂和各类扬尘、农村环境卫生和沟渠淤塞。

〔3〕三个一：一名政协委员帮助一个贫困孩子完成学业、结对一个贫困家庭增加收入、有条件的委员帮助贫困家庭一名成员解决就业。

专　载

沅江市人民政府办公室关于开展部门志（专业志）编修工作的通知

各镇人民政府、街道办事处、芦苇场，市直各部门，垂管单位，驻沅江单位：

为全面、系统、准确地记录各单位历史发展变化，特别是改革开放以来各地各单位在推动全市政治、经济、文化、社会等建设方面取得的辉煌成就。根据《全国地方志事业发展规划纲要（2015 ~ 2020）》精神，按照《湖南省人民政府办公厅关于进一步加强地方志工作的意见》（益政办发〔2016〕13 号）和《益阳市人民政府办公室关于进一步加强地方志工作的意见》（益政办发〔2016〕13 号）文件要求。结合我市修志工作实际，市人民政府决定在全市副科级以上部门单位开展部门志（专业志）的编修工作。为确保部门志（专业志）编修工作有计划、有步骤地顺利开展，现将有关事项通知如下：

一、指导思想

以科学发展观为指导，深入贯彻习近平总书记系列重要讲话精神和治国理政新理念新思想新战略，紧紧围绕统筹推进“五位一体”总体布局和协调推进“四个全面”战略布局，坚持辩证唯物主义和历史唯物主义观点，坚持解放思想，实事求是，锐意进取，改革创新，遵循志书编修的原则和体例，全面真实地记述各单位在改革开放、经济建设和社会发展等方面取得的新成绩、新经验。为市委、市政府科学决策，为加快沅江建设提供基础性资料和智力支持。

二、编纂规范

志书名称：鉴于机构改革的特殊情况，为保持修志工作的完整性和延续性，志书名称定为《沅江市××志（19×× ~ ××××）》，单位职能有转入或撤并的，内容收至转入或撤并单位。

时间断限：已修过部门志的单位从上轮修志的下限之始承接，原则上 20 年为一轮修志。未修过部门志的单位，上限至建置之始及事物发端，下限为2019年12月31日。

体例体裁：按志体横排纵述，辅以述、记、传、图、表、录、索引等基本体式和要素。一般采用篇、章、节、目四个层次。

篇目设置及要求

1. 卷首：包括序、凡例、目录、图、照片等。

2. 概述：以述为主，兼用议论，简明扼要，概括全志书内容。

3. 大事记：用编年体和纪事本末体相结合的办法，逐条记述本部门所发生的大事、要事，不分类，文字精练，不展开记述。

4. 部门主体事业各章：从各部门事业的实际出发，从不同的重点和特点出发，按业务的性质、内容和规律来设置章节。

5. 章下各节各目：记述各种机构的设置、职能与变更，重要会议、决策、决定，主要活动及结果，人员队伍的结构、数量及工资、福利等。

6. 人物：可设人物传、人物表和名人录。入志标准可以适当放宽，除革命烈士和去世名人立传外，市级以上授予荣誉称号的先进人物、取得中级职称以上的科技人员以及部门党政主要领导，包括曾为某一方面有较大贡献的“历史人物”等都可以列表入志。

7. 附录：辑存重要文献以及其他有保存价值的资料。

三、时间安排

1. 2017年8月底，市直各部门、垂管单位、驻沅单位，启动编修编纂工作，成立班子，明确编修人员。

2. 2017年9月至2019年12月底收集整理相关资料，组织编辑，形成初稿。

3. 2020年1月至2021年6月底完成初审。

4. 2021年底前完成出版发行工作。

四、质量要求

1. 资料翔实。志书内容横不缺项、纵不断线，入志资料、数据要全面系统、真实准确，经得起实践和历史的检验。

2. 结构合理。篇目设置要科学分类、适当兼顾社会分工实际，突出时代特点和部门特色。标题简明，层次分明，排列有序；图表、照片选用适当。

3. 文辞规范。按记叙文体的要求做到文风朴实、文字简明、用语准确、行文简洁流畅。

4. 印刷标准。文字差错率低于十万分之三，志书排印规格统一，装帧设计要适用、经济、美观，达到出版要求。

五、工作要求

1. 加强组织领导。各市直单位、垂管单位、驻沅单位，要成立编修工作领导小组，明确1名副职具体统筹协调修志工作，制定实施方案和计划，落实修志人员。凡由多个部门或行业合成部门志或行业志的，由牵头单位负责，联合成立编委会及修志工作班子，明确责任人，建立联系人制度，切实履行好对各承修单位的组织、协调、统筹工作。

2. 加强业务指导。市地方志办公室要加强对编修部门志和专业志单位的业务指导，及时解决编修工作中的难点、疑点问题，各承修单位应主动接受市地方志办公室的指导，并严格按照市地方志办公室工作计划有序推进；要适时组织承修单位编辑人员的业务培训，确保编修质量。本轮修志内容、时间跨度大，各单位在选用编修人员时，要适当考虑相对稳定的人员参与编修工作，要保证编修工作的连续性。

3．编纂地方志书是为了“存史、资政、育人”，是一项十分严肃的工作，严禁任何单位和个人以赢利等为目的插手地方志书编修。一经发现，将依规严肃查处。

沅江市人民政府办公室

2017年7月31日

沅江市人民政府办公室
关于进一步做好《沅江年鉴（2017）》
编纂工作的通知

各镇人民政府、街道办事处、芦苇场，市直各单位，垂管单位，驻沅单位：

我市自2014年开始《沅江年鉴》“一年一鉴”编纂工作以来，总的情况是好的，但有个别单位领导不够重视，稿件质量不高，严重影响成书的质量与进度，为进一步做好《沅江年鉴》编纂工作，现将有关事项通知如下：

一、坚持质量第一。要严格按照年鉴编写要求组织材料，审准数据，讲究章法；不能以年终总结或汇报材料充数。今后凡不合质量要求的单位，一律不收、不录，缺篇责任由各单位自负。

二、力争图文并茂。在组织材料时对重要活动和有影响的大事各备1～2张图片，镶入文字中，并括注说明文字，以丰富年鉴内容，增加可读性。

三、做到按时交稿。年鉴材料收稿时间为：当年收编先一年的材料，一般元旦过后即可交稿，要求交纸质文档一份并发电子文档，纸档送沅江市市志办（沅江市老财政局办公楼3楼）。电子邮箱：2533217452@qq.com；联系电话2814878、17773762191；联系人：王友达。

为落实上述通知要求，2017年年鉴的材料可适当推迟交稿时间，但最迟不超过2018年3月1日。

沅江市人民政府办公室

2018年2月6日

注：本年鉴编纂办公室特设“专载”类目，把沅江市人民政府办公室“关于开展部门志（专业志）编修工作的通知”“关于进一步做好《沅江年鉴（2017）》编纂工作的通知”录入，一是表明市人民政府对该项工作十分重视，二是作为专项工作的文存；望各单位认真实行。

大事记

1月

1月7日　湖南省京剧团到沅江进行文化惠民演出，在杨泗桥社区、南嘴镇、漉湖芦苇场、南大膳镇、草尾镇、阳罗洲镇等乡镇共演出10场。

1月7日，湖南省京剧团到沅江进行文化惠民演出　　（市文广新局办公室提供）

2月

2月3日　沅江市委书记陶德保，市委常委、市委政法委书记戴剑峰，市委常委、市委办主任李向前到G234线检查督导春运安保工作、慰问坚守在路面一线的执勤民警和协辅警。市公安局政委鲁放军陪同检查督导。

2月4日　2017年沅江市服装产业园春季现场招聘会在蓼叶湖公园隆重举行，参会企业达30多家，提供近10000个职位，9562人现场咨询，8686人与企业达成就业意向。

2月4日，沅江市服装产业园举行招商招聘活动　　（市工业园办公室提供）

2月6日　省委副书记乌兰到沅江调研指导经济社会发展情况，要求沅江市在湖鲜食品产业园建设中加大品牌建设，扶持龙头企业做大做强，推动经济社会的发展。益阳市委书记瞿海，市委副书记、市长张值恒，市委副书记黎石秋，市委常委、市委秘书长孙达良，沅江市委书记陶德保，市委常委、市委办主任李向前陪同调研。

2月11日　“我们的中国梦中湖湘文化进万家”春节系列活动之“祥龙戏春”元宵龙灯花鼓大会演在蓼叶湖公园举行。

2月11日，沅江市举行元宵花鼓会演
（市文广新局办公室提供）

2月13日　省委督查组到沅江调研村级党组换届选举工作。市委副书记罗晓皓，市委常委、纪委书记杨正才，市委常委、组织部部长雷越毅陪同并出席调研座谈会。

2月14日　益阳市委书记、市人大常委会主任瞿海深入新马制衣、中联重科、億昌麻香糕等企业实地调研沅江经济社会发展情况。益阳市委常委、市委秘书长孙达良，沅江市委书记陶德保，市委副书记、市长谢君毅，市委常委、市委办主任李向前，副市长高应良一同调研。

是日　2017年湖南省知识产权工作会议上，沅江市被评为“湖南省知识产权建设强县”“2016年度湖南省知识产权工作先进单位”。在湖南省122个县(市、区)中，同时获此殊荣的全省仅4个县(市、区)。

2016年沅江市发明专利申请量96件，发明专利申请占比20.96%，在全省122个县(市、区)中排序39位;发明专利授权量27件，授权量同比增长17.39%，在全省排序31位；专利执法案件办理22件，其中假冒专利案件20件，侵权纠纷案件2件。知识产权工作重要指标实现“十三五”良好开局。

2月16日　国家林业局贵阳专员办会同湖南省林业厅野生动物保护专家到沅江督查野生动物保护工作。

2月18日　亚洲赛艇专家组到沅江考察浩江湖赛艇运动中心。沅江市副市长钟清华陪同亚洲赛艇协会高级顾问李基炫（韩国籍）、中国赛艇协会毛晓荣、杭州富阳方舟船艇公司副总经理方志成、金蝶明珠赛艇俱乐部协调员鲁世华一行实地考察沅江浩江湖赛艇运动中心项目的相关情况。

专家组通过实地察看、调阅图件、座谈等方式详细了解浩江湖水域的水文、环境、后勤保障、规划发展等情况，就浩江湖水域的赛道设计、赛事组织、后勤保障等方面提出宝贵的意见和建议。

2月22日　沅江市水务局召开专题会议，研究部署沟渠塘坝清淤增蓄工程迎检事宜。

2016年，沅江市沟渠塘坝清淤项目疏浚大型沟渠52条、199.7公里，中型沟渠112条380.7公里，小、微型沟渠752条、637.33公里；清淤大型塘坝7处、中型塘坝19处、小型塘坝48处。省级奖补资金4300万元，群众自筹2380万元，市财政配套650万元，工程已全部完工，工程形象进度为100%。

2月23日　沅江市服装产业园建设初见成效，沅江市委、市政府邀请华东大学服装与艺术设计院对服装产业园进行规划设计，当日止，达成意向入园企业132家，签约100家，正式投产企业44家。2016年，服装产业园实现产值11.8亿元，上缴税收3500

万元。沅江服装产业园正朝着“政府做大公共品牌，企业做强自主品牌”的方向迈进。

是月　沅江市国土资源局荣获“2014—2016年度全省国土资源系统信访工作先进集体”。

2017年，该局高度重视群众来信来访工作，按照责任制要求，以“谁审批谁负责”和“谁的问题谁解决”为原则，规范程序，层层抓落实。实行“一月一排查、一月一交办、一月一落实、一月一督查、一月一通报”工作责任制，对上级交办、转办和本级受理的信访事项均做到100%网上受理登记、转办交办、办结反馈，信访信息化建设走在全省国土系统前列。

3月

3月2日　太阳鸟游艇股份有限公司承建的“长狮号”游艇，总造价达2.5亿多元，长110米，宽23米，高26米，吃水3.4米，总功率10534千瓦，最大挖泥深度达25米，最大排泥距离6000米，配备当前国际顶级的机械动力设备,每小时挖泥可达2000立方米，为目前湖南省首艘自航绞吸式挖泥船。该船能在六级风浪条件下作业，具有稳定性好、功效大、技术含量高、灵活转向、自航和续航能力强，不需任何辅助拖带，可满足24小时连续高效挖泥疏浚作业，并且实现自动挖泥与在线监控，为航道疏浚治理工作、提高通航能力提供强大武器。

3月14日　沅江市人民政府网被评为2016年湖南省优秀政府网站。这是沅江市继2015年获奖之后，再次获省级殊荣。

是日　阳罗洲镇党委书记曾维佳带领干部群众80余人，到七子浃村保丰渠开展义务植树活动。

3月20日　国家知识产权局确定并公布新一批国家知识产权强县工程、传统知识产权保护示范、试点县(区)，沅江市成功入选国家知识产权强县试点县，是益阳市唯一入选的区县(市)。本批国家知识产权强县试点全省有3个县（市）榜上有名。试点时限从2017年3月至2019年3月，为期3年。

3月22日　省环保厅副厅长谢立和环监局长王盛才、副局长熊俊一行4人到沅江督查漉湖矮围、网围养殖、碍洪等情况。

是日　益阳市委书记、市人大常委会主任瞿海深入虹润风电漉湖风电一期、畔山洲垸压浸平台修筑工程、新湾镇政府等地调研沅江经济社会发展情况。

益阳市委常委、秘书长孙达良，副市长谢寿保，沅江市委副书记、市长谢君毅，市委副书记罗晓皓，市委常委、常务副市长罗必胜，市委常委、市委办主任李向前，副市长高应良等一同调研。

是日　人民日报、新华每日电讯、经济日报、光明日报等多家中央主流媒体头版头条刊登名为《以新作为开启新征程—— 落实习近平总书记在全国两会上的重要讲话精神述评》的文章，文中第二部分“新思路——推进供给侧结构性改革，要更加善于作为”中，以沅江芦笋为例，对沅江市发展现代农业，培育壮大特色产业，推进农业供给侧结构性改革给予充分肯定。

3月23日　沅江市食品药品工商质量监

督管理局对获得“湖南省著名商标”的湖南飞涛专用汽车制造有限公司、湖南辣妹子食品有限公司、湖南天下洞庭粮油实业有限公司3家企业上门授牌。其中湖南飞涛专用汽车制造有限公司获得1枚，辣妹子食品有限公司获得3枚，湖南天下洞庭粮油实业有限公司获得1枚。

至此，沅江市共有11家企业的15个品牌被评为“湖南省著名商标”。

3月25日　沅江市环保志愿者协会举办第一届三次会员代表会议。会议听取相关工作报告，宣读新增常务理事名单，表彰2016年度优秀会员及市环保啄木鸟行动比赛获奖者。

3月28日　启动运行沅江市机关事业单位养老保险新系统，为全市256家机关事业单位7749名退休人员调整养老保险发放渠道。

是月　湖南省扶贫办公布30个乡村旅游扶贫项目县名单，沅江市入选其中，省扶贫办将在这30个县每县选择1个贫困村作为乡村旅游扶贫示范项目，每个村可获得100万元到300万元不等的财政资金，用于发展乡村旅游。

4月

4月8日　益阳知青一行100余人赴茶盘洲镇举行联谊活动，经茶盘洲镇政协联工委各方联络和精心筹备促成该次活动的成功开展，其主要目的是联络感情，积聚力量，促进茶盘洲经济发展。联谊活动开展得有声有色，让知青们仿佛回到当时的激情岁月。大家纷纷表示，要为茶盘洲争做贡献。

4月8日，益阳知青在茶盘洲镇合影（镇办公室提供）

4月8日，益阳知青在茶盘洲镇举行联谊活动（镇办公室提供）

4月21日　胭脂湖街道杨梅山农民诗社社长黄敬吾接到市文联的批复文件，同意成立胭脂湖农民文联，要求按程序办理登记手续，制订章程，做好文学艺术事业发展规划，积极开展文学艺术活动，为团结凝聚文艺队伍、丰富人民群众精神文化生活、繁荣发展社会主义文艺事业做出贡献。

胭脂湖文联以杨梅山农民诗社为主体，该诗社初创于20世纪90年代初，正式成立于2012年。截止2016年，该诗社已在全街成立7个分社，共发展会员300多名；3所学校成为团体会员，书写诗词3万多首，出版内刊《湖乡诗韵》25期。2016年，先后创立胭脂湖楹联协会、书法协会、音乐舞蹈协会、摄影美术雕刻协会、老年健康协会等民间文艺社团。胭脂湖文联成立后，将协调和管理这些民间文化社团组织。

4月26日　在株洲市湖南化工职业学院赛点举行的湖南省职业院校技能大赛职业英语技能(其他类)比赛中，沅江市职业中专学生C1401班刘宇 、陈澳荣获职业英语技能比赛一等奖。

4月28日　沅江市2017年湖南省南洞庭湖水生生物增殖放流活动在沅江市太阳鸟码头举行，该次放流活动共放鱼苗200万尾，其中青鱼3万尾、草鱼10万尾、鳙鱼71万尾、白鲢116万尾。

5月

5月7日　新华社、中央电视台、中新社、新浪网、湖南日报、湖南卫视、湖南经视、华声在线、益阳日报、益阳电视台10多家主流媒体到沅江市漉湖芦苇场，专题采访报道下塞湖北闸爆破行动。

沅江市委、市政府铁腕整治矮围网围，成功爆破拆除下塞湖北闸，坚决保护洞庭湖生态环境的决心，获得主流媒体集体点赞。新华社、中新社、新浪网、湖南日报专题报道《湖南对洞庭湖最大非法捕鱼设施进行爆破拆除》《洞庭湖最大矮围实施爆破拆除 欲再现八百里洞庭》《沅江市拆除洞庭湖最大矮围保护洞庭生态》《沅江市下塞湖湖北闸拆除，3万多亩湖州重回洞庭怀抱》。

5月11日　在第二十七个助残日到来之际，沅江市人民政府副市长于新胜到沅江市特殊教育学校调研并指导工作，市残联理事长熊晓华陪同调研。

特校孩子们的课间活动（市残联办公室提供）

5月18日　市委副书记、市长谢君毅主持召开沅江市生态环境保护委员会第二次例会，会议专题研究中央环保督察组信访交办件的有关问题。副市长高应良及市纪委、市委宣传部、市绩效办、市政府办、市科工局、市国土局、市环保局、市住建局、市水务局、市林业局、市商粮局、市畜牧水产局、市海事处、“两办”督查室、琼湖街道、新湾镇、草尾镇、四季红镇、漉湖芦苇场等单位负责人参加会议。

是月　市总工会联合市电视台举办“最美劳动者”先模电视专题报道，重点宣传全国劳模杨丽、省劳模杨建军、沅江市劳模夏根固的先进事迹，在全社会倡导尊重劳模、学习劳模、关爱劳模的新风尚，唱响劳动光荣主旋律。

是月　市总工会开展“农民工入会集中行动”，通过加强组织领导，强力推动；宣传引导，舆论促动；责任到位，部门配合的方式和采取扎实摸排，上门宣传，现场帮助等措施，深入村（社区）新建工会组织126家，发展会员3795人。

是月　开展“春暖行动”，深入企业宣传劳动合同法、社会保险法及工伤、医保、养老等政策，发放宣传资料2000多份，签订劳动合同825份。

是月　完成沅江市国土资源局牵头负责的2016年旱改水项目。该项目自2016年11月上旬开始施工，属社会主体投资建设项目，共投入资金1.75亿元，由沅江市旱改水领导小组监管实施，建设规模5.59万亩，涉及6个镇、23个行政村，完成旱地改水田面积4.12万亩，新增耕地461.25亩。

6月

6月5日　沅江市南洞庭国际重要湿地候鸟保护协会（以下简称鸟协）举行挂牌仪式，沅江市政协副主席邓坤龙与候鸟保护协会会长刘伯安共同剪彩，市政协、市湿地局、市民政局相关领导以及林业局党组全体成员出席挂牌仪式。

南洞庭国际重要湿地候鸟保护协会是由沅江市部分离退休老领导、老同志、老科技工作者、人大代表、政协委员以及社会知名人士等发起筹备，于2015年12月4日经沅江市民政局批准成立的慈善公益型民间组织，接受市林业局业务领导，以保护候鸟等野生动物为主要目的。协会成立以来，独立组织或参与黑鹳、白鹤等珍稀候鸟的守护与科考、湿地与候鸟的巡护与救助、野生动物保护法律法规的宣传，以及配合林业主管部门开展鸟网清剿、野生动物市场清查、为林业公安提供破案信息与线索等，得到益阳市和沅江市党政领导的肯定，协会工作多次被省内乃至国内主流媒体宣传报道。

6月6日　湖南省扶贫督查组到达阳罗洲镇，开展为期两天的督查，该镇扶贫工作得到省领导的高度评价。

6月16日　举办沅江芦笋大市场运营暨省级地方标准发布会活动。沅江市委副书记、市长谢君毅出席活动并对芦笋大市场正式运营表示祝贺，市领导李向前、周新秋、王志强、高应良、邓坤龙等出席活动。湖南省餐饮协会、南方经济作物研究中心、湖南农业大学食品研究技术学院等单位的专家教授参加活动。

沅江芦笋的营养价值是普通蔬菜的10～30倍，被誉为“洞庭虫草”。2015年，成功注册工商总局“国家地理证明商标”；2016年12月，被湖南省农委评为“十大农业品牌”，并成为“庆丰包子”专供食材原料。现场还宣读了《沅江鲜芦笋采标与运输技术规范》和《沅江芦笋罐头加工技术规范》两个湖南省地方标准，并对14家合格的生产企业进行生产许可授牌。

6月16—17日　“金蝶杯”中国沅江赛艇大师赛在市浩江湖举行，共吸引16支俱乐部代表队，300多人参赛。其中，沅江市代表队获男子4人双桨第二名。

图1：6月16日，中国沅江赛艇大师赛在浩江湖举行　（廖文摄）

6月17日　沅江举办湖南·益阳首届洞庭湖生态文化旅游节暨水上运动节。节会期间共开展中国沅江赛艇大师赛、水上特技表演、“霞映沅江”洞庭湖实景演出等多项活动。为沅江市历史上规格最高、规模最大、参与人数最多的一次节会盛典。

图2：6月17日，参赛代表队展示　（廖文摄）

图3：6月17日，沅江市委书记陶德保在洞庭湖文化旅游节上致词　（廖文摄）

图4：水上特技表演　（廖文摄）

6月18日　由湖南海荃游艇有限公司与武汉理工大学联合研发的一款具有完全自主知识产权的新型环保概念船舶——HQ2380太阳能动力豪华游船。船长23.8米，宽5.2米，最大载客量99人，排水量41吨，航速达到18公里每小时，续航能力5小时，其噪音不足柴油船的1/10，零排放。运营成本不到柴油船的1/20。

6月18日，HQ2380游艇在沅江浩江湖　（廖文摄）

6月21—22日　省委常委、省委政法委书记、省公安厅厅长黄关春深入沅江市调研基层综治工作、公安警务机制改革、社会治安综合治理、司法体制改革等工作，看望基层一线政法干警。

6月26日　以“禁毒之声——唱享健康、健康毅行”为主题的沅江市大型宣传活动在蓼叶湖公园广场举行。沅江市委常委、政法委书记、禁毒委副主任刘武，副市长、公安局长、禁毒办主任王倜夫，市禁毒协会会长刘国腾等出席活动启动仪式。

6月30日，群众文艺会演　（廖文摄）

6月30日　2017年“欢乐潇湘 文化益阳”群众文艺会演市级决赛沅江市专场在蓼叶湖公园举行。

是日　召开2017年全民参保登记会，为统筹推进城乡社会保障体系建设，实现城乡基本养老保险人员全覆盖，正式启动全民参保登记工作，全民登记户籍未参保已核实105457人，完成率100%。

6月30日，沅江市召开全民参保登记会
（市人社局办公室提供）

7月

7月3日　8时，沅江市三口四水入湖流量51587立方米/秒，出湖流量45200立方米/秒，入超6387立方米/秒。外河水位继续呈上涨趋势，全市有10个堤垸11个镇场街道超保证水位。

至是日晚9时，全市共发现并成功处置7处管涌、1处防洪墙垮塌，险情主要分布在琼湖、胭脂湖、南嘴、南大、茶盘洲、阳罗等镇场街道所辖堤段。

面对防汛抗灾严峻形势，市多次召开防汛汇商会，要求全市上下弘扬1998抗洪精神，不忘1996溃垸伤痛，防大汛、抢大险、抗大灾，提高思想认识，进一步加强堤垸基础工作，加强查险处险，确保安全度汛。

全市自进入防汛Ⅱ应急响应，按照水位上足干部1880名、劳力6213名、武警官兵200名、抗洪志愿者50名投入到防汛抗灾工作，另组建一支1750名防汛抢险队伍，冲锋陷阵在抗洪抢险第一线，全力保障人民群众生命财产安全。同时，紧急召集一批离退休水利技术人员增援防汛抗灾工作。

7月5日　在市委、市政府的科学指挥和调度下，茶盘洲镇带领全镇党员、干群，战胜“1+9”特大管涌群，确保共双茶垸16万人民的生命财产安全。

7月9日　沅江市环保局开展“沧海横流、尽显党员本色”主题党日活动。局机关党支部和监察大队党支部在抗洪前线开展一次具有特殊意义的主题党日活动。48名中共党员在防汛大堤上，胸戴党徽，举起右手，面对庄严的党旗，重温入党誓词：“我志愿加入中国共产党，拥护党的纲领，遵守党的章程……”并缴纳了特殊党费。

7月11日　沅江市城乡居民社会养老保险手机缴费渠道正式开通，进一步拓宽缴费渠道，为参保人员缴费提供了便利。沅江是湖南省第一个启动该项工作的地区。

7月14日上午　中国红十字基金会到沅江市琼湖街道慰问莲花岛村受灾群众。

莲花岛村总人口1258人，在抗洪最高水位时，撂刀口组、莲花坳片所有房屋全部被淹没，明山组、朗山组大部分浸泡在洪水中，造成直接经济损失1000万元以上。

中国红十字会相关人员一行详细了解当地居民的受灾情况，为受灾群众分发慰问物资，共发放100个总价值3万元的赈济家庭箱，1000件总价值14.2万元的儿童服装等。

7月14日 省人民政府研究室副巡视员彭君晖一行4人到沅江调研环保工作。益阳市副市长谭建华、副秘书长梁成立、沅江市常务副市长罗必胜、副市长高应良等陪同调研。

7月18日 2016年度益阳市科学技术进步奖获奖项目公布，沅江市的两个项目获得益阳市科技进步奖。湖南科旺科技有限公司申报的环保高分子PU装饰材料新工艺关键技术的研究与产业化喜获益阳市科技进步奖二等奖，湖南南洞庭野生植物面业科技开发有限公司申报的一种野芦笋野芹菜面条及其制备方法获益阳市专利奖三等奖。

7月21日 益阳市委书记、市人大常委会主任瞿海率公安、交通、公路、市委督查室等部门负责人，深入沅江检查督导治超工作。益阳市委秘书长孙达良、市公安局常务副局长李克良和沅江市委书记陶德保等陪同检查督导。

7月25日 在上海红星美凯龙集团总部，沅江市政府就沅江市红星美凯龙家居建材市场项目与集团正式签约。市委常委、统战部部长张伏初，副市长高应良参加签约仪式。

该项目是沅江市重大招商项目，项目计划总投资8亿元，总用地面积70亩，规划总建筑面积10万平方米，其中家居市场约3万平方米，2019年年底竣工开业。

是月 完成企业退休人员调待工作，调整34632名退休人员基本养老金，月增资总额499万元，人均增资144.06元。

8月

8月 四季红镇腐乳成功申报国家地理标志产品。同时，这也是继“沅江芦笋”后沅江市第二项“国家地理标志”产品。

8月3日 中国生物多样性保护与绿色发展基金会副秘书长马勇一行到沅江，为沅江市蒸钵湖成功申报“中华青头潜鸭保护地”项目授牌。沅江市政协副主席邓坤龙及相关部门单位负责人参加授牌仪式。

蒸钵湖地处南洞庭湖省级自然保护区与南县舵杆洲国家湿地公园之间，湖中遍布芦苇，是洞庭湖中青头潜鸭分布最多的越冬地，青头潜鸭每年11月下旬飞临蒸钵湖，下年2月下旬飞离。青头潜鸭于2012年被世界自然保护联盟评定为极危物种，据初步估计，全球的青头潜鸭现仅存500只左右，是鸟类中十分罕见的物种。自2015年11月在蒸钵湖发现青头潜鸭，沅江市就开始对其进行不定期的巡护，截至2017年2月19日，志愿者共对蒸钵湖的青头潜鸭巡护17次，记录到青头潜鸭的最高纪录为60只。

8月10日 湖南新马制衣有限公司位于沅江高新技术产业园，公司占地面积达140余亩，主要为国际知名品牌Hugo Boss、Lacoste、Armani 、POLO等加工高档纯棉针织服饰，产品出口欧美、日本、韩国等地。有员工1600余人，共开设裁床部、车缝部、品质部、包烫部、洗水部、印花部等部门，车缝部有生产线20多条；各类衣车设备2400余台，共投资1500万美元，年产量达500多万件。

8月21日 是日上午，沅江市东方少年军校第一堂军事射击课正式开课，代表着激光射击靶场首次走进全省首家校园。来自部队的专业教练现场纠正学生不正确射击姿势。

是月　45.94万名农村居民喝上安全水。沅江市水务局狠抓安全饮水工程建设，2013年—2017年，共完成投资23476.18万元，新扩（建）集中供水工程20处，共铺设直径40厘米以上的主管3036.55千米，解决45.94万名农村居民的饮水安全问题。

9月

9月11日　建成沅江市阳罗洲镇大中村新建的欣晨面厂厂房，设备全部安装到位，新面厂计划于月底开工生产。

面厂已为生产的产品注册“阳罗娃”商标。面厂除生产常规面条外，还将推出土豆面、红薯面、豌豆面等多种面条产品，尽力满足各类食客需求。

9月14日　省委督查室、省政府督查室及省直有关部门组成的联合督查组深入沅江督查道路交通安全工作。

督查组采取明察与暗访相结合的方式，检查省委、省政府道路交通安全工作决策部署贯彻落实情况，重点检查省政府办公厅关于加强道路交通运输安全监管及安全生产实施情况。

9月18日　长沙湘麓环保科技有限公司董事长郭志平和湖南京明环保科技有限公司董事长江京华等一行到茶盘洲镇开展爱心捐助。先后到是年考取大学的10多位优秀贫困学生家庭和敬老院走访并送上慰问金共计7万余元。

9月26—29日　省教育厅副厅长唐亚武带领省督导评估组，对沅江市人民政府教育工作及其党政主要领导的教育实绩开展为期4天的督导评估考核。督导评估组就38所学校的硬件设施、软件资料逐项进行评估，对沅江教育工作给予高度评价，一致认为沅江市党政重教，工作执行力强，发展势头持续向好。

9月29日，省教育厅副厅长唐亚武在沅江教育局讲话　　　（市教育局办公室提供）

是月　市总工会与全民健身中心联合举办全市第六届大众运动会，开赛共13个项目，共2000余名职工运动员参赛。11月，举办第十届职工男子篮球赛，镇（场）、街道、市直局、企业30支代表队参赛。

是月　茶盘洲镇被评为“益阳市抗洪救灾先进单位”。

10月

10与4日　中法文化艺术交流团到沅江参观考察。

国庆、中秋假期8天内，沅江市共接待游客42.62万人次，同比增长23.56%，累计旅游收入9259.67万元，同比增长16.58%。

10月10日　沅江市第二十七届中小学

生运动会在沅江一中隆重开幕。本次运动会共设田径和球类2个大项的48个单项，有来自全市各中心学校、高中学校、传统体育项目学校的26支代表队共500多名运动健儿参赛。

10月10日，沅江市第二十七届中小学生运动会开幕式　（市教育局办公室提供）

10月13日　沅江市首届全民健身暨第六届大众运动会开幕。

10月24日　由沅江市文体广新局、市文联举办的“正大气象 盛世华章——温安泰先生中国画作品汇报展”在市洞庭湖博物馆开幕。市委常委、宣传部部长涂政坤，副市长钟清华等出席，全市众多文艺界知名人士现场为画展助阵。本次画展展出的是温安泰先生不同时期所创作的60余幅国画精品。

10月26日　沅江市召开2018年度城乡居民医保、农保筹资工作会议。市委副书记、市长杨智勇强调要确保筹资工作目标任务按时间节点完成，市政府督查室对负责筹资工作的单位和责任人进行专项督查，及时通报筹资工作进度。

10月29日　在沅江市打响全面清理退出南洞庭湖省级自然保护区核心区欧美黑杨的第一战。之前，中央环保督察组反馈欧美黑杨的大面积种植有损洞庭湖的自然生态，要求全面整改，省、市相应召开专题会议予以部署。沅江市成立专门工作领导小组，制定工作方案，分解目标任务，明确时间节点，确保年底清除南洞庭湖省级自然保护区核心区洲滩的欧美黑杨。

是月　沅江市环保志愿者在南洞庭蒸钵湖水域观测到100多只白琵鹭。白琵鹭属国家二级重点保护动物，如此大规模出现属国内罕见。因嘴长直、扁阔似琵琶，又名琵琶嘴鹭，属大型涉禽，全身羽毛白色，长得像白鹭；颈、腿均长，腿下部裸露呈黑色。喜栖息于沼泽地、河滩、苇塘等处，主要以小鱼、虾等水生动物为食。春夏季在新疆、黑龙江、吉林、辽宁等北部高寒地区繁殖，冬季在长江下游、江西、广东和台湾等东南沿海一带越冬。

11月

11月4日　湖南省社区矫正信息系统益阳培训会在沅江市司法局举行，省社区矫正管理局副局长符益华，益阳市司法局副局长朱正鹏出席会议，益阳各区县（市）司法局相关负责人和社区矫正骨干共40余人参加培训。

11月15日　阳罗洲镇举办“精准扶贫”就业技能培训班，聘请专业老师为贫困劳动力讲解新型农业等相关知识。

11月16日　文化市场综合执法大队在益阳市文化市场综合执法业务培训和技能比武中获得团体一等奖。

11 月 20 日　沅江市首个省级“留守儿童心理健康辅导中心”（“知心屋”）授牌仪式在政通实验学校举行。益阳市妇儿工委办副主任刘芳、沅江市副市长、市妇儿工委主任于新胜出席活动并讲话。市妇联、市教育局、市民政局、市政通实验学校相关负责人与近 200 名师生一起参加授牌仪式。

11 月 20 日，沅江市副市长于新胜（中）为“知心屋”授牌并讲话　　（市妇联办公室提供）

副市长于新胜充分肯定“知心屋”项目的建设并为“知心屋”授牌。他指出，关注儿童就是关注未来，是社会各界义不容辞的责任。要提高站位，充分认识留守儿童心理健康的重要意义；勇于实践，着力提升留守儿童心理健康服务水平；善抓机遇，不断加大留守儿童心理健康的投入力度。

11 月 20 日，沅江市“知心屋”授牌仪式
（市妇联办公室提供）

12 月

12 月 18—21 日　沅江市第十七届人民代表大会第二次会议在城区召开：会议听取和审议市人民政府工作报告；审议沅江市 2017 年国民经济和社会发展计划执行情况、2018 年国民经济和社会发展计划（草案）的报告；审查和批准沅江市 2017 年国民经济和社会发展计划执行情况、2018 年国民经济和社会发展计划；审议沅江市 2017 年财政预算执行情况和 2018 年财政预算（草案）的报告；审查和批准沅江市 2017 年财政预算执行情况和 2018 年财政预算；审议通过《沅江市第十七届人民代表大会第二次会议选举办法》；听取和审议市人大常委会工作报告；听取和审议市人民法院工作报告；听取和审议市人民检察院工作报告；大会选举产生沅江市人民政府市长、沅江市监察委员会主任，补选沅江市第十七届人民代表大会代表；大会表决通过法制委员会主任委员、副主任委员名单。

12 月 28 日　国家督学、天津职业技术师范大学原党委书记、应用技术大学（学院）联盟理事长孟庆国专家率国家义务教育发展基本均衡县督导检查组一行，到沅江市开展督导检查。督导检查工作组通过召开汇报会、查阅资料、召开座谈会和实地检查等方式对沅江市义务教育均衡发展工作进行全面督导评估。湖南省教育厅副主任督学张毅龙，益阳市政协副主席、益阳市教育局局长高德文，沅江市委副书记、市长杨智勇等相关领导陪同督导。

12月18日，国家义务教育检查组在沅江督导检查　　（市教育局办公室提供）

是日　S217河南线沅江段建成通车。河南线全线按二级公路标准建设，设计时速为60公里/时，沅江境内共有14.945公里，是沅江北部通向大通湖、岳阳方向的快捷通道。它的建成通车使南大膳镇、漉湖芦苇场、阳罗洲镇、泗湖山镇、茶盘洲镇等地的农副产品输出大大的的缩短了运距和时间，方便了当地群众出行，有效地推动沅江北部经济发展。

12月30—31日　沅江市南大膳镇集镇中心地段南北向的主路上，最后400米水泥路面全部改成沥青路面，河南线提前一个多月实现全线贯通。

12月31日，沅江市召开农民工工资支付专项检查会　　（市人社局办公室提供）

是月　沅江市召开全市农民工工资支付情况专项检查整治会议，安排部署2018年春节前开展全市农民工工资支付情况专项检查整治工作。市委常委、常务副市长罗必胜出席，15家市直单位主要负责人和各镇、场、街道分管领导及人社中心主任参加。

是年　胭脂湖村被评为“全省民主法治示范村”。沅江市司法局何苏文被评为“全国模范人民调解员”。

是年　根据《关于对省级农村土地整治项目实行入库管理的通知》等文件精神，沅江市国土资源局在沅江市胭脂湖街道等5个乡镇（街道）实施2017年度高标准农田建设项目。该项目总建设规模10533亩，总投入1680万元省级土地整治专项资金。

该项目从2017年8月开始前期工作，主要工程包括灌溉排水工程、田间道路工程、农田防护工程及生态环境保护工程等。通过该项目将完成整修硬化机耕道28450米，新修一般机耕路5776.07米，整修灌排农渠20868米，整修灌排斗渠21155米，新修泵站9座，新修机埠6座，田间进出水口407座，错车道26座，坡口23座，标识牌3座，总投资1680万元。

是年　沅江围绕“一个要务、三个生态”的发展理念，全力抓好城乡规划建设工作，投入1.2亿元，用于中心城区基础设施建设，完成城市亮化、浩江湖路建设工程；全面铺开狮山桥新建工程、石矶湖道路扩建、自来水三厂、污水处理二厂等重点工程；积极推进黑臭水体整治、乡镇污水处理厂及垃圾焚烧发电建设项目。投入2.3亿元加快新型城镇化建设步伐，在各镇场街道启动建设14个垃圾中点站、草尾镇乐园村集中居住已全面入住、启动南大草尾四季红镇污水处理厂建设、完成茶盘洲镇镇区“白改黑”二期建设，乡镇道路、水厂、下水道、绿化等明显改善，基础设施日臻完善。同时，扎实做好城乡规划工作，完成南洞庭风景名胜区规划、城乡环境卫生专业规划等9项专项规划，启动“海绵城市”规划、农村生活垃圾治理规划编制工作等。

是年　国家林业局下发《关于2017年试点国家湿地公园验收情况的通知》，湖南琼湖国家湿地公园试点通过验收，正式获批成为国家湿地公园。

湖南琼湖国家湿地公园地处沅江市城区中心，由洞庭湖滨互为连通的浩江湖、蓼叶湖、上琼湖、下琼湖、石矶湖及胭脂湖等湖泊群及一定的陆地区域构成，位于南洞庭湖、西洞庭湖国际重要湿地及资江、沅江与澧水“三水”的交汇地带，总面积1760.4公顷。湿地公园内生物多样性丰富，具有珍稀、濒危和较大种群数量特有物种分布，有野生种子植物486种，野生脊椎动物198种，其中国家一级保护植物1种，国家二级重点保护植物4种，国家二级保护动物17种。具有悠久深厚的洞庭湖渔耕文化、渔樵文化、堤垸文化，是湘楚文化的重要发源地。

是年　沅江市湿地保护局和湖南省农科院农产品加工研究所产学研深入合作，在省农业科学院栽种300平方米的沅江芦笋样本园。

沅江芦笋样本在省农科院扎根生长，将对沅江芦笋产业的发展提供强有力的科学支撑，有利于对沅江芦笋的深入研究，有利于沅江芦笋系列产品的快速研发。全年研发沅江芦笋新产品15种。

是年　全市农林牧渔总产值达103.22亿元，超额完成3.22%。其中农业总产值38.80亿元，较上年同期增加3.48亿元，同比增长9.84%；牧渔总产值32.42亿元，林业总产值32亿元。实现招商引资3280万元，立项争资5221万元，完成固定资产投资9944万元。秋冬农业生产总面积97万亩，覆盖率达95%以上，其中油菜53万亩、冬粮3万亩、蔬菜16万亩、绿肥15万亩、稻虾共作10万亩。

是年　2017年，沅江城乡居民基本养老保险参保人数225056人，缴费金额5775.87万元，完成全年征缴目标任务的211%。发放社保待遇10343.2万元，发放率达100%。“新时代、政策好；要养老、有社保；满十六、可参保;十四档、任意缴;多缴费、优回报……养老经、记得牢；谋幸福、要趁早。”这是沅江市人力资源和社会保障局，为城乡居民社会养老保险政策宣传编辑的“三字经”，通俗易懂，朗朗上口，已在老百姓中广为传诵。宣传广告扇、三字经海报还被选送参加全国居民社保宣传实物展，这是益阳市仅有的两件参选作品。

综 述

沅江市政区概况

【基本情况】

2017年，沅江市辖10镇、2个街道，另设2个芦苇场。土地总面积2012平方公里，其中耕地面积57.72千公顷。年末，全市公安户籍总人口74.16万人。年末常住人口69.34万人，其中城镇人口36.06万人，农村人口33.28万人。全年出生人口9247人，出生率12.51‰；死亡人口4077人，死亡率4.92‰；人口自然增长率7.59‰。

【经济发展】

2017年，全市实现地区生产总值（GDP）293.48亿元，比上年增长8.7%。其中：第一产业增加值59.39亿元，增长3.9%；第二产业增加值105.38亿元，增长8%；第三产业增加值128.71亿元，增长11.8%。按年均常住人口测算，全市人均GDP为42364元，增长8.4%。全年完成一般公共预算收入10.47亿元，同比增长12.5%，其中地方财政收入6.43亿元，下降1.6%。一般公共预算支出42.79亿元，增长5.1%。城乡居民人均可支配收入分别为31185元和16979元，同比增长9%和8.8%。

三次产业结构由上年的22∶34.8∶43.2调整为20.2∶35.9∶43.9，二、三产业增加值占GDP比重较上年提高1.8个百分点。第三产业比重提高0.7个百分点，三次产业对经济增长的贡献率分别为9.7%、32.4%、57.9%。

深入推进农业供给侧结构性改革，被评为省粮食生产先进县、粮油生产全程机械化示范县、农产品质量安全示范县。全年实现农林牧渔业总产值99.22亿元，比上年增长4.1%。其中农业产值46.44亿元，增长5.7%；林业产值1.18亿元，下降1.2%；牧业产值22.43亿元，增长2.1%；渔业产值28.14亿元，增长3.1%；农林牧渔服务业产值1.04亿元，增长12%。全年出栏肉猪73.43万头，增长1.9%；出笼家禽565.5万羽，增长2.5%；水产品产量17.24万吨，增长3.8%。

工业保持较快增长，2017年，全市完成工业增加值97.68亿元，同比增长8.2%。对经济增长的贡献率为30.9%，拉动GDP增长2.7个百分点。工业增加值占GDP的比重为

33.3%。农业产业化水平加快提升。2017年，新发展专业合作社240家，工商注册的农民专业合作组织达938个。全市共有市级以上龙头企业74家，其中省级龙头企业5家、益阳市级龙头企业69家。建立了80多个农业产业化基地，全市已创建绿色食品原料（水稻）标准化生产基地25.3万亩。新申报的84个无公害农产品全部获得无公害农产品证书；“沅江芦笋”获农业部农产品地理标志登记证书，被评为“湖南省十大农业区域公用品牌”。城镇建设步伐加快。主动融入“大益阳”、做足“水文章”，力推城乡融合发展，获评省旅游精品线路重点县。2017年，城镇化率为52%，比上年提高1.75个百分点。

全年完成固定资产投资234.06亿元，比上年增长5.4%。全市施工项目共521个，本年投产项目429个。5000万元以上项目69个，完成投资87.64亿元，占全部投资的比重为37.4%。国有投资86.51亿元，同比增长139.9%；非国有投资147.55亿元，下降20.7%。民间投资146.89亿元，增长37.1%，占全部投资的比重为62.8%，比上年提高14.6个百分点。分投资方向看，民生投资13.16亿元，增长112.3%；生态投资14.89亿元，增长2.5%；基础设施投资71.46亿元，下降14.2%；高新技术产业投资12.61亿元，增长26.8%；技改投资104.69亿元，增长10.8%；战略性新兴产业投资76.94亿元，增长26.8%。

城镇新增就业5350人，失业人员再就业3054名，其中就业困难对象再就业829人；创业带动城乡就业6716人；新增农村劳动力转移就业2875人，累计外出务工人员达到21.9万人；城镇登记失业率控制在4.3%以内。参加社会养老保险6.8万人，参加机关事业单位养老保险1.56万人，参加城镇职工基本医疗保险人数3.97万人，城乡居民医疗保险人数65.43万人，参加工伤保险人数4.79万人，参加生育保险人数2.01万人，参加失业保险人数3.32万人，参加城乡居民养老保险人数22.51万人。全年录用公务员127名，招募“三支一扶”服务人员6名，事业单位招聘工作人员161名，招聘英语老师20人。2017年，发放城镇居民最低生活保障金7438.49万元，享受最低生活保障23.39万人次，发放农村最低生活保障金2569.25万元，享受最低生活保障17.11万人次，发放城乡医疗救助资金1899.9万元，救助5.5万人次。社会福利中心、城乡老年人服务设施，城乡居家养老服务示范点等新增床位277张。

全年实现社会消费品零售总额98.98亿元，比上年增长10.6%。其中城镇零售额84.94亿元，增长10.7%；农村零售额14.04亿元，增长10.4%。分行业零售额中，批发业零售额10.86亿元，增长10.8%；零售业零售额72.79亿元，增长10.7%；住宿业零售额3.4亿元，增长10.5%；餐饮业零售额11.93亿元，增长10.4%。

全年引进市域外资金完成固定资产投资70.18亿元，引进境内省外资金57.6亿元，引进境外资金3511万美元。新引进投资项目39个，新开工项目38个，新投产项目40个。“益商大会”签约项目5个：德高瑞丰、美蓝游艇、通达彩钢板、德旭新能源、玉潭中学，总投资额38.3亿元；洞庭湖生态旅游节上签约项目2个：状元湖生态农业观光园、维也纳国际酒店，总投资2.8亿元；8月，集中签约项目8个：奥园商业综合体、光伏领跑者、沅江市新能源、新马制衣扩建、天然气分布式能源、豆制品深加工、医疗用品和璟洪化工外贸项目，签约资金达100.72亿元。

脱贫攻坚扎实推进，改造困难群众危房881户、易地搬迁贫困人口1335名、发放扶贫小额贷款9475万元，7368名贫困人口、12个贫困村实现稳定脱贫。72处16.78万亩矮围网围、南洞庭湖水域12.5万亩迷魂阵全部拆除，10580亩珍珠养殖、54285亩水产精养基本退出，禁养区723户、39.3万平方米畜禽规模养殖场全部退出，保护区核心区24796亩杨树全部砍伐，拆除非法砂场79处。

总投资6.49亿元，完成全市31处重点水毁工程修复；重点推进“三小”工程、共双茶垸安全区和分洪闸建设以及包括护堤屋、一线大堤照明线路架设、两水夹堤处置、堤顶硬化在内的大堤达标工程建设；改造扩建农村自来水厂管网，解决4400名贫困人口饮水问题；新建泵站74座、改造4座，渠道衬砌69条、6.88千米，新建渠系建筑物552处，建设高效节水灌溉面积3000亩、管道260.63千米；完成渠道疏浚1246千米、塘坝清淤0.1万亩；完成沈家湾泵站改造；完成高标准农田建设11处，土地整理、平整1.5万亩；完成草尾镇农业基础设施建设；新增千亿斤粮食产能项目；完成五湖连通二期治理项目，河湖清淤4.5千米，公路硬化2.5千米，新建涵闸1处。

益南高速沅江段计划于2018年建成通车，乐漉线建设完成投资50%，河南线沅江段通车，农村公路加宽、危桥改造、安防工程等完工。益沅线新能源公交进入试运行阶段。完成邮电通信业务收入4.03亿元，同比增长6.1%。年末全市固定电话用户5.48万户，移动电话用户48.03万户，宽带互联网用户9.46万户，手机互联网用户39.05万户。

【社会事业】

全市十大重点民生实事项目全部完成或超额完成。农村危房改造第一批完成881户，第二批完成454户，完成率达100%；农村饮水安全巩固提升4400人，完成率达100%；特困移民解困避险搬迁安置596人，完成率达184%。完成农村公路建设提质改造62公里，完成率达194.1%；完成农村公路安保设施建设113公里，完成率达125.6%。新增城镇就业5350人，完成率达102.9%。完成城市棚户区改造3294套，完成率达100%。农村适龄女“两癌”免费检查10000人，完成率达100%。新增养老床位277张，完成率达100%。新增社会治安视频监控摄像头200个，完成率达100%。完成30个行政村宽带网络升级改造，完成率达100%。完成15个行政村配电网改造，完成率达100%。孕产妇产前免费筛查6600人，完成率达100%。

全市共有各级各类学校102所，其中普高2所、完全中学3所、职高3所（含民办职高1所）、教师进修学校1所、初级中学10所、九年制学校21所、小学44所、小学教学点17所、特殊教育学校1所。全市中小学生5.53万人，其中小学生3.15万人、初中生1.27万人、普高学生0.79万人、特殊教育学生0.01万人、职高学生0.31万人。全市共有幼儿园126所，其中公立幼儿园14所，民办幼儿园112所。高中升学率达98.32%、初中入学率达100%、小学入学率达100%、学龄儿童入学率达100%。投资1.2亿元新建南洞庭实验学校，引进玉潭学校，将有效化解城区“大班额”问题。

【魅力沅江】

旅游沅江　境内有国家AA级旅游景区2处，AAA级景区1个；省级文物保护单位4处，市级文物保护单位6处，有旅行社4家，星级旅游饭店3家。2016年，共接待国内游客505.47万人次，比上年增加70.5万人次，实现旅游综合收入14.82亿元，分别增长16.2%和16.7%。

主要景区　赤山岛景区为中国第一大内陆湖岛。主要有樟生蜡、龙虎山、香炉山、五汊湖、云风寺、九臂樟、阁老山庄等景点。

国家AAA旅游景区　沅江城区五湖环绕穿插，形成“城在湖边立、水在城中流”的独特美景。主要景点:琼湖公园、蓼叶湖公园、小叶湖公园、人工运河、浩（后）江湖水上运动中心、琼湖书院、魁星楼等景点。

国家AA级旅游景区　胭脂湖被列入湖南省旅游业“十五”计划十大水体景观区之一。主要景点有知青之家、沙滩泳场、湖乡农家乐等。

南洞庭　主要景点有撂刀口、莲花坳 安澜阁等。

重点名胜古迹　有省级文物保护单位凌云塔、镇江塔 、周维寅别墅、魁星楼等。

民俗沅江　境内渔民历来以船为家，随鱼汛作业，座船和生产船合一。水退后在洲上搭棚栖居“渔家乐”，即渔即食别具风味。

樵民风俗　境内樵民较多，樵民以芦苇、柳条等作为建房材料。住芦棚、睡芦铺、坐芦凳、烤芦火，趣味无穷。

美食沅江　著名土特产品有“中华老字号”亿昌麻香糕，皇家贡品银鱼、“中国名牌产品”辣妹子、芦笋系列，洞庭龙，洞庭渔郎鱼食品和四季红腐乳、四季醇酒等。

名特优农产品有水稻、苎麻、柑橘、杨树、鳜鱼、乌鲤、洞庭龙虾；绿色农产品有芦青年米业、省级十五种无公害蔬菜、中华鳖、洞庭草龟等。

沅江市2017年
国民经济和社会发展统计公报

沅江市统计局

（2018年3月）

2017年，在市委市政府的坚强领导下，全市上下紧扣“一个要务、三个生态”思路，积极推进供给侧结构性改革，坚持攻坚克难、务实进取，经济社会呈现稳中有进、稳中向好的良好态势，各项社会事业取得新的进步。

一、综　合

经济总量迈上新台阶。初步核算，2017年，全市实现地区生产总值（GDP）293.48亿元，比上年增长8.7%。其中：第一产业增加值59.39亿元，增长3.9%；第二产业增加值105.38亿元，增长8%；第三产业增加值128.71亿元，增长11.8%。按年均常住人口测算，全市人均GDP为42364元，增长8.4%。

产业结构持续优化。三次产业结构由上年的22∶34.8∶43.2调整为20.2∶35.9∶43.9，二、三产业增加值占GDP比重较上年提高1.8个百分点。第三产业比重提高0.7个百分点，三次产业对经济增长的贡献率分别为9.7%、32.4%、57.9%。

2013年—2017年地区生产总值及其增长速度

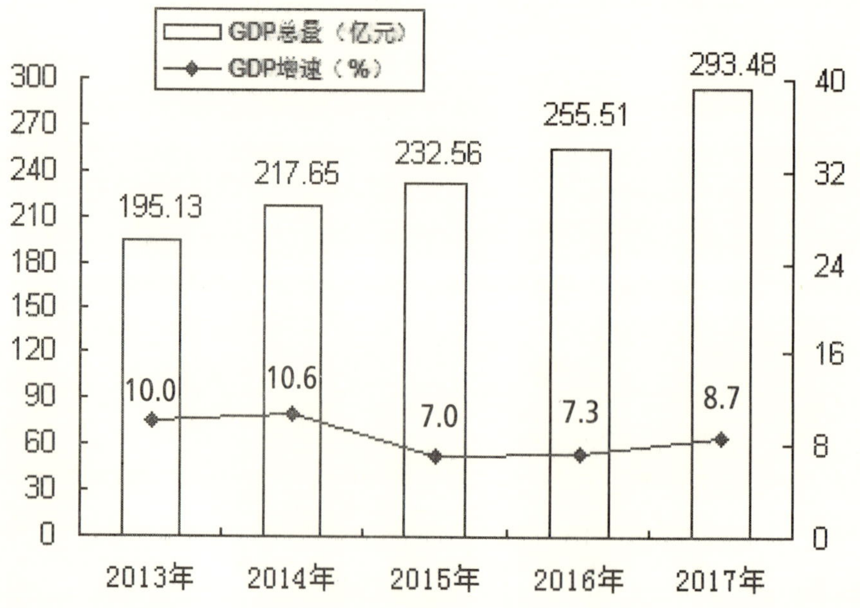

新型工业化、农业产业化和新型城镇化取得新进展。工业保持较快增长，2017年，全市完成工业增加值97.68亿元，同比增长8.2%。对经济增长的贡献率为30.9%，拉动GDP增长2.7个百分点。工业增加值占GDP的比重为33.3%。农业产业化水平加快提升。2017年新发展专业合作社240家，工商注册的农民专业合作组织达938个。全市共有市级以上龙头企业74家，其中省级龙头企业5家，益阳市级龙头企业69家。建立了80多个农业产业化基地，全市已创建绿色食品原料（水稻）标准化生产基地25.3万亩。今年新申报的84个无公害农产品已全部获得无公害农产品证书；“沅江芦笋”已获国家农业部农产品地理标志登记证书，同时被评为“湖南省十大农业区域公用品牌”。城镇建设步伐加快。主动融入“大益阳”、做足“水文章”，力推城乡融合发展，获评省旅游精品线路重点县。2017年城镇化率为52%，比上年提高1.75个百分点。

为民办实事全面完成。全市10大重点民生实事项目全部完成或超额完成。精准扶贫实事项目中，农村危房改造第一批完成881户，第二批完成454户，完成率100%。农村饮水安全巩固提升4400人，完成率100%。特困移民解困避险搬迁安置596人，完成率184%。农村公路建设实事项目中，完成农村公路建设提质改造62公里，完成率194.1%。完成农村公路安保设施建设113公里，完成率125.6%。新增城镇就业5350人，完成率102.9%。完成城市棚户区改造3294套，完成率100%。农村适龄女“两癌”免费检查10000人，完成率100%。新增养老床位277张，完成率100%。新增社会治安视频监控摄像头200个，完成率100%。完成30个行政村宽带网络升级改造，完成率100%。完成15个行政村配电网改造，完成率100%。孕产妇产前免费筛查6600人，完成率100%。

二、农　业

农业生产稳定发展。深入推进农业供给侧结构性改革，被评为省粮食生产先进县、粮油生产全程机械化示范县、农产品质量安全示范县。全年实现农林牧渔业总产值99.22亿元，比上年增长4.1%。其中农业产值46.44亿元，增长5.7%；林业产值1.18亿元，下降1.2%；牧业产值22.43亿元，增长2.1%；渔业产值28.14亿元，增长3.1%；农林牧渔服务业产值1.04亿元，增长12%。全年出栏肉猪73.43万头，增长1.9%；出笼家禽565.5万羽，增长2.5%；水产品产量17.24万吨，增长3.8%。

种植结构略有变化。全年农作物种植面积170.78千公顷，比上年增长1.0%。粮食播种面积83.83千公顷，下降0.1%，其中稻谷81.05千公顷，下降0.3%；棉花种植面积3.30千公顷，下降2.9%；油料种植面积34.85千公顷，增长4.0%；苎麻种植面积0.34千公顷，下降35.9%；蔬菜种植面积24.2千公顷，增长0.8%。

2017年主要农产品产量

产　品	产量（万吨）	增减（%）
粮　食	50.83	2.8
油　料	6.69	9.2

续表：

产　品	产量（万吨）	增减（%）
棉　花	0.64	–2.0
苎　麻	0.09	–35.7
蔬　菜	73.33	4.8
水　果	24.61	11.8
肉　类	6.77	1.9
禽　蛋	3.49	2.9
水产品	17.24	3.8
芦　苇	37.39	–0.8

水利建设加快推进。总投资 6.49 亿元，完成全市 31 处重点水毁工程修复；重点推进“三小”工程、共双茶垸安全区和分洪闸建设以及包括护堤屋、一线大堤照明线路架设、两水夹堤处置、堤顶硬化在内的大堤达标工程建设；改造扩建农村自来水厂管网，解决 4400 名贫困人口饮水问题；新建泵站 74 座、改造 4 座，渠道衬砌 69 条 6.88 千米，新建渠系建筑物 552 处，建设高效节水灌溉面积 3000 亩、管道 260.63 千米；完成渠道疏浚 1246 千米、塘坝清淤 0.1 万亩；完成沈家湾泵站改造；完成高标准农田建设 11 处，土地整理、平整 1.5 万亩；完成草尾镇农业基础设施建设；新增千亿斤粮食产能项目；完成五湖连通二期治理项目，河湖清淤 4.5 千米，公路硬化 2.5 千米，新建涵闸 1 处。

现代林业稳步推进。2017 年造林面积 3200 公顷，育林面积 4000 公顷，零星植树 210 万株。

三、工业和建筑业

工业经济快速增长。2017 年，全市共有 157 家规模以上工业企业，规模工业总产值同比增长 17.3%。规模工业增加值增长 9%。沅江高新技术产业园区规模工业产值（省级认可有园区代码企业，含船舶产业园）增长 17.1%。园区规模工业增加值占规模工业增加值比重为 62.1%。

骨干企业个数增加。全市规模企业年产值过亿元的有 105 家，比上年增加 1 家；年产值过 5 亿元的有 19 家，比上年增加了 3 家。骨干企业有沅江纸业、辣妹子、鑫海绳网、新马制衣等，这些骨干企业成为推动全市工业经济发展的主要动力。

产品产量起伏凸显。传统产业中的造纸、食品加工由于环保和资金短缺等影响部分企业关停，导致产量较同期都有所下降。混凝土机械 3246 台，同比增长 256.7%，服装 805.2 万件，增长 47%；软饮料 5.7 万吨，增长 7.5%；纱 2.2 万吨，增长 29.4%；起重机 6.3 万吨，增长 12.5%；民用钢质船舶 39.1 万载重吨，下降 4.4%；大米 41.1 万吨，下降 5.9%；罐头 4.7 万吨，下降 6%；机制纸 25.6 万吨，

2013年-2017年规模工业增加值增速

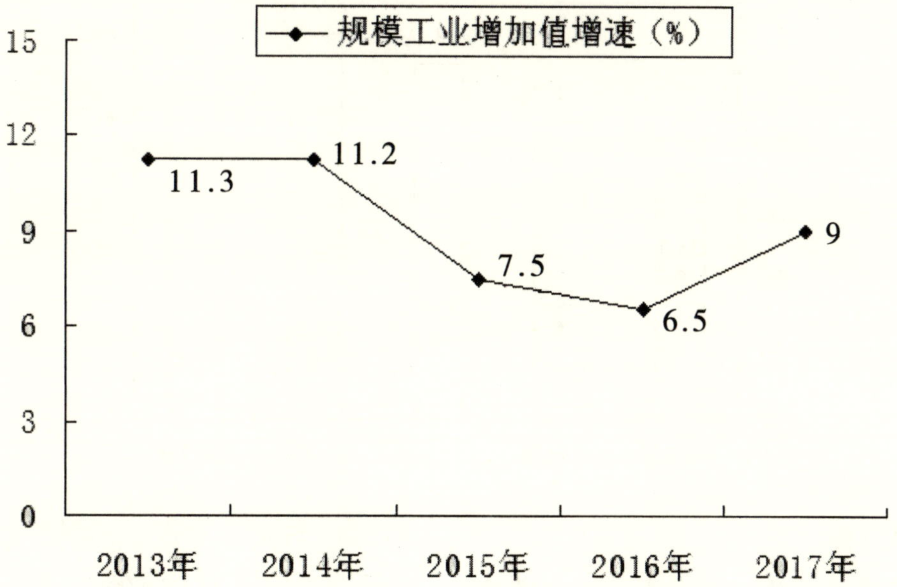

下降3.8%。

工业经济效益趋稳向好。全年规模以上工业企业主营业务收入同比增长16.9%；应交增值税为2.29亿元，增长40%；亏损企业亏损总额为0.14亿元，下降91%。全年实现利润总额19.35亿元，增长44.6%。

建筑业较快发展。全年完成建筑业增加值7.7亿元，同比增长5.1%。全市具有资质等级的建筑企业16家，完成产值30.34亿元，增长16.8%。全年房屋建筑施工面积109.29万平方米。房屋建筑竣工面积81.72万平方米。从事建筑业活动的从业人员平均人数为6926人，增长9.5%。

四、固定资产投资

投资保持小幅增长。全年完成固定资产投资234.06亿元，比上年增长5.4%。全市施工项目共521个，本年投产项目429个。5000万元以上项目69个，完成投资87.64亿元，占全部投资的比重为37.4%。

投资结构调整明显。分经济类型看，国有投资86.51亿元，同比增长139.9%；非国有投资147.55亿元，下降20.7%。民间投资146.89亿元，增长37.1%，占全部投资的比重为62.8%，比上年提高14.6个百分点。分投资方向看，民生投资13.16亿元，增长112.3%；生态投资14.89亿元，增长2.5%；基础设施投资71.46亿元，下降14.2%；高新技术产业投资12.61亿元，增长26.8%；技改投资104.69亿元，增长10.8%；战略性新兴产业投资76.94亿元，增长26.8%。

房地产投资持续增长。全市房地产开发投资12.64亿元，比上年增长10.3%。其中，住宅投资11.03亿元，增长11.8%。商品房销售面积63.08万平方米，增长14.9%。其中，住宅销售面积50.42万平方米，增长2%。商品房销售额19.46亿元，增长5.4%。其中，住宅销售额13.57亿元，下降7.4%。

2013 年—2017 年固定资产投资及其增长速度

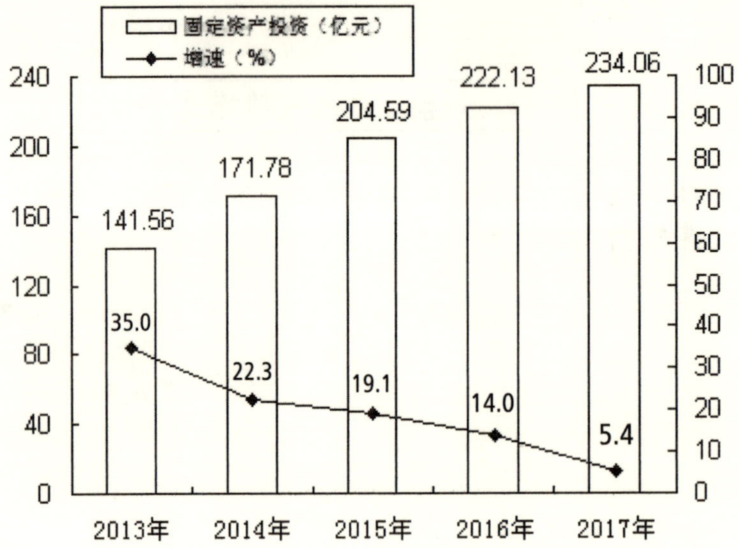

五、国内贸易

消费市场繁荣活跃。全年实现社会消费品零售总额 98.98 亿元，比上年增长 10.6%。其中城镇零售额 84.94 亿元，增长 10.7%；农村零售额 14.04 亿元，增长 10.4%。分行业零售额中，批发业零售额 10.86 亿元，增长 10.8%；零售业零售额 72.79 亿元，增长 10.7%；住宿业零售额 3.4 亿元，增长 10.5%；餐饮业零售额 11.93 亿元，增长 10.4%。

消费品结构升级加快。限额以上批发零售业商品零售额同比增长 20.6%。分类别看，粮油、食品类增长 21.1%；金银珠宝类增长 17.1%；家用电器和音像器材类增长 24.6%；石油及制品类增长 20.2%；汽车类增长 16.7%。

2017 年社会消费品零售总额及分类情况

指标名称	绝对数（亿元）	比上年增长（%）
社会消费品零售总额	98.98	10.6
一、按销售单位所在地分		
1. 城镇	84.94	10.7
其中：城区	48.96	10.5
2. 乡村	14.04	10.4
二、按行业分		
1. 批发业	10.86	10.8
2. 零售业	72.79	10.7
3. 住宿业	3.4	10.5
4. 餐饮业	11.93	10.4

2013 年 -2017 年社会消费品零售总额及其增长速度

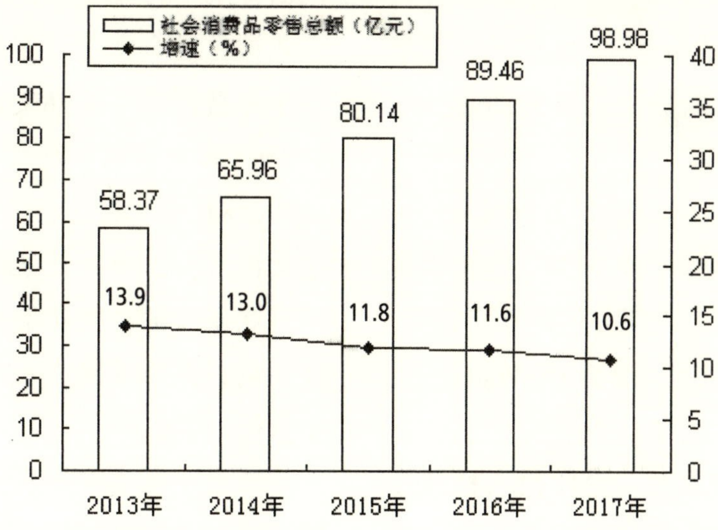

招商引资成果丰硕。全市引进市域外资金完成固定资产投资 70.18 亿元，引进境内省外资金预计 57.6 亿元，引进境外资金预计 3511 万美元。全市新引进投资项目 39 个，新开工项目 38 个，新投产项目 40 个。益商大会签约项目 5 个：德高瑞丰、美蓝游艇、通达彩钢板、德旭新能源、玉潭中学，总投资额 38.3 亿元；洞庭湖生态旅游节上签约项目 2 个：状元湖生态农业观光园、维也纳国际酒店，总投资 2.8 亿元；8 月份集中签约 8 个：奥园商业综合体项目、光伏领跑者项目，沅江市新能源项目、新马制衣扩建项目、天然气分布式能源项目、豆制品深加工项目、医疗用品项目、璟洪化工外贸项目，签约资金达 100.72 亿元。

六、交通、邮电和旅游

交通运输业稳步发展。益南高速沅江段 2018 年将建成通车，乐漉线建设完成投资 50%，河南线、沅宁线通车在即，农村公路加宽、危桥改造、安防工程等完工。益沅线新能源公交进入试运行阶段。

邮电通信业持续发展。全市完成邮电通信业务收入 4.03 亿元，同比增长 6.1%。年末全市固定电话用户 5.48 万户。移动电话用户 48.03 万户，宽带互联网用户 9.46 万户，手机互联网用户 39.05 万户。

旅游产业来势强劲。成功举办“洞庭湖生态文化旅游暨水上运动节”，推动了经济社会各项事业的发展。2017 年全市接待游客 620.36 万人次，实现旅游综合收入 16.38 亿元，同比分别增长 22.72% 和 10.53%。

七、财政、金融和保险

财政收支双量齐升。全年完成一般公共预算收入 10.47 亿元，同比增长 12.5%，其中地方财政收入 6.43 亿元，下降 1.6%。一般公共预算支出 42.79 亿元，增长 5.1%。

金融市场运行平稳。年末，全市银行业金融机构本外币各项存款余额 213.08 亿元，比年初增长 9.5%。住户存款余额 160.44 亿元，比年初增长 11.2%。非金融企业存款余额 20.45 亿元，比年初增长 16.8%。机关团体存款余额 30.17 亿元，比年初增长 1.4%。财政性存款余额1.44亿元，比年初减少27%。各项贷款余额为94.16亿元，比年初增长14.6%。其中短期贷款余额36.28亿元，比年初减少10.9%；中长期贷款余额57.26亿元，比年初增长17.1%。

保险业稳步发展。年末全市共有保险公司23家，其中寿险13家，产险10家。全市保费收入6.23亿元，增长7.3%。其中寿险4.27亿元，增长4%；产险1.96亿元，增长15.4%。

八、科学技术、教育

科技事业进一步发展。全年投入科技经费277.4万元，新增高新技术企业8家，培育高新技术企业4家，申报省级以上科技计划10项，争取项目资金500万元，获得益阳市级科技进步奖2项。全年申请专利510件，授权223件，获得省知识产权示范县（市）称号。

教育事业取得新成绩。全市共有各级各类学校102所，其中普高2所、完全中学3所、职高3所（含民办职高1所）、教师进修学校1所、初级中学10所、九年制学校21所、小学44所、小学教学点17所、特殊教育学校1所。全市中小学生5.53万人，其中小学生3.15万人、初中生1.27万人、普高学生0.79万人、特殊教育学生0.01万人、职高学生0.31万人。全市共有幼儿园126所，其中公立幼儿园14所，民办幼儿园112所。高中升学率98.32%、初中入学率100%、小学入学率100%、学龄儿童入学率100%。投资1.2亿元新建南洞庭实验学校，引进玉潭学校，将有效化解城区“大班额”问题。

九、文化、卫生和体育

文化事业欣欣向荣。对文化馆、博物馆、图书馆进行了馆舍清理和修缮，清理腾退占用馆舍15间，新增馆舍使用面积400平米；文化馆首设全市中青年舞蹈培训班，每周五下午免费授课；举办文化志愿服务惠民演出17场，观众达到3万人，组织书法家协会送春联3000幅，农村电影放映共完成2596场，送文化下乡5场，送花鼓戏下乡14场；举办了“欢乐潇湘，文化益阳”群众文艺汇演沅江专场，其中《渔夫戏蚌》在益阳市级决赛中获得一等奖。

卫生事业不断发展。2017年全市共有医疗卫生机构658个，其中，医院11家（公立医院5家、社会办医院6家）、基层医疗卫生机构24家（镇卫生院10所，社区卫生服务中心4个，血吸虫病防治站3个，控制站7个）、其他医疗卫生机构623家。全市共有医疗卫生机构床位数3421张。其中，公立医院床位1642张、社会办医院床位500张、基层医疗卫生机构床位1279张。全市共有卫生工作人员4497人。其中，卫生技术人员3512人（其中执业及执业助理医师1417人、注册护士1357人）、村医生375人、其他技术人员363人。全市无偿献血3300人次，总采血量122万毫升，临床采血100%来自无偿献血。全市孕产妇住院分娩率100%，孕产妇系统管理率94%。新型农村合作医疗参合率100%。

体育事业全面发展。全年共配发室外健身路径器材45套，新建公共篮球场2个，笼式公共足球场2个。泗湖山镇建成了我市首个乡镇全民健身中心。沅江赛艇运动基地在浩江湖初步成形。承办了中国赛艇大师赛(沅江站)，全国各地26支业余俱乐部代表队参赛。沅江市新组建的赛艇队经过1个月的集中突击训练，在男子四人双桨B组中荣获亚军。举办了沅江市第八届篮球俱乐部联赛，吸引了14支篮球队同场竞技，组织了50场篮球赛。举行了沅江市大众运动会，组织了环城健身走、职工篮球赛、羽毛球、趣味保龄球、乒乓球、定点投篮、钓鱼比赛、门球等系列赛事,共有3000人次运动员参加比赛。承办“湘鄂边羽毛球俱乐部联赛”。

十、人口、人民生活和社会保障

*人口和计生工作协调发展。*年末全市公安户籍总人口74.16万人。年末常住人口69.34万人，其中城镇人口36.06万人，农村人口33.28万人。全年出生人口9247人，出生率12.51‰；死亡人口4077人，死亡率4.92‰；人口自然增长率7.59‰。

*居民生活水平持续提高。*据抽样调查显示，2017年沅江市城乡居民人均可支配收入23612元，比上年增长9.2%。城乡居民人均消费性支出17548元，居民文教娱乐服务消费支出3187.6元，占消费总支出比重为18.2%。城乡居民人均住房面积59平方米。

2017年全市城镇居民人均可支配收入31185元，比上年增长9.0%。城镇居民人均消费性支出20753元，比上年增长13.6%。其中食品烟酒、衣着、生活用品及服务、交通通信、教育文化娱乐、其他用品及服务支出分别增长3.2%、27.8%、38%、38.6%、24.3%、34.8%。

2017全市农村居民人均可支配收入16979元，比上年增长8.8%。农村居民人均消费支出14740.9元，比上年增长12.2%。其中食品烟酒、居住、生活用品及服务、交通通信、教育文化娱乐、其他用品及服务支出分别增长0.8%、5.6%、6.4%、58.6%、18.3%、59.9%。

*劳动和社会保障体系不断完善。*城镇新增就业5350人，失业人员再就业3054名，其中就业困难对象再就业829人；创业带动城乡就业6716人；新增农村劳动力转移就业2875人，累计外出务工人员达到21.9万人；城镇登记失业率控制在4.3%以内。参加社会养老保险6.8万人，参加机关事业单位养老保险1.56万人，参加城镇职工基本医疗保险人数3.97万人，城乡居民医疗保险人数65.43万人，参加工伤保险人数4.79万人，参加生育保险人数2.01万人，参加失业保险人数3.32万人，参加城乡居民养老保险人数22.51万人。全年录用公务员127名,招募“三支一扶”服务人员6名，事业单位招聘工作人员161名，招聘英语老师20人。2017年发放城镇居民最低生活保障金7438.49万元，享受最低生活保障23.39万人次，发放农村最低生活保障金2569.25万元，享受最低生活保障17.11万人次，发放城乡医疗救助资金1899.9万元，救助5.5万人次。社会福利中心、城乡老年人服务设施，城乡居家养老服务示范点等新增床位277张。

十一、安全生产和环境保护

*安全生产形势总体稳定。*2017年各类生产安全事故死亡总人数1人，亿元GDP安全生产事故死亡人数0.0035人；工矿商贸从业人员26.05万人，生产安全事故死亡1人，10万从业人员生产安全事故死亡0.38人，与上年持平；全市民用车辆6.03万辆，道路经营性安全生产事故死亡0人。道路非经营性

交通事故死亡9人，万车非经营性事故死亡人数1.49人;消防火灾死亡0人,与上年持平;水上交通死亡0人，比上年减少2人；建筑施工领域死亡0人，与上年持平。

环境保护工作进一步加强。全市环境质量总体保持稳定，全年空气质量优良天数298天，地表水达到国家《地表水环境质量标准》中的三类标准，中心城区集中式饮用水水源地水质达标率100%。工业废水排放量1553.9万吨，工业废水排放达标率100%，工业用水重复利用率83%；工业废气排放量335192.8万标立方米，工业废气处理率100%；工业固体废物综合利用率100%。2017年我市获得重点生态功能区转移支付2902万元，农村环境综合整治整县推进项目已经全面完成。开展内湖“双退”工作，其中珍珠养殖10580亩，水产精养面积54285亩全部退出；完成了粘土砖厂整治等。启动洞庭湖水环境综合治理，实施环保违规建设项目的清理整治，加大环境违法行为查处力度。全面开展排污权储备有偿使用和交易工作，完成新建项目交易11个共500多万元。完成全市土壤污染源、污染地块排查工作。2017年全市完成环境污染治理项目3个（沅江污水处理厂二期工程12762万元、沅江纸业有限责任公司烟气脱硝工程600万元、沅江市金太阳纸业有限公司烟气治理工程1061万元），共投入资金1.4亿多元。全年减排化学需氧量600吨，氨氮70吨，二氧化硫600吨，氮氧化物300吨，全面完成2017年度减排任务。

注：地区生产总值、各产业增加值绝对数按现价计算，增长速度按可比价计算。

重大决策纪要

凝心聚力打好脱贫攻坚战

2017年，市委、市政府以习近平总书记扶贫开发重要讲话精神为指导，全面贯彻落实党中央、国务院和省委、省政府关于精准识贫、精准扶贫、精准脱贫工作部署，聚全市之智、举全市之力，全市29个贫困村作为扶贫攻坚主战场，以建档立卡贫困人口为主要对象，坚持专项扶贫、行业扶贫、社会扶贫等多方力量、多种举措有机结合和互为支撑的“三位一体”大扶贫格局，严格落实脱贫攻坚工作责任和工作措施，全面加快贫困退出步伐，各项工作取得重要进展。

一、年度减贫任务完成

2017年年初，全市共有29个贫困村，贫困户16325户36991人。是年年底，全市12个贫困村退出，累计脱贫9087户19459人，未脱贫7238户17532人。

二、开展“三走访三签字”

印发《沅江市党政主要领导干部带头开展脱贫攻坚“三走访三签字”工作实施方案》，明确市委书记、市长一年中要带头走访全市所有贫困村（2017年，市委书记陶德保和市委副书记、市长杨智勇已按照工作要求，实现贫困村和贫困户走访全覆盖），其他市级领导走访所联系镇场街道有贫困人口的村；市直单位主负责人每季度至少到联系的贫困村走访1次，镇场街道党委（工委）书记、镇长（场长、主任）每月走访贫困村不少于1次，每月走访贫困户不低于10户；脱贫退出严格按照程序和要求组织实施。贫困户脱贫摘帽由乡镇党委书记、乡镇长审核把关，村支书、主任共同签字；贫困村脱贫退出由市委书记、市长签字负责。签字程序已按规定完成。

三、干部队伍建设加强

一是强化党建引领，壮大扶贫干部队伍。把抓领导、抓关键、抓载体作为扶贫干部队伍建设的重要内容，加强各级党组织建设，积极创新支部活动内容和载体，提升工作效率和服务水平，形成勇于创新、团结务实、热情服务、廉洁为民的良好氛围。二是强化制度建设，夯实扶贫干部基础。成立以市委书记、市长任“双组长”的市扶贫开发工作领导小组，实行党政主要领导负总责的脱贫攻坚责任制，由市委、市政府与各镇（场、街道）层层签订脱贫攻坚责任状，形成一级抓一级，层层抓落实的工作格局；建立市级领导“包干”责任制，加强市级领导所联系点镇场街道的责任和分管行业涉联扶贫的调度，包督查指导，包责任落实，包验收达标，一包到底。严格落实驻村工作管理办法、召回制度和考评实施细则，加强对下派队员的管理。三是强化业务培训，提升扶贫干部水平。始终把提高各级领导干部服务脱贫攻坚能力和广大贫困户的致富能力作为教育培训的出发点和落脚点，对各级扶贫专职干部开展理念和业务培训，提高执行能力。四是强化队伍管理，杜绝扶贫乱象。严格按照《沅江市市派驻村帮扶工作队管理办法》，强化对驻村队员的日常管理，并严格要求所有驻村扶贫工作队员在手机上安装“益村”APP应用软件，实行网络痕迹化管理；定期或不定期采取专门督查、远程视频系统、明察暗访等形式，对驻村扶贫工作队员在岗情况、工作开展情况督促检查，杜绝“走读式”“两头跑”情况出现。五是强化监督问责，遏制扶贫腐败。出台《关于进一步加强扶贫领域监督执纪问责工作的实施意见》，切实加大扶贫领域监督执纪问责工作力度，严禁庸懒散拖，查处群众身边的不正之风，遏制扶贫领域腐败，为脱贫攻坚工作保驾护航。

四、扶贫投入不断加大

2017年，中央、省、益阳市和市本级共安排财政专项扶贫资金4391.615万元，其中中央896万元，省级1271.5万元，益阳市193万元，市本级统筹2031.115万元。截至年底，所有扶贫项目均已完工，资金已全部下拨到全市各镇（场、街道）和项目建设单位，到位率达100%。

五、帮扶政策全面落实

一是产业发展。始终把产业扶贫作为扶贫开发过程的总杠杆，制定《沅江市“十三五”产业精准扶贫规划》方案，按照产业扶贫“四跟四走”原则，坚持因地制宜、聚焦贫困，立足贫困村、贫困户的资源禀赋和生产条件，充分发挥农户主体作用，逐步形成以芦笋加工、蔬菜种植、藠苗藠头、稻虾共作等特色产业为主导的扶贫产业格局，直接或间接带动3000多户贫困家庭年均增收3000元以上。新创建产业扶贫示范点4个，以点带面推动产业扶贫。杨梅山村乡村旅游扶贫示范项目正在建设中，完成后可带动杨梅山村贫困家庭脱贫致富。省重点产业扶贫项目——芦笋产业扶贫项目，已完成3.5万亩基地建设任务，项目对接帮扶泗湖山镇光复垸村169户、504名贫困户，使每户贫困户获得稳定收益300元。同时，项目带动基地周边350名有劳动能力的贫困人口劳务用工，人均增收2000元以上。二是金融扶贫。大力推进扶贫小额贷款工作。2017年，全市共发放扶贫小额贷款9475.381万元，其中农商银行发放1910.38万元，浦发银行发放7565.001万元，提前超额完成省办下达的任务，共惠及1932户贫困户，全年已为贫困户贴息55.89万元。同时，实施“扶贫特惠保”项目，安排财政专项资金200万元，对全市建档立卡贫困人口进行贫困家庭综合保障保险承保补贴，解决贫困户因灾因病致贫返贫问题。三是教育帮扶。全面落实中央和省各项教育扶贫政策，确保每一位孩子不因家庭困难而失学、辍学。2017年，教育系统确定建档立卡贫困家庭学生2962人，其中贫困幼儿297人，发放29.7万元；义务教育阶段贫困生1842人，发放200.55万元；普高学校助学金713人，发放71.4万元，普高免学费713人，发放68.02万元；中职免学费110人，发放26.4万元，中职助学金110人，发放22万元。通过泛海资助行动，共有40名建档立卡贫困户大学新生已完成资格审核和名单上报工作，每人将获得5000元的资助。全年为60名建档立卡贫困家庭大学生办理助学贷款，助学贷款金额119.44万元。“雨露计划”职业教育扶贫助学全面覆盖建档立卡贫困家庭，共资助493人次建档立卡贫困学生90.35万元。*四是医疗救助*。实施“三提高、两补贴、一减免、一兜底”政策。全市所有建档立卡贫困对象通过部门代缴、财政兜底等渠道参加城乡居民医疗保险，参保率达100%。2017年，共有5317名建档立卡贫困对象享受城乡居民医保住院报销提高10%比例，优惠金额414万元；171名建档立卡贫困对象享受城乡居民医保大病保险起付线降低50%，优惠金额136.8万元；434人次建档立卡贫困对象享受城乡居民医保大病保险报销，享受金额4201871.98元；35人次建档立卡贫困对象享受特药报销518974.12元。为全市建档立卡贫困人口建立健康档案，实行分类救治，采取“先诊断、后付费”模式，启动医疗救助帮扶“一站式”服务，切实减轻患者“垫资”压力和“跑腿”麻烦。对4类9种疾病进行筛查，及时推荐到定点医院（沅江市人民医院、益阳市中心医院）集中救治。共对1129名贫困大病患者实行大病专项救治，做到发现一例救治一例，治愈一例销号一例，确保大病患者应治尽治。同时对大病贫困患者住院个人自费部分减免50%，对9种大病患者实行二次追补兜底保障。市9种大病救治率99.91%，实际报销比例80%以上。*五是搬迁改造*。2017年，省下达沅江市易地扶贫搬迁任务1335人，总投资8010万元。截至2017年12月31日，已完成精准识别确定对象423户1336人，其中集中安置项目3个，涉及121户326人；分散安置302户1010人。易地扶贫搬迁安置项目建设投资完成率96.6%；人均住房建设面积24.8平方米；住房建成率100%；搬迁入住率97.1%；旧房拆除率99.8%；住房建设资金补助率91%。同时，扎实开展农村危房改造，切实解决农村困难群众的居住安全问题。全市2017年危房改造对象1367户。*六是兜底保障*。制定《沅江市社会保障兜底脱贫对象认定工作方案》，启动农村低保和社会保障兜底脱贫对象认定清理整顿暨城乡低保“阳光行动”,实行民主、阳光、公平、公正、规范操作。农村低保对象由14334户16560人，清理调整为4005户7598人，认定社会保障兜底脱贫对象532户1077人，提高群众的参与面与知晓率。*七是培训就业*。重新核实贫困劳动力信息采集7769条，100%完成补充采集任务；1—11月份新增农村贫困劳动力转移就业2875人，完成全年目标任务的103%；大学生实名登记人数205人，完成全年目标任务的100%；新增农村贫困劳动力转移就业515人，完成全年目标任务的105%。各地各部门组织共举办稻虾共作、芦笋加工、蔬菜种植等各类技术培训班16次；市扶贫办组织62名行业带头人赴岳阳参加省扶贫办组织的致富带头人培训班；积极开展贫困户创业培训和贫困两后生培训，是年年底已开办培训班9期，培训270人。*八是电商扶贫*。制定《沅江市促进电商扶贫的实施方案》和《沅江市电子商务精准扶贫发展规划》文件。2017年，沅江市各类电商主体帮助贫困群体销售农特产品约1.13亿元，其中翔云、平芝、芦山、索美等5家本地注册公司以多种方式参与电商扶贫专项行动，密切配合镇村扶贫活动，带动230多户贫困户增收。*九是旅游扶贫*。按照市委精准扶贫工作推进会精神，市文体广旅新局成立精准扶贫工作领导小组,负责“旅游扶贫项目”,制定旅游扶贫规划和年度实施方案，2017年，重点开展杨梅山村乡村旅游扶贫市级示范点建设。*十是光伏扶贫*。市光伏扶贫项目参建贫困村28个（新湾村没有参建），总投资1760万元，建设规模1760千瓦，其中南渔口村、同丰垸村、三码头村、和平村、泗湖山社区、合兴洲管区为六村联建方式，其余村均为单村建设。六村联建的360千瓦光伏项目已并网发电，正待验收。

六、扎实开展问题整改

4月中旬以来，按照省、益阳市脱贫攻坚突出问题集中整改工作要求，层层部署落实，扎实开展脱贫攻坚突出问题“大排查、大诊断、大整改”专项行动。通过上半年建档立卡动态调整，全市新纳入贫困户2379户5217人，排查出识别不准户2845户5926人。农村低保对象由14334户16560人，清理调整为4005户7598人，认定社会保障兜底脱贫对象532户1077人，通过数据比对，市农村整户低保纳入和建档立卡贫困户重合率90%以上。

七、全力推进社会扶贫

制定《沅江市中国社会扶贫网上线工作实施方案》，组织全市性的业务培训，市级分管领导多次组织各级各部门召开“中国社会扶贫网”上线工作调度会、推进会，实行“一日一排名，一周一通报，一月一调度”制度。2017年，全市“中国社会扶贫网”上线工作列益阳市第一，完成村级信息管理员注册230人，完成率150%；贫困户注册13048户，完成率153%；贫困户需求发布13265条，完成率223%；对接成功10094条，对接成功率484%;爱心人士注册完成10985人，完成率129%。免费为全市所有建档立卡贫困户发放爱心手机，并赠送一张扶贫联络卡，内含290元话费。

八、强化监督执纪问责

通过媒体和网络平台向社会各界公布脱贫攻坚举报电话，明确受理举报范围，主动接受群众监督，提高群众参与度和满意度。出台《关于开展扶贫领域监督执纪问责工作的实施方案》，着力查处扶贫领域虚报冒领、截留私分、弄虚作假、挥霍浪费等问题。1—12月，共通报批评10人，立案审查3人，形成了有力震慑。

沅江市坚持“12345”思路，坚决打赢洞庭湖生态环境保卫战

2017年，沅江市以“五位一体”总体布局和“五大发展理念”为引领，以实施新《环保法》为契机，以“建设绿水青山的自然生态”为目标，创新提出“12345”工作思路，强力攻坚洞庭湖生态环境治理，取得明显成效。

“一个抓手”：以全面推行河长制为总抓手，抓好突出环境问题治理，确保内湖三年达到三类水质，特别是浩江湖2018年达到三类水质。实现“有人管事、有人做事、有事可做”。

“两建”：一是城乡污水处理厂建设。投资9600万元的污水处理厂二期已投入试运营，日处理污水4万吨。二是固体垃圾焚烧发电厂建设。拟选址草尾镇和平村，已经组织200多人次到益阳光大环保能源公司参观考察，获得认可与好评，正在推进前期工作，预计年底开工。

“三拆”：拆除矮围、网围和南洞庭水域迷魂阵。2016年年底，72处围网全部拆除，功能性摧毁16.78万亩，拆除泥堤65千米、钢丝尼龙网片323千米、钢木立柱16万根、闸口91座，提前一年完成省定任务。浩江湖网箱养殖国庆节前已全面退出，浩江湖围湖问题年底整改到位，南洞庭湖水域10万亩迷魂阵10月底全部拆除。

“四退”：一是珍珠养殖退出，二是水产精养退出，三是禁养区畜禽养殖退出，四是欧美黑杨退出。

“五治”：一是砂石开采整治，二是砂石堆场整治，三是城区水环境治理，四是黏土砖厂治理，五是农村环境卫生治理。

“艇”进沅江，中国·沅江赛艇大师赛成功举办

6月17日上午，由中国赛艇协会主办、中国赛艇俱乐部联盟、金蝶国际软件集团承办2017中国·沅江赛艇大师赛隆重举行。

国家体育总局水上运动管理中心主任孙远富，益阳市委书记、市人大常委会主任瞿海，市委副书记、市长张值恒，市委副书记黎石秋，市委常委、宣传部部长胡立安，副市长刘国龙，亚洲赛艇联合会主席、万科集团董事会主席王石，中国赛艇协会副主席，金蝶软件集团董事会主席徐少春等重要嘉宾出席并为参赛选手颁奖。沅江市委书记陶德保，市委副书记、市长谢君毅及杨智勇、连建华、肖正军等在家市领导出席。

湖南·益阳首届洞庭湖生态文化旅游暨水上运动节期间，国家水上运动中心和中国赛艇协会认证的正规赛事“艇”进沅江，给沅江市民乃至益阳市民健康丰盛的生活划出了有力的一桨。

张值恒在致辞中希望沅江立足水资源，做足水文章，建好水设施，发展水运动，相信此次比赛能极大提升沅江和益阳的知名度、美誉度。

陶德保在致辞中指出，沅江市强力推进“河湖连通”工程,致力打造“生态宜居”水城，形成“城在湖中、湖在城里、湖城一体”的独特城市风格，成为沅江最亮丽的名片。2017年来，更是牢牢把握洞庭湖生态经济区国家战略，依托自身优势，扩大开放合作，全力打造纺织服装、湖鲜食品、船舶制造和专用汽车产业，形成独具特色的优势产业体系，希望借着旅游节会的东风，以中国赛艇大师赛暨水上特技表演为桥梁，收获友情，播撒希望，与大家开展更深入、更高层次的交流与合作。

随着一声发令枪响，划破了浩江湖的平静，4人双桨1000米决赛、8人单桨1000米决赛、夫妻双人双桨1000米决赛依次展开激烈竞争。运动员置身赛艇，双手高速划桨，你追我赶，互不相让，紧张精彩的比赛引来现场观众阵阵欢呼声。

激烈的比赛过后，力量与柔美相融合的水上特技表演接踵而至，精彩纷呈。30多名中国青年滑水队演员时而高速滑行，时而空中腾跃，时而水上迭起罗汉，将艺术滑冰、水上飞人等特技动作展现得欢快淋漓，让现场观众切身感受到水上运动的速度与激情，同时领略了水城沅江的无限魅力。

湖南沅江农村商业银行股份有限公司组建开业

一、主要监管指标持续符合要求

沅江农商银行注册资本为37000万元。至2017年3月31日，根据《商业银行资本充足率管理办法》口径计算，资本充足率为15.36%，一级资本充足率为14.21%，核心一级资本充足率为14.21%；按照贷款五级分类口径，各项贷款余额214931.49万元，其中：不良贷款余额4257.60万元（次级类贷款2208.76万元、可疑类贷款2048.84万元、损失类贷款0万元），不良贷款率为1.98%；按风险系数计算应提贷款损失准备4767.55万元，实提8537.32万元，贷款损失准备充足率为179.07%；拨备覆盖率200.52%；拨贷比为3.97%；应提非信贷资产减值准备1552.41万元，实提1552.41万元；一般风险准备余额4642.61万元，一般风险准备占风险资产余额248223.01万元的比例为1.87%；最大单一客户贷款余额1600万元，无集团客户贷款，单一客户贷款余额占资本净额（考虑募股因素后总资本净额为45915.82万元）的比例为3.48%。沅江农商银行开业后，将严格按照商业银行监管标准，进一步从强化内控、严抓管理、提升效益、促进发展上做文章，确保新组建的沅江农商银行上述主要监管指标持续达标。

二、发起人贷款及关联交易风险可控

至2017年3月31日，拟入股的8户法人发起人及其关联方均未在沅江联社贷款。自然人发起人中有263人在沅江联社有贷款余额7889.07万元，均为抵押担保的生产经营或消费贷款，目前上述贷款的五级分类形态均为正常。所有发起人在沅江联社的贷款余额占总资本净额（考虑募股因素后总资本净额为45915.82万元）的17.18%。

筹建工作小组严格按照《中国银监会农村中小金融机构行政许可事项实施办法》文件要求对发起人资格及入股资金来源的真实性进行了审查，经核实，所有企业法人发起人及自然人发起人均以自有货币资金入股，入股资金来源真实合法，没有贷款入股、以他人委托资金入股等现象。发起人之间除湖南旺福投资有限公司与湖南福中福投资有限公司存在关联关系外，其他发起人均无关联关系。所有发起人中没有三资企业、私募基金、产业基金、担保公司、典当行、小额贷款公司及非法人企业入股。所有发起人符合投资入股沅江农商银行条件，拟持股比例符合要求。

三、部分置换土地资产已处置，剩余置换土地资产政府已作出回购承诺

为支持沅江联社改制组建沅江农商银行，2016年4月28日，经沅江市人大常委会第二十九次会议审议批准，同意沅江市人民政府以两宗国有出让用地（净用地面积36.13亩）置换沅江联社不良贷款8000万元。一宗土地（净用地面积20亩）位处沅江市橘城大道东侧、环湖路南侧，属于沅江城市经济发展的主要板块区域，位置优越，适合作为沅江农商银行新的营业办公场地。经沅江联社申请，湖南省农村信用社联合社、益阳办事处领导实地考察、评估论证后，同意沅江联社用该宗土地新建营业办公用房，总投资控制在6800万元之内，用地面积27.57亩，其中：代征公路面积7.57亩。经筹建工作小组、沅江联社进行多方询价与市场了解后，确认代征公路面积7.57亩及后期费用估价约为800万元，20亩置换土地可由沅江联社以账面价值6000万元转为自用，无须进行账务调整。另一宗土地（净用地面积16.13亩）账面价值2000万元，应由沅江市政府在沅江农商银行开业前足额变现。目前，因沅江市政府财政困难，在沅江农商银行开业前难以将该宗土地资产足额变现（或回购）。为确保沅江农商银行受让土地变现的时效性和有效性，沅江市政府在原已作出承诺的基础上于2017年6月2日出具了《关于置换土地资产变现的补充承诺函》，承诺在沅江农商银行开业后两年内（力争一年）足额处置尚未变现的2000万元置换资产（土地），若处置变现不足2000万元，差额部分由市财政补足。

四、制定和完善了基本管理制度

一是按照公司治理原则和银监会有关要求，在健全组织架构的基础上，已制定了《湖南沅江农村商业银行股份有限公司股东大会议事规则》《湖南沅江农村商业银行股份有限公司董事会议事规则》《湖南沅江农村商业银行股份有限公司监事会议事规则》《湖南沅江农村商业银行股份有限公司授权管理暂行办法》《湖南沅江农村商业银行股份有限公司关联交易管理办法》《湖南沅江农村商业银行股份有限公司信息披露制度》等一系列公司治理制度，明确了各治理主体的职责边界，建立了科学的发展战略、有效的风险管理和内部控制体系、合理的激励约束机制，为沅江农商银行的持续、稳健发展奠定了坚实的基础。

二是按照“内控优先”的原则，制定《湖南沅江农村商业银行股份有限公司内部控制管理暂行办法》，内部控制能渗透到各项业务过程和各个操作环节，并覆盖所有部门和岗位。在此基础上，按照流程银行建设和审慎经营的要求，制定了《湖南沅江农村商业银行股份有限公司信贷管理暂行办法》《湖南沅江农村商业银行股份有限公司财务管理暂行办法》《湖南沅江农村商业银行股份有限公司信贷资产风险五级分类管理实施细则》《湖南沅江农村商业银行股份有限公司不良贷款责任追究及处罚办法》《湖南沅江农村商业银行股份有限公司资金业务管理暂行办法》《湖南沅江农村商业银行股份有限公司稽核审计工作暂行管理办法》《湖南沅江农村商业银行股份有限公司安全保卫管理暂行办法》《湖南沅江农村商业银行股份有限公司薪酬管理办

法》《湖南沅江农村商业银行股份有限公司人力资源管理暂行办法》《湖南沅江农村商业银行股份有限公司计算机安全管理暂行办法》《湖南沅江农村商业银行股份有限公司信息统计工作管理办法》等内部管理制度，建立起了较为全面的风险控制体系、业务处理机制、内控监督机制。

五、具备符合资质的高级管理人员和从业人员

沅江农商银行具备符合《中国银监会农村中小金融机构行政许可实施办法》规定的任职资格条件的董事、高级管理人员及规定资质条件的从业人员。筹建工作小组根据中国银监会令2015年第三号的规定向中国银监会湖南监管局呈报了《关于兰春波等13名同志任职资格审核的请示》，报请对董事和高级管理人员进行任职资格许可。对总行营业部主任及支行行长按监管要求向中国银监会益阳监管分局呈报《关于湖南沅江农村商业银行股份有限公司营业部主任、支行行长等高级管理人员任职资格的备案报告》，报请对营业部主任、支行行长等高级管理人员任职资格备案。与此同时，沅江农商银行469名从业人员均具备一定的金融从业经历，具备适应和胜任金融工作所需的专业知识和业务素养。

六、具备对外营业条件

沅江农商银行总行（含营业部）、18家支行及28个分理处均具备产权关系清晰的固定办公营业场所（原沅江联社及分支机构营业办公场所），总行办公地址位于湖南省益阳沅江市入园路65号。总行及各分支机构营业场所经当地公安、消防部门实地查验，安全、消防设施合格，并逐年根据相关部门要求进行升级完善，均具备对外营业的条件。

七、无重大违法违规行为

2014—2017年，沅江联社坚持依法合规经营，筹建期间没有发生重大违规违法行为。

地域名片、绿色产业——沅江船舶

沅江市造船产业始于北宋，历史悠久。近年来，随着沅江市工业赶超战略的实施，船舶产业迅速发展，已经成为沅江市工业主导产业之一。

沅江市船舶制造产业园管委会成立于2010年5月，核定预算内编制14人，内设部室4个，2010年7月搭建了园区融资平台—湖南沅江金洲船舶制造产业开发有限公司。2009年9月，船舶制造产业园被确立为国家高技术产业基地之一；2012年2月，被确立湖南首批新型工业化示范基地之一。

全市现有船舶企业33家，入园企业18家，其中规模以上企业21家。2011年船舶制造业就业人数9456人，2013年为12119人，年均增长18.39%。2010年，园区完成工业总产值8亿元、税收1500万元；到2017年，园区完成工业总产值80.2亿元、税收5479万元。沅江船舶制造业已成为财政收入的重要来源。

2010—2017年 沅江市船舶制造产业园主要经济数据表

表4

指标＼年度	2010年	2011年	2012年	2013年	2014年	2015年	2016年	2017年
工业总产值（亿元）	8	12.2	25.15	30.92	40.2	55.6	74.02	80.2
完成税收（万元）	1500	2500	5000	6200	6600	6600	4300	5479
载重吨（万吨）	7.60	10.30	16.65	23.13	28.50	30.20	40.10	43.50

2013年，沅江船舶产业中三大类主导产品优势明显，其中以太阳鸟游艇股份有限公司为龙头的玻璃钢船艇类产品，全省市场占有率86%，排名全省第一；全国市场占有率15%，排名居全国同行业前列；钢质船舶类产品全省市场占有率28.5%，船舶舾装件类产品全省市场占有率86%，均排名全省第一。船舶产业总产值占益阳全部船舶产业产值的82%，占湖南全部船舶产业产值的50%；占湖南省造船总量的55%以上，是湖南省船舶工业发展的主要集中区域。

2014年11月，沅江市被省遴选确定为第二轮特色县域经济重点县。每年将获6000万元省财政扶持资金，并连续扶持3年。

2015年8月，益阳（沅江）船舶制造产业园获得“2014年度中国湘商十大投资价值园区（市场）”称号。

2015年9月16日，沅江市船舶制造产业园荣获“益阳市金融服务创新示范园”。

2016年，船舶产业园成功引进湖南桃花江游艇制造有限公司、沅江厚普清洁能源科技有限公司。

2016年7月29日，益阳市统计局通报了关于2016年1—6月益阳市园区建设大会战考核指标及计分排序情况，在考核的10个园区中，沅江船舶产业园以838.79分的好成绩排名第一。

2017年，船舶产业园成功引进珠海美蓝游艇有限公司、湖南德旭新能源投资有限公司、东莞市通达隔热夹心板有限公司。

是年11月，沅江市船舶制造产业园被省经信委批准为“湖南省中小企业创业创新基地”“湖南省军民融合示范基地”，被授予“益阳市金融生态样板园区建设试点园区”称号。

与此同时，湖南海荃游艇有限公司、湖南大洋机械制造有限公司、湖南帝豪船舶设备制造有限公司、沅江市恒盛机械制造有限公司、沅江精一科技机械制造有限公司5家企业获评湖南省高新技术企业。

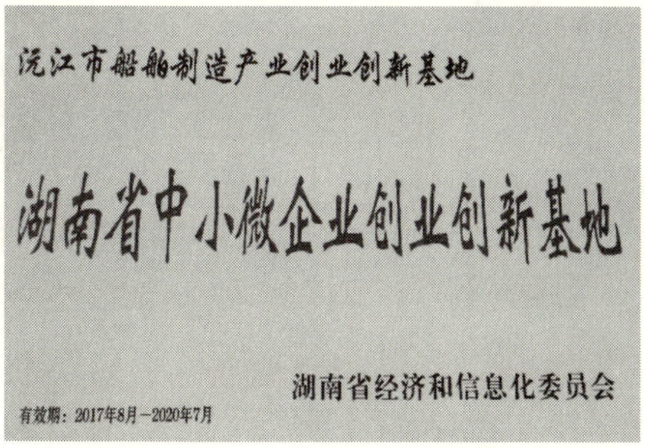

图1：沅江市船舶制造产园被湖南省经信委确立为“湖南省中小徽企业创业创新基地”

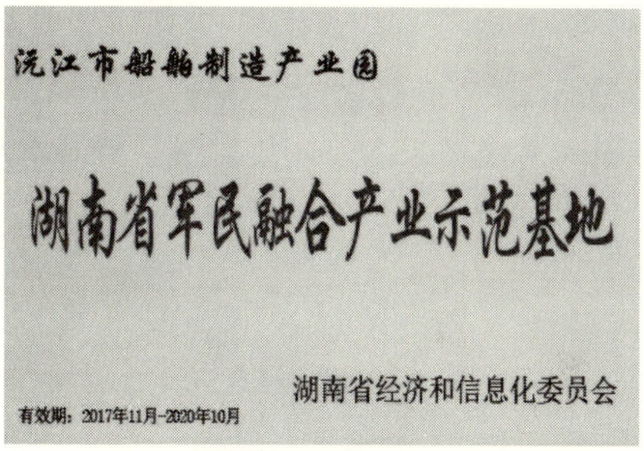

图2：沅江市船舶制造产业园被湖南省经信委确立为“湖南省军民融合产业示范基地”

图3：8月，园区帮扶海荃游艇有限公司成功召开产品推介会

图4：金航船舶8000平方米标准化厂房

图 5：中南船舶配套产业园公租房建设

图 6：6 月 18 日，湖南海荃游艇有限公司建造的 HQ2380 太阳能动力豪华游船在中国 · 沅江赛艇大师赛上正式亮相

图 7：“厚普能源”2.3 亿元 6 艘 LNG 船舶开始建造，4 个加注站点完成踏勘

（图 1—图 7 均由船舶产业园办公室提供）

文明建设选辑

沅江市文明创建工作获上级表彰的情况通报

去年以来，全市各级各单位积极开展文明创建活动，成效显著，受到上级表彰，获得了各种类型的荣誉称号，根据上级文件精神，现将我市荣获全国、全省文明创建工作各种荣誉称号的单位通报表彰如下：

沅江市发改局：获“第五届全国文明单位”荣誉称号。

沅江市琼湖街道万子湖村：获“第五届全国文明村”荣誉称号。

沅江市住房和城乡建设局：经过去年的复查，继续保留“全国文明单位”荣誉称号。

沅江市烟草专卖局：获“2016 届湖南省文明标兵单位”荣誉称号。

沅江市财政局、沅江市地方税务局：获“2016 届湖南省文明单位”荣誉称号。

沅江市阳罗洲镇：获“2016 届湖南省文明镇”荣誉称号。

沅江市气象局、供电公司，沅江市草尾镇：经过去年的复查，继续保留“湖南省文明单位”荣誉称号。

希望受表彰的单位、村镇在市委、市政府的坚强领导下，不忘初心、牢记使命，珍惜荣誉、再接再厉，发挥榜样表率作用，引领各级各单位认真学习贯彻党的十九大精神，认真学习贯彻习近平新时代中国特色社会主义思想，坚持培育和践行社会主义核心价值观，不断加强社会主义精神文明建设，持续深化精神文明创建活动，为决胜全面建成小康社会、夺取新时代中国特色社会主义伟大胜利、实现中华民族伟大复兴的中国梦作出更大贡献。

全市各级各单位要向文明单位、村镇学习，扎实开展精神文明创建工作，不断增强“两手抓、两手都要硬”的思想自觉和行动自觉，努力推动我市精神文明建设取得新的进步，为我市创建省级文明城市打下良好的基础，为建设富饶美丽幸福新沅江努力奋斗！

中共沅江市委宣传部

2018 年 3 月

全国文明单位——沅江市发展和改革局简介

沅江市发展和改革局现有干部职工89人，其中在职63人，离退休26人。局党组班子成员8人。内设职能股室17个，二级非独立事业单位3个。多年来，该局始终坚持以邓小平理论、“三个代表”重要思想、科学发展观和习近平总书记系列讲话精神为指引，在沅江市委、市政府的正确领导和各级宣传部门、文明办的具体指导下，连续获得“益阳市文明单位”“湖南省文明单位”“湖南省文明标兵单位”等荣誉称号。近几年，局以创建全国文明单位为目标，严格按照文明创建具体要求，扎实开展各项创建活动，不断巩固文明创建成果，各项工作有序展开。

一、坚持“三个到位”，夯实文明创建新平台

（一）领导挂帅，责任到位。局成立文明创建工作领导小组，党组书记、局长为第一责任人，安排得力人员组成精干高效的工作指导班子，制定本局《创建全国文明单位工作方案》，保证创建工作的有序开展。同时与各股室和二级事业单位签订“创建工作目标责任书”，并制定具体详细、切实可行的创建计划和措施。

（二）提高认识，宣传到位。确定创建全国文明单位目标后，迅速召开全局机关干部职工会议，及时传达学习文明创建文件精神，使全局干部职工明确开展创建全国文明活动的目的意义、方法步骤和具体要求，激发和调动广大干部职工参与创建活动的自觉性。同时，充分利用机关网站、宣传窗等阵地，加大对创建工作的宣传，营造“说文明话，办文明事，做文明人”的良好氛围。

（三）健全制度，机制到位。为强化文明创建工作的制度保障，制定和完善一整套行之有效的机关管理工作制度，形成从上到下齐抓共管的创建工作格局。自2015年以来，局先后制定和完善《机关作风建设制度》《学习制度》《服务承诺制度》《规范公共服务行为制度》《监督、督查制度》《有错无为问责办法》《财务管理制度》《领导干部廉洁自律制度》等，有力地促进文明创建工作沿着正确的轨道发展。

二、强化“四个抓手”，拓展文明创建新途径

（一）抓思想教育转作风。一是加强理想信念教育，在全局扎实推进“学党章党规、学系列讲话，做合格党员”，使学习教育常态化、制度化，锤炼干部职工党性。二是加强社会主义核心价值观和思想道德宣传教育，组织干部职工开展“道德讲堂”活动，强化行风政风建设，同步开展未成年人关爱活动，以弘扬优秀传统文化。三是开展诚信教育，引导干部职工树立良好的社会公德、职业道德、家庭美德，增强干部职工诚信意识和遵纪守法观念。四是开展法制教育，安排专人负责普法宣传、规范文件起草工作，同时每年结合“3·15”消费者权益日辅助开展一次“法制宣传”活动，每年举行一次集中普法培训，使法制观念深入人心。

（二）抓党性教育转作风。始终把党建工作摆在重要议事日程，与中心工作同检查、同考核，明确党建工作任务、要求和责任，切实做到党建工作有组织，有部署，有督查，有落实。建立党建工作责任制，实行党员领导干部“一岗双责”。坚持“三会一课”制度，积极做好新党员发展工作。省委宣传部授予局“湖南省学习型党组织建设示范点”，机关支部通过“五星级支部”验收。局党组始终把党风廉政建设作为“一把手”工程来抓，与纪委签订《党风廉政建设目标责任书》，组织干部职工到益阳廉政教育基地开展警示教育，组织全体党员到韶山开展“勿忘初心、砥砺前行”党日活动，对全体干部职工起了很好的党性教育和廉政警示作用。

（三）抓民主管理转作风。局领导班子认真执行党的民主集中制原则，广泛征求意见、建议，不断改进工作；积极推行党务、政务公开，制定《沅江市投资项目审批、核准、备案及招标投标核准操作规程》，发送到相关单位，并在网上公布、全程代办，极大地方便项目业主的前期审批和项目推进，局政务中心服务窗口连年被评为沅江市优质服务“红旗窗口”“优秀岗位”。

（四）抓业务培训转作风。一是特别重视业务岗位培训工作，先后组织人员参加湖南省发改系统加强项目前期工作及事中、事后综合监管培训。队伍服务能力明显增强。二是为适应发改业务工作的需要，每周五组织1次业务交流活动。每名同志在培训大家的同时也提高了自己。三是加大服务工作力度，聘请专家，组织项目业主开展项目前期工作培训，促进立项争资工作的顺利推进。

三、打造“五个平台”，丰富文明创建新内涵

（一）打造优秀典型平台。文明创建工作注重培养和宣传身边的先进典型，以近距离发挥好典型模范的带头作用。局干部家属傅莉莉被评为2017年“湖南好人”，并推荐为“全国好人榜”候选人。局机关72岁的退休干部杨友今，先后发表散文、小说、报告文学等200余篇（部），其中长篇小说《文天祥》获湖南省首届“五个一”工程奖和中国名人作品奖。

（二）打造志愿服务平台。局全员注册，组织实施“学雷锋志愿服务行动”，深化“岗位学雷锋、行业树新风”理念，树立文明“窗口”形象，积极开展扶贫帮困、尊老助残、美化净化社区环境等志愿服务活动。成立网络文明传播志愿者队伍，以红网为主要阵地，传递正能量。

（三）打造职工之家平台。工会建立职工之家，开展文体活动，对外文体交流。坚持对生病职工及时看望，3年来，组织慰问退休干部职工84人次，给予慰问金67200元，看望患病干部职工及家属165次，给予慰问金55000元，利用“三八”妇女节、“八一”建军节等节日开展走访慰问活动，每年为干部职工进行健康体检，保持了干部职工昂扬的工作状态。

（四）打造支部堡垒平台。近3年来，机关支部组织党员捐献“心连心慈善捐款”6950元，“慈善一日捐”6150元，“送温暖献爱心”

捐助10300元，参与精准扶贫和抗洪抢险等重大活动10多次。

（五）打造有益活动平台。3年来，局努力打造和参与有益活动平台，组织干部职工无偿献血37人次，组织干部职工参加市庆祝“三八”妇女节跳绳比赛、大众运动会、环城走、演讲比赛、书画文娱等各项文化体育活动30多次，丰富干部职工的业余文化生活；文明礼仪活动，促进干部职工对优良传统文化的传承。

四、带动“六项工作”，开创文明工作新局面

（一）编制顶层规划，指导经济发展。近几年，局秉承绿色发展理念，组织编制《沅江市“十三五”发展规划》《沅江市主体功能区规划》《沅江市承接产业转移发展规划》《洞庭湖生态经济区规划》以及纺织、船舶、垃圾污水处理等规划，参与旅游等多个专项规划的编制，以更科学、环保的绿色规划为全市经济社会发展提供宏观导向。

（二）抓好经济建设，助推市域经济。每年年初编制立项争资目标文件，把国家的投资政策及时传达到相关部门。2014—2016年，全市争取国家投资分别为23.56亿元、31.07亿元、39.65亿元，分别比上年增长25.83%、31.88%、27.62%，2017年上半年完成立项争资21.71亿元，同比增长47.1%；上半年已开工重点项目42个，完成投资22.65亿元，上半年实际引进内资完成固定资产投资34.01亿元，同比增长14.4%，新引进美蓝游艇、三一风电等项目15个、新开工19个、新投产17个。

（三）保持物价稳定，切实保障民生。局健全和完善价格调定价机制，加强和改进价格调控监管，努力保持全市物价民生消费水平的基本稳定。2015—2017年，共利用节假日实施商品市场价格检查12次，交通市场价格检查8次，其他服务市场价格检查26次；没收违价款金额213万元，罚款101万元，处理价格举报30多件；办理涉案财产价格鉴证案件295宗，价格鉴证金额3513万元；取消服务性收费项目31项，取消、暂停、停征的行政事业性收费50项、涉企收费20项、服务性收费23项、放开服务性收费项目21项，维护了物价稳定。

（四）加强基础建设，创优工作环境。几年来，局先后投资20多万元，对办公楼更新修缮，保障机关办公环境干净整洁，为干部职工创造良好的工作环境。

（五）改善工作条件，提升工作效率。局新配备笔记本电脑4台，液晶电脑15台，打印机13台，相机4台，摄像机1台，投影仪1台，视频会议系统1套，通过完善办公硬件提升干部职工工作效率。另外，新建了职工之家、荣誉室、道德讲堂，丰富干部职工文体生活。

（六）规范工作秩序，形成文明风尚。通过理想信念教育，提振工作精神；通过倡导文明服务，优化内部工作环境；通过实施指纹考勤，严格工作纪律；通过加强法制宣传，优化工作秩序；通过整治不良行为发生，使整个机关呈现出风清气正，昂扬向上的文明风貌。

2014—2017年，局先后荣获湖南省学习型党组织建设示范单位、湖南省2012届省文明单位、湖南省2014届省文明标兵单位、湖南省“十二五”规划编制三等奖、益阳市组织建设和扶贫开发整村推进先进联村单位、益阳市两型示范机关、沅江市“绩效考核标兵单位”、沅江市“绩效考核一等奖单位”等荣誉称号；年年被沅江市委、市政府评为立项争资、招商引资先进单位和重点项目建设服务先进单位。

图 1：2017 年 1 月，市发展改革局对市区超市商品价格进行督查

图 2：局志愿者参加益阳首届洞庭湖生态文化旅游暨水上运动节沅江分会场志愿者活动

图 3：市发展改革局机关办公大楼

（图 1—图 3，均为市发展改革局办公室提供）

沅江市美丽乡村集锦

牛洲村

一、基本情况

牛洲村与南大膳镇区毗邻，为典型的城郊农村。镇区省道217、322、书院路与村交错相融，城乡结合部位明显。全村共有34个村民小组，7208人，其中党员199人，全村积雨面积14000亩，耕地面积8280亩，辖2个渔场，渔场面积500亩。农民人均纯收入13000元，全村于2012年进入小康，2012年已申报省级生态环保示范村。2012年，全村30%的农村人口实现城镇化。农业产业集约化、农业生产工厂化、农产品商品化。社会主义新农村建设规模业已形成。

二、产业发展

重点发展养殖业、蔬菜基地等。产业的转型升级，经济的持续健康发展，为美丽乡村建设注入了新活力。

三、基础设施

（一）通畅工程。全村所有村民小组已通硬化公路，公路入户率100%，总投资120万元。村道与国家、省、县、镇道连通，形成环路，路标设置规范、布局合理，村民出行方便。

（二）水利工程。硬化水渠2.4公里，农田水设施配套齐全，全村12000余亩耕地面积旱涝保收。

（三）饮水工程。建设自来水厂。村民安全饮水普及率100%，用水水质符合国家《生活饮用水卫生标准》。

（四）环境工程

1. 保洁。制订《牛洲村生态环境保护办法》和《保洁员管理制度》，安排环境整治专项资金20万元，每组都设有垃圾中转箱，每户配备垃圾桶，成立专门的保洁队伍，按照资源化、无害化，推行垃圾“户分类、村收集、乡转运、区处理”新模式。污水集中处理达排标放，卫生户、卫生厕所比率达98%以上。实现环境净化、公路硬化、通道绿化、小区亮化、村庄美化。

2. 绿化。完成村组道路两旁绿化14公里。村旁、宅旁、路旁、水旁等空地绿化率90%以上。严禁乱砍滥伐，栽种桂花树、红叶石楠、紫薇等花草树木，投资50万元。

3. 亮化。2016年1—8月，牛洲片20公里道路亮化，共装路灯400余盏，投资30万元（已完成80%）；2017年12月至2018年3月，镇郊片16公里道路亮化，装路灯320盏，投资24万元。

四、公共服务

村级活动中心。村级活动中心2800平方米，内设村民服务大厅、办公室、会议室、党员活动室、卫生室、计生服务室、图书室、信息服务站、老年人活动中心、农民技能教育培训学校和远程教育站等十余个办公、活动场所。

五、乡风文明

牛洲村党支部认真履行岗位职责，积极发挥带头和表率作用，真正成为带领村民发家致富奔小康的坚强战斗堡垒。在村级事务管理中，建立《党支部、村委会干部工作职责》《村民代表会议制度》《村务公开制度》《财务管理制度》等一系列制度。组建村民理事会，对村支两委在土地管理、财务管理、计划生育、社会治安、公共事业、村务公开等各项工作中的执行情况进行监督，村级重大事项实行民主决策、民主管理、民主监督。村民主理财小组定期对村级财务进行清理和审计。

图 1：牛洲村村部

图 2：养殖鱼塘

图 3：护坡渠道

图 4：田园风光

图 5—图 6：村民健身场　（图 1—图 6，均由村党支部提供）

紫红洲村

紫红洲村位于共华镇东北部。2017 年 5 月，由原和兴村，和群村，均恩村，均利村，紫红洲村，苗圃场和东湖渔场合并为紫红洲村。辖域东与黄茅洲隔河相望，南界共华渔场，西靠赤山油库，北濒赤磊洪道（亦名草尾河）。东西最大距离 11.5 公里，南北最大距离 2.6 公里，是共华镇的行政大村。2017 年，村设 20 个村民小组，耕地面积 19660 亩，其中水田 14680 亩，旱地 4320 亩，鱼塘 660 亩。全村总人口 2914 户，7869 人。村设党总支部 1 个，党支部 6 个，共有党员 302 人，其中女党员 36 人。

一、基础设施

2014—2017 年来，党和政府加大对“三农”的建设投入，村抓住机遇，加快基础设施建设，至 2017 年，共硬化村组水泥路 61.4 公里，实现南北贯通，东西连横，道路平直，水渠网流，树木成行，林荫蔽道。

2017 年 1 月，市、镇、村三级筹项 140 多万元，建成高标准的村民服务中心，办公实现电子化。

二、经济发展

紫红洲村地势平坦、土地肥沃，雨水充沛，灌排便利，历以水稻、油菜、棉花、苎麻为大宗作物，辅以捕捞、养殖为经济补充，农民生活殷实舒服，随着现代农业、观光农业、生态农业强劲渗入，农民改进种植方式，加大科技投入，逐步形成以群兴片为中心的 10000 亩油菜基地，阳春三月，一片全黄，暖风吹拂、香飘四野，引来无数游人流连忘返；秋季，稻硕千顷，银花朵朵，瓜（南瓜、冬瓜）果累累；冬季，鱼跃浅池，荷藕出露，真是一派人乐年丰气象。因之此地被誉为沅江著名的“瓜品之乡”，其产品行销全国市场。

2017 年 12 月，该村被沅江市委、市政府确定为沅江首个“集体产权制度改革试点示范村”。

是年，全村农业总产值 3932 万元，其中种植业收入 3252 万元，养殖业收入 680 万元，村民人均可支配收入 18000 元。

三、党建引领

2017 年 5 月，新组建的紫红洲村经党员民主选举，产生第一届党总支委员会和村民委员会、共选出村、支“两委”班子成员 7 人，便民服务员 1 人，由谢文兵任党总支书记。新班子新作风新作为。党总支以“两学一做”为抓手，认真贯彻党的十九大精神，深入开展“支委带党员、党员带群众，共奔小康路”的结对帮扶活动，使党的各项政策落到实处，捋起袖子抓党建、促发展，共圆中国梦。

党总支坚持每月 1 次支部成员会，每季 1 次党员大会，7 月 1 日，召开支部成员民主生活会。年底召开党员评议会，按上级党组织要求，扎扎实实开展“党日”活动，充分发挥党员的先锋模范作用和党总支的战斗堡垒作用。党建工作多次受到各级的表扬鼓励。

四、文明花开

党总支重视村民的思想道德建设，订立

村规民约，开展向先进典型学习，同时发现和培养自己的好典型；开展学法用法，以法律维护自己的合法权益；开展“好媳妇”“好邻居”“好家庭”评选活动，形成和谐的家庭，邻里关系；开展牵手助学，关爱留守儿童、孤寡老人活动，使他（她）们感受社会主义大家庭的温暖；开展精准扶贫活动，让他们分享社会改革进步发展带来的“红利”。2017年，全村确认贫困户166户、315人，通过各级领导的大力帮扶，年底脱贫89户，138人。今日紫红洲，真是：文明花开风景独好。

图1：新建村部办公大楼

图2：甲鱼养殖基地

图3：村文艺队旗袍表演

图4：万亩油菜基地

（图1—图4，均由村党支部提供）

子母城村

黄茅洲镇子母城村由原来的子母城村、晒袍嘴村合并而成，紧邻塞波嘴镇，全村1008户、3876人、总面积5600亩，设28个村民小组，共有党员99人。

子母城村是南宋民族英雄杨幺筑城之地，有诸多杨幺的遗迹与传说，如有杨幺部队晒战袍的地方，有部队官兵休闲练兵的场所等，市文物局部门已立碑保护。黄茅洲大桥穿村而过，五条居民线整齐划一，优越的地理条件和“美丽乡村”建设成为该村发展的良好基础。

在上级党委和政府的正确领导下，村支两委致力于“强基础、改面貌、求发展、创新风”努力做到基础设施完善，生活环境优美，民风淳朴清正，争创省级美丽乡村。

一、讲政治、重党建

子母城村党总支部认为，村级经济要发展，首先要具备良好的氛围，而这种良好的氛围必须提升讲政治、顾大局的思想认识，必须和党中央保持高度一致，要深刻认识到党建工作对经济的推动作用，因此子母城村党总支部在全体党员群众中广泛开展讲政治、讲大局、讲党性、讲纪律的学习教育，要求全体党员严格按照党章、党纪、党规要求在发挥先锋模范作用的同时，做到廉洁自律，遵纪守法。由于加强了党建工作，所以产子母城村经济发展创造了极好的前提保障。

二、强基础、改面貌

子母城村把“发展才是硬道理”作为始终不懈的信念一以贯之，在上级各部门的支持下，大力开展基础设施建设，改善村容村貌。

（一）公路硬化。子母城村完成12公里村级公路硬化，完成7.55公里组级公路硬化；2018年，全村启动旱改水项目施工，完善了各组的机埠建设及二级机耕道，方便村民出行，农产品的调运，对全村土地升值起到积极的作用。

（二）水利设施。全村现有28个小组机埠，2个75千瓦的电排（1个抗旱，1个排渍），2017年，疏洗村级主渠道6750米，各小组进出水方便，建有衬砌沟渠，真正做到水旱无忧，提升了土地效益。

（三）卫生保洁。子母城村下大力气狠抓环境整治，努力改变村容村貌，已建环保型垃圾池320个，中型垃圾桶320个，做到3户1个垃圾池和1个垃圾桶，村部配有垃圾车，实行农户门前“三包”责任制，并实行村干部包片，片干部包组，党员包户的联动责任，搞好季度评优，定期广播讲评，进一步提高了村民爱整洁、讲卫生的意识，做到了常态保洁。

（四）“三化”工程。子母城村为了搞好村庄绿化，组织力量，对几条主渠道居民线上的六九杨及其他杂树集中砍伐，重新栽植了垂柳、樟树和其他风景树，实现了部分线路的绿化和美化，全村60%的线路安装路灯。

三、调产业、求发展

村支“两委”认为，一个地方经济要发展，产业是关键。必须打破传统的耕作模式，因此村从2013年开始土地流转，村委多次召开全体党员、村民代表会议，宣讲上级的政策精神，实行土地流转能充分利用劳力资源，剩余劳力可以外去经商务工，也可在本地租赁方做事，这样既能增加家庭收入，又能发展地方经济，受到人民群众拥护和认可。2017年，子母城村流转面积3800多亩，占全村总面积的90%以上，引进特种种养业如橘园、葡萄园、蔬菜基地、稻虾养殖等，为现代农业产业发展、美丽乡村建设奠定了基础。

四、树正气、讲文明

经济要发展，端正民风最重要。子母城村在抓经济发展的同时注重乡风文明建设，村在各条居民线竖立各种宣传标语、标牌，利用广播和各种会议广泛弘扬正气，倡导文明，严厉制约、打击各种歪风邪气和不文明不健康的行为，因此全村多年来无违法犯罪情况。

五、惠民生、奔小康

子母城村全面实现信息网络化，村内都安装有线，全面完成改厕，部分已改厨，全村推广环境卫生化管理，逐步提高环保意识和生活水平，全村精神面貌日益改善，文明程度也逐步提高。

六、讲团结、创未来

通过一系列强力发展举措，子母城村村支一班人的共同努力和全村人民群众的大力支持，村的各项工作都处于全镇领先水平，连续被评为“沅江市先进党组织”。村支“两委”并没有满足和骄傲，而是认为与上级的要求相距较远，需迎头猛追方可进取，因此村支两委组织党员和议事会、监事会认真研讨达成共识：决心创建“省级美丽乡村”。

一是全力推进村改革开放，各项工作创一流，更上一层楼。

二是全力推进子母城村杨幺庙和子母城文博展览馆建设，以及杨幺练兵场、晒袍场、休闲娱乐场、跑马场的建设，形成完整的杨幺文化基地。

三是全力推进子母城村旅游开放基础设施建设，如宾馆、餐饮等。从而打造沅江乃至全省湖区独具特色的休闲旅游区，开创子母城村全新的发展格局，为建设美丽乡村而努力。

图 1: 子母城遗址

图 2：杨幺屯兵演练的跑马岭遗址

图 3：杨幺的后花园遗址

图 4：杨幺晒袍嘴

（图 1—图 4，均由村党支部提供）

三码头村

一、基本情况

草尾镇三码头村位于乐漉线公路两旁，由原三码头、百胜、永新、三码头渔场、星火渔场合并而成。现有水稻田4851亩，渔溏1100亩，设10个村民小组，731户、3160人，有党员106名。村里的三码头嗦螺远近闻名，素有“美味嗦螺”之称。

二、产业发展

三码头村合并前几个村累积债务达212万元，包袱重，压力大，发展滞后，导致贫困人口多，被定为湖南省精准扶贫村，2017年有建档立卡贫困户112户，贫困人口366人。

三码头村有3个稻虾合作社、1个生猪合作社以及1个龙头企业港湾油脂厂，依托合作社与龙头企业带动贫困户“一对一”帮扶致富，2017年年底，只有8户、19人未脱贫，脱贫率达94%以上，尤其是在稻虾合作社带领下，全村稻虾面积覆盖率达80%，其中生猪合作社每年生猪出栏达1800多头，港湾油脂厂为当地百姓提供20多个就业岗位，收购菜籽700多吨，于2017年被评为“沅江市产业扶贫示范点”。

三、环境建设

三码头村全村公路覆盖率达92%，公路两旁绿化覆盖率达60%左右，全部种植四季常青的泡柑树与樟树。村先后在每个小组建设抗旱机埠1个，主要排灌渠混凝土覆坡，并对所有主要沟渠高标准清淤、疏浚，实现旱涝保收。

按照新农村建设的基本要求，搞好村庄绿化美化，修好路边垃圾池，建好渠旁绿化带，完成改厕170户，实现村民改厕100%，新建污水四级净化池170个，全村自来水通农户覆盖率率达100%，用水水质符合国家《生活饮用水卫生标准》的规定。新添垃圾车1台，移动大型垃圾池3个，中型垃圾桶30个，道路固定分类垃圾箱15个，精心打造人文和谐、环境卫生、风景秀美的新农村。

四、文明新风

（一）建有便民服务中心1座，整座按照“六室一厅”标准设置，2017年评为沅江市“益农服务社示范点”，新增广场舞台、老年人活动室、图书室、妇女之家、广播信息室、卫计室、第一书记与党代表室等等。

（二）经过群众党员代表大会完善村规民约，党员干部做表率，刹住“陈规陋习”“人情风”。

（三）严格规范村。“两委”工作，按照党纪、党规办事，制定《便民服务指南》《首问责任制》《群众接访大厅工作人员职责》《议事会工作职责》《监事会工作职责》《财务公开制度》等一系列制度，坚持分工合作，实行民主决策，民主管理，民主监督。

图 1：：三码头村村部外貌

图 2：美丽的村组公路

图 3：稻虾合作社基地一角

图 4：青蛙养殖场

图 5：莲蓬养殖一角

图 6：龙头企业港湾油脂厂

（图 1—图 6，均由村党支部提供）

朱冯村

朱冯村位于泗湖山镇最西端，东邻牛尾托村，南濒南洞庭湖芦苇场，北临赤磊洪道，西与共华镇交界，是泗湖山镇的西大门。茶草公路穿境而过，村境两面环水，地理位置优越，交通十分便利。

朱冯村是由原朱家嘴村、西河口村、冯家湾村于2008年合并而成。2017年，辖36个村民小组，共有农户1915户，总人口4860人，全村积雨面积10660亩，其中耕地面积8900亩，以稻虾共养，粮食生产、蔬菜种植、芦笋加工为主导产业，2017年全村人均可支配收入15500元。

朱冯村党支部共有党员139人，党支部以党的建设为统领，团结务实，开创了全村工作的新局面，在美丽乡村建设上迈出了可喜的步伐。

一是认真做好党建工作。党支部组织党员、群众认真学习党的十九大报告，学习习近平总书记系列讲话，学习党章、学习党纪党规，三会一课，用新时期中国特色社会主义理论武装思想，统一认识。党的建设常态化，正规化、制度化，党支部抓住机遇，捋起袖子大干，加快了小康建设步伐。

二是扎实抓好基础设施。村支两委多方争取资金，先后完成土地整理项目，平整土地5处共380亩，新建农用机埠39处，修建"U"型槽水沟32000米，清洗"沧桑渠"40000余米、整修二级田间道30000米，修建农用桥18座；电力增加线路2000米，实现农电网全部改造升级，更新、增容变压器6处，电力线路更新升级5000米，实现高灌低排，旱涝保收。

全新实现村组路全部硬化，共16公里，主干部分亮化、路旁逐步种植花卉树木。

三是积极推进现代农业。2017年投资380万元，新建"稻虾共作"试验基地3000亩，新增稻虾配套设施12处，硬化田间道5900米，修建基础设施300处，新修灌水渠4000米，清洗沟渠5000米；投资80万元，安装诱蛾灯54盏，修建田间小气候倔象站1处，安装巨型农产品推广宣传栏5处，并争取市级优质稻种植示范区项目（包括统防统治、优质稻品种选用、机械化插秧、全程无人机治虫杀药、机械化收割等），累计为农民增收900万元。

四是推进美丽乡村建设。村支两委通过召开支委会，党员会、组长会和代表会，认真研究关于加强朱冯村《文明建设规划》《美丽乡村建设规划》，形成共识，从党支部成员自身做起，坚持村务公开，厉行节约，勤俭办事，营造邻里和睦，环境友好。全村没有出现打架斗殴，铺张浪费现象，无上访，无违法乱纪行为。

站在朱冯村两岸大堤上，只见居住成线，树木成行，水流清淌，道路纵横，鸡犬相闻，一派农家兴旺气象。堤外是一望无涯的南洞庭和热闹繁忙的赤磊洪道，朱冯村像一颗明珠镶嵌在美丽的洞庭平原。

图 1：村小气候气象站

图 2：冯鑫水稻种植专业合作社

图 3：村民服务中心

图 4：全程机械化基地

（图 1—图 4，均由村党支部提供）

中共沅江市委员会

中共沅江市委常委名录

市委书记	陶德保
市委副书记　市　长	谢君毅（2017 年 6 月）
市委副书记　代市长	杨智勇（2017 年 8 月—　）
市委副书记　市　长	杨智勇（2017 年 12 月—　）
市委副书记	杨智勇（2017 年 5 月—　）
市委副书记	罗晓皓（　—2017 年 5 月）
市委副书记	陶汉文（2017 年 8 月—　）
市委常委　常务副市长	罗必胜
市委常委　纪委书记	杨正才
市委常委　组织部部长	雷越毅
市委常委　统战部部长	张伏初
市委常委　宣传部部长	涂政坤
市委常委　市委办主任	李向前
市委常委　政法委书记	戴剑锋（　—2017 年 5 月）
市委常委　政法委书记	刘　武（2017 年 5 月—　）
市委常委　人武部政委	付清明（　—2017 年 8 月）
市委常委、人武部部长	彭达明（2017 年 12 月—）

中共沅江市纪律检查委员会　沅江市监察局

【基本情况】

沅江市纪律检查委员会与沅江市监察局合署办公，实行一个机构、两块牌子，履行党的纪律检查和政府行政监察两种职能，对市委和上级纪委负责。市监察局属于政府序列，接受市政府的领导和人民代表大会及其常务委员会的监督。2017 年 12 月 21 日，沅江市第十七届人民代表大会第二次会议选举产生杨正才为首任沅江市监察委员会主任。

委局机关共有干部38人（其中在职干部34人、退线干部4名），离退休干部20人。中共党员54人（其中在职党员34人、离退休党员20人）。机关内设9个职能部室，即办公室、组织部、宣传部、党风政风监督室（市政府纠正行业不正之风办公室）、信访室、第一纪检监察室、第二纪检监察室、第三纪检监察室、案件审理室。

12月22日，经市监察委主任杨正才提名，市人大常委会表决通过，任命郭照辉、刘名贵、唐清云为市监察委副主任，任命夏桔姣、郭颖、田力、张迪兵、蔡时佳为监察委委员，标志着沅江市首届监察委员会领导班子产生。

【班子简况】

市委常委　市纪委书记　市监委主任

杨正才（市监委主任　2017.12—　）

市纪委副书记　市监察局局长　市监委副主任

郭照辉（市监察局局长　—2017.12，市监委副主任 2017.12—　）

市纪委副书记　市监委副主任

刘名贵（市监委副主任 2017.12—　）

市纪委副书记　监委副主任

唐清云（市监委副主任 2017.12—　）

市纪委常委　市监察局副局长

谭国琪（市监察局副局长　—2017.12）

市纪委常委　市监委委员

夏桔姣（市监委委员 2017.12—　）

市纪委常委　市监委委员

郭　颖（市监委委员 2017.12—　）

市纪委常委　市监委委员

田　力（市监委委员 2017.12—　）

市纪委常委　曾　兵

市监委委员　张迪兵（2017.12—　）

市监委委员　蔡时佳（2017.12—　）

市监察局副局长　孙　超（　—2017.12）

【工作概况】

2017年，在益阳市纪委和市委坚强领导下，全市各纪检监察组织牢固树立“四个意识”，坚决贯彻上级和市委决策部署，忠实履行监督执纪问责，积极探索实践“四种形态”，扎实推进全面从严治党，持续加大党风廉政建设和反腐败工作力度，纪检监察工作取得新进展新成效。

一、“两个责任”有效落实

市委认真落实主体责任，市委常委会7次研究党风廉政建设和反腐败工作，及时作出重大部署。陶德保书记带头履行“第一责任人”责任，直接调度、指导监察体制改革、专项整治、督察问责、巡察整改等重大工作，对纪检监察工作多次作出批示。市纪委积极协助市委落实主体责任，全面履行监督责任，抓好全年责任分解和工作落实。把“两个责任”纳入巡察、监督和绩效考核重要内容，加大问责力度，全面落实责任报告、履责约谈、述责述廉等措施，推动落实党风廉政建设目标责任。坚持以问责倒逼责任落实，全市有13个单位和22名领导干部因落实“两个责任”不力被问责。

二、纪律建设不断加强

加强对党的路线方针政策和决策部署贯彻执行情况的监督检查，重点检查脱贫攻坚、砂石市场整治、洞庭湖生态环境整治等重大工作部署落实情况，严明纪律规矩，强化纪律监督，确保政令畅通，全年共问责62人。把好选人用人政治关廉洁关，市纪委出具党风廉政审查意见139人次。加强村级组织换届风气巡回督查，及时发现整改问题，保障村级换届工作风清气正。加强纪律教育，引导党员干部讲规矩、守纪律。组织党员干部6.8万多人次参加益阳市“扬清风正气，迎十九大召开”党内法规知识学习竞赛活动。分64批次组织全市3260多名党员干部到益阳市廉政教育基地接受警示教育。强化宣传力度，传递廉政“好声音”，在省级以上媒体上稿166篇次，益阳市级媒体上稿139篇次。挖掘廉洁家风，组织明末重臣杨嗣昌家书、皮氏家训等调研撰写，宣传推介“益阳家风故事”6个，擦亮“廉洁沅江”名片。

三、党风政风明显好转

着眼重点领域和突出问题，主动出击、精准监督。认真落实益阳市“九个一律”问责规定，开展“中梗阻”式腐败问题专项治理，对不作为、乱作为和“推拖卡拿”等问题坚决亮剑，立案83起，处分82人，问责77人;深化“纠‘四风’、治陋习”专项整治，在重要时间节点开展明察暗访，持之以恒向违规公款吃喝、违规发放津贴补贴、违规操办婚丧喜庆事宜等顽瘴痼疾开刀，处理违反“八项规定”精神问题5起，立案7人，处分7人，及时点名通报曝光作风建设典型案例。加强对落实“禁酒令”的监督检查，处分2人，问责3人。开展清理国家公职人员违规参与涉砂涉矿等9类经营性活动专项整治，发现并整改问题9个，立案查处1人。开展中小学校违规征订教辅资料等突出问题专项整治，立案查处1人。

四、惩治腐败形成震慑

建立领导接访、初访承诺、阳光处访为主要内容的信访处置体系，坚持重心下移，开展农村信访举报集中办理专项行动，交办件实现清零目标，有效化解重复访、越级访。全市纪检监察组织共受理信访举报437件，处置反映问题线索287件，立案149件；结案148件，处分148人，移送司法机关3人，收缴违纪款304万元。在查办大要案上有新的突破,共立案审查科级干部28人。深化“雁过拔毛”式腐败问题专项整治，发现问题56起，处分55人，问责8人；强化扶贫领域监督执纪问责,立案15起,处分15人,问责6人。正确运用监督执纪“四种形态”，全市纪检监察组织利用“四种形态”处理287人次，约谈函询科级领导干部34人，第一种至第四种形态分别占48.8%、41.8%、8.0%、1.4%，实现惩处极少数、教育大多数的政治和社会效果。狠抓审查安全监督管理，守住安全底线。对严重违纪的典型案件进行深度剖析，并在省级媒体刊发报道。开展处分决定执行情况专项检查，发现并督促整改问题10人次。反腐败压倒性态势巩固发展，32名干部主动交代违纪问题。

五、三项改革全面推进

落实巡察改革要求，全面推进巡察工作。及时组建巡察办和2个巡察组，扎实开展二轮共7个市直单位的巡察。发现被巡察单位党组织问题261个，其中问题线索47个，立行立改和交由被巡察单位整改的问题，在规定的时间内整改率达到100%。成立巡察110，马上就办，巡察利剑作用显现。共设立13家派驻纪检组，综合监督65家市直单位。切实加强对派驻纪检组的管理，公开选调派驻纪检组干部29名，统一名称、统一管理，实现机构、人员、工作“三到位”。坚决贯彻中央和省委深化监察体制改革试点工作的重大决策部署，率先成立深化监察体制改革试点工作小组，如期完成市监察委员会组建挂牌，实现对全市行使公权力的公职人员监察全覆盖。

六、自身建设得到加强

扎实推进系统党员干部“两学一做”常态化制度化。举办全市纪检监察干部学习贯彻中共十九大精神暨业务培训班。按要求选送系统干部参加上级举办的各类纪检监察培训班和跟班学习，不断提升业务水平。严格落实2个提名考察办法，加大纪检干部轮岗交流力度，交流27人，提拔重用8人，镇、场、街道纪委班子和派驻纪检组进一步配强配优。举办“走进纪委，共促廉洁”活动，让“两代表一委员”、工商联负责人和群众代表零距离接触纪检监察工作。立案查处纪委书记2人次，函询3人。

中共沅江市委办公室

【基本情况】

市委办公室内设政研室、总值班室、秘书科、信息综合室、督查室、机要局、保密局、小康办、深改办。核定行政编制36个，工勤编制5个，2017年，有在职干部职工36人（含退线副处级干部1人、科级干部6人），其中正处级干部1人，副处级干部4人，科级干部13人，科员13人，职工5人；中共党员干部职工32人，非党员干部职工3人。

【班子简况】

市委常委　主　任		李向前
常务副主任		李迎辉
副主任	易新年　谢利民	朱　健
室务会成员		陈光明
派驻纪检组组长		邓　洪

【工作概况】

2017年，市委办坚持以“两学一做”为统揽，紧紧围绕市委中心工作，立足本职，服务大局，较好地完成各项工作任务。

一、紧扣服务中心，参政设谋能力不断增强

办公室充分发挥参谋部和智囊团的作用，通过开展调查研究、文稿起草、信息报送等方式，努力为领导决策和重大工作部署提供优质高效的参谋服务。完成各类文稿130多篇，其中各类会议领导讲话56篇，调研文稿15篇，综合文稿60余篇，编印《沅江工作》15期，总计完成文字量60余万字。全年完成专题信息调研29个，协同部门单位完成调研课题17个，共向省委办公厅、益阳市委办公室上报工作信息502条，编发《要情快报》29期，通过信息平台上报沅江市委的各项工作部署以及取得的实效，部分信息得到上级领导的批示，得到省委办公厅信息处的肯定，在全省各区县市中排名第二十名。共开展督查活动51次，坚持市委抓什么就督查什么，重点部署什么就重点督查什么，有效推动市委决策部署的落实，同时，完成领导交办的各类批示交办件46件。

二、创新服务方式，政务服务水平不断提高

全市各级各部门办公室始终坚持以精细化管理为载体，将打造精品的过程作为提升工作层次、优化服务的过程，努力把各项工作做得更规范、更到位、更圆满。全年承办各类会议22次，市委常委会议29次，共组织协调各类重要公务活动27次。坚持日常值班制度，全办机关干部参与值班，及时引导、有效处置各类来信来访，保证机关正常秩序。下发文件154个，处理上级来文498个，上报备案的党内规范性文件21个。全年共收到和处理各类电传电报736份，实现零误差，机要工作获全省先进单位。紧紧围绕市委“抓发展、抓调度、抓基础”的思路，小康工作推进有序，通过集中会商、及时调度、强力推进、精准发力，确保工作取得实效，获得益阳市主管部门的肯定。紧跟上级部署，贯彻落实上级要求，围绕9大类、51项、234小项，全面推进深化改革各项工作，改革成效初步显现。

三、强化服务意识，队伍自身建设不断加强

始终把加强办公室干部队伍建设作为重要环节来抓，努力培养造就一支高素质的办公室队伍。结合办公室工作实际，在全市办公室开展以“精细、高效、优质”服务活动，着力加强思想建设、作风建设、能力建设，锤炼一支淡泊名利、爱岗敬业、忠于职守、无私奉献、严谨务实的干部队伍，办公室干部的使命感、责任感越来越强，讲奉献、讲实干、想干事、能干事的人越来越多。针对基层办公室干部提拔、转岗等新情况，全年两办到各单位业务指导1次，通过指导、跟班学习、业务点评等方式，有针对性地在办文、调研、信息等方面进行培训，同时还组织开展全市各基层办公室主任业务知识培训班，明显提高全市各级办公室干部驾驭工作的能力和服务经济社会建设的水平。许多单位也加大对本单位办公室干部的培训力度，定期组织对办公室干部进行培训，干部素质和业务能力有明显的提升。

沅江市档案局

【基本情况】

档案局为市委、市政府直属正科级事业单位，归口市委办，参照公务员管理。2017年，有在职干部职工14人，退休9人。机关建党支部1个，有中共党员21人，其中女中共党员6人。

【班子简况】

党组书记　局　长	皮学红
副　局　长	陈军琦
副　局　长	徐　沅
纪检组组长	佩　文
办公室主任	罗育平

【工作概况】

一、档案发展环境不断优化

（一）工作纳入绩效考核。沅江市委市政府高度重视档案工作，将其纳入全市绩效考核内容，为全市档案事业发展提供强有力的政策支持，对全市基层档案工作起到鞭策作用，对市的档案事业依法行政、依法管理起到积极的推动作用。档案局以此为契机，加强对档案绩效考核的领导，制定《2017年度沅江市主体责任单位档案工作考核细则》，并从9月18日至11月3日，对全市镇、场、街道，市直局以上单位，垂管单位，驻沅江单位共90个单位进行档案工作绩效考核。

（二）要求得到贯彻落实。为传达贯彻落实益阳市档案工作会议精神，局按照市委办主任李向前指示，于4月11日在沅江市治大院一会议厅召开沅江市档案工作会议，全市各镇、场、街道，市直局以上单位，垂管单位，驻沅江单位共90个单位的分管档案工作的领导和办公室主任180余人参加会议。会上档案局局长皮学红传达湖南省、益阳市档案工作会议精神，回顾总结2016年沅江档案工作，并对2017年档案工作进行安排部署，沅江市委常委、市委办主任李向前作重要讲话。会后，全市各级领导更加重视档案工作，基层档案员的工作积极性提高。

二、档案资源体系不断加强

（一）收集整理力度加大。档案业务部门加强对档案收集整理工作的监督、指导与检查，先后对卫计局、商粮局、住建局、船舶产业园、琼湖街道、农开办、公安局、太阳鸟游艇公司、民政局、农业局、国土局等39个单位上门业务指导，督促各单位严格按照国家档案局的规定，加强档案规范化管理。

（二）馆藏资源不断丰富。加强档案资料的收集和征集力度，同时，面向社会、面向民间开展名人档案、名优新产品档案、民风民俗和民间文化艺术档案的征集，把一切能够反映沅江政治、经济、科技、文化和社会发展等方面的档案资料收集和征集进馆。全年共接收各类文书档案8741卷（盒）、名人档案28卷（盒），丰富档案馆藏资源。

三、档案管理体制不断健全

（一）开展家庭档案模式探索。局领导和业务股的工作人员应湖南省粮食局萧应龙的请求，与益阳市局领导到萧应龙沅江老家就萧氏族谱档案室的建立与族谱档案完善进行指导，开展调研工作。

（二）建立协同参与工作机制。局认真落实益阳市文件精神，加大对重点工作、重大活动、重大建设项目、重大科研项目特别是洞庭湖生态经济区建设等方面建档工作的指导与参与力度，制定《沅江市重要会议、重大活动、重点建设项目档案管理暂行办法》，加强对保民垸大桥指挥部、琼湖国家湿地公园档案工作指导，协助琼湖国家湿地公园建档300多卷，顺利通过国家验收。

（三）做好改革改制档案处置。继续开展乡镇区划调整和市直单位机构改革的档案处置工作。开展国有企业档案处置情况调查，撰写《沅江市国有企业档案处置情况调查》，并上报益阳市档案局。

四、档案安全体系不断完善

（一）安全保管能力不断提高。局将档案安全工作作为档案管理重中之重，列入

"平安沅江"创建内容，实行"一把手"负总责，分管领导负直接责任，档案管理股工作人员分工负责的工作机制，明确工作责任，完善各项安全工作措施。进一步加强人防、物防、技防"三位一体"的档案安全防范体系建设,完善档案馆"十防"措施，加强综合档案馆监控系统、红外线报警系统、门禁系统、消防自动报警系统、温湿度自控系统等档案保管保护专业设施设备的维护、更新和升级工作，提高综合档案馆安全防灾减灾标准和能力。

（二）应急处突能力不断增强。局党组为提高干部职工应对突发事件能力，制定应急处理预案，完善应急处理机制。选派干部到长沙望城区参加消防知识的培训，聘请省消防协会的消防专业人员进行消防知识讲座，组织全局干部职工参加沅江市消防大队举行的消防演练。通过培训和演练，干部职工的消防知识、消防技能、处突能力明显增强。

（三）安全保密措施不断完善。档案局为确保档案信息安全，建立健全档案安全保密制度、档案信息公开发布保密审查制度，完善档案安全保密长效管理机制，实行市综合档案馆和数字化加工场所全天候、全方位视频监控，发现隐患及时督促整改，确保重要档案绝对安全。

五、档案利用更加贴近民生

（一）信息服务利用。局党组更新服务理念，创新服务机制，改变工作作风，转变重管轻用的观念，切实加强档案窗口的建设与管理，围绕市委、市政府中心工作，"零距离"服务人民群众。2017年，共接待查档及咨询的群众1800多人次，开出有效证明1430多张，查阅案卷3900多卷册。得到人民群众的高度肯定，收到良好的社会效果。

（二）编研任务完成。完成《沅江年鉴（2015）》800册的出版发行、《乡镇简志》的编纂，同时积极开展其他专业志的编印工作。

六、档案信息建设步伐加快

（一）加强信息化人才建设。积极参加上级组织的各类信息化建设培训，聘请长沙专家在沅江市档案局第九期档案员岗位培训班上系统地讲解档案信息化建设理论知识和操作技能，加强档案信息化人才建设。

（二）加强信息化平台建设。为加强档案信息化建设，建立高标准的网络机房，配备电脑、扫描仪、档案管理软件、打印机、交换机等档案信息化硬件设施。通过政府采购，与珠海泰坦软件系统有限公司签订采购合同，有计划地开展档案资源中心系统档案信息化的软件设施建设。逐步做到省、市、县级市三级平台互联互通、资源共享。

（三）加强文件级目录建设。聘请专人开展重点档案及洞庭湖生态经济区档案专题数据库数字加工，完成民国档案文件级目录录入2万条。馆藏档案现已储存文件级目录近45万余条，全文扫描5万余页。

七、档案宣传形式更加多样

（一）"国际档案日"宣传。6月9日"国际档案日"，档案局在沅江琼湖公园湖心路开展以"档案共同的记忆"为主题的档案板报宣传活动，共展出板报38张，印发宣传资料2000多份，主要宣传档案法律法规，展示沅江人民过去共同的记忆。记忆部分包括"毛主席追悼大会照片""琼湖地区追悼对越自卫反击战烈士大会照片""沅江县群英大会”“沅江五十年代旧报刊”“沅江县沿河街旧址”“1975年草尾区明山电排工地现场照片”“1996年沅江抗洪抢险现场照片”“家庭档案照片”等，板报一经展出，群众纷纷驻足观看、拍照，好评如潮

（二）新闻媒体宣传。充分发挥新闻媒体主渠道优势及新型传媒方便快捷优势，运用沅江信息网站、QQ群等主流媒体宣传《中华人民共和国档案法》（以下简称《档案法》）《中华人民共和国档案法实施办法》等。

（三）档案进党校宣传。为提高全市党员领导干部对档案工作的认识，增强党员领导干部的档案意识，局党组积极争取市委办、组织部领导的重视与支持，将档案知识讲座纳入沅江市委组织部干部培训常年工作计划。2017年5月26日，分管业务工作的副局长徐沅在2017年沅江市第二十一期中青班上进行档案知识讲座，提高中青年科级领导干部对档案工作的认识。

八、干部作风更加务实高效

（一）政治素质提高。深入开展“两学一做”学习教育活动，推进常态化制度化。

（二）业务能力增强。为进一步提高全市档案工作者的理论水平、履职能力和服务意识，档案局党组以增强能力、提高素质为重点，紧扣全市工作中心和大局，紧贴档案工作实际，于4月25日在沅江市委党校大报告厅举办沅江市档案局第九期档案员岗位培训班。培训班上，档案局党组书记、局长皮学红作动员报告，市政府分管档案工作的副市长钟清华作重要讲话，局分管业务工作的副局长徐沅宣讲档案法律知识，业务股长庄巨澜对归档文件整理规则进行具体讲解，培训班还专门聘请长沙专家就基层档案室如何开展档案信息化建设作专题讲座。全市80多个单位的档案员参加培训，业务素质不断提高。

九、扎实开展“精准扶贫”工作

局党组认真落实省、市档案局精准扶贫文件精神，按照沅江市精准扶贫工作部署，组织班子成员和中层骨干到共华镇福安村开展精准扶贫，送慰问金、慰问品金额8000元，组织全局干部下载“社会扶贫”APP爱心人士微信号，积极开展捐款活动，“精准扶贫”结对帮扶的13户已有7户成功脱贫。

中共沅江市委党史资料征集办公室

【基本情况】

中共沅江市委党史资料征集办公室（以下简称党史办）成立于1982年6月，为正科级事业机构，参公单位，归口市委办公室管理。有全额预算事业编制4名，其中主任1名。共有工作人员4人（市委改革办借用1人），退休干部3人。中共党员6名，其中女中共党员3名。

【班子简况】

主　任	陈光明
办公室主任（副科级干部）	刘凤仙

【工作概况】

一、抓好业务建设

（一）精雕细琢，征集出版党史作品。一是《沅江纪事》2016年卷进展顺利。3月，启动2016年卷编写工作，集中时间和人力，全面搜录资料，7月完成初稿，9月通过审核，年底出书。二是经请示市委有关领导同意，3月，启动《中国共产党沅江市组织史资料》第四册（2005—2016年）编写工作，计划用两年的时间完成编写、审核、发行工作。三是圆满完成4万余字的2016年《益阳党委执政实录》沅江部分的文稿和相关彩版工作任务。四是按照中共湖南省委党史研究室组织编写的《回忆录》第二十三辑［“新时期湖南城市建设专辑（1978—2017）”］的要求，沅江市按时完成生态水城建设工作经验《彰显滨湖特色 打造魅力水城》一文。五是完成《湖南党委工作纪事》以及益阳市委党史研究室安排的其他工作任务。

（二）搞好衔接，发挥党史联络组作用。经常上门拜访联络组的人员，征询意见建议，不断提升党史工作的水平；组织联络组老同志协助党史资料把关，征编党史正本与专题材料，撰写有关党史文章，为存史、资政、育人发挥重要作用；特别是收集整理《组织史》资料，确保工作的顺利推进。

（三）锐意进取，扩大社会影响力。《中国共产党沅江历史》（第二卷）从2012年启动编辑，历经近五载，多易其稿，顺利通过审核，经中共党史出版社最终审定，于2016年6月正式出版发行。全书用4编、16章、52节、205目，近50万字，为沅江全市干部群众提供了一座接地气、正能量的精神宝库。上半年，分两组走访全市各单位，给干部、群众介绍和讲解《中国共产党沅江历史》第二卷，并鼓励各单位积极订阅。另外借市委组织部对全市基层村干部进行党建工作培训的好时机，把《中国共产党沅江历史》第二卷（1978—2012年）带进培训的课堂，并组织镇村干部和部分市直干部学习沅江历史。

二、牢守党史阵地

（一）《湘潮》杂志发行。共征订2017年《湘潮》杂志700余份。在用刊方面，为进一步扩大《湘潮》的读者领域，特别是增加各单位领导层面对党史、对《湘潮》的了解，办直接向市直单位发放刊物536份，为《湘潮》的后续订阅打下良好的基础。

（二）推进培训工程。为扩大党史工作影响力，发挥“以史育人”功能，将党史知识纳入市委党校主题班学习教育；与有关部门联合到学校开展党史知识宣讲，让学生更加深入了解党的历史知识，深深感受党所取得的光辉业绩和艰难历程，坚定信仰。利用清明节、国家烈士纪念日等，与民政部门组织机关党员干部到烈士纪念园开展吊唁活动，开展熊珊、徐植兰、蔡杰烈士纪念活动，广泛宣传他们的英雄事迹，教育感染下一代。

三、加强队伍建设

（一）提高自身素质。狠抓党史工作人员的素质，通过外出学习，研讨交流，业务讲座等方式督促其认认真真地学、扎扎实实地学、全面系统地学，以强烈的事业心责任感，扎实做好党史工作。

（二）完善机关制度。根据作风建设要求和实际工作需要，修订《岗位目标责任制》

《考勤考绩制度》《学习制度》《财务管理制度》等各项规章制度，以制度规范党史工作人员的日常行为，打造一支的政治觉悟高、能力强、敢担当、作风实的党史队伍。

沅江市扶贫办公室

【基本情况】

沅江市认真贯彻落实党中央决策部署，以精准扶贫、精准脱贫为基本方略，以“六个精准”“五个一批”为主要途径，以提高贫困群众收入、增强发展能力为目标，始终把脱贫攻坚作为头等大事和第一民生工程，作为检验全市党员干部“四个意识”的试金石，用心用情用力扎实推进，脱贫攻坚取得阶段性成果。2014—2017年，逐年减贫4421人、3570人、5855人、7345人，贫困发生率由6.8%降至3.1%。2017年，全市建档立卡贫困户16325户、36991人，已脱贫9087户、19459人，未脱贫7238户、17532人；贫困村17个（共有29个省级贫困村，2017年退出贫困村12个，2018年拟退出11个贫困村）。

2016年6月以前，市扶贫办在市农业农村部；2016年6月以后，在市农业局（系市农业局的一个股室）；2016年12月，升格为正科级事业单位。

2017年，设综合股，项目管理股，督查调研股，规划财务股，开发指导股，政工人事股6个股室。共有工作人员16名，其中中共党员9名。

【班子简况】

主　任	黄智勇
副主任	臧亚平
副主任	刘志龙
副主任	郭　峰
综合股股长	涂　乐

【工作概况】

一、抓班子自身建设

（一）注重思想政治建设。办领导班子，从加强政治教育和业务能力入手，制定学习计划，按时间节点抓好学习，把思想认识统一到全市脱贫攻坚工作上来，形成学用结合、建言献策的良好氛围，全面促进机关自身建设。

（二）坚持民主科学办事。认真执行班子议事规则，坚持集体领导与分工负责制，一切重大问题的决策都严格按程序办理。提高科学决策、民主决策的能力。二是抓制度建设，完善工作机制。先后完善班子会议、主任办公会议等决策工作制度。三是抓制度执行落实，提高工作成效。凡属“三重一大”的事项，班子按照“集体领导、民主集中、个别酝酿、会议决定”的要求，集体讨论决定，确保民主集中制的落实和工作成效。

二、抓扶贫机制建设

（一）全面完成年度减贫任务。2017年，完成7345名贫困人口脱贫、12个贫困村退出的年度减贫任务。全市建档立卡贫困户16325户、36991人，累计脱贫9087户、

19459人，未脱贫7238户、17532人。

（二）印发《沅江市党政主要领导干部带头开展脱贫攻坚工作实施方案》，全力配合市委书记、市长走访全市所有贫困村，并严格履行贫困退出制度。

（三）不断加大扶贫投入。2017年，共争取中央、省、益阳市和市本级财政专项扶贫资金4391.615万元，其中中央下达896万元，省级下达1271.5万元，益阳市下拨产业发展资金193万元，市本级统筹2031.115万元。同时，通过与市财政局联合制发《沅江市财政专项扶贫资金管理办法》、组织开展扶贫项目资金督查等工作方式，切实加强和规范扶贫资金监管。

（四）全面落实帮扶政策。一是产业发展。始终把产业扶贫作为扶贫开发过程的总杠杆，新创建产业扶贫示范点4个，以点带面推动产业扶贫。二是金融扶贫。2017年，全市共发放扶贫小额贷款9475.381万元，共惠及1932户贫困户，并为贫困户贴息55.89万元。同时，实施“扶贫特惠保”项目，安排财政专项资金200万元，对全市建档立卡贫困人口进行贫困家庭综合保障保险承保补贴，解决贫困户因灾因病致贫返贫问题。三是教育帮扶。全面落实中央和省各项教育扶贫政策，确保每一位贫困孩子不因家庭困难而失学、辍学。四是医疗救助。实施“三提高、两补贴、一减免、一兜底”政策。全市所有建档立卡贫困对象通过部门代缴、财政兜底等渠道参加城乡居民医疗保险，参保率达100%。为全市建档立卡贫困人口建立健康档案，实行分类救治，采取“先诊断、后付费”模式，启动医疗救助帮扶“一站式”服务，切实减轻患者“垫资”压力和“跑腿”麻烦。五是搬迁改造。是年，完成精准识别确定搬迁对象423户、1336人，易地扶贫搬迁安置项目建设投资完成率达96.6%；住房建成率达100%；搬迁入住率达97.1%；旧房拆除率达99.8%。同时，扎实开展农村危房改造，切实解决农村困难群众的居住安全问题。六是兜底保障。制定《沅江市社会保障兜底脱贫对象认定工作方案》，启动农村低保和社会保障兜底脱贫对象认定清理整顿暨城乡低保“阳光行动”，实行民主、阳光、公平、公正、规范操作。农村低保对象由14334户、16560人，清理调整为4005户、7598人，认定社会保障兜底脱贫对象532户、1077人。七是培训就业。重新核实贫困劳动力信息采集7769条，100%完成补充采集任务；1—11月，新增农村贫困劳动力转移就业2875人，完成全年目标任务的103%；大学生实名登记人数205人，完成全年目标任务的100%；新增农村贫困劳动力转移就业515人，完成全年目标任务的105%。各地各部门组织共举办稻虾共作、芦笋加工、蔬菜种植等各类技术培训班16次；组织62名行业带头人赴岳阳参加省扶贫办组织的致富带头人培训班；积极开展贫困户创业培训和贫困两后生培训，共开办培训班9期，培训270人。八是电商扶贫。制定《沅江市促进电商扶贫的实施方案》和《沅江市电子商务精准扶贫发展规划》文件。2017年，沅江市各类电商主体帮助贫困群体销售农特产品1.13亿元，其中翔云、平芝、芦山、索美等5家本地注册公司以多种方式参与电商扶贫专项行动，密切配合镇村扶贫活动，带动230多户贫困户增收。九是旅游扶贫。市文体广旅新局成立精准扶贫工作领导小组，负责“旅游扶贫项目”，制定旅游扶贫规划和年度实施方案，2017年重点开展杨梅山村旅游扶贫市级示范点建设。十是光伏扶贫。全市光伏扶贫项目参建贫困村28个（新湾村没有参建），总投资1760万元，建设规模1760千瓦，其中南渔口村、同丰垸村、三码头村、和平村、泗湖山社区、合兴洲管区为六村联建方式，其余村均为单村建设。全市六村联建的360千瓦光伏项目已并网发电。

（五）扎实开展问题整改。4月中旬以来，按照省、益阳市脱贫攻坚突出问题集中整改工作要求，层层部署落实，扎实开展脱贫攻坚突出问题“大排查、大诊断、大整改”专项行动。通过建档立卡动态调整，全市新纳入贫困户2379户、5217人，排查出识别不准户2845户、5926人。

（六）全力推进社会扶贫。制定《沅江市中国社会扶贫网上线工作实施方案》，组织全市性的业务培训，市级分管领导多次组织各级各部门召开“中国社会扶贫网”上线工作调度会、推进会，实行“一日一排名，一周一通报，一月一调度”制度。2017年，市“中国社会扶贫网”上线工作列益阳市第一，完成村级信息管理员注册230人，完成率为150%；贫困户注册13048户，完成率为153%；贫困户需求发布13265条，完成率为223%；对接成功10094条，对接成功率为484%；爱心人士注册完成10985人，完成率为129%。

（七）强化监督执纪问责。通过媒体和网络平台向社会各界公布脱贫攻坚举报电话，明确受理举报的范围，主动接受群众监督，提高群众参与度和满意度。出台《关于开展扶贫领域监督执纪问责工作的实施方案》，着力查处扶贫领域虚报冒领、截留私分、弄虚作假、挥霍浪费等问题。1—12月，共通报批评10人，立案审查3人，形成有力震慑。

三、抓干部队伍建设

（一）党建引领。把抓领导、抓关键、抓载体作为扶贫干部队伍建设的重要内容，加强各级党组织建设，积极创新支部活动内容和载体，提升工作效率和服务水平，形成勇于创新、团结务实、热情服务、廉洁为民的良好氛围。

（二）制度建设。成立以市委书记、市长任“双组长”的市扶贫开发工作领导小组，实行党政主要领导负总责的脱贫攻坚责任制，由市委、市政府与各镇（场、街道）层层签订脱贫攻坚责任状，形成一级抓一级，层层抓落实的工作格局；建立市级领导“包干”责任制，加强市级领导所联点镇场街道的责任和分管行业涉扶的调度，包督查指导，包责任落实，包验收达标，一包到底。严格落实驻村工作管理办法、召回制度和考评实施细则，加强对下派队员的管理。

（三）业务培训。始终把提高各级领导干部服务脱贫攻坚能力和广大贫困户的致富能力作为教育培训的出发点和落脚点，对各级扶贫专职干部开展理念和业务培训，提高执行能力。

（四）队伍管理。严格按照《沅江市市派驻村帮扶工作队管理办法》，强化对驻村队员的日常管理，并严格要求所有驻村扶贫工作队员在手机上安装“益村”APP，实行网络痕迹化管理；定期或不定期采取专门督查、远程视频系统、明察暗访等形式，对驻村扶贫工作队员在岗情况、工作开展情况进行督促检查。

四、抓党风廉政建设

（一）廉政教育。利用班子会、主任办公会和职工大会时机，及时传达中纪委全会、国务院廉政工作会议和省纪委全会精神，统一干部职工思想认识，自觉严肃政治纪律和政治规矩，维护中央和市委的权威。结合开展“两学一做”专题教育，“一把手”带头给干部职工讲廉政党课。开展党风廉政建设约谈，构建党员干部“不想贪”的过滤网。

（二）风险防控。根据脱贫攻坚新形势、新任务、新要求，组织相关业务股室，认真排查股室和个人存在的廉政风险点，出台《关于进一步加强扶贫领域监督执纪问责工作的实施意见》，查处群众身边的不正之风，遏制扶贫领域腐败。

中共沅江市委组织部

【基本情况】

2017年，沅江市委组织部共设11个科室，分别为办公室、研究室、干部科、人才科、干部监督科、干部教育科、组织科、党员教育中心、市直机关工委、“两新”工委、基层办，共有26名工作人员，其中中共党员25名（女中共党员6名）。

【班子简况】

市委常委　组织部部长　雷越毅
常务副部长　陈松保
副部长　李献宇
副部长“两新”工委书记　肖耀南
部务委员 市直机关工委专职副书记　肖建红
市委老干部局局长 市委组织部副部长（兼）　万红桃
市人社局局长 市委组织部副部长（兼）　官仕范
部务会成员 纪委驻组织部纪检组组长　钟先贵

【工作概况】

一、扎实开展“两学一做”学习教育

5月24日，召开全市推进“两学一做”学习教育常态化制度化工作会议。会后，全市各单位迅速行动，人员、宣传版面，各级党员领导干部都建立联系点，到基层指导、讲党课、开展集中学习研讨等。全市1466个基层党组织，3万多名党员按照学习计划和具体实施情况开展4次专题学习讨论，进一步强化全体党员党性意识。

二、围绕六项重点夯实基层党建

抓细节、重程序，“两委”换届工作平稳推进。严格落实“九个不选”，对65名换届前年满60周岁的支部书记不再提名，50人因资格审查不符合村干部条件取消其候选人资格，依法惩治“村霸”恶势力团伙1个。6月底前，全市183个村（社区）“两委”换届选举工作顺利完成。抓责任、重落实，开展基层党建攻坚月活动。10月16日，市委组织部召集全市各单位分管党务领导和党务专干召开沅江市基层党建攻坚月活动动员大会，对全市基层党建工作开展大督查进行部署安排，会后，全市各单位迅速行动，集中查漏补缺，对查出的问题零容忍，坚持整体推进基层党建工作，不留一个空白。抓保障、重激励，强化基层基础，激发党员内生动力。一年来，共下拨基层党建经费5982万元，召开庆祝中国共产党成立96周年暨“七一”表彰大会，通过表彰先进，进一步引导全市党员干部牢固树立责任担当意识。抓规范、重管理，构建互联网+党建格局。推进“益村”APP、红星云注册激活工作，是年，“益村”APP注册用户达12万余人，党员注册用户达16230人，红星云党员注册27630人，注册率70%，建立党员信息系统，全市39395名党员全部入库。抓组建、重推进，非公社会组织党建全覆盖。全市共有非公有制企业300家，其中实现党组织覆盖的非公有制企业239家，包括2个党委、88个党支部，党组织覆盖率79.67%。有社会组织121个，其中实现党组织覆盖的社会组织106个，党组织覆盖率87.60%。高新区综合党委（企业党委）及其办公室组建到位，新建的党群活动服务中心能为党员群众提供更好的服务。抓队伍、重投入，党建促脱贫攻坚稳步推进。实行一个贫困村一支驻村工作队，选派29名政治素质好、工作能力强、创业热情高的优秀干部担任第一书记兼驻村工作队队长，抽调87名干部担任队员，让贫困一线成为培养干部的“主战场”。

三、严格“七个坚持”选配领导班子

全年市委调整干部7批次，共205人，其中提拔重用干部62人、交流干部37人。女干部33人，35周岁以下的干部19人。调优配强高新区领导班子，配强基层法庭庭长，选配市委巡察办正副主任，完成纪检派驻体制改革和巡察机构设置人事安排工作，指导督促公安系统开展中层干部轮岗交流和副科职（高配副科级）职位公开比选工作。严格遵循规定程序和标准条件，通过竞争上岗和公开比选方式选拔调整公安系统副科级及以上干部86人，公安系统干部调整工作得到益阳市委瞿海书记批示肯定。统筹完成全市科级领导干部交流调整工作。

四、严格落实“凡提四必”工作要求

贯彻落实中央《关于防止干部“带病提拔”的意见》，对拟提拔或重用的干部坚持档案必审，重点审查“三龄两历一身份”，全年共对62名新提拔任用的干部人事档案信息进行审核认定；坚持凡提必听，干部拟任用对象在提交常委会讨论之前，以书面形式征求纪检监察机关、计生、安监、综治等部门单位意见，实行“一票否决”，全方位甄别“带病干部”；坚持凡提必查，对收到的干部选拔任用问题信访件，及时调查核实，跟踪解决“带病问题”；坚持个人有关事项报告必核，发现填报不实或者瞒报的，视情节轻重暂缓或者中止选拔任用程序，预防性排除“带病思想”。严格责任追究。根据中组部、省组部有关文件规定，启动干部选拔任用全程纪实工作，明确干部选任工作中每个环节的责任主体，确保有责可追；严格执行干部选拔任用的纪律与监督规定，确保追责有据；对于出现的责任事故，启动问责程序严格追责，确保责任到位。严把“两代表一委员”推荐审查关。严格按照《中共湖南省委关于加强和改进人大代表、政协委员有关工作的实施意见》要求，完成届中增补本级人大代表（7名）、政协委员（7名）推荐提名工作；配合上级组织部门完成市、省、全国人大代表推荐相关工作。

五、树立正确导向从严干部管理

修订《沅江市机关事业单位人事管理若干规定》。从招录招聘、人员调动、交流轮岗与竞争上岗等八个方面规范全市机关事业单位人事管理，严肃人事纪律，杜绝“三超两乱”现象，建立公正公平、规范有序的人事管理长效机制，提高工作效能；加强对重点岗位中层干部的管理。按照市委的部署和《关于开展中层干部轮岗交流工作的通知》要求，对在镇场街道和市直单位同一股级内设机构、股级二级机构担任正职满6年的中层骨干，进行轮岗交流，至年底，全市65个单位114名中层骨干完成岗位轮岗交流工作；扎实推进干部人事档案管理工作。严格执行建档收集、安全保密、查阅借阅、档案转递等八项制度，全年共接待查借阅档案617人次，查借阅档案823卷，转递档案129卷。印发科级干部退休文件12个，办理手续83人。召开两次干部人事档案专项审核工作“回头看”暨扫尾工作推进会，完成46人存疑信息认定工作，收集、完善干部人事档案材料357份，新增108卷干部人事档案整理入库管理，协助益组部整理完善6名新任市管处级干部档案。干部人事档案审核整改工作已复核档案数1578本，档案存在问题的档案21本，以往组织认定不符合政策的档案14本，重新认定信息14本。

六、从严治党强化干部队伍建设

稳妥推进超职数配备干部专项整治，共消化超职数配备领导干部19人，全面完成超配干部消化工作；依法依规清理在编不在岗人员，督促全市各单位返岗183人，解聘184人（其中，登报除编142人、主动辞职42人）；根据“五人小组”会议精神，规范人事工资关系，19名干部调动工作未转工资关系全部整改到位，到龄退休未办手续的20人全部整改到位；重新核查科级干部因私证照持有情况，全市共对966名副科级以上干部进行身份证件清理核查，其中副科级实职以上领导干部613人，做到应清尽清；在组织部集中保管的因私出国（境）证件661本，工作过程中申请注销79本，做到应交尽交；严格开展信息核查工作，核查出有330人有出国（境）记录，对其中15位多次出入澳门的工作人员进行函询，2人进行诫勉，做到应查尽查；加强领导干部任中和离任审计，全年共对13名领导干部进行审计，对审计发现的问题进行函询，一一督促整改落实。根据中组部文件精神，在年初制定《组织部门对领导干部进行提醒、函询和诫勉的实施办法》，共6章、32条，明确具体操作办法和适用情形，在具体操作执行过程中收到较好的效果，全年共对19名干部提醒谈话，对21名干部进行函询，对2人进行诫勉，有力地促进干部监督领域办法手段的提高。

七、推进人才工程落实政策待遇

坚持“有编进人、凡进必考”原则，通过公务员招考、省组部选调、事业单位招考招聘等方式，2017年，全市共招录各类人才657名。其中全日制研究生人才32名，全日制本科及本科人才384名，专科人才201名。积极落实益阳“十百千万”人才工程高层次人才生活补贴政策，对2014—2016年进入党政机关、事业单位的全日制硕士及以上研究生，每月发放生活补贴1000元，从2016年起实施，连续发放3年。经单位申报、部门联审，全市符合条件的在编在岗全日制硕士研究生共53名，发放生活补贴42.2万元。

八、从我做起树立组织部门形象

狠抓能力素质。落实党建工作要求，推进机关“两学一做”学习教育常态化制度化。创办组工书屋。印发《2017年沅江市委组织部机关工作绩效考核方案》，加强干部机理和绩效考核，激发机关干部职工干事创业工作热情，全面完成年度各项目标任务。

中共沅江市委党校

【基本情况】

中共沅江市委党校和沅江市干部行政学院实行两块牌子一套人马。2017年，有干部职工28人，其中行政后勤17人、专职教师11人。高级讲师6人，讲师4人，助讲1人。在职中共党员20人，退休中共党员14人。建机关支部1个，老干支部1个。

【班子简况】

党校第一校长 组织部部长　雷越毅（兼）
行政学校第一校长 市政府常务副市长
罗必胜
常务副校长　何可仁
副校长　邬海军
副校长　王　雪
办公室主任　刘志敏

【工作概况】

一、教育培训

2017年，举办主体班4期，其中科级干部进修班2期、中青年干部培训班1期，中共十八届六中全会轮训班1期，共培训学员400多人。与部门联合办班15期，共培训学员3300多人。

二、“两学一做”

重点围绕党章党规、习近平总书记系列重要讲话精神和中共十九大、中共十八届六中全会、“两学一做”学习教育制度化常态化等内容，组织骨干教师到市直部门、乡镇、农村、企业广泛开展宣讲活动，讲授党课100余次，培训党员干部8000余人次。5名骨干教师成为沅江市宣讲团成员。

党校选送老师参加益阳市微宣讲，分别

获得二等奖、三等奖。

三、课题研究

完成省级课题1个，益阳市级课题4个，在各类省级刊物上发表论文10篇。

中共沅江市委老干部局

【基本情况】

中共沅江市委老干部局是市委、市政府直属管理的行政机构，归口市委组织部管理。2017年，局机关内设办公室、接待服务股、医疗保健股3个股室，辖沅江市老干部休养所，并负责管理协调老科协、老年体协、门球、太极拳、京剧、诗词、楹联、象棋、书画、夕阳红、老干艺术团等老年协会的工作。局机关共有干部职工34人，其中退休20人，提前退休1人，退线2人，在职11人。中共党员33人。

【班子简况】

组织部副部长 党组书记　局　长　万红桃
副局长　李席斌
卜永梅（—2017年10月）
办公室主任　李席斌（兼）

【工作概况】

2017年，老干局以全面贯彻落实上级相关文件精神和促进老干部工作转型发展为目标，以确保让老干部满意和让党委放心为宗旨，以着力推进"点赞新变化、助力新湖南、喜迎十九大"主题活动和深入推进三大正能量系列活动开展及组织离退休干部党员"两学一做"学习教育为抓手，统筹兼顾其他各项工作的协调发展，取得可喜成绩，被评为湖南省关心下一代工作先进单位，益阳市文明建设先进单位，沅江市绩效考核优秀单位，局机关党支部被评为沅江市先进基层党组织。

一、争取领导重视

（一）政治待遇有效保障

2017年，局先后三次就老干部工作向市老干部工作领导小组会议和市委常委会议专题汇报，为老干部工作解决8个亟待解决的具体问题，出台《关于加强和改进离退休干部工作的实施意见》等。4月，市召开全市党务工作会。会上，市委组织副部长、老干部局局长万红桃就老干部工作提出明确要求。10月，市召开全市离退休干部工作暨关心下一代工作会议，印发全市老干部工作和关心下一代工作要点。

图1：4月份全市老干部工作会议

会议认真传达中央、省、市委的新要求，对重点工作作出安排部署。在全市离退休干部党组织和党员中开展示范离退休干部党支部和“五好”党员创建活动。12月，市召开离退休干部学习贯彻中共十九大精神报告会，会上，市委组织部副部长、老干局局长万红桃部署开展七项工作，一是建立领导联系老干部制度。市级领导带头走访慰问老干部已形成制度。二是思想政治建设到位。市组织召开全市老干部新春茶话会，三是走访慰问活动。四是离退休干部党支部建设不断加强，全市70个老干党支部基本上都做到组织健全、制度完善、管理规范和活动经常。2017年，卫计局机关离退休干部党支部荣获全省示范离退休干部党支部称号。五是按上级老干部门的要求，认真组织老干部开展征文活动，沅江连续五次荣获益阳市委老干部局征文活动组织奖。六是认真做好老干部网宣工作，2017年，局退休干部高伯凡被评为益阳市优秀老干部网宣员。七是扎实做好2018年涉老报刊的征订工作。

（二）生活待遇全面落实

一是离休干部“三个机制”不断完善。中央、省、市有关政策性待遇全部落实到位，确保离休金按时足额发放，医药费按规定实报实销。二是离休干部政策性待遇落实到位。进一步落实提标后的离休干部无固定收入遗孀、配偶的生活补助费。三是特困离退休干部帮扶机制正式建立，从2017年起，市财政每年安排10万元帮扶资金，全市各级都安排适量帮扶资金，对特困离退休干部及遗孀进行救助。

二、创新工作方式

一是市老干部活动中心正式投入使用。2017年4月1日，市老干部活动中心和局机关整体搬迁至新建市老干部活动中心 。二是老年教育步入正轨 。9月，市老年大学正式投入试运行，开设太极拳、音乐、葫芦丝 、舞蹈、书法、国画、普通话、电脑、电子琴和京剧演唱10个专业，共15个教学班，学员达600多人次，积极开展全省老年大学示范校创建活动。三是老干部文体活动丰富多彩。以老年协会为龙头，以老干部活动中心为阵地，组织参加沅江市第六届大众运动会太极拳比赛暨太极拳协会成立20周年庆典。举办市“夕阳红灿不觉晚，老有所乐未知秋”2017年沅江市老干部欢庆十九大重阳节文艺会演，开展为期达10多天的门球、太极拳、象棋、扑克比赛、趣味游艺、书画笔会、诗词吟诵等庆祝重阳节系列活动。

（一）市门球代表队5月和10月先后组队参加益阳市女子和男子门球选拔赛，分别荣获第三名和冠军。11月，组队参加在永州市举行的舜帝杯门球邀请赛等。

图2：9月重阳节活动

（二）市太极拳协会积极配合益沅两市体育主管部门，选派214名队员参加24式太极拳集体表演，出色地完成湖南省第八届全民健身活动暨益阳市第十七届大众运动会开幕式展演任务，组队参加湖南省全民健身1568气功比赛，荣获4个集体项目二等奖（省级）、1个集体项目一等奖（地市级）；组队参加湖南省第八届全民健身活动暨第十七届益阳市大众运动会太极拳比赛，荣获集体项目一等奖（省级），个人项目获得9金4银5铜（省级）的好成绩；组队参加益阳市首届老年人太极拳（器械）集体比赛，分别荣获一等奖和冠军。

（三）市老年人广场舞代表队参加益阳市首届老年人组广场舞比赛，分别荣获规定套路比赛冠军和自选套路比赛一等奖。

（四）市老年体协钓鱼代表队参加益阳市老年人组钓鱼比赛分别荣获个人冠军和集体一等奖。

（五）市象棋协会组队参加2017年“欧派”杯湖南省老年人象棋比赛暨全国象棋业余区湖南分区选拔赛，获混合团体第五名，该协会会员莫国贤、李慧群被省棋类协会授予“象棋二级棋士”称号；组队参加益阳市第十七届大众运动会象棋比赛，荣获团体第二名。

（六）市老干艺术团组织老干部文化志愿者赴草尾镇开展文艺演出活动。老年书画协会组织会员开展上街书写春联活动。协助举办沅江市“炫舞洞庭”广场舞电视大赛等。老年协会工作稳步发展。八大老年协会机构健全、管理规范，活动经常，成效显著。发挥“五老”作用，组建宣讲中华优秀传统文化公益宣讲团等。

三、充分发挥作用

充分利用老科协和关工委两个工作平台，根据退休人员的个人爱好和专长，组织引导他们参与党的建设、科技服务和关心下一代等方面发挥作用。市老科协充分发挥自身优势，组织服务“三农”科普队、“义诊医疗服务”“党建工作指导员联络组”“自我保健科普工作指导中心”等，扎实开展“万名科技专家讲科普”、帮扶发展科技示范户、农村专业合作社、“中老年人自我保健和科学养生”等活动，均取得显著成效。

扎实做好关心下一代工作。将工作的重点放在基层关工委组织建设、创建示范家长学校和未成年人社会主义核心价值观教育上。一是全面启动益阳市示范家长学校创建活动。全市共创建21所益阳市级示范家长学校，其中2所为省级示范家长学校。二是未成年人思想道德建设宣讲团继续在全市中小学校巡回授课。开展9个专题的宣讲活动，共讲课36堂，听课师生和家长达1260人。三是认真做好益阳市“双先双奖”的评选推荐工作。四是组织老干部志愿者和老年大学志愿者携手青少年开展走近大自然、走近科学、走近袁隆平和参观省禁毒教育基地等关爱活动和教育实践活动。五是社会关爱到位。

图3：市关心下一代协会开展活动

四、自身建设加强

一是切实加强老干部门的规范化建设。

二是切实加强信息反馈和通信报道工作。全年在各级各类媒体上稿67篇（条）。建立全市老干部工作QQ群和微信群。

三是切实加强老干部工作队伍建设，形成整体工作合力。

图4：老干局机关党支部党员重温入党誓词
（图1—图4，均由局办公室提供）

沅江市机构编制委员会办公室

【基本情况】

沅江市机构编制委员会办公室是市机构编制委员会的正科级常设办事机构，既是市委的工作机构，又是市人民政府的工作部门，加挂沅江市事业单位登记管理局牌子。办公室核定行政编制7名，2017年，有在职在编人员5名、退休人员2名。建党支部1个，共有中共党员5名，其中退休党员2名，女中共党员2名。

【班子简况】

主　任　　周　振

副主任　　钟　琳　欧志新

【工作概况】

一、推进“放管服”改革

（一）精简审批事项和环节。认真贯彻国务院、省市有关行政审批制度改革文件精神，狠抓项目精简和程序简化，实现项目大量减少、程序规范简便、办事时限缩短等审批制度改革目标。近3年，共取消行政许可项目23项，精简幅度近11%，共保留行政许可项目163项。办事环节明显减少，办事时限缩短，审批效率大幅度提高。

（二）规范政府部门行政审批中介服务。着力规范中介服务运行，使中介组织回归市场定位和服务本位，改善中介服务水平，重点解决行政审批中介服务存在的环节多、耗时长、收费乱、垄断性强、与审批部门存在利益关联等突出问题，积极营造服务高效、管理规范、公平竞争、监督有力的中介服务市场，促进中介服务市场健康发展。

（三）全面推行“两随机一公开”机制。全面推行“双随机一公开”监管工作机制，建立“一单、两库、一细则”（随机抽查事项清单、检查对象名录库和执法检查人员名录库、随机抽查工作细则），加强事中事后监管，切实解决执法不公、执法扰民和随意执法等问题，规范监管行为，提高监管效能，激发市场活力，促进大众创业万众创新，积极营造公平、有序、诚信的经济社会发展环境，促进全市经济社会持续健康发展。

二、创新事业单位管理

（一）加强事业单位法人登记管理。为确保事业单位法人的真实性、准确性、合法性，根据条例细则要求认真做好事业单位法人登记工作，在登记工作中建立受理人初审、审核人复审、负责人终审的“三审制度”，重点把好材料、审核、公告“三关”。全市共登记事业单位375家。上半年，通过网上审批办理事业单位法人设立登记13家，变更登记80家121项（其中，单位名称变更19项、法定代表人变更45项、住所变更6项、开办资金变更24项、举办单位变更17项，宗旨和业务范围变更10项），注销登记50家。

（二）完成事业单位法人年报公示。为做好事业单位法人年度报告公示工作，根据益阳市编办有关做好事业单位法人年度报告公示工作的通知要求，对参加年度报告公示的时间要求、公示范围、内容和程序作出科学安排，精心组织，保证年度报告公示工作有序进行。全市符合年度报告公示条件的事业单位362个，已公示342家，20家未公示，这20家中，符合公示条件未公示的事业单位4家、机构已撤销未办理注销手续的事业单位3家、因机构改革及性质待定不予公示的事业单位13家，年度报告公示完成率达98.8%，对4家未在网上进行年度报告公示的单位，采取通报批评和停办业务的处罚，确保下年报告公示完成率达100%。

（三）社会信用代码赋码工作展开。上半年根据省市关于开展机关群团事业单位统一社会信用代码赋码工作的有关精神，全面部署开展机关群团事业单位统一社会信用代码赋码工作，全年共完成机关赋码16家、垂管机关赋码2家，事业单位赋码159家。

（四）推行网上名称管理。一是彻底清理自查，不留死角。对照审核平台列出的网站列表，逐一核实、辨别，对于没有问题，确须挂标的网站列入台账。对于对挂标工作认识不到位、思想有抵触的单位，通过电话联系、耐心解释做好思想工作，同时编制好操作流程，简单明确挂标步骤，指导其按时挂标。对于挂标工作拖沓的，由办主任出面，与相关单位负责人联系说明，暂停其机构编制业务，督促其按时挂标。二是注重部门沟通，形成合力。为确保全面完成全市的网站挂标任务，办走访相关部门，对于普遍性、一致性问题，加挂在门户网站上的政府部门和镇场街道的网页的挂标问题，及时与市信息中心联系，探讨寻求解决办法。是年年底，市应挂标的党政机关网站6个，已挂标6个，应挂标的事业单位网站9个，已挂标9个，全面完成网站挂标任务。

三、强化机构编制管理

严格落实《益阳市控编减编工作方案实施意见》，加强调剂控制，实行控编减编月报，加强机构编制综合管理平台应用，合理调剂分配空余编制，严格执行《沅江市机关事业单位人员编制与经费预算联合管控办法》，财政供养人员逐月减少。

四、提高日常工作水平

坚持机构编制的集中统一管理和“一支笔”审批。严格执行用编计划申报核准制度，坚持“有编进人，凡进必考”原则，2017年，市共申报公务员考录计划172名，其中，镇、街道133名，法院6名，检察院10名，司法所5名，公安局8名，财政所10名。为改善事业单位人员老化，结构不合理的现状，2017年，拿出153名编制用于面向社会考聘专业技术人员，充实到教育、卫生等有空编的事业单位，另外，向省申报120名特岗教师计划和100名免费师范生培训计划。市委、市人民政府出台《沅江市机关事业单位人事管理若干规定》，对机关事业单位人事管理进行再规范，既保证人员的合理流动，又严格人员调配的相关程序。

沅江市总工会

【基本情况】

沅江市总工会是全市各级工会组织的领导机关。机关内设办公室(加挂财务部牌子)，组织宣教部，女工、生产保护部（加挂职工技术协会办公室牌子）3个部室，下辖沅江市工人文化宫、沅江市职工业余学校、沅江市职工技术协会办公室3个二级机构。

【班子简况】

市委常委、主　席　张伏初（兼，2016.8—　）
党组书记　肖　英
副主席　肖　英　王　萍　罗朝阳
经审会主任　罗朝阳（兼，2016.12—　）
办公室主任　张立群

【工作概况】

一、深化劳动技能竞赛

围绕市委、市政府中心工作，深入开展“聚力小康，建功沅江”主题劳动竞赛活动，团结动员广大职工立足岗位、创先争优，迎战经济下行压力，为实现经济稳中有进做贡献。一是劳动竞赛活动强劲开展。以点带面，竞赛工作机制进一步健全，覆盖面进一步扩展。全市506家企事业单位，5.6万名职工参与劳动竞赛，企事业单位和职工参赛率分别达到85%和83%。工业企业、重点工程、服务行业和窗口单位、女职工芙蓉杯“四位一体”竞赛格局逐步深入，竞赛实效性逐年增强。二是开展工人阶级宣传月活动。联合沅江电视台举办“最美劳动者”先模电视专题报道，重点宣传全国劳模杨丽、省劳模杨建军、沅江市劳模夏根固的先进事迹，在全社会倡导尊重劳模、学习劳模、关爱劳模的新风尚，唱响劳动光荣主旋律。三是开展“五湘”传统工匠竞赛。首先，做好“五湘”传统工匠摸底，广寻“五湘”工艺达人；其次，积极推荐并支持民间优秀传统工艺传承发展，展示沅江丰富多彩的民间工艺；四是广泛开展节能减排达标竞赛活动。78家规模企业产值能耗逐年下降，有力地促进循环经济低碳经济发展。五是“安康杯”竞赛常赛不懈。各级工会参与安全生产检查241次，排除处理安全隐患87处。助推全市企业无死亡、无重伤、无重大职业危害事件发生。印发《安全监督条例》到1225个班组，组织发放全国职工新《安全生产法》知识普及竞赛和《职业病防治法》竞赛试卷320份。

二、依法维护职工权益

以维护职工劳动经济权益为重点，努力构建和谐劳动关系。一是全面深化厂务公开民主管理。先后制定出台《非公企业民主管理制度》《厂务公开规定》《建筑行业职工代表大会制度实施办法》《企业工资集体协商考核评分办法》《创建和谐企业、推行工资集体协商奖励办法》，将厂务公开融入社会管理的大体系中深化发展。指导企业工会加强源头参与，落实职代会职权，促进企业改制平稳顺利进行。二是大力推进工资集体协商。围绕工资集体协商工作广泛开展“要约行动”“攻坚行动”等活动，全市427家企业依法签订工资集体协议，覆盖职工21378人。其中公有制企业13家，涵盖职工1553人；非公企业86家，涵盖职工10238人。区域性企业签订工资集体协议23份，涵盖小微企业216家，职工6437人，区域行业企业签订工资集体协议17份，涵盖小微企业115家，职工3827人。10人以上已建会企业工资集体协商签订率和规范率分别达80%和56%。50人以上78家建会企业推行厂务公开民主管理制度，签订集体合同和女职工专项合同，职代会召开率、厂务公开率、集体合同建制率均达到80%以上。三是积极推进和谐企业建设。继续开展创建和谐劳动关系企业活动，充实创建内容，细化创建标准，改进创建评价，与人社局配合推动创建活动由工业园区向小微型企业推进延伸。

三、尽职尽力帮困扶贫

认真履行帮扶救助职能，竭诚为广大职工办实事、做好事、解难事。一是“四轮驱动”做实做强“一户一产业”培养工程。争取领导重视和支持，市委市政府联合下发《沅江市深入推进“一户一产业”培养工程实施方案》，做实困难职工（农民工）摸底统计，建档立卡工作。充分发挥工会“大学校”作用，联合人社部门整合教育和技能培训资源，设立新马制衣、辣妹子等3个技能培训示范点，培训困难职工（农民工）5300人，合格率达80%，努力实现培训1人，就业1人，脱贫一家的目标。二是深化“双联”帮扶。派驻扶贫工作队深入扶贫点南嘴镇目南村实施农网改造、水利工程建设、道路硬化、通信光纤架设等扶贫建设项目，改善贫困村的生产生活条件，同时，加大技能知识培训力度，引导群众发展特色产业，助推脱贫致富。坚持需求导向，继续办好普惠职工的4件实事，不断做优做精工会服务品牌。①“两节”筹集送温暖资金70万元，慰问困难企业27家，困难职工1800户。慰问困难劳模50人，发放补助2.5万元；②承办“春送岗位”暨市服装产业园春季招工招聘会，现场达成就业意向1333人；③“夏送清凉”活动筹资13万元，慰问环卫工人300余人、防汛一线干部群众2000余人；④“金秋助学”活动发放5.8万元，帮助35名困难职工子女顺利上学。三是认真做好为职工办实事项目。组织13794名职工参加第四期职工医疗互助，发放补助金866110元，654人受益。组织5249名女职工参加特殊疾病保障，10人获赔付10万元。筹措大病医疗救助金39754元，对37名大病患者提供第二次补助。依法维权，为12名职工提供法律援助。四是积极主动依法维护职工合法权益。坚持领导干部轮流值班接访制度，认真接待处理职工来信来访 46 人次，为农民工提供法律援助 27 人次。

四、坚持加强自身建设

以夯实基层基础为重点，不断提升服务职工的能力和水平。一是坚持党建带工建，带出新活力。全市 125 家重点民营企业配备党工共建联络员 39 名（含社会化工会工作者 14 人），健全完善全市 125 家企业的工会组建和规范化制度建设。二是采取务实举措，开展农民工入会集中行动。加快新领域新阶层工会组织建设，推动非公经济组织和社会组织普遍建立工会，深入村（社区）新建工会组织 126 家，发展会员 3795 人。全市农民工会员达到 72565 人，占职工总数 103664 人的 70%，提高农民工组织化程度，加快农民工市民化进程。三是扎实开展创建职工之家活动。市总精准发力，将全年建会和发展会员目标任务分解到各乡镇工会、系统工会，实行目标任务考核。通过开展工会工作规范建设，全市 78 家大型民营企业基本实现工会组织机构、基层工会工作任务、制度，女工委职责、厂务公开、民主管理制度，创建模范职工之家标准规范上墙。沅江市高新技术产业园工会联合会、胭脂湖街道工会联合会、琼湖街道工会联合会、阳罗洲镇工会联合会职工之家建设，成为全市创建活动的标杆。四是做实示范点夯实组织基础。在镇、场、街道和园区大力开展工会示范点创建活动，通过落实资金支撑等“三项”工作，加强基层工会基础设施建设投入，丰富职工精神文化生活，激发基层工会活力，工会职能作用显著增强。五是坚持加强工会干部培训。举办工会组建、工资集体协商、“乡财县管”规范操作培训班 3 期，培训工会干部 224 人，进一步提高工会干部学习工作的热情。六是财务经审工作规范。总工会坚持和完善税务代征与财政划拨相结合的经费收缴机制，积极探索在当前“营改增”新形势下的经费收缴的新办法，确保工会经费应收尽收；积极推进“乡财县管”机制，下设办公室，统筹调度，统一设立专用账户；调整优化工会经费支出结构和使用投向，本级下拨工会经费 80 余万元，为做强镇（场）、街道、园区、行业局工会夯实基础。七是文体活动精彩纷呈。举办迎“五一”全市职工拔河比赛，镇（场）、街道、市直局、企业 48 支代表队，近 800 名职工参赛；举办第十届职工男子篮球赛，历时 15 天，镇（场）、街道、市直局、企业 30 支代表队参赛；联合举办全市第六届大众运动会，历时 2 个月，13 个项目 2000 名职工参赛；各级工会开展职工业余文化体育活动 66 场次。八是女职工工作活跃。成立女职工培训学校，面向全市开展古筝、瑜伽培训 200 余人；组织 108 名职工参加培育好家风宣讲活动，汇聚社会好风气，传递社会正能量；开展送课下企业活动，深入工业企业开展中共十九大精神、女职工法律知识有奖问答等活动 10 余场次。

沅江市妇女联合会

【基本情况】

沅江市妇女联合会是中共沅江市委领导下的社会群众团体，是党和政府联系妇女群众的桥梁和纽带。沅江市妇女联合会下设办公室、儿少部、组织宣传部、维权部及事业发展部。

2017年，市妇联按照“服务大局、服务妇女、服务基层”的工作宗旨，坚持“党政所急、妇女所需、妇联所能”的工作定位，以“引领妇女创业就业、参与社会管理和公共服务、加强妇联基层组织建设”为重点，一手抓发展，一手抓维权，开创妇女工作新局面。被省妇联评为“湖南省宣传工作先进单位”“全省基层组织建设示范市”。

【班子简况】

党组书记、主　席	龚菊红
党组成员、副主席	林　婧
党组成员、副主席	颜　鸿
办公室主任	谭利蓉

【工作概况】

一、强基础，妇联改革取得进展

（一）完成村妇联“会改联”工作。一是主动汇报，争取重视，扎实完成镇村两级改革工作。4月，市妇联召开基层妇联组织改革推进会，下发《沅江市村（社区、管区）妇代会改建妇联工作实施方案》，并就工作流程、组织结构、选举纪律等作具体要求。二是大力支持，形成合力，实现村级“会改联”工作全覆盖。沅江市委、市政府高度重视，全市村支“两委”换届动员大会重点强调村级妇联“会改联”工作，要求与村支两委换届同步进行，同步完成。市委组织部、市妇联定期督查。6月，全市197个村级妇代会全面改建妇联，改革后全市镇级主席14名，副主席42名，执委373人，村主席197名，副主席394名，执委2957人，打通联系服务妇女的“最后一公里”，使村级妇联组织真正成为组织健全、覆盖广泛、充满活力、服务高效的基层群众组织。三是坚持以党建带妇建，扎实推进妇联组织区域化建设。市妇联抓住镇、村级组织换届契机，牢固树立“大党建”思维，形成党建带妇建的高度自觉，南嘴镇成功纳入湖南省乡镇（街道）妇联组织区域化建设示范点。

（二）开展基层妇儿需求调研。4月以来，先后有省妇联副主席卢妹香、副主席张媛媛、益阳市人大、市妇联、省妇儿工委调研、督查沅江市妇女儿童工作，省、益阳市、沅江市妇联干部深入基层，听民声、访妇情，办实事、解难题，使妇情发现在基层、问题解决在基层、帮扶落实在基层，真正为妇女群众办实事。

（三）抓好示范“妇女之家”创建。4月，市妇联下发《关于继续在全市创建市级示范“妇女（儿童）之家”的通知》，创评8个沅江市示范“妇女（儿童）之家”。择优推荐创评3个益阳市级示范“妇女儿童之家”，另外在5个村民综合服务中心重点建设妇女（儿童）之家示范点，以示范、辐射、引领各地基层妇联组织，为妇女儿童活动提供典范，“妇女之家”成为妇女群众信息交流、就业创业、文化服务的平台。

二、提素质，积极投身经济建设

（一）“春风送岗位”活动。积极与人社局协调配合，举办2017年春风行动暨沅江市服装产业园春季招工招聘现场会，活动取得成效，印制宣传手册10000套，与企业签订就业意向1333份，其中女性1260人。对有就业意愿人员开展就业前技能培训，开展巾帼创业培训SYB班、女性创业讲座、服装行业技能提高培训班等活动培训940人次，其中女性800人次，进一步激发女性的创业激情，提高创新创业水平和能力。

（二）“巾帼建新功”评展。不断深化以“‘三八’红旗手”“‘三八’红旗集体”“巾帼文明岗”创建为主要内容的“巾帼建功”活动，充分挖掘一批具有鲜明行业特点、彰显时代特色和榜样示范作用的示范单位和先进个人，带动各行各业妇女岗位建功、岗位成才。年内，全市共评选“三八”红旗集体9个，“三八”红旗手44名，陈建荣获省妇联“家书抵万金”征文一等奖，傅莉莉入选2017年8月“中国好人榜”，王芝兰获评省级巾帼志愿者等，有力地促进职业道德和文明行风的形成，树立一批形象好、素质高的模范女性群体。

（三）女干部能力建设。一是提升妇联干部能力。9月30日，举办全市基层妇联主席能力提升培训班，210余名基层妇联主席参加培训，进一步拓展妇女干部视野和提升业务能力。二是提升女领导干部综合素质。是年，举办女领导干部能力提升班、心理减压讲座，涉及礼仪、舞蹈等方面。

三、重维权，理性维护合法权益

（一）依法维权。完善维权工作机制，理顺维权服务程序，建设维权工作队伍。市妇联建立健全信访工作制度，设立主席周一信访接待日，日常接访有记录，处理有结果，及时化解各类矛盾纠纷。一年来，沅江市妇联共接待来信来访22件，其中婚姻家庭权益类案件19件，占信访总数的86.4%；政治权益类1件，占信访总数4.5%；财产权益类2件，占信访总数的9.1%，信访调处率达100%。以“‘三八’维权周”为契机，开展“建设法治沅江·巾帼在行动”、反家庭暴力法实施一周年等法制宣传活动，共悬挂宣传横幅8条，制作妇女维权宣传专栏22块，出动宣传车2台，累计发放宣传资料5000余份，提供法律咨询200人次。

（二）家庭反暴。2017年，因沅江市救助中心办公场地改扩建，市家庭暴力庇护中心委托市婚调委开展反家暴工作，庇护效果显著加强。不仅有效保护当事人人身安全，同时为她们做心理疏导，有效减少反复家暴现象。1—11月，市婚调委共接待咨1089人次，准离婚夫妻1007对，调和334对。市妇联指导成立的沅江市幸福婚姻与家庭教育指导中心，开设以婚姻家庭为主线的现代家庭大课堂和训练营，努力变问题维权为素质维权。重点建设300平方米的妇女儿童综合服务中心“馨·家园”，配备心理辅导室、团队教育室、团队工作室等功能室，从场地建设、组织架构、人员配备等方面层层把关、高标准建设。着力探索受虐妇女庇护中心与婚调工作的有效结合，有效庇护受家暴妇女20人次，建立健全婚姻家庭纠纷预防化解工作机制，进一步加强市受虐妇女庇护中心建设，为妇女儿童提供专业化维权服务。

（三）关注民生。一是成立机构，出台“两规”。扎实开展妇女儿童发展规划示范县市区创建，成立以市政府副市长为主任、30个职能部门分管领导为成员的妇女儿童工作委员会，协调各成员单位大力推动妇女儿童发展规划的实施，5月市政府常务会专题研究妇女儿童发展规划，并于6月正式颁布《沅江市妇女儿童发展规划（2016～2020）》。二是强化经费保障。每年3万元的妇儿工委工作经费、10万元的妇女儿童工作经费纳入财政预算，妇女人均1元工作经费37万元纳入2018年财政预算。三是强化宣讲培训。以《两个规划》宣讲会拉开宣传攻势，累计开展各类宣讲会30次，发放资料10000余份。坚持把《两个规划》纳入党校培训课程，使《两个规划》和男女平等纳入决策主流。四是实施民生实事项目。全年为10000名农村适龄妇女提供“两癌”免费检查。扎实开展“两癌”贫困妇女专项救助，2月，为33名“两癌”贫困母亲争取到中央专项彩票公益金33万元，为6名农村低保“两癌”妇女争取到省级“两癌”救助金7.2万元。五是帮扶困难妇女儿童。参与脱贫攻坚，结对帮扶保民村9户贫困户，积极开展“村企对接、互帮互助”、防汛抗灾等；11月，争取到中国妇基会9.8万元扶贫物资帮扶1000名建档立卡妇女。

四、扩领域，开展品牌服务活动

（一）开展巾帼志愿服务。一是引领开展各类巾帼志愿服务活动。开展“6·26”国际禁毒日主题宣传活动，组织“禁毒妈妈联盟”300余人开展禁毒毅行、“快闪”宣传活动；组织社区巾帼志愿队伍为防汛抗灾做好后勤保障工作等，促进社会和谐，树立文明新风。二是加强对志愿者队伍的规范和管理。4月，举办沅江市第一届志愿者骨干培训班，来自社会各界的140余名志愿者参加培训，规范巾帼志愿者登记、分类管理等。

（二）培育女性社会组织。精心培育女性社会组织，传播积极向上的公益文化，指导女性社会组织提供公共服务，在推动妇女参与发展、维护权益、提高素质、活跃城乡文化等方面发挥不可替代的作用。2月，指导市女企协成功举办绽放美丽·凝聚力量女企协年会；5月，举办“缤纷玫瑰·雅致旗袍”母亲节活动；6月，拥有200多名会员的市旗袍文化协会成立，并于10月举办“水乡喜迎十九大，旗袍摇曳秀洞庭”大型风采秀。

五、抓建设，共同构建和谐社会

（一）“三八”系列活动。一是营造家风建设的浓厚氛围。市妇联积极联合市委宣传部在电视台、沅江新闻网、手机报等开辟《寻找最美》专栏，加大弘扬好家风好家训宣传力度。3月6日，通过组织推荐、群众自荐两种方式，全市共评选出最美家庭6户，最美创业5名，在市治大院举办纪念“三八”国际妇女节107周年总结表彰大会，社会各界600余人参加大会，取得良好的社会反响。二是举办女子运动会。3月7日，来自全市的48支的500余名女职工参加沅江市第二届迎“三八”“体彩杯”比赛，展示广大妇女的良好精神风貌和身体素质。不断深化以“最美家庭”“文明家庭”“平安家庭”等为主要内容的幸福家庭创建工程，引导家庭成员树立和弘扬尊老爱幼、男女平等、夫妻和睦、邻里团结的家庭文明新风。

（二）“六一”系列活动。一是开展庆“六一”系列活动。开展庆“六一”亲子彩跑、“中国美国学美童年美”文艺会演等活动，传递热爱祖国、热爱生活的正能量，培养良好道德品质。二是开展青少年系列社会实践活动。市妇联举办“放飞中国梦·争做好少年”、“亲子共成长”公益普通话培训等活动，提升青少年社会实践能力。三是建立省级留守儿童心理健康辅导中心“知心屋”。11月，在政通学校正式成立，由专业的心理健康辅导教师、专业资质的社会心理工作团队共同负责，累计开展团辅3次，辅导300人次，接待个案辅导15人，心理健康测评3人。四是开展关爱儿童特色活动。开展贫困儿童春节慰问、“情系特校 爱在同行”、患病女孩“小城大爱 小公主演唱会”筹集手术费等活动。多角度多维度切实关爱未成年人，促进未成年人健康成长。

图1：6月，市旗袍协会在市区召开会员大会

图2：4月，市妇联女企业家活动

（图1—图2，均由市妇联办公室提供）

共青团沅江市委员会

【基本情况】

共青团沅江市委是全市各级团组织的领导机关。2017年，深入贯彻落实习近平总书记五四重要讲话和共青团十七大精神，围绕全市经济社会发展，把握青少年实际，突出履行组织青年、引导青年、服务青年的基本职能，各项工作取得新的进步。机关行政编制4个，实际在编在岗1人。

【班子简况】

书　记	李　亮
副书记	李　微　孔　微
办公室主任	邬　双

【工作概况】

一、围绕中心，服务大局

（一）认真学习中共十九大精神。组织

青年人大代表、青年政协委员、青年创业者、青年志愿者、市直局团委书记、镇场街道团（工）委书记代表召开“学习贯彻十九大青春践行正当时”为主题的团员青年学习贯彻党的十九大精神交流会。

（二）参与“平安沅江”创建。积极参与承办沅江市国际禁毒日“禁毒之声第一季.唱享健康之健康毅行（骑行）活动”，开展法治宣传进校园主题教育实践活动、组织青少年到益阳市青少年法治教育馆观摩体验、开展“留守儿童情绪心理健康”“高中生如何释放自己的情绪压力”专题讲座等系列活动，有效营造良好的社会氛围。

（三）多措举并精准扶贫。制定帮扶计划，积极开展“共青团助力精准扶贫 走基层送温暖”活动，为贫困户送去爱心衣物21万余元，持续深入推进希望工程品牌活动，全年资助贫困学生200多人，创历史新高。

（四）助力生态文化节会。团市委招募来自各行各业的青年志愿者近300名，发挥青年作用，助推节会圆满成功，赢得宾客的高度赞赏，不仅展示沅江的良好形象和独特魅力，更深层次凸显美丽幸福新沅江的魅力。

（五）投入防大汛抢大险。响应市防指防大汛、抗大灾、抢大险，夺取防汛抗灾全面胜利”的号召，团市委迅速向全市青年和志愿者公益组织发出“抗洪保卫战，我们在行动”倡议书，号召全市广大志愿者奔赴一线，在防汛抗灾中发挥突击队和生力军作用，全市100多名应征志愿者，迅速投入到防汛抗灾工作中，同时向一线赠送矿泉水、方便面、八宝粥等生活物资近10万元。

（六）争当环保志愿者。根据市委“12345”的工作思路，统筹推进“一个抓手、两大建设、三个拆除、四个退出、五项治理”专项整治行动，为落实“三长一站”工作模式，成立全市护河志愿者工作站，设1个工作总站和8个分站、21支护河志愿者工作队伍，将实现护河志愿者工作与河长体系配套，为打赢洞庭湖生态环保专项治理攻坚战贡献力量。

二、抓住契机，教育引导

（一）组织思想道德教育。利用“五四”青年节、“六一”儿童节、国庆节等重大节日，在农村、企业、学校广泛开展多种形式的民族精神、公民道德教育等系列活动，利用青少年入学、入队、入团等时机，引导青少年树立道路自信、理论自信、制度自信和文化自信，为实现中国梦勇敢担当。

（二）组织团员形象教育。通过开展“与人生对话”、中国梦主题团日、共青团员“戴团徽、亮身份、展形象”活动、“我的中国梦”主题演讲比赛、“我想对习爷爷说”比赛征文、少儿才艺大赛等等，提升青少年的理论水平和整体素质，引导广大青少年健康成长。

（三）“学雷锋献爱心”活动。组织青年志愿者长期关爱留守儿童、慰问孤寡老人等特殊困难群体，如“暖冬之行”关爱服务活动、春运志愿服务、“传承雷锋精神，践行社会主义核心价值观”等活动，让孤儿、困境儿童、孤寡老人、特困群众和困难学生感受社会的温暖。

三、注重基层组织建设

（一）抓好换届选举。通过部署基层团组织开展换届工作，选拔的团干部有方方面面的先进人物。换届后，新任班子在年龄、知识等方面的结构均有明显改善。

开展基层团组织规范化建设。从团的组织建设、团员教育管理、团的阵地建设、团的活动要求等方面加强基层团组织规范化建设。

（二）抓好非公团建。针对非公企业团组织组建不久、工作基础薄弱、团员青年和团干队伍流动性强的现实困难。通过独立建团、联合建团、挂靠建团、行业建团等方式多层次共同发展市非公团建格局。2017年，全市新成立非公团组织50余个，提升非公团建覆盖率。

四、联系青年服务青年

一是连接融合“青年之声”线上平台与“青年之家”线下阵地，充分整合社会资源，打造涵盖贯通青少年成长核心需求的在线服务生态链。2017年，成功在琼湖街道、胭脂湖街道等5个乡镇（街道）建立6个青年之家，其中琼湖街道金田社区的“橘城书吧”青年之家，作为一个周末定时开放，书籍定期更新，纯公益性质的书吧，受到广大青年的一致好评。

二是针对青年人的生活、学习特点，开通办公QQ群、宣传微信群、团市委微博等网络互动平台，拓宽沟通交流渠道。是年，QQ、微信工作群“青年之声服务联盟”达150余人，编（转）发文章600余条。同时，正在积极申请开设“青沅江”微信公众号，进一步做好联系青年、服务青年工作。

沅江市科学技术协会

【基本情况】

沅江市科学技术协会内设科室5个，即办公室、普及部、学会部、科技馆、咨询服务中心。共有行政编制5人，在职干部人员9人，其中退线3人。

【班子简况】

主　　席	曾　武
党组书记	邓建富
副 主 席	陈华辉　余　荣
办公室主任	马慧红

图1:11月，市青少年科技创新大赛作品展览

【工作概况】

2017年，沅江市科协以科学发展观为指导，贯彻落实中共十八大和十九大精神，全面实施《全民科学素质行动计划纲要实施方案（2016—2020年）》，深入开展“两学一做”活动，认真履行“四服务一加强”职责，围绕中心，服务大局，扎实开展工作，取得较好成效。

一、夯实基础，深入做好科普工作

（一）推进未成年人科学素质

是年10月，在沅江市第四中学、南大鳝镇中心小学、北大中学、小波中学、漉湖学校等开展“亲近鸟类、关爱洞庭”、李剑志“爱鸟·识鸟·护鸟”洞庭湖鸟类摄影作品巡回展活动，内容新颖丰富，获得师生们一致好评。

致力于传播并推动科技工作。2017年，科协参与并推动青少年科技创新工作，11月15日，在青少年活动中心开展“沅江市第三十三届青少年科技创新大赛”发明创造作品展评活动。

2018年2月7日，科协副主席陈华辉作为科协沅江队代表参加“益阳市第三十九届青少年科技创新大赛启动仪式”。

（二）推进公职人员科学素质。一是利用科普短信、科普网站、电子宣传栏、微信公众号等现代宣传媒体广泛宣传科学技术知识等，提升领导干部和公职人员科学素质。

二是开展科协领导班子学习宣讲活动。分别邀请有关专业人士为科干班和青干班学员讲授科学道德等方面的内容，进一步促进领导干部科普意识的提高。

（三）推进农民群体科学素质。扎实开展“送科技下乡”活动，共组织讲师团深入各乡镇开展送科技下乡活动12次，各类科普讲座和培训班15堂次，免费发放科技书籍2400余册，科普宣传资料5000余份，培训农民3000人次，受益人数达1.8万余人次。“科普沅江”微信公众号在农民群体中推广关注率10%以上，同时，加强农技协、科普示范基地、科技示范户的培养、扶持和宣传表彰力度。

图2：5月，市科协组组织全市“小龙虾”养殖技术培训

图3：全国老科协先进个人郭继先（右一），为市科干班现场讲课

（四）推进社区居民科学素质。联合有关部门在社区开展社区“崇尚科学、反对邪教”知识宣传，针对益阳市溺水学生事故举办“提高水忧患意识，建设平安沅江”知识讲座。同时，还指导社区扎实开展科普示范社区创建工作，琼湖街道义和、和平社区已完成“科普示范社区”送省申报。

二、狠抓落实，确保活动有序推进

（一）“防灾减灾日”。5月12日，由市政府应急办主办，市科协、市地震办、市民政局等40个镇、场、街道、职能部门承办的以“减轻社区灾害风险，提升基层减灾能力”为主题的第九个全国防灾减灾日在琼湖公园举行，普及应急知识，增强应急意识。

（二）科技活动周。5月20日上午，以“科技强国、创新圆梦”为主题的2017年沅江市科技活动周，在湖心路举行。市科协邀请湖南省科技馆科普大篷车在休闲公园举行科普宣传。

（三）流动科技馆。认真贯彻落实中共中央、国务院《关于深化科技体制改革加快国家创新体系建设的意见》，通过中国流动科技馆在市巡展活动，进一步提升公民科学素质，培养青少年对科学的兴趣和爱好，激发学科学、爱科学、用科学的积极性，在全市范围内掀起学习科学、体验科学的热潮，通过参展人员与展品、科学实验的互动，达到激发科学兴趣、传播科学精神、学习科学方法的目的。

图4：:雷越毅、包胥琪和省、市科协领导启动“中国流动科技馆湖南巡展”

（四）“全国科普日”。科协以“创新驱动发展，科学破除愚迈”为主题，主体活动集中在9月16—22日进行，主题宣传活动贯穿全年。采取科普讲座、科技培训、科普展览等形式开展一系列“全国科普日”科普宣传活动。

9月18日，在市区湖心路组织大型“露天科普展”活动，吸引很多市民驻足观看和咨询。

图5：9月18日，市科协组织科普活动
（图1—图5，均由市科协办公室提供）

三、部门联动，稳步推进学会工作

（一）召开学会工作座谈会议。5月，组织召开2017年学会工作座谈会，市农学会、医药卫生学会、林学会等14个学会的负责人参加会议。会议总结2016年度学会工作情况，汇报2017年度学会的工作打算，并针对2017年学会重点工作的推进实施提出很多好的建设性的意见和建议。

（二）督促学会开展科普活动。各市级学会根据自身工作实际，利用“防灾减灾日”“全国科技活动周”“全国科普日”“世界水日”“国家宪法日”等重大节日广泛开展科普宣传活动。市农学会采取“田间课堂”“把脉问诊”等形式将农作物管理的技术知识送到田间地头，促进沅江农业的发展；市安监学会扎实开展全国安全生产月咨询活动，开展公众安全科普知识有奖问答活动。

（三）开展科普专家库的建设。经过与各相关部门的沟通，甄选出一批常年在科普一线工作的科技人才，建立科普专家库，并配合开展市级领导干部联系科技人才。

四、不忘初心，扎实开展中心工作

（一）加强学习。全面深入开展“两学一做”活动。一是以学习为重点，强化党员教育。针对不同对象，采取分层次促学的方式学习宣传“两学一做”，提高党员干部的认知，从思想源头上筑起反腐倡廉的牢固防线。二是加强责任体系，落实工作目标。切实实行领导班子成员“一岗双责”。《科协领导班子成员党风廉政建设责任制》，将党风廉政建设纳入领导班子和党员干部工作目标考核内容。

（二）帮扶工作。2月，由党组成员、副主席陈华辉亲自进驻共华镇华兴村担任第一书记，按照市委要求每月进村入户15天，全面了解该村的基本情况，针对存在的问题，科协党组反复决议，多措并举，全面展开整顿工作。是年，华兴村党务、村务、财务公开全部到位，各项规章制度完善，党员活动正常开展，各项教育、培训工作按部就班实施。基层党组织建设初现成效，整顿工作的氛围和整顿工作的实施得到广大村民的认可。

沅江市老科学技术工作者协会

【班子简况】

会　长			周业贵
常务副会长			汤桂华
副会长	肖业云	郭继先	曾立新
秘书长			冷国安
办公室主任			李　平

【工作概况】

一、加强政治教育

2017年，市老科协党总支组织全市老科协党员会员继续开展“两学一做”活动，中共十九大召开后，市老科协集中组织党员认真收看并座谈，市直各镇、街道、场都组织收视等活动，有的还写了心得体会。

二、深化“三农”服务

（一）抓好典型示范。以主要精力帮助种养专业合作社、专业大户创新创业。防病治病、防汛抗灾等。指导沅江蠡山果业“三农”农业综合开发有限公司。该公司有基地面积2300亩，种植养殖的项目有香稻、富硒油葵、莲藕、金栀子、蔬菜、柑橘等特色产品，近3年的营业收入达3123万元，利润达312万元。解决566人就业，带动周围农户326户创业脱贫，有193户已经脱贫，示范推广面积达3000亩，农民纯收入获840万元。

（二）帮扶农民致富。引进水稻新品种华润2号，试种面积46亩，亩产达650多公斤，推广试验红花草籽面积5亩，一季稻蓄再生稻试验以及蔬菜降镉试验等，均获得成功。市果业协会培育优良果苗（包括香泡、橙类、柑橘、绿化苗）80万株，产值达300多万元。帮助果农销售柑橘2000吨，产值

280万元，为橘农增值92万元。

（三）关注弱势群体。市与泗湖山镇老科协以科技扶贫的方式开发蔬菜瓜类生产，建立“好达蔬菜种植专业合作社”，社员发展到130多人，办冬瓜绒生产厂，2017年，生产冬瓜绒1000吨，产值420多万元，解决农民就业40多人，农民的纯收入达8000元/亩。市老科协民政分会全力支持“沅江市湘农贸易有限公司”生产加工特色蔬菜。公司建起冷库，购买切割机、烘干机等，基地200亩，固定资产达1000万元，产值逐年上升，2017年达250多万元。

老科协工作者牢记党的宗旨，不图名利，有一分热、发一分光。老高级农艺师戴烈姬时刻把农民脱贫致富放在心上，年纪虽已83岁，仍为开发富农产品奔忙，亲自到长沙挑选优质新品种，为了种好富硒水稻，暑热天到田里指导施硒肥，给村组干部、农民讲技术课，自己垫钱购买硒肥，交通费自己出，把硒肥送到农民手中；市老科协副会长郭继先参加市科普报告团，2017年先后给省、益及本市局、镇、街道苇场干部、专业人员讲科普知识30多场次，听众达6000多人次，未收一分钱讲课费，自编和搜集、发放养殖科技资料5000多份，还帮助南嘴镇百家沟村制订扶贫帮困规划。他联系的500多户养殖户有疫情随叫随到，他没有节假日，骑单车出行。虽年已72岁，仍风雨无阻，为农民排忧解难；老农艺师、漉湖芦苇场老科协会长周健保为解决饲养肉牛饲料问题，通过多年的研究实验，成功获得芦苇青贮科技成果，解决养牛不下湖，防止血吸虫病传播两大难题，获市科技进步二等奖。他研究芦笋生长期已延长10天左右。

三、弘扬传统文化

市老科协组建20多名老教师组成的思想道德建设宣讲团，坚持不懈年年深入中小学校给学生宣传中华民族的传统文化，使中小学生增长爱党爱国爱人民的优良品德。年内，宣讲团20位老教师，深入四季红、南嘴镇中心学校给学生宣讲“社会主义核心价值观”“保护环境人人有责”“正确对待上网”等9个专题；“沅江市红日国学堂”是市老科协近期纳入的一个分会。由董事长李剑光、吴映红创办。从2016—2017年，红日国家堂分会先后在本堂、校园、农村、社区、机关以及益阳市第一中学、桃江县一中学等开展国学优秀传统文化教育400余场，听众22000余人，每年运作费达40多万元，他带领的义工团队有50多人，不收任何报酬，受到社会各界翘首赞扬。

四、做好“两新”党建

2017年，按照市委统一部署，在市委组织部直接领导下，派出12名老科协会员，到45个“两新组织”担任党建工作指导员，重点培育12个党建工作示范点，市老科协党总支被市委授予先进党组织，党建联络组组长汤桂华在橘城世家建立沅江市第一个楼宇党支部，受到益阳市委常委、市委组织部长何俊峰表扬，山东省临沂市老科协专程到沅江考察市老科协党总支、沅江市东方少年军校党总支党建工作，受到山东客人连连赞扬。益阳市老科协在沅江召开现场会。会长陈恒祥、副会长杨克昌、夏运新、王放军等领导亲临沅江，听取汤桂华关于党建工作汇报。陈恒祥会长作了重要讲话，并鼓励进一步抓好党建工作，再立新功。2017年防汛抗灾期间，市老科协总支组织开展捐赠活动，全体党员踊跃参加捐款救灾。马公铺建筑公司老总贾泽民携带妻儿一起参加捐款活动，此次活动共捐款5万余元。防汛期间，在市老干部局万红桃、李席斌等领导带领下，会长周业贵、副会长汤桂华、肖业云，秘书长冷国安、办公室主任李平等以志愿者身份赴南嘴、共华、保民垸等看望慰问抗洪第一线的领导及人民群众。

五、抓好科普宣传

（一）组织学习。一是各级老科协认真组织会员学习领会。宣传自我保健知识中。二是市、镇（街道及苇场）抓好3～4个村（社区和管区）"百岁健康村"示范点；三是把"创百"与新农村建设结合起来，既抓老年人的身体锻炼、看病治病条件的改善，又抓居住环境、美丽乡村建设。

（二）宣传教育。一是保证《中老年自我保健》期刊稳定在1500份以上，只增不减。二是组织会员读用期刊。88周岁的南下离休干部孙非，不仅自己学期刊，还把期刊中一些饮食、药理知识等编印成册，无偿赠发老人。三是组织自我保健科普宣传队。协会组织的老教授、老医卫工作者"医疗服务科普宣传队"，5次下乡进社区送医送药、看病治病、健康咨询、科普活动，共接诊村民、居民2000余人，健康咨询1630余人次，举办基层医院培训班15期，培训基层医务人员700多人，发放健康科普宣传资料13000多份（册），免收药费9万余元，免收各项检查费7万余元，此外，协会利用科普日到企业、社区、乡镇和敬老院、幸福院宣传大众卫生科学知识6场次，展出保健防病宣传板报98块，慰问特困户、"五保"户、特困儿童、残疾人共计187人，慰问经费5.6万元。推广自然疗法。协会各级老科协组织举办自然疗法讲课68场次，举办骨干培训班43期，培训骨干1876人，参加自然疗法人数共48760多人次，协会组织的广场舞、腰鼓队、军乐队、京剧队等文艺娱乐健康队有780多支，19780多参加，影响带动周围群众参加锻炼共达30余万人。协会有门诊部1个，名老医师2人，年内免收群众门诊费、注射费、挂号费共计15万元，为网员减少医药费50多万元。

中共沅江市委宣传部

【基本情况】

中共沅江市委宣传部是中共沅江市委主持全市宣传工作的职能管理部门。2017年，机关内设文明办、办公室、新闻科、理论科、文艺科、网宣办6个科室，共有干部23人，其中退休人员11人。

【班子简况】

市委常委、宣传部部长　涂政坤
常务副部长　唐顺祥
副部长、文联党组书记　姚小满
副部长　张　勇（　—2017年3月）
文明办主任兼副部长　刘　洪

市纪委派驻纪检组长

陶志敏（2017 年 10 月— ）

办公室主任　　　　　　　　　　李　敏

【工作概况】

一、加强意识形态领导

（一）强化主体责任。按照《沅江市党委（党组、工委）意识形态工作责任制实施细则》的通知。抓好责任分解，将责任明确到党委（党组、工委），每一个相关的责任部门。

强化各级党组织的主体责任，分管领导的直接责任，其他班子成员的“一岗双责”责任。

（二）建立考核机制。各单位党管意识形态主体责任履职情况纳入全市绩效考核，党委（党组、工委）每年至少两次专题研究意识形态工作，并把意识形态落实情况纳入年底个人年度考核，促进责任落实落地。

（三）抓好阵地管理。重点加强对理论、新闻、文艺、网络、新媒体、广告等阵地的导向管理，出台《沅江市新媒体建设与管理实施办法（试行）》，牢牢掌握意识形态的领导权、管理权和话语权。

二、纵深推进理论武装

（一）建立健全机制。以中心组学习引领学习型党组织创建，出台《2017 年沅江市党委（党组、工委）中心组理论学习安排意见》《常委会“两学一做”学习教育计划安排》《全市学习习近平总书记系列重要讲话精神宣讲研究阐释大比武活动方案》等文件，形成理论武装常态化、制度化、规范化的良好局面。

（二）学习常抓不懈。全力服务两级中心组学习，开展以学习习近平总书记系列重要讲话精神等为主要内容的常委中心组学习十多次。市委书记亲自点题，每季度举办科级领导干部集中学习班，以中共十八届六中全会、依法治市、环境保护、安全生产等为主要内容，举办大型辅导报告会 4 次，分别邀请省市专家教授讲课。

（三）宣讲卓有成效。成立 4 支宣讲队伍。即，由市委常委、宣传部部长涂政坤任团长，市直部门单位分管领导和市委党校理论教员等组成的理论宣讲团；由理论宣讲骨干和扶贫队员组成的党性教育报告员队伍；由“老干部”“老战士”“老专家”“老教师”“老劳模”等“五老”组成的国学宣讲团；由以上 3 支队伍成员外加部分教育系统政治教员组成的中共十九大精神“十百千宣讲团”。至年底，理论宣讲团宣讲 200 余场，国学宣讲团宣讲 80 余场。党性教育报告员队伍宣讲 80 余场。中共十九大精神集中宣讲 12 场次，参学 5280 人次。

（四）研究成果丰硕。积极参与上级理论研究课题，所申报四个课题均已列项，居县市区之首，其中龚曼霞的“基于创新驱动的沅江现代农业发展战略研究”被列为益阳市重点课题，且被列入全市有资金奖励的七个重点课题之一。杨艳萍的“沅江宜居宜游,全域旅游大有可为”获得益阳市“宜居银城 健康之旅”理论研讨活动论文征集活动一等奖。

三、强化新闻舆论引导

（一）媒体建设加强。在全力加强沅江电视台等传统媒体建设的同时，创新思维，按照以做大做强沅江新闻网为核心，以做优做精《沅江手机报》“沅江发布”微信公众号为两翼的“一核两翼”思路，全面加强新媒体建设，构建大宣传新格局，致力将沅江新闻网打造成展示沅江经济社会发展的新“窗口”，将《沅江手机报》打造成为传递时政新闻信息的“电子党报”，将“沅江发布”打造成快速引领舆论的“红色微平台”。沅江新闻网已改版升级两次，沅江手机报用户突破10万户，“沅江发布”粉丝近5万人，点击量大、关注度高。

（二）外宣成绩斐然。1.对外上稿取得突破。2017年，在中央、省市主流媒体发稿975余篇，其中国家级45篇、省级218篇、益阳级712篇，市域媒体沅江新闻网发稿1800多条、手机报249期1743条，沅江发布352条，产生较强社会影响力，为全市经济社会快速发展营造良好的舆论氛围。市渔民上岸工程《渔民上岸：告别“水上漂”建设好生活》、矮围网围整治工作《洞庭湖非法捕鱼设施被拆除》和中共十九大宣讲《宣讲全覆盖精神入民心》在央视《新闻联播》刊播。《以新作为开启新征程——落实习近平总书记在全国两会上的重要讲话精神述评》文章同步在《人民日报》《光明日报》等头版头条刊出，全市欧美黑杨清退工作《湖南全面清理洞庭湖“抽水机”欧美黑杨》《欧美黑杨加速洲滩旱化 洞庭湖区清理“湿地抽水机”》文章同步在新华社、《人民日报》等媒体报纸上刊出。

2.专题宣传重点突出。坚持团结稳定鼓劲、正面宣传为主的方针，一年来，围绕生态建设、经济建设、洞庭湖生态文化旅游节、脱贫攻坚、抗洪救灾等中心工作，整合域内媒体资源，精心策划、强力推进，打好一系列重大宣传战役，域内媒体发稿5000多篇，营造良好的干事创业氛围，在全市重点工作推进中,形成“宣传先行”“宣传推动”的工作理念。生态环境治理中，对于存在的问题敢于自我揭短亮丑，指出问题的严重性和紧迫性，引导民众一起支持和参与治理工作，形成强大的合力。在生态文化旅游节，从多角度、分节点全覆盖推进主题宣传，开设专题专栏，近3个月间累计发稿200多篇，营造浓厚氛围，赢得社会各界广泛关注，进一步提升沅江的知名度和美誉度。沅江市在上级主流媒体上稿名列益阳市前茅，上稿数量和质量得到新的提升。

四、文化事业蓬勃发展

（一）文化活动丰富多彩。春节开展八大系列群众文化活动（“文化惠春”企业慰问活动、“爱心暖春”志愿者服务活动、“翰墨咏春”春联赠送活动、“彩灯扮春”城市亮化活动、“祥龙戏春”龙灯花鼓表演活动、“歌舞迎春”少儿才艺会演活动、“戏曲唱春”送戏进社区活动、“元宵闹春”猜灯谜活动），为春节期间营造浓厚的节日氛围。全年安排六大“欢乐潇湘·文化益阳·幸福沅江”系列群众文化活动（“欢乐潇湘文化益阳幸福沅江”群众文艺会演活动，“炫舞洞庭幸福沅江”全民健身广场舞电视大赛，首届“我是达人”大赛，“春韵洞庭”少儿才艺大赛,全市送文化下乡活动，“生态水城湿地风光摄影美术大赛”），其中“欢庆十九大·文化惠民生”文艺会演，在十九大闭幕后的第二天，采取巡演的方式及时送到各镇场。

图 1：“欢乐潇湘　文化益阳”群众文艺会演《在太行山上》

图 2：“欢乐潇湘　文化益阳”群众文艺会演《芦笋情》

图 3：“郭家湖公园祥龙戏春表演”

（二）主题活动异彩纷呈。为展现沅江全域旅游的崭新形象，精心布置首届洞庭湖生态文化旅游暨水上运动节的社会宣传工作，营造活动现场气氛。举办“艇”有缘分文艺晚会和“节会回眸 · 生态水城 · 湿地风光”摄影美术大赛，宣传和推介家乡节会盛况和影响，以及沅江生态水城、湿地风光的独特景观，提高沅江的知名度和美誉度。完成石矶湖大堤墙绘工程 1200 多平方米，以水乡的元素、洞庭的符号、水城的标记，在 1200 多平方米的围墙和房墙上，将八百里洞庭风光长卷、水城沅东古八景以及诗词涂鸦上墙。

（三）文化旅游基础夯实。筹集资金 200 多万元，完成文化馆、博物馆、图书馆馆舍清理和修缮，新增馆舍使用面积 400 平方米。全年配发室外健身路径器材 45 套，新建公共篮球场 2 个，笼式公共足球场 2 个，在泗湖山镇建成市首个乡镇全民健身中心，硬化浩江湖赛艇场地，购置专业赛艇。八百里旅游公司湖岛旅游基地建设投入资金 800 万元，初步完成设施建设。新湾镇千亩荷塘游步道建设和农业观光基地前期工作、凌云塔护堤加固和芦苇荡八卦阵迷宫建设工作完成，旅游产品建设初显成效，成功获评“湖南省旅游精品线路重点县”。

（四）文化产业来势喜人。市文化产业涉及造纸、印刷、旅游等 20 余个行业种类。2017 年，文化产业增加值为 13.11 亿元，占 GDP 比重 4.47%。

（五）文艺团队不断壮大。加强文艺协会的管理，全市 11 大文艺协会成功换届，队伍发展。农民诗社增加，共华农民诗社十九大前举办“喜迎十九大赛诗会”，杨梅山农民诗社十九大闭幕后召开“欢庆十九大吟诵会”，胭脂湖农民文联喜获益阳市文化创新奖。

五、大力实施文明创建

（一）文明引领工程深入。代表益阳市成功举办“热恋水城 · 我们的节日”七夕节活动，营造向上向善的节日氛围，赢得人民群众的好评。文明创建推进，市住建局通过复查继续保留“全国文明单位”荣誉称号，市发改局获“第五届全国文明单位”荣誉称号，琼湖街道万子湖村获“第五届全国文明村”荣誉称号；烟草专卖局获“湖南省文明标兵”荣誉称号，财政局、税务局获“湖南省文明单位”荣誉称号；市广播电视台被评为“益阳市文明标兵单位”，市委老干部局、市农业局、市国税局被评为“益阳市文明单位”，莲花塘学校、政通小学被评为“益阳市文明校园”，曾建昌等家庭被评为益阳市文明家庭，榨南湖村、三眼塘村被评为“益阳市文明村”。

图 4：“热恋水城·我们的节日”七夕节活动
（图 1—图 4，均由市委宣传部办公室提供）

（二）志愿服务质量提升。督促指导各志愿者队伍建立健全工作机制，全市招募注册志愿者 76693 名，志愿服务团队 10 多个，先后开展“学雷锋文化志愿行”“洞庭湖生态保护行动”“爱心助学”“爱心送考”等公益活动，取得良好的社会效果。由 21 支护河队组成的护河志愿者工作站，开展“河道巡查、清除垃圾、环保宣传”等志愿服务活动，助力河长制，全力维护全市绿水青山自然生态。市地税局办税服务中心被中宣部公布命名为“全国学雷锋活动示范点”。市爱心志愿者协会获“湖南省学雷锋志愿服务百强社团碧桂丹心奖”和益阳市 2017 年度优秀志愿服务组织荣誉称号。市红十字会干部蔡佳撰写的论文《论“邻里守望”志愿服务的发展方向》荣获 2017 年第二届中国志愿服务论坛优秀论文征集活动二等奖。金田社区获“益阳市 2017 年度优秀志愿服务社区”荣誉称号。

六、全面加强自身建设

一是强化思想建设。围绕市委、市政府的重大部署，通过专题学习，座谈讨论等形式，进一步坚定干部理想信念，提高理论素养。二是强化队伍建设。建立干部分片包干联系制度，对接业务工作的开展，切实提高工作效率。组织乡镇宣传委员参加益阳市宣传思想业务工作培训班，召开专题会议研究部署全年的宣传思想工作，推进工作有序开展。三是强化作风建设。健全机关各项制度，促进机关高效管理。严格落实党风廉政建设“一岗双责”，进一步加强对干部的教育和监督管理。四是强化能力建设。加强业务培训，开展“机关学堂”活动，积极选送机关干部参加上级各种培训。加强业务学习，全面提升综合能力，打造一支“站起来能讲、坐下来能写、走出去能干”的宣传干部队伍。

沅江市文学艺术联合会

【基本情况】

沅江市文联是党和政府联系广大文艺工作者的桥梁和纽带，2017 年，有行政编制 5 人，下辖 11 大协会，有市级会员 2000 余人、省级会员150余人、国家级会员28人。2017年，荣获湖南省文联系统先进单位和益阳市政府文化科技创新奖。

【班子简况】

主　席	曹建华
副主席	彭哲明
副主席（兼）	朱建平
副主席（兼）	李兴高
副主席（兼）	熊望洲
秘书长	向东流
办公室主任	钟跃辉

【工作概况】

一、服务经济发展

一年来，市文联围绕中心、服务大局，积极发挥文艺正能量作用，弘扬主旋律，为建设幸福新沅江摇旗助威。

（一）积极参与洞庭湖生态文化旅游节。在首届洞庭湖生态文化旅游节中，文联克服人员少、经费不足的困难，精心组织11大协会高质量完成安排的各项工作任务，助推市首届生态文化旅游暨水上运动节圆满成功。一是高质量、高水准、高时效地完成石矶湖大堤墙绘工程。以水乡的元素、洞庭的符号、水城的标记，在1200多平方米的围墙和房墙上，将八百里洞庭风光长卷、水城沅江古八景以及诗词涂鸦上墙。5月25日至6月6日，沅江市文联组织艺术家们在石矶湖大堤上，进行绘画制作。其中300米洞庭长卷是目前全国最长的涂鸦作品。二是高品位、高档次、高规格地组织和策划“艇有沅份”文艺晚会。为体现大湖养大美，文联精心组织、策划和导演一台以水为媒，充分展示南洞庭的风土风情、风格风韵、风尚风貌的精美文艺晚会。晚宴氛围热烈，高潮迭起。三是高起点、高手法、高品质地对大美沅江的深度报道。文联主席华子亲自撰写报告文学《大美沅江发力 赛艇多情卷潮》。上篇“艇有沅份”涌潮来，中篇“三种精神”亮节会，下篇乘风破浪正当时。把该节会的盛情盛况盛景，以及水城沅江以水为媒，以会为机，借力发力的理念和蓝图跃然于纸，点亮许多的愿景和繁华。四是高规模、高标准、高水平地举办“节会回眸·生态水城·湿地风光”摄影美术大赛。宣传和推介家乡节会盛况和影响，以及沅江生态水城、湿地风光的独特景观。

（二）举办主题征文促进保护生态环境。为深入学习贯彻中共十九大精神，弘扬习近平总书记“绿水青山就是金山银山”的发展理念，落实市委、市政府“坚决打赢洞庭湖生态保卫战”精神，举办“梦回绿水青山”征文活动。共征集到不同形式的文艺作品145件。

（三）举办主题美术摄影作品展迎国检。为迎接国家林业局对湖南琼湖国家湿地公园检查验收工作，市文联精心组织艺术家们创作120多幅湿地风光的美术作品和摄影作品进行展出，充分展示沅江“城中有湖，湖中有城，公园环水转，水绕公园流”的水城奇观。

二、文艺惠民活动

全年通过各种文艺形式深入农村、社区开展文艺惠民服务活动100多场次，丰富老百姓的精神文化生活。

扎实开展春节“翰墨咏春”“戏曲唱春”“书画绘春”“文化惠春”等文艺惠民活动。一是组织书协、楹联、诗词等协会骨干会员30余人，分成4个小分队，深入城区、乡镇等地开展送春联活动，共计送5000余幅春联。二是组织楹联协会主动联系各单位企业，根据各自行业特点，分别给24家单位企业量身定做春联100多幅。三是组织市戏剧曲艺家协会在沅江城市之星和好润佳出演传统花鼓戏4场。四是组织美术家协会举办迎新春“情系洞庭”主题书画展。五是组织音协、舞协在沅江服装产业园“文化惠春”企业慰问演出活动。

积极组织“深入生活、扎根人民”主题实践活动。市文联精心组织，统筹安排，创新举办“街头书画艺术沙龙”，把艺术搬到街头，与老百姓零距离接触，引来广大群众的驻足观赏。组织作家协会部分会员考察南洞庭芦苇场民风民俗，收集创作素材，创作大量接地气作品；组织摄影家协会深入南大、漉湖等地创作采风，宣传推介沅江文化旅游；组织音协、舞协骨干深入社区乡镇，进行文艺辅导；组织美协会员走进湖汉采风，创作作品积极参展；组织诗词、楹联协会深入学校授课，激发学生们对传统文化艺术的尊重和热爱；组织书协、硬协深入基层分会开展书法指导，提高基层会员的艺术水平；组织剪纸协会将剪纸艺术带入校园，部分学校开设课时，让剪纸艺术发扬光大。

三、培育文艺人才

一年来，通过举办展览、赛事、文艺讲座、文艺交流、出版杂志刊物等举措，给全市艺术家们创环境、定目标、压担子、给舞台、严考核的良好效果，凝聚人心，激发干劲，培养人才。

举办各类赛事。文联和下属各协会积极组织举办各类比赛，搭建交流平台，发现文艺人才。如作协开展的“最美家风、家训”故事征文、“我与高考”征文，硬协开展“安全生产月”书法征集，摄协开展的“环保与摄影”摄影赛等，发现一批优秀的文艺人才。

积极组织参赛。3月，市文联组织发动全市文学爱好者参加益阳市反邪教主题文艺作品竞赛，选送45件作品，有14件作品获奖。4月市文联组织发动作家们积极参加市纪委组织的“打铁还需自身硬”征文活动，共有10件作品获奖，市文联获组织奖。6月市文联组织各协会参加“喜迎十九大，建设新益阳”益阳市美术书法摄影作品展，共有31件作品入展，10件作品获奖。12月，市剪纸协会辅导学生参加全国校园剪纸大赛，有18件作品获奖，其中特等奖4件、一等奖6件、二等奖8件。

举办“艺术大讲堂”。全年共开讲12堂，先后邀请中国著名评论家何绍俊、《散文诗》主编冯明德、著名书法家刘建平、李运良等全国、省、市级艺术大师及本市资深艺术家为文学艺术爱好者们传经授道，答疑解惑。

加强艺术交流。3月，和广东省增城区作协举办诗歌交流活动；4月，和怀化市作协、益阳市作协举行“一脉沅水情”采风联谊活动；10月，举办杨友今长篇小说《贞观大帝》创作研讨会；12月，举办杨友今作品研讨会暨湖湘历史文化名人长篇小说创作推进会，积极推进文学创作氛围，为打造文化沅军、创建南洞庭文化品牌提供有力支撑。

办好《天下洞庭》杂志。每期印发1000册，免费赠送给广大文学爱好者。

四、奖励精品力作

文联制定《洞庭文艺奖评奖办法》和一

系列兑奖机制。1月20日，文联举办沅江市文艺界会人士新春座谈暨作品表彰大会。表彰奖励2016年度文艺先进单位、先进个人和优秀作品。2017年在全国各级公开报刊发表（展出、演播）各类文艺作品1000余件，获各级各类奖项有300余件。如熊梦红出版两本散文专集《我游弋在洞庭的脉管里》和《一尊还酹江月》；李太平的中国画《烟雨洞庭》入选中国美术家协会主办的纪念叶浅予100周年诞辰“潇洒桐庐”全国中国画作品展，邓文富的中国画作品《镜·城市之舞》入选中国美术家协会主办的“2017年全国中国画作品展——当代中国画的创作生态与时代走向”，邓立辉作品《梦雨林》入选文化部批准在国家会议中心主办的“让艺术走近人民、当代中国美术家优秀作品公益展”；陈伏清的剪纸作品《洞庭号歌》在第五十二届全国工艺品交易会上获得2017年“金凤凰”创新产品设计大奖赛优秀奖，舞蹈《站在草原望北京》参加湖南省第八届全民健身运动会广场舞比赛获得金奖，并被选中代表湖南参加在海南三亚举行的全国广场舞总决赛，获得三等奖；舞蹈《向天歌》荣获全国青少年春节联欢晚会舞蹈组金奖。

中共沅江市委统一战线工作部

【基本情况】

2015年12月，按照益阳市委统战部要求进行大部制改革，统战部与台办、宗局、侨联合署办公。2016年，机构编制委员会核定市委统战部单位编制为行政编制10名，事业编制7名。2017年，建2个党支部，机关支部共有中共党员13名，其中女党员4名，老干支部党员14名，其中女党员3名。

【班子简况】

市委常委、部　长	张伏初（2016.8—　）
常务副部长	谭拥军
副部长、民宗局局长	刘炳丁 (2016.4—　)
副部长	吴　波 (2016.4—　)
副部长、工商联党组书记	江秋元（2016.4—　）
派驻纪检组组长	林建新（2017.10—）
台办主任	蔡　红
侨联副主席	廖志军
民宗局副局长	曹晖晨（2018.01—　）
办公室主任	章　静

【工作概况】

一、创新开展党外知识分子联谊工作

（一）党委重视。市委常委会议两次以上专题研究联谊会建设工作，为知联会换届及活动开展提供18万元经费保障；成立市委书记任顾问，市委常委、统战部部长任组长，统战部其他部务会成员为副组长，相关职能单位负责人为成员的党外知识分子联谊会领导小组，长期跟踪督促指导联谊会活动；确定党外知识分子活动中心（皓月堂）；出台《关于加强党外知识分子联谊会建设的意见》等，为知联会建设提出方向性意见。

（二）基础扎实。结合近年市党外知识分子变动较大实际，3月始，市委统战部逐步筹建党外知识分子人才库，对全市各领域、各系统的党外知识分子重新调查摸底，按照党外知识分子所属行业类别分门别类，通过分批分组走访谈心、面对面交流沟通、详细记录、整理成册后，从公职人员、工商企业、社会中介民间组织等11类群体中挑选100余人，纳入党外知识分子人才库，为进一步加强党外知识分子人才管理，发挥党外知识分子参政议政作用，打下坚实基础。

（三）程序严格。从2016年开始，市委统战部向各镇场、街道、市直单位发出推荐党外代表人士加入市党外知识分子联谊会的通知，要求各单位积极宣传，发动广大党外知识分子积极行动。同时利用年底年度考核，由统战部4名副部长带队，分批分组对全市的党外知识分子进行考查。最后按个人申请、组织考察推荐、领导小组审核的原则，党外知识分子工作领导小组多次召开会议，审核会员资格，确保加入知联会的是最优秀的党外人才。根据实际考察、反复酝酿、多次讨论，最终确定99名党外知识分子成为知联会会员。

（四）务实创新。市委常委、统战部部长亲自挂帅，亲自指导。多次酝酿，形成党外知识分子工作宗旨；斟词酌句，汇成会员百字誓词；反复推敲，制定五年工作规划；统筹兼顾，出台联席会议制度、学习培训制度、调查研究制度、联络联谊制度、服务社会制度、参政议政等各项规章制度。同时市委统战部下发文件、颁发聘书，为全市党外知识分子聘请35名全市各系统领域中有一定影响力的代表性人物作为政治辅导员，意在积极引导党外知识分子树立正确的世界观、人生观、价值观，做到与中国共产党思想上同心同德、目标上同心同向、行动上同心同行。

（五）开展活动。对内，通过开展主体班培训，评选表彰优秀成员，建立QQ群、微信公众号，畅通网络服务平台；对外，通过小组与小组之间比武切磋，行业与行业之间展开活动，部门与部门之间进行交流，不断扩大知联会影响。一年来，开展党外知识分子主体培训班，引导党外知识分子重点学习习近平总书记系列重要讲话精神、社会主义核心价值体系及统战基础理论知识；完成党外知识分子联谊会换届工作；组织70多名会员赴韶山接受红色政治教育等活动。

（六）成效明显。知联会将全市各行各业的党外知识分子紧紧联系在一起。通过开展的一系列活动，进一步坚定党外知识分子的思想信念；各行业小组“扎堆”研究，更彰显行业代表性及集体力量。

二、统筹兼顾推动统战各项工作完成

（一）机制健全。2017年，市委领导高度重视统战工作。市委书记、市委副书记多次到统战部机关视察指导工作，并经常过问统战工作，经常参与统战活动。为进一步完善大统战工作格局，市委第三次常委会议决定按照相关程序落实民宗工作执法人员编制；进一步加强党外代表人士培训，参照市委党校其他培训班次落实培训经费，统筹举办好党外知识分子培训班、党外干部培训班和年轻一代非公有制经济人士培训班等，为顺利推进2017年统战各项任务完成、健全各项工作机制奠定良好基础。

（二）*发展明显*。2017年，市委常委、统战部部长张伏初多次考察指导全市非公企业发展情况，为企业解决发展难题6个。同时，通过组织学习培训、参观考察、座谈交流等多种途径，不断提升非公经济人士服务社会水平。在防汛抗灾工作中，各非公企业积极响应，为防汛抢险提供有力的后勤保障。据不完全统计，非公经济企业及代表人士为防汛抗灾捐献物资达70万元。

（三）*工作推进*。一是进一步规范全市宗教教职人员言行举止，开展首次宗教教职人员培训班，加强宗教教职人员管理、规范宗教发展秩序。二是排查规范宗教场所。联合公安、消防等部门，进一步审查各宗教场所的消防、安全、传教资质。妥善处理“雨花斋”违规传教行为。三是扎实落实散居少数民族群众各项优惠政策。上半年，共落实少数民族考生高考加分8人。

（四）*其他工作*。一是积极落实益阳台办会议精神，认真完成益阳台胞台属重新摸底排查工作，并对黄埔同学会进行端午慰问。二是坚持“为侨通联，为侨服务”的宗旨，对全市50多名重点归侨、侨眷及留学人员家属进行春节慰问，对一归国老华侨发放特困生活补助。

沅江市工商业联合会

【基本情况】

2017年，全市工商联共有会员1520个、基层商会15个，其中异地商会3个（株洲、浙江湖州、广州），行业商会2个（供应商行业、青创会），乡镇商会10个。市工商联共成立老干党支部1个，共有中共党员13人。

【班子简况】

市政协副主席、主席	陈群力
党组书记	谭拥军
副主席	李　琴
秘书长	欧阳敏（兼办公室主任）

【工作概况】

一、倾力服务会员

从会员合法利益出发予以关心、关爱和关照，切实增强会员的归属意识和获得感，是做好工商联工作的出发点和落脚点。

（一）*走访慰问活动*。为落实相关政策，一是做好原工商业者政策待遇落实工作。市工商联机关干部走访慰问沅江原工商业者及其遗孀等34人，了解他们的生活状况和需要解决的问题，送去5万余元生活补贴。二是走访慰问部分外地执委在沅江家属。春节期间走访部分外地执委在沅江家属，慰问他们的父母，这也是落实市委、市政府“引老乡·回故乡·建家乡”活动的一部分。

（二）*金融服务下乡*。一年来，由市工商联牵头，组织其会员单位工商银行沅江支行、邮储银行沅江支行分别联合草尾商会、南大商会开展促进经济发展的银企对接会，为会员企业上门提供金融服务，助推区域发展。据统计，两家银行在活动中，共发放宣传资料1000余份，签订意向合同70份，发放贷款800万元，邀请金融专家亲临现场为会员解答政策，为商会企业的发展注入新动力。

（三）推荐参评参选。在关系切身利益问题上，工商联上下勠力同心，不遗余力地宣传、争取、推介会员企业。工商联推荐刘向荣等4人为湖南省第十三届人大代表资源摸底人选；5月，推荐总商会副会长刘洋获评“无机非金属材料”高级工程师职称；工商联系统涌现出一批有实力、讲担当、有贡献、获好评的企业。市工商联会员单位太阳鸟游艇、鑫海股份、辣妹子、新马制衣4家沅江企业获评益阳市民营企业工业制造业20强。

（四）关爱会员单位。发挥工商联的职能作用，积极为会员企业排忧解难，帮助会员处理、解决生产经营过程中的困难和问题，发挥桥梁纽带作用，帮助非公有制经济企业与相关职能部门做好对接与沟通。

二、注重引导培养

促进非公企业和非公经济人士健康成长是工商联的主要工作内容，开展理想信念教育活动、走访调研、光彩事业活动、扶贫帮困，全力促进“两个健康”发展。

（一）开展理想信念教育。开展以“守法诚信、坚定信心”为重点的理想信念教育实践活动。3月底，组织部分会员赴浙江嘉兴南湖开展红色之旅主题活动；4月中旬，组织会员前往广西桂林阳朔开展考察学习活动；7月，组织召开非公经济人士座谈会；10月下旬，工商联（总商会）组织开展十九大精神宣讲会，在沅江执委、城区会员等100余人参加。随后，草尾、株洲、供应商等基层商会相继掀起学习中共十九大精神的热潮。

（二）开展走访调研活动。市政协副主席，工商联主席陈群力深入非公企业走访调研20余次，了解企业生产经营情况以及企业经营和项目建设中遇到的难题，研究服务企业的具体措施，并为企业新一年的发展加油鼓劲，为企业解决相关问题16个。如在鑫海公司，了解用工、公司搬迁及厂房扩建等方面情况，对其相关难题重点关注。

（三）开展光彩事业活动。开展光彩事业活动，是非公企业和非公经济人士回报社会的重要活动。市工商联组织开展相关活动，得到全市非公企业和非公经济人士的积极响应，活动开展得有声有色。据统计，全年共募集资金、物资累计达300余万元，全部送到最需要的地方。

防汛期间，沅江市工商联机关派出干部值守新湾镇畔山洲垸团结闸，确保穿堤建筑物安全；陈群力驻点茶盘洲督导防汛工作，共处置险情10起，成功化解“1+9”重大管涌险情，确保人民群众生命财产安全，个人荣获“2017年益阳市抗洪救灾先进个人”称号；市工商联（总商会）动员各级商会迅速行动，积极奉献爱心，投身抗洪救灾工作，在人、财、物等方面给予大力支持，展现“一方有难、八方驰援，风雨同舟、患难与共”的人间大爱，彰显出非公经济人士的责任和担当。

三、参与中心工作

市工商联充分履行职能，当好政府管理非公经济的助手，积极参与各项重点工作，服务市经济社会发展。

（一）助力精准扶贫。1月15日，沅江市工商联琼湖商会组织发起“精准扶贫·走进农村”主题活动，分别向45名困难对象和2家敬老院发放价值15万元的慰问金和物资。这是琼湖商会连续多年开展助力精准扶贫系列工作之一。

6月上旬，工商联组部分政协委员、工商联（总商会）执委积极奔走在茶盘洲镇鹅洲村精准扶贫一线，唐再华等工商联界别政协委员和其他执委参与鹅洲村22户贫困户的对接帮扶,完成全部54户贫困户的走访慰问，为他们送去价值2万余元的生活物资；8月，经过分析具体情况，工商联机关采取就业扶贫和公益扶贫相结合方式，落实结对帮扶贫困户的相关具体帮扶措施，尽心尽力帮助贫困户脱贫。9月，组织30家非公企业联系茶盘洲镇鹅洲村、新湾镇新湾村、阳罗洲镇大中村等3个建档立卡贫困村。10月17日，在张值恒市长出席的益阳市“万企帮万村”助力精准扶贫工作推进会议上，与各贫困村现场签约，结对帮扶。

（二）全力招商引资。根据市招商引资任务安排，市工商联招商引资目标任务为6000万元，新引进项目1个，新开工项目1个。截至12月，工商联引进福建投资商经营的沿河路旧城改造项目，超额完成招商引资工作任务。

（三）聚力重点项目。2017年，根据市统一安排，工商联负责人联系的重点项目为四季红至黄茅洲大桥公路（四共轴线）建设，其已多次下到工程一线调研，与责任单位、当地政府研究协商解决相关问题，促成该项目稳步有序推进，完成工程编制，纳入“十三五”规划，启动征地拆迁。

沅江市人民代表大会常务委员会

沅江市人大常委会领导人名录

市人大常委会主任、党组书记	连建华
市人大常委会副主任、党组副书记	彭建军
市人大常委会副主任	王　毅
市人大常委会副主任、党组成员	傅德华
市人大常委会副主任、党组成员	李志文
市人大常委会副主任、党组成员	周新秋
市人大常委会办公室主任、党组成员	汤旭东
市人大常委会正处级干部	张竞辉
市人大常委会副处级干部	姚立平

沅江市人大常委会办公室

【基本情况】

2016年12月初，选举产生市第十七届人民代表大会常务委员，法定委员共35人，实有委员33人。常委会设办公室、内务司法工作委员会、教科文卫工作委员会、农业与农村工作委员会、城乡建设与环境保护工作委员会、选举任免联络工作委员会、财政经济委员会、法制委员会，2017年9月增设市纪委驻人大纪检监察组。至2017年年底，市人大常委会机关共有干部职工78人。其中，在职37人，退休40人；共有中共党员70人，设2个党支部。

【班子简况】

办公室主任	汤旭东
办公室副主任	刘文彬
办公室副主任	龙　湘
联工委主任	刘德军
联工委副主任	郜兰英
城环委主任	肖庆高

城环委副主任	袁志斌
农业委副主任	舒　斌
教科文卫委主任	钟姣辉
教科文卫副主任	黄　昶
财经委主任	杨跃军
财经委副主任	龚金玉
内司委主任	龚佑云
内司委副主任	姚　鹏
法制委主任	罗新洲
法制委副主任	唐锡联
市纪委驻人大机关纪检组组　长	周卫东
市纪委驻人大机关纪检组副组长	张立群

【工作概况】

2017年，共召开常委会会议9次，常委会主任会议6次，开展专题调研24次，听取审议“一府两院”专项工作报告17项，任免地方国家机关工作人员100人次，交办代表建议、批评和意见104件，圆满完成全年各项任务，为促进全市经济社会发展、加强民主法制建设做出应有贡献。

一、围绕中心，坚决贯彻市委重大决策部署

（一）依法议决重大事项。2017年，常委会围绕经济建设等重大事项，作出系列决议决定。其中，作出同意高新技术开发区、船舶制造产业园、城市建设投资公司、交通建设投资公司融资的相关决议11个；第四次会议作出处理历史遗留问题中涉及经营性商住用地增加容积率补缴土地出让金的决议；第五次会议作出批准2016本级财政决算的决议，作出同意沅江高新区标准厂房项目采取PPP模式的决议；第九次会议作出关于同意沅江市2017年度预算调整的决议。

（二）依法行使任免权利。2017年初，常委会及时对新一届市人民政府的组成人员进行任命。在任免工作中，坚持任前法律知识考核、公开任职承诺、向宪法宣誓等制度，增强被任命人员的宪法意识和公仆意识。

（三）服从市委中心工作。及时传达市委的重大决策部署和重要会议精神，并研究提出贯彻落实的具体措施。

二、强化监督，促进经济社会健康持续发展

（一）加强对计划和预算执行情况的监督。常委会扎实抓好预算审查工作，促进政府实施更加全面规范、公开透明的预算。第五次会议审查批准2017年财政预算编制报告；听取审议2016年本级财政决算的报告及审计报告，批准2016年财政决算；第七次会议听取审议2017年上半年国民经济和社会发展计划、上半年财政预算执行情况的报告。针对全市投资增长动力不足、融资难、支出压力不断增大等问题，提出相应的审议意见，交由市人民政府及相关职能部门办理，力促实现全年工作目标，全面完成人大会议批准的预算。此外，还听取审议关于市城市建设投资开发有限公司2016年财务审计报告和2017年财务收支计划报告，进一步规范公司财务管理。

（二）加强对政府融资工作的监督。严格落实上级要求，全面清理违规举债，对2014年底以来的政府性融资进行摸底。9月，组织相关部门对四个融资平台的资金使用情况进行清查审计，对经人大审议的融资债务进行逐项审核，并提出相关建议，力促政府加强财政资金管理，规避债务风险。

（三）加强对生态环境保护工作的监督。绿水青山就是金山银山。常委会组织对全市环境保护工作情况进行了调研，对城区五湖水质情况进行实地考察，督促有关部门重点对城市污水管网及城市居民生活污水和企业排污进行整改。第四次会议听取审议了市人民政府关于污水处理情况的报告，提出加强领导、出台管理办法、加强执法检查等审议意见；第五次会议听取审议市人民政府贯彻实施新环境保护法情况的报告，要求政府加强宣传力度，完善联动机制，落实主体责任。此外，常委会还召集相关职能部门对南洞庭湿地生态红线的划定进行充分调研、讨论，制定适应沅江经济社会发展的生态红线建议方案，为市委决策提供较为全面的参考意见，有力推进市生态文明建设。

（四）加强对民生工作的监督。常委会听取审议市人民政府关于食品安全监管体制建设情况的报告。会议提出加强监管协作、强化监管保障等审议意见，交由政府及相关职能部门办理落实。常委会还针对人民群众关心的农业综合开发、农村医疗卫生阵地建设、交警事故处理、城乡居民医疗保险和城镇职工医疗保险等热点问题，召开主任会议，听取专题汇报，提出交办意见。此外，常委会还继续开展“三湘农产品质量安全行”“三湘农民健康行”等专项行动，收到一定的社会效果。

（五）加强对审议意见落实、审计问题整改的监督。严格按照《沅江市人大常委会审议意见及主任会议交办意见督办办法》及《沅江市人大常委会关于加强审计整改监督工作的若干规定》等规定，加强对审议意见落实、审计整改情况的跟踪监督，有效地提升监督实效。全年共发出常委会审议意见5件、主任会议交办意见4件，进行办理情况的满意度测评5次；听取住建局等6个单位上年度审计整改情况的汇报，并进行满意度测评。

三、依法治市，积极推进民主法治建设

（一）弘扬宪法精神。坚持将宪法这一根本大法作为人大工作的基本准则，为使国家工作人员牢固树立宪法意识，恪守宪法精神，履行宪法使命，贯彻实施向宪法宣誓制度。一年来，常委会共组织78名由人大任命的国家工作人员向宪法宣誓。

（二）加强法律监督。常委会加强规范性文件备案审查工作。一年来，收到市人民政府报送备案的规范性文件28件，均已按要求进行审查，并及时登记归档。组织开展《种子法》《妇女权益保障法》等相关法律的执法检查。

（三）加强司法监督。听取和审议市人民法院关于刑事审判工作情况的报告、市人民检察院关于职务犯罪预防工作情况的报告。会议提出相应的审议意见，交由市人民法院、人民检察院办理落实。

（四）协助开展立法调研。配合省人大开展《湖南省水上交通安全条例》和益阳市人大开展《安化黑茶文化遗产保护条例》的立法调研以及司法体制改革专题调研。

（五）做好涉法涉诉案件督办工作。一年来，共受理人民群众来信来访65件（次），上级督办函5件，向有关部门转办重要申诉案件12件，其中要求报告结果的10件，均已办结并得到回复。

四、提升能力，充分发挥代表主体作用

（一）做好履职培训。组织驻沅江益阳市人大代表各小组正副组长、市人大常委会委员以及人大机关干部分批参加履职培训。10月，常委会举办人大工作业务培训班，组织常委会委员和各镇街场人大主席团正副主席（主任）、人大秘书以及机关干部80余人，在市委党校集中培训。同时，指导乡级人大开展人大代表的培训工作。通过培训，提高人大代表和人大干部的理论素养和履职能力。

（二）强化服务保障。为市级人大代表征订《人民之友》，为驻沅江益阳市人大代表征订《中国人大》等杂志，坚持向人大代表寄送《人大常委会公报》《人大工作通讯》，及时向代表提供全市经济社会发展动态、人大常委会工作情况，保障人大代表的知情权知政权。坚持邀请人大代表列席人大常委会会议、参与执法检查及调研等活动。为调动代表参政热情、提升代表履职能力创造条件。

（三）加强工作指导。督促和指导各镇依法开好人代会议，在会议程序和内容上严格把关，确保会议按期召开，取得效果。2017年，按上级要求督促各镇召开了两次人代会。指导乡级人大开展代表调研视察活动，发文指导，督促把关，确保调研视察有的放矢不流于形式。同时，加强对基层人大工作的调研，适时掌握基层人大工作动态，广泛收集群众意见，为做好全市人大工作打好基础。

（四）重视建议办理。为做好人大代表建议办理工作，市人大常委会会同市人民政府召开代表建议交办会议，对照部门职责落实办理责任。常委会采取上门督办和电话催办等形式，对办理工作全程监督，督促政府有关部门及时办理代表建议。同时，坚持建议办理考核制，8月，对各办理单位进行考核，促进代表建议办理的落实，提高办结率和代表的满意率。

五、开拓创新，着力抓好常委会和机关自身建设

（一）加强政治建设。常委会把政治建设放在自身建设的首要位置，把讲政治作为开展一切工作的前提。始终坚持服从党的领导、服务全市工作大局，坚持重大事项、重要工作向市委请示报告制度，主动将人大工作置于市委的集中统一领导之下。把学习作为落实政治建设的重要手段，建立健全常委会、党组中心组和机关学习制度。系统学习中共十八大以来中国共产党和国家的最新理论、方针、政策，重点学习习近平总书记的系列重要讲话和中共十九大精神。按照市委统一部署，人大常委会党组和机关党支部，开展“两学一做”专题学习教育，扎实推进“两学一做”学习教育常态化制度化，进一步提高了党员干部的党性修养。同时，把学习中共十八大和中共十九大报告中关于人民代表大会制度的论述与人大工作实际结合起来，在实践中提高常委会组成人员和机关工作人员的政治理论水平，业务知识素养。

（二）加强作风建设。坚持把作风建设作为提高工作水平的有效手段，认真落实中共中央关于改进工作作风的有关规定，自觉践行党的群众路线，把密切代表和人民群众的联系、改进会风文风、节俭办公等作为重点贯彻落实。坚持常委会组成人员联系代表制度，大兴求真务实之风，深入开展调查研究，问需问政问计于民。开展精准扶贫工作，常委会组成人员及机关干部下到驻点村开展工作，定期深入各帮扶村、农户了解情况，研究制定帮扶措施，落实帮扶责任，为全市的脱贫攻坚做了应做的工作。

（三）加强机关建设。坚持把机关建设作为提高服务保障能力的重要抓手。深化机关内部管理，坚持以制度管事管人，营造风清气正、团结进步、真抓实干的工作氛围，机关参谋助手和服务保障作用得到充分发挥。以党性教育为主题，开展丰富多彩、健康向上的支部活动和工会活动，增强机关的凝聚力和活力。

（四）扩大宣传与交流。坚持办好一网两刊（人大信息网、人大常委会公报、人大工作通讯），发出人大声音，讲好人大故事，积极对外推介沅江，宣传沅江人大的工作动态和工作经验。一年来，省内外多个县市区人大前到沅江考察，有效促进市对外交流。

市人大常委会重要会议

2017 年，沅江市人大常委会共召开 9 次常委会会议。

第一次会议

沅江市第十七届人大常委会第二次会议于 2017 年 1 月 22 日召开。会议学习省十二届人大七次会议精神；审议有关人事任免事项，任命政府组成局局长。

第二次会议

沅江市第十七届人大常委会第三次会议于 2017 年 2 月 24 日召开。会议听取和审议市人民政府关于贯彻落实《中华人民共和国城乡规划法》情况的报告；听取和审议市人民检察院关于职务犯罪预防工作情况的报告；审议市人民政府关于融资建设的议案；审议表决有关人事任免事项。

第三次会议

沅江市第十七届人大常委会第四次会议于 2017 年 5 月 19 日召开。会议听取和审议市人民政府关于冬修水利完成情况及防汛抗旱准备工作情况的报告；听取和审议市人民政府关于城市污水处理工作情况的报告；对“一府两院”办理市十七届人大常委会第三次会议审议意见的情况进行满意度测评；审议市人民政府关于融资建设的议案；审议市人民政府《关于处理历史遗留问题中涉及经营性商住用地增加容积率补缴土地出让金实施方案》的议案；审议表决有关人事任免事项。

第四次会议

沅江市第十七届人大常委会第五次会议于 2017 年 6 月 28 日召开。会议听取和审议市人民政府关于 2017 年财政预算（草案）编制情况的报告；听取和审议市人民政府关于 2016 年财政决算（草案）的报告；听取和审议市审计局关于沅江市本级 2016 年度财政预算执行情况和其他财政收支的审计报告；听取和审议市人民政府关于贯彻实施《中华人民共和国环境保护法》情况的报告；审议沅江市人民政府关于沅江高新区标准厂房项目采取 PPP 模式建设并将项目政府可行性缺口补贴资金列入市财政预算的议案。

第五次会议

沅江市第十七届人大常委会第六次会议于2017年8月18日召开。会议表决有关人事任免事项，补选益阳市第六届人民代表大会代表，任命沅江市人民政府代理市长。

第六次会议

沅江市第十七届人大常委会第七次会议于2017年8月28日召开。会议听取和审议市人民政府关于食品安全监管体制建设情况的报告；听取和审议市人民政府关于2017年上半年国民经济和社会发展计划执行情况的报告；听取和审议市人民政府关于2017年上半年财政预算执行情况的报告；听取和审议市城市建设投资开发有限责任公司关于2016年财务执行情况和2017年财务收支计划的报告；听取和审议市审计局关于市城市建设投资开发有限责任公司2016年度资产负债损益审计情况的报告；审议有关人事任免事项。

第七次会议

沅江市第十七届人大常委会第八次会议于2017年10月26日召开。会议听取和审议市人民法院关于刑事审判工作情况的报告；听取和审议市人民政府关于农业综合开发工作情况的报告；审议市人民政府相关融资的议案；对市人民政府办理市人大常委会审议意见情况进行满意度测评；审议相关人事任免事宜。

第八次会议

沅江市第十七届人大常委会第九次会议于2017年12月7日召开。会议听取和审议市人民政府关于2016年部分部门预算执行审计整改工作情况的报告；听取和审议市人民政府关于代表建议办理情况的报告；审议沅江市第十七届人民代表大会补选代表资格审查情况的报告；对市人民政府办理市人大常委会审议意见的情况进行满意度测评；研究决定召开市十七届人大二次会议有关事宜；表决人事任免事项。

第九次会议

沅江市第十七届人大常委会第十次会议于2017年12月22日召开。会议审议通过市人大常委会2018年工作要点；表决相关人事任免事项，任命市监察委员会副主任。

沅江市人民政府

沅江市人民政府领导人名录

市　长	谢君毅（　—2017.6）
	杨智勇（2017.8—　）
常务副市长	罗必胜
副市长	于新胜　王倜夫　邹　军　包胥琪
	吴　迪（　—2017.8）王志强　高应良　钟清华
市长助理	汤建平　王先辉

沅江市人民政府办公室

【基本情况】

沅江市人民政府办公室为市人民政府工作部门，协助市人民政府领导处理市人民政府日常工作。市编委会共核定行政编制55名，机关后勤服务全额事业编制5名（人员只出不进，编制空一减一）。市政府办设党组，分设机关和老干2个支部，共有中共党员91人，其中女中共党员4人。

【班子简况】

主　任	谢　贵（2017.01—　）
常务副主任	吴赤虎
副主任	张海滨　赵孟强　张志欣
	罗建军　袁军明　隆伟清
	张　硕（　—2017.03）吴光华
	曹文伟（2017.09—　）
	李　斌（兼，2017.09—　）

【工作概况】

一、以党的建设为统领，政治素养有新提高

办公室党组始终不忘初心、牢记使命，旗帜鲜明讲政治、用心用力抓党建，政治定力不断增强，理想信念更加坚定。

（一）抓组织部署。一年来，围绕《沅江市2017年度基层党建工作目标责任状》中的主要内容，研究制定政府办2017年党建工作计划，指导机关支部制定详细的党建工作细则，做到党建工作年初有计划、年终有总结。全面完成党报党刊和其他党建学习资料的征订任务。

（二）抓思想教育。扎实推进“两学一做”学习教育常态化制度化。成立由党组书记任组长的领导小组，制定切实可行的学习教育实施方案；6月1日，召开推进会，传达学习市委相关文件精神，安排部署学习教育各项工作；活动期间，电视报道2次、网络报道5次、手机报报道3次，扩大“两学一做”学习教育的影响力。严格落实“三会一课”制度，政府办党组、机关党支部开展4次专题学习讨论，党组成员作为普通党员每月参加机关党支部主题党员日活动，并邀请市政府领导、政府办党组书记讲授党课。组织机关干部集中收看中共十九大开幕式，专门下发中共十九大报告小册子、新《中国共产党章程》《党的十九大报告辅导读本》等资料，组织党员干部认真自学，真正树牢“四个意识”，真正把党章党规和中共十九大精神刻印在心上、体现在行动上、落实到工作上。

（三）抓党建活动。紧密结合政府办实际，开展形式多样的以党组织为核心的精神文明主题创建活动，努力增强机关党建工作影响力，“七一”组织召开优秀党员表彰大会；组织全体机关干部参观益阳反腐倡廉警示教育基地；组织开展“心连心党员关爱基金”捐赠活动，筹集捐款3350余元。坚持党建和中心工作相结合，党组成员协助市政府领导抓好党建联系点、结对贫困村、脱贫攻坚、村级换届、防汛抗灾等工作。

（四）抓队伍管理。坚持按照“好干部”标准，从严选人用人，加强干部日常监管，创新干部培养方式，拓宽干部成长渠道。全年推选青年后备干部7人、推荐任用副科级以上领导干部5名、公开考选一般干部6名、抽调基层干部5人次跟班学习；成立市纪委派驻政府办纪检组，配备组长、副组长、组员各1名；开展各种学习培训，推行党组成员、中层骨干、一般干部轮流授课制度，干部队伍逐步壮大、履职能力整体提升。

二、以能力建设为根本，服务水平有新提升

办公室党组始终以高度的使命感，带领办公室干部积极发挥四方面的职能，为领导、部门和群众服好务。

一是统筹协调。对领导交办的任务，坚决执行、不打折扣；对部门遇到的难题，主动沟通、多方协调；对群众反映的问题，及时回应、全力解决。协调重点工作。聚焦土地报批、电力供应、道路建设和政务服务等经济建设，协助市级领导开展工作，协调有关部门主动履职，为项目建设和企业发展服务。围绕矮围网围拆除、欧美黑杨砍伐等中心工作，组织执法培训，提供执法依据，指导文书制作，同时加大行政许可项目清理力度，开展行政执法监督活动，进一步规范行政执法检查行为，优化全市经济发展环境。协调各部门单位认真做好为民办实事工作，10项重点民生实事项目全面完成。筹办重大活动。全年协助办好洞庭湖文化旅游节、瑞丰集团“神州大舞台”文艺演出等重要活动，协调开展“春季大开工、夏季大推进、秋季大攻坚、冬季大会战”和重点项目巡回观摩现场点评活动，牵头迎接上级环保督察、省教育督导评估、国家义务教育均衡化发展验收等重大考核，组织协调省、益阳市主要领导大型接待活动近20次，得到各级领导充分肯定。解决热点问题。认真协调承办单位做好人大代表建议和政协委员提案办理工作，全年办理人大代表建议104件、政协委员提案131件，答复率、见面率达100%，代表委员满意率95%。实行24小时值班和班子成员轮流带班制度，限时督办上级交办件，及时回应市民诉求，不回避、不推诿。市长热线全年办理领导批示件3件，梳理出9件建议事项报请政府领导予以解决，办结率达100%；受理处理市民来电2060个，办结率达96.4%，整体回访满意度95.8%；接待上访群众377人次，基本做到“进得来，出得去”。

二是靠前把关。凡事考虑在前。坚持分线负责：主任向市长负责、副主任向副市长负责，科室对口服务市政府领导和办公室班子成员，内部权责更加清晰。坚持层级管理：力改乡镇部门直接向市政府领导汇报工作的弊端，严禁越级请示，所有日程安排、工作部署、汇报请示一律由主任统一把关、统筹安排，未经主任把关的文件、文稿、会见等一律不予受理。坚持请示报告：积极倡导“马上就办、事前请示、事后报告、及时反馈”的工作方式。涉及办公室的一般工作，由科室负责人报告分管副主任、分管副主任报告主任，并结合领导要求实施；重要工作、领导交办或明确需要反馈的工作，完成后及时报告分管副主任、主任；特别重要的工作随时报告重要进展、关键进程、主要问题和反馈意见。

三是全面服务。强化精品意识、细节意识，保持严谨的工作习惯，把每一件事做到极致，真正让领导放心、让部门满意。办文力求“零缺陷”。精准办理、精心起草、精细打磨，突出法制把关作用，确保公文收发及时、严谨规范、处理到位。全年整理出台常务会议纪要10个、市长办公会议纪要2个、专题会议纪要35个，以市人民政府、市人民政府办公室名义起草、审核、印发各类公文514个；机要室收发处理上级各类来文1138件、处理市长批示件42件，档案管理工作年度考核获先进单位。办会力求“零失误”。认真抓好会前、会中、会后三个环节，会前征集议题、充分酝酿，会中精细服务、严查会风，会后认真反思、总结经验，确保各类会议严谨高效，达到预期目的。全年筹办政府常务会议10次、市长办公会议2次、专题会议42次、大型接待性会议15次、其他会议212次；值班室发布各级各类会议通知311个，提供会议服务165次。办事力求“零差错”。对领导交办的重点工作责任分解、防汛救灾、禽流感防控、迎接上级环保督查、益阳绩效评估等交办事项，精心制定方案，细化分解责任，及时部署安排，确保细致周密，无硬伤、无瑕疵、无延误。

四是决策参谋。坚持吃透上情、了解下情，站位全局、着眼大局，当好参谋部、智囊团。深入调查研究。以社会关注的热点和群众反映的难点问题为着力点，先后围绕“新型城镇化、现代农业、风电开发、洞庭湖自然保护区调规、财税收入、非公经济、重大项目建设”等课题开展调查研究，撰写高质量的调研报告，为领导决策提供参考。广泛收集信息。推行每月报送信息制度，要求乡镇部门每月初报送上月重点工作、当月工作安排，全年发出通报8期。加强对各种信息的“甄别”和“分析”,力求收发信息准确及时，充分发挥信息在领导决策和指导工作的积极作用。全年上报益阳市政府政务信息141期、390余条，其中省办采用5条、益阳采用29条。精心起草文稿。坚持身在兵位、胸为帅谋，为领导出思路、当参谋。按照一丝不苟、精益求精的原则，全年撰写各类文字材料160余篇，共计65万余字，重点完成政府工作报告以及市委经济工作会、现代农业推进会、防汛抗灾会、项目推进会、财政改革会、环保整治推进会讲话等文稿写作，准确体现市委、市政府对全市工作的指导思想、工作重点和方法措施。严格督查督办。政府决策之后，督查室随时掌握、经常催办、及时反馈、跟踪问效，督过程、督任务、督进度、督成效，确保件件有着落，事事有回音。坚持问题导向，针对因各种原因出现的不落实问题，提出切实可行的意见建议，确保决策落地、政令畅通。全年发出督查通报16期。

三、以廉政建设为抓手，自身建设再上新台阶

建立健全制度、监督、防控并重的惩防体系，推动党风政风进一步好转，努力树立办公室良好形象。

（一）决策更民主。严格落实“三重一大”决策机制，重要活动、重点问题、重要人事安排、考核评优评先、重大财务支出一律提交党组会议集体决策。严格执行主要领导末位发言、会议全程记录等机制，确保议事决策科学化、民主化。一年来，会议室改造、门牌统一更新、办公设备购置等，均经党组会议集体决策。

（二）制度更规范。年初，党组完善学习、会议、工作、财经、纪律、考核奖惩等一系列内部管理制度，坚持用制度管人管事。组织生日慰问、集体郊游、健身运动等工会活动，机关凝聚力更强；坚持“重实绩、开正门、强激励”，完善绩效考核办法，保障干部合理待遇，干事创业热情高涨。

（三）纪律更严明。党组成员以身作则，带头执行中央和省、益阳市关于领导干部廉洁自律的各项制度和规定，带头落实“八项规定”。全年无因公出国（境）学习考察人员。按照市委统一部署，扎实开展“雁过拔毛”“纠四风治陋习”“中梗阻”式腐败问题、清理国家公职人员违规参与涉矿等九类经营性活动专项整治，有效防止“四风”问题反弹。坚持开展廉政工作约谈，党组成员带头履行“一岗双责”，以一言一行引导身边工作人员，常教育、严督促，办公室工作人员无“吃、拿、卡、要”等违纪违规行为，无假借领导名义办私事等现象。

沅江市民政局

【基本情况】

沅江市民政局机关内设13个股室，即办公室、计财股、基层政权建设股、社会福利和慈善事业促进股、慈善办、优抚安置股、人事股、社会救助管理股、救灾救济股、社会组织管理股、社会事务股、老龄办、社会工作股；下属事业单位10个：光荣院、救助管理站、军队离退休干部休养所、福利院、殡仪馆、公墓处、有奖募捐委员会办公室、婚姻登记处、低收入家庭认定中心、福利中心。全系统有干部职工200人，其中在职121人、退线人员15人、退休人员64人。

【班子简况】

党组书记、局长	郭　云
副　局　长	邱建宏　刘赤文　黄小娟
纪检组组长	晏立宏
办公室主任	邬　红

【工作概况】

一、党的建设全面推进

扎实推进“两学一做”学习教育常态化制度化建设，通过会议、QQ、微信等形式及时传达上级精神，制定工作方案和各类学习计划。组织开展“心连心党员关爱资金”捐赠活动，捐赠关爱资金5200元。开展“沧海横流、尽显党员本色”“学习红旗渠精神，加强五化民政建设”等主题党日活动。开展廉政警示教育活动，组织全体党组班子成员和中层骨干参观益阳市反腐倡廉警示教育基地。开展“中梗阻”式腐败问题专项治理。积极配合市委巡察，针对巡察发现的23个问题制定措施，明确责任，狠抓落实，确保巡察工作取得实效。

二、社会保障有效发挥

紧紧围绕农村低保标准与国家扶贫标准“两线合一”，把农村低保认定清理整顿工作作为脱贫攻坚的关键一环来抓，严格按照农村低保规范操作的9个程序抓落实。入户调查率、民主评议率、阳光公示率、复查复核率均为100%。重新认定农村低保对象4109户7839人，月人平补差150元，占农业人口比例的1.43%，人户比1 ∶ 1.9，认定兜底脱贫对象578户，1141人，月人平253元，占农村低保比例14.6%，农村低保户进入建档立卡的贫困户比例93%。全市原有城市低保11136户、17548人，清理整顿后，城市低保5625户、7987人，月人平补差318元。加强特困供养对象的清理核查工作，共清退258人，有分散特困供养对象4969人，年人平发放基本生活救助供养金3943元，集中特困供养对象1329人，年人平救助供养金6600元。资助低保户、特困供养对象医疗参合参保21695人，390.5万元。拨付住院医疗救助资金679万元，发放大病医疗临时救助资金782万元。拨付困难群众临时救助资金183万元。

扎实开展行业扶贫。全力支持配合参与健康扶贫医疗救助“一站式”服务工作，全年拨付“一站式”服务民政医疗救助资金389.6万元，5342人次，其中普通住院救助367.7万元，5059人次，四类九种疾病救助21.9万元，283人次。

积极开展低收入家庭认定工作。全年共接受委托查询27237人次，为相关部门的行政决策提供重要依据。

三、养老事业发展提速

积极推进养老院服务质量建设专项行动，对全市34家养老机构对照《养老机构服务质量大检查指南》进行联合检查。重点民生实事项目新增养老床位275张，其中市社会福利中心床位200张，社区小型养老机构床位建设25张，老年人日间照料中心床位30张，居家养老床位建设20张，均已完工，新增床位277张。全市基本养老服务补贴覆盖率100%,标准达每人每月30元。投入20多万元建成沅江市居家养老信息平台，凌云塔社区等8个村（社区）列入省级城乡养老服务示范点。

四、涉军服务尽心尽责

稳妥开展涉军服务工作，对于涉军信访问题，做到认真接待，加强与部门单位的对接，落实相关待遇。及时掌握涉军群体的思想动态，把上访苗头稳控在当地，把隐患化解在萌芽。接收秋冬季退役士兵报到303人，并开展技能培训。为重点优抚对象建立“五位一体”医疗保障体系，资助重点优抚对象4000余人参合参保。2017年，组织25名重点优抚对象短期疗养。投入78万元，完成双带双促村级“退役士兵之家”示范点建设26个。投入200多万元，组织开展“八一”慰问及建军90周年军队退役人员专题走访慰问活动，完成退役人员数据采集17315人，并进行慰问。9月30日，成功举办沅江市烈士纪念碑揭碑暨烈士纪念日公祭活动。市军休所全面落实军休老同志的政治待遇和生活待遇，市光荣院切实强化服务意识，进一步提高服务水平。

五、抗洪救灾全力投入

2017年洪涝灾害发生后，全市受灾严重，208472人受灾，直接经济损失46187万元。面对洪涝灾害，市民政局快速启动救灾应急响应，调配救灾物资，第一时间组织30万元救灾物资送到急需救助的灾民手中。及时查灾、核灾、报灾，争取上级救灾资金300万元，冬令春荒资金400万元，全部发放到灾民手中。切实加强减灾救灾能力建设，提升灾害应急快速反应能力，为全市14个镇、场、街道民政办配备电脑、打印机、照相机等设备。综合减灾示范社区创建工作取得成效，共华镇黄土包社区荣获“2017年湖南省综合减灾示范社区”称号。

六、社会治理创新发展

积极开展村居换届选举，全市149个行政村、34个社区全部完成村（居）民委员会换届选举工作。加强村（居）建设，小康社会指标村（居）依法自治率达100%。积极开展规范村务公开栏建设，149个行政村全面高标准完成任务。积极开展“平安边界”创建，完成岳益线行政区域界线联检及边界隐患排查工作。推进“新农村示范社区”试点建设，新增试点农村示范社区7个，智慧社区“互联网+”建设工作有序推进。稳妥推进地名普查，8月，市接受并通过益阳市地名普查办和省地名普查办对市地名普查基本信息采集情况的验收。加快推进行业协会商会与行政机关脱钩，确定第二批脱钩的行业协会商会共7家。深入开展安全隐患整治。局积极组织全局干部职工、各镇（场、街道）民政办主任、全市各养老机构负责人进行消防安全生产培训，统一配置消防设施，组织专门人员对各敬老院进行安全生产检查。

七、公共服务空间拓展

成立以民政牵头的农村留守儿童关爱

保护专项行动领导小组，积极开展专项行动，落实委托监护责任212人，确保7352名农村留守儿童无一例辍学现象，在保民村等4个“农村留守儿童之家”的试点已按建设标准完工。全市享受重度残疾人护理补贴9519人，享受困难生活补贴5509人，两项补贴资金已足额及时发放到位。赤山公墓全面禁放烟花鞭炮，并拓宽进出公墓道路，保护墓区环境，减少车辆拥堵。公益骨灰存放堂建设项目选址赤山公墓并已开工，项目总投资200万元，建设面积1170平方米。市殡仪馆提升服务水平，社会效益明显。接待来馆治丧悼念场次595场次，火化遗体1323具。市殡仪馆改扩建项目总投资3600万元，建设面积8080平方米，主体工程即将竣工。加大殡葬执法力度，城区火化率100%。总投资1800万元的市社会福利中心已建成，即将投入运营。福利彩票“安全运行、健康发展”，全市发行7433.9万元。市婚登处积极加强标准化建设，投入20万元对办公场所改造升级，提升服务水平，荣获全国AAA级婚姻登记机关称号。2017年，办理结婚登记6121对、离婚登记2221对。市救助站积极主动对流浪乞讨人员实施救助，全年共实施救助1033人次。

八、“慈善”“服务”健康发展

防汛救灾期间，接受并发放价值7.8万多元的慈善捐赠物资。积极开展“爱心成就梦想”的慈善助学活动，资助品学兼优贫困学生55人，每人3000元，资助就读高中的孤儿13人，每人3000元。组织开展“慈善为民、福彩同行”迎新春送温暖活动，21名贫困家庭代表现场接受慈善救助。组织开展首届“国际社工日宣传周”活动，组织社工开展2次关注和慰问留守儿童、失独家庭的活动。举办4期100人志愿者培训班，举办志愿者周末分享成长班29场次，参加人员1000人次。组织开展“精准扶贫，功在家庭”100场公益讲课下乡的志愿服务活动。积极开展婚姻调解工作，出动值班义工723人次，成功劝解调和欲离婚对象285对。成立市社会工作咨询处，为广大人民群众提供老年人办证、心理咨询、民政业务咨询等方面服务。

沅江市残疾人联合会

【基本情况】

沅江市残疾人联合会是人民政府主管残疾人工作的专门机构。2017年，机关内设3个股室：办公室、康复股、信访维权股；1个二级机构，即沅江市残疾人劳动就业服务所。有在职工作人员15人，退休干部4人，中共党员16人，其中女中共党员4人。

【班子简况】

党组书记、理事长　熊晓华
党组成员、副理事长　曾建军　王春椋
办公室主任　贺云飞

【工作概况】

2017年，是落实全市残疾人事业发展

“十三五”规划的关键之年。市残联深入学习贯彻《湖南省人民政府关于加快推进残疾人全面小康进程的实施意见》和《湖南省残疾人事业发展“十三五”规划》，巩固“两学一做”学习教育成果，紧紧围绕省、市中心工作，以问题为导向，以短板为突破口，立足工作实际，履行历史责任，全市残疾人事业稳步推进。

一、党建引领

（一）落实党建工作责任。坚持把理论武装作为首要任务，教育广大党员干部在思想上、政治上和行动上同市委保持高度一致。坚持每月召开1次领导碰头会和每周1次工作例会制度，对重要工作和重大事项集中决策部署，确保决策的科学化、民主化和规范化。确保中央、省、益阳市、市委各项方针政策贯彻落实。

（二）加强党风廉政建设。一是健全工作制度。制定《2017年党风廉政建设和反腐败工作要点》《2017年党风廉政建设主体责任清单》《2017年党风廉政建设和反腐败工作计划》和《干部考勤及请销假制度》。实行“用制度管人”和“用制度管事”。二是开展预防教育。充分运用谈话、提醒、约谈等措施，对干部身上的苗头性、倾向性问题，及时提醒谈话，注重抓早、抓小、抓苗头，使干部工作作风持续转变。

（三）推进“两学一做”教育。一是将落实“三会一课”制度、支部“主题党日”活动、“党员固定日”活动作为“两学一做”学习教育的有力抓手，坚持每季度至少召开1次党员大会，每月至少召开1次支委会，每周开展1次集中学习，支部书记每季度讲1堂党课，每月9号组织党员围绕确定的党建主题开展1次支部“主题党日”活动，推进“两学一做”学习教育常态化制度化。二是拓宽学习方式，强化学习效果。加强集中学习和个人自学相结合，专题辅导和讨论学习相结合。

二、助残推进

一是就业。以按比例就业为重点，全面推进残疾人就业工作。扎实做好残疾人大学生数据调查摸底，全年完成残疾人职业技能培训310人，新增就业创业人数48人，新增按比例就业2人，新办残疾人证2220人，完成全市21941名残疾人状况数据更新调查和录入工作。认真贯彻《湖南省按比例安排残疾人就业规定》。从4月开始年检年审，对全市行政、事业和企业单位按比例安排残疾人就业情况进行信息采集，以征收残疾人就业保障金为手段，以促进残疾人就业为目的，多措并举，帮助68名残疾人实现就业。开展残疾人实用技术及职业技能培训，努力提高残疾人就业能力。市残疾人劳动就业服务所举办9期残疾人培训班，共免费培训残疾人310名。积极推荐残疾人到培训基地参加各类职业技能培训。年内共输送各类学员24人，其中盲人按摩学员5人，肢残人创业、电子商务培训等学员14人。帮助2名残疾人大学毕业生实现就业创业。残疾人就业与培训信息录入工作按时完成。2017年，2220名就业年龄段已办证的残疾人就业失业信息全部录入系统。

二是助学。以落实残疾人助学为重点，全面推进残疾人教育扶贫工作。配合教育部门开展残疾学生教育工作，落实残疾学生及残疾人家庭子女助学补贴，确保适龄残疾少年儿童义务教育入学率达到95%以上，完成残疾学生及残疾人家庭子女助学85人。推荐2名残疾青少年到省特校中专就学。

三是扶贫。以精准扶贫为抓手认真组织实施助残扶贫项目，切实加强领导，抓好调查摸底、选项立项、审批建档、结对帮扶，在市残联扶贫点阳罗洲镇大中村举办1期残疾人农村实用技术培训班，建立1个残疾人康复站，投入6万元添置康复设备和器材。结合党建工作对当地贫困残疾人进行一对一帮扶，为他们购买共计近2万元的农药、化肥等生产物资。完成30户残疾人家庭无障碍改造工作。在春节前后和助残日期间走访840户特困残疾人家庭，投入资金30余万元为他们送去生活物质和慰问金，解决他们的燃眉之急。

四是基地。积极开展农村残疾人扶贫示范基地建设，引导残疾人自主创业。全市共建立各类基地4个，安排41名残疾人就业，辐射带动周边残疾人家庭58户。

五是社保。为解决残疾人在医疗、养老方面的后顾之忧，市残联积极协调财政、人社、民政、卫生等部门，出台一系列惠残政策。对一二级重度残疾人参加新农保、新农合个人缴费部分由政府全额代缴；符合条件的残疾人优先享受低保、“五保”待遇，做到应保尽保；残疾人低保、“五保”户生活用电、用水给予定量减免。重度残疾人护理补贴和贫困重度残疾人生活补贴全面实施。

六是托养。全年新增两个残疾人托养机构，共托养残疾人52名。对240名重度残疾人给予每人每年600元的居家托养补助。为650名残疾人申请燃油补贴。

三、残疾有效

（一）政策落实。免费对全市46名0～6周岁脑瘫儿童、智障儿童、自闭症儿童进行康复治疗。为10名听障儿童免费适配助听器，为2名聋人儿童进行人工耳蜗装配。为40名低视力残疾人进行助视器的适配。为30名肢体残疾人免费装配假肢。对10名精神残疾人住院实施补贴每人4000元，对70名精神残疾人服药实施补贴每人500元。

购置13万元的康复器材和辅助器具，对有需求的残疾人发放轮椅、拐杖、助听器、听书机、助视器等各类辅助器具1100件。

（二）复查复明。共计筛查400多人次，对143人进行免费白内障复明手术。

（三）活动开展。借助助残日、爱耳日等活动日，利用网站、电视、新闻等媒体广泛宣传，营造爱心助残的社会风尚，让全社会更多些爱心人士关爱身边的残疾人。

四、信访维权

（一）加强领导明确责任。实行“一把手”负总责，分管领导具体抓，各股室负责人各负其责，层层明确责任，签订责任状。建立健全各项工作制度，聘请专门律师为常年法律顾问，为贫困残疾人开展法律援助服务，已为5名残疾人提供法律援助。

（二）切实加强信访维权。以信访为窗口，以法律援助工作站为平台，以法律服务为重点，认真处理残疾人来信来访，及时为残疾人排忧解难，做到件件有回音，宗宗有结果，切实维护残疾人的合法权益。全年共处理重大事件4件，接待来访1680人次，案结率达98%。市残联坚持“理事接待日”制度，“零距离”倾听残疾人的心声，解决他们在生产、生活、工作、文体等方面的实际困难，确保全年无到市、赴省、进京独访或集访记录。

（三）夯实基础筑牢根基。一是加强残疾人基层组织建设。深入推进“强基育人”工程，健全基层组织机构，加强残疾人专职委员选聘、管理、培训及待遇落实工作，增强基层队伍的综合素质和服务能力。二是加强残疾人工作示范社区（村）工作。完善社区（村）创建标准，加强监督管理和考评考核，全面发展社区（村）残疾人工作。三是加强专门协会工作。积极支持各专门协会开展适合本类别残疾人需求和突出特点的活动，丰富各专门协会人员的精神文化生活，充分发挥专门协会作用。四是深入开展志愿助残服务。加强与市总工会、团市委、市妇联、市文明办、市红字会、市义工联等部门的联系，组织开展全国志愿者服务日、全国助残日和义工助残等活动。

沅江市统计局

【基本情况】

沅江市统计局根据国家省市的安排开展统计调查（包括经济普查、人口普查、农业普查），年度常规的统计调查（包括城乡住房调查、粮食产量调查）等。履行统计信息、咨询、监督三大职能。常规调查范围包括全市农、工、商、投资、交通、能源、物价、劳资、金融、文化、教育、卫生、体育、广电等，每年编印发行《沅江市统计年鉴》《沅江市国民经济和社会发展统计公报》，编发《沅江经济信息月度卡》，撰写统计信息和调查分析报告，通过“沅江市统计局”网站，为市领导和各有关部门及社会公众提供全方位统计服务。

2017年，局机关内设办公室、法规检查股、综合统计股、经济统计股，二级机构有沅江市普查中心和沅江市城乡经济统计调查队。机关共有在职干部职工20人，其中中共党员20人，设党支部2个（局机关支部、局老干支部）。

【班子简况】

党组书记	张　雁
局　　长	孙　超
副 局 长	李孝光　曹晓霞
总统计师	王新明
办公室主任	许　哨

【工作概况】

一、党的建设

（一）理论学习。一是学习政治理论。认真学习中共十九大文件精神，二是学习先进典型。学习红旗渠精神，学习廖俊波先进事迹。三是党课学习。局党组书记张雁和支部书记李孝光分别为全局干部上党课。四是在线学习。组织各机关干部认真上“红星云”线上学习。

（二）“两学一做”。成立领导机构，召开动员会，制定全年“两学一做”学习教育工作要点和常态化制度化实施方案。

（三）党日活动。局组织全局党员在每月

的9日开展主题党日活动。规范制度。进一步完善“三会一课”、组织生活会、民主生活会、民主评议、党员干部廉洁自律、缴纳党费等制度。

（四）廉政教育。组织全体党员收看《打铁还须自身硬》等专题片，组织全局干部职工到益阳市反腐倡廉警示教育基地参观，学习《中国共产党廉洁自律准则》《中国共产党纪律处分条例》等。

（五）行风建设。局党组组织全局工作人员集中学习中共中央和沅江市纪委有关文件精神，要求大家严守底线，狠纠“四风”，转变作风。

规范权力运行，完善重大事项集体研究决策制度等制度，依据法律法规赋予的权力和职责办任何事。

二、业务工作

（一）加强数据评估。一是完善全市经济运行协调调度机制。由局起草，市政府办下发《关于建立沅江市经济运行协调调度联席会议制度的通知》，成立沅江市经济运行协调调度工作领导小组，明确各成员单位的责任，确定每月底召开经济运行协调调度联席会。二是对经济运行情况及时把握。从4月起，每月召开经济运行协调调度联席会，及时通报部门执行经济运行协调机制的情况，对全市经济运行趋势全面把脉。同时，对发展中的问题和短板甄别、研究对策、采取措施。三是落实绩效考核和政府重点工作。对年度目标任务进行分解，并建立绩效考核评估台账。对全年任务指标进行数据评估。

（二）加强预测分析。

一是建立内部经济预警机制。通过对接上级统计部门和当地有关部门数据实行目标预计分析，及时预警，及早介入。二是完善月度业务工作点评制度。每个月专业人员对工作情况点评分析，然后集体“会诊”，共同研究解决办法。三是开展调研分析。完成每个季度经济运行的分析编写工作，为年度工作任务完成提出参考意见，发挥统计的决策参谋作用。全年完成统计分析18篇，预警信息16条，决策参考2篇。四是加强监测。对小康指标完成进度和情况及时公示，完成小康39大项、56小项的监测工作，准确反映小康推进取得的成绩。五是强化“两个精准”（精准统计、精准服务）。制定《沅江市统计局落实“两个精准”要求，提高统计服务水平实施方案》。

（三）加强基础工作。一是改善基层统计信息化条件。建立健全基层单位名录数据库，全力推进名录库节点延伸工作，为全市每个镇、场、街道配备统计专用手提电脑1台。二是对基层统计人员业务培训。分期分批对乡镇基层统计人员和全市粮食监测抽样调查农户、居民住户调查户及有关人员进行专业培训。三是做好企业入规和联网直报工作。对全市符合条件的企业，积极做好指导服务工作，及时引导企业入规。全年新入规企业32家。

（四）加强统计调查。一是城乡住户调查样本轮换。召开工作动员大会和培训会，严格执行国家统一的样本轮换工作方案和实施细则，做好抽样调查样本框资料的搜集、整理和审核。全市有12个住户调查抽样点，样本户1494户。二是开展粮食生产调查。局对全市15个抽样点的45个调查样方，1231块地块的两季水稻生长情况进行调查，为全市水稻生产情况的数据测算掌握第一手资料。三是 1‰人口变动抽样调查。完成样本核实，上报调查准备阶段质量控制表，开展户主姓名底册数据摸底和入户登记工作和数据处理工作。四是公众满意度调查。局分别到全市 13 个社区和村，开展 2017 年“沅江市的政府质量工作公众满意率”“沅江市医疗卫生社会公众满意度”的问卷调查。五是全市投资项目调查。局成立专门调查小组对市区和镇、场、街道开展调查，落实 34 个投资项目和开工运行情况并纳入名录管理数据库。六是全市第三次全国农业普查数据处理工作。

（五）加强统计执法。

一是认真学习统计法律法规。局机关组织学习《中华人民共和国统计法实施条例》。法规股的工作人员参加湖南省统计局为期一周的统计法培训班，并通过国家统计局的统计法律法规考试。二是开展统计巡查工作。局对辖区内 20 个单位开展统计巡查。对乡镇及基层单位贯彻执行统计法律法规情况，统计工作组织领导和保障情况；统计法律、法规和规章贯彻执行情况等进行民检查。

三是开展统计普法宣传活动。12 月 4 日，局以国家宪法日暨全国法治宣传日为契机，结合统计的实际，采用宣传板报和横幅等形式，向市民发放宣传资料，在城区主要街道、公园等地，现场开展统计法律法规的宣传和咨询活动。

三、扶贫攻坚

一是认真核实情况。局对南嘴镇目平湖南村的 19 户帮扶户的基本情况开展对接核实，并落实帮扶对象和脱贫时间。二是开展走访慰问。局领导多次下到目平湖南村，为每户送上慰问物资，为贫困学生送上学习用品和学费，为特困户解决医药费。三是“社会扶贫”对接。局为 19 户贫困户面对面捐赠手机，并进行“社会扶贫”APP 爱心人士注册，开展帮扶救助。

是年年底，局帮扶的 19 户贫困户已有 8 户脱贫。

沅江市信访局

【基本情况】

沅江市信访局为市委、市政府负责处理人民来信来访工作的部门管理机构，在编在岗干部 15 名。均为中共党员，其中女中共党员 2 名，设党支部 1 个。2017 年，市信访局被沅江市委、市政府评为“沅江市综治工作先进单位”。

【班子简况】

局　　长　　李　斌
副 局 长　　梁灿然　王国伏
办公室主任　　贺凌红

【工作概况】

2017 年，全市信访总量 2179 件，比上年同期下降 18.6%，受理网上信访 248 件，同比上升 25%，信访形势呈现“三降三升两好转”态势，即信访总量下降，网上信访量上升；到省进京信访量下降，基层化解信访问题量上升；信访积案存量下降，群众满意率上升。全市信访形势和信访秩序持续好转，没有因信访问题引发重大群体性事件，没有发生赴京大规模集体访，没有发生极端恶性事件。

一、坚持依法处访，提升信访水平

把习近平总书记对信访工作提出的“三到位一处理”要求和市委确立的信访维稳工作“六原则”、处理历史遗留问题“五要求”作为信访工作的指导思想和工作原则，各部门单位责任明确，处理问题依法有序，全市信访法制化水平得提升，信访秩序进一步规范。

二、突出一条主线，压实信访责任

把迎接服务中共十九大作为全年信访工作的头等大事，以深入开展信访工作“责任落实年”活动为主线，以最高标准、最严要求、最大力度、最实作风，推动各级各部门单位层层明确和传导责任。坚持党政领导信访包案制度和信访工作责任制度，深入开展领导干部接访下访，把群众反映强烈影响本地和谐稳定的热点难点问题纳入领导包案，集中资源和力量推动解决。市委、市政府将全市69个信访积案交办相关责任单位，市信访工作联席会议办公室不定期组织开展对各部门单位信访积案包案落实情况及信访工作责任追究情况进行督查。

三、抓实三项行动，夯实基层基础

一是扎实开展“信访积案清零”专项行动，成立以市委副书记、联席会议第一召集人任组长，市委常委、政法委书记，市人民政府副市长任副组长的“积案清零行动”工作领导小组，按照“一个案子、一名领导、一套班子、一个方案、一个会议纪要”的领导包案工作模式实施市级领导包案处理，共计化解中央四部委交办案3件、省交办案5件、益阳市交办案3件、本级交办案62件。二是以察民情、解民忧，转作风、树形象，保稳定、惠民生，营造和谐稳定社会环境，迎接党的十九大召开为目标，扎实开展“民情大走访”活动。市委书记陶德保等16位市级领导在信访局坐班接待来访群众355人次，现场调度处理重大、疑难信访问题25件。全市共14个镇(场、街道)党委书记共接待群众来访34批、85人次，197名村委书记共接待群众来访985批、1956人次。三是组织开展“无信访问题”村（社区）创建活动，推广“党建引领、网格融合、以村为主”模式，全市182个村（社区），其中“无信访问题村（社区）”169个，占比93%；14个镇（场、街道），三无镇（街道）10个，占比71%，实现益阳市要求的“三无乡镇（街道）”和“无信访问题”村（社区）达70%的工作目标。

沅江市移民开发管理局

【基本情况】

2017年，沅江市移民开发管理局有机关行政编制14名，在职干部职工19人，党支部1个，中共党员18人，其中女党员4人。

沅江市共有大中型水库移民35911人，主要分布在柘溪水库四季红镇安置区和胭脂湖街道胭包山库区，遍及全市 12 个镇(街道)，108 个村（其中，移民人数 500 人以上重点村 24 个），493 个村民小组。该类对象来源于柘溪水库、胭包山库区和三峡水库等 34 个全国大中型水库。对辖区内移民主要按政策要求以“直补到人”和“项目扶持”的形式实施监管和扶持。

【班子简况】

党组书记、局　长　　　　袁志斌
党组成员、副局长　　谢国军　杨志武
办公室主任　　　　　　　刘敏党

【工作概况】

一、突出关键，移民工作稳步推进

（一）人居环境有新改善。一是大力开展整村推进工作。成立专门领导小组，制定工作方案，整合其他涉农资金，以项目带动整村推进工作。整村推进工作实施以来，全市 24 个移民村经济快速发展，基础设施全面改善，移民群众脱贫致富，生活水平大大提高。二是全力建设美丽乡村。为全市 24 个移民重点村制定美丽乡村建设整体方案，加大重点村的基础设施建设力度。美丽乡村建设使重点移民村生活条件有了根本性的变化，居住环境优美舒爽，通村道路通畅便捷，移民群众安居乐业。三是扎实做好避险解困工作。2017 年，市共有移民避险解困工作任务 676 人（省政府实事考核指标 324 人），是年，建房 583 人，市区购房 6 人，集中供养 54 人，计生奖励 33 人。整个工作涉及 277 户，其中建房 203 户，购房 2 户。移民建房开工 203 户，597 人，户开工率达 100%，工程量均已超过 95%，85% 的移民户完成室外建设任务，进入装修阶段。72 名“五保”户全部住进敬老院，年底避险解困工作任务已全部完成。

（二）产业发展有新突破。坚持以产业转型为重点，引导、帮助、扶持移民村特色产业发展，以产业发展带动移民增收致富。市先后投入 1100 万元，用于重点村产业发展。一是四季红镇的腐乳发展势头强劲，已经获得“中国地理标志产品”称号，全镇共有腐乳加工企业 38 家，从业人员超过 200 余人，年产量 70 万坛，产值近 1300 万元，利润达 280 万元。湖南省洞庭湖鲜（腐乳）农业科技开发有限公司已落户沅江市高新区，投资达 3000 万元，占地面积 50 亩，预计产值上亿元，解决移民就业 200 人以上。二是虾稻共作特色产业初见成效，全镇虾稻共作模式面积达到 8600 多亩，镇外承包的虾稻共作面积 13000 亩。从业移民 325 户，总产值达 1.3 亿元，实现纯收入 5000 多万元，增收 2800 多万元，每年安排本镇就业 1000 人以上。三是发展蒌瓜种植农户 55 户，生产瓜蒌籽 120 多吨，产值 570 多万元，纯收入 180 万元。四是胭脂湖街道荷花湾藠苗藠头年产量达 8704 吨，产值 3041 万元，创纯利 920 万元，移民人均年收入 2.8 万元，带动 621 户 1956 名移民共同致富。

（三）后扶工作有新进展。移民后期扶持是一项常态性的主要业务工作，局加强规范管理，严格按照“一人一卡（折）、直补到人”原则，对原迁移民及时足额发放直补资金 636.54 万元，强化移民后扶人口动态管理，对移民自然减员人口摸底公示，清减人员 53 人。

（四）移民培训有新成效。为实现移民搬迁后“稳得住，能致富”的目标，局始终坚持把移民培训作为一项重要工作，积极引导移民搞好产业致富。举办虾稻养殖、花卉苗圃种植、蔬菜种植等移民实用技术和劳动技能培训2期。培训移民157人，培养一批科技致富带头人和职业化新型移民。

（五）资金管理有新举措。加强移民资金监管，按照湖南省移民后扶资金管理办法和湖南省移民资金县级报账制实施办法，完善移民资金安全运行机制，重新建立和完善财务制度、移民资金拨付制度、移民资金结算报账制度。年内迎接益阳移民局的内部审计和益阳巡察组的巡察，并配合沅江市审计局对市移民专项资金的审计，均无违纪违规使用资金现象。

二、突出重点，民生难题逐步缓解

（一）全力支持经济发展。积极向上争取项目资金5000余万元，其中争取移民后扶直补资金2154.66万元，后扶项目建设资金1600万元，避险解困资金1350万元。按上级要求有序推进，12月底完成任务。

（二）认真开展脱贫攻坚。全市共有贫困移民1284人，2015—2016年共脱贫222人，省级贫困村杨梅山村于2017年脱贫。2017年通过产业带动移民增收脱贫98人，低保兜底脱贫127人，助学脱贫23人，社会救助脱贫16人。共脱贫350人。

（三）有效落实维权维稳。健全移民维权网络，落实责任追究制，各股室分别签订维稳责任书，细化指标，量化考核，建立责任追究制度，建立移民维稳信息月报台账，每月组织一次库区不稳定因素排查,做到早发现,早处理，把不稳定处理在萌芽状态。全年没有出现进省、赴京非正常上访事件，确保移民大局稳定。

三、突出主题，党建工作坚持有力

（一）抓好党风廉政建设。坚持以局党组会、局务会民主决定的形式，切实加强对水库移民项目和资金管理，严防项目和资金安排的随意性、盲目性。对在移民资金检查中反映出来的问题，局从完善财务管理制度、加强内部管理和民主理财入手，认真开展自查和整改，收到良好效果。

（二）提升为民服务本领。以“两学一做”学习教育为载体，紧密结合“雁过拔毛”式腐败问题、“‘纠四风’‘治陋习’”和移民资金管理使用专项治理等专项整治活动，加强机关作风和效能建设，在提高工作人员的思想觉悟上下功夫，增强服务意识。把开展各项专项活动同解决移民利益问题紧密结合起来，提高工作效率。建章立制构筑起机关作风建设的制度防线，切实加强作风管理监督，营造良好的机关风气。

沅江市机关事务服务中心

【班子简况】

党组书记、主　任　　杨成梁

党组成员、副主任　　刘志成

副主任　　谢　辉

【工作概况】

一、坚持以人为本，服务水平提高

牢固树立以人为本理念，坚持把满足服务对象的需求作为改进工作的第一信号，从提高服务能力、改进服务态度、改善服务设施等方面入手，强化服务保障能力建设。会议服务高效化。制订完善规范有序的会务工作标准和服务流程，抓细节管理，会务质量进一步提高。推行食品卫生管理。抓菜肴供应质量和早餐品种多样化，菜肴品种、质量及卫生状况等均有提高。后勤服务社会化。通过市场化、社会化途径，逐步实现由“封闭式服务”向“开放式服务”转变，将大院物业、电梯保养、空调维修、音响维护和水电管理等纳入市场化操作，使经济效益和社会效益达到最大化。维护维修日常化。

二、坚持抓源治本，管理取得成效

切实加强公务用车管理，配合有关部门积极稳妥地推进公务用车制度改革，严格制度管理，建立健全车辆定点保险、维修、加油、租赁等采购方式，既较好地满足领导用车需求，又切实降低行车成本，维修、加油等支出比往年大大降低。一年来，累计派车2442次，行程超过50万公里，未发生较大交通安全责任事故。严格财经纪律，对小额度采购严格台账管理，对大额度支出实行集体决策方式，对一些大型维修严格坚持走政府采购程序，并主动邀请驻市委办纪检组的工作人员参加，既提高财务管理的绩效，又促进廉政建设。坚持预防为主，狠抓各项人防、技防措施的落实，从源头上防范和消除不安全的隐患，全年举办消防培训2次，培训人数近100人次，平安大院创建取得新成效。

三、坚持政治统领，自身建设加强

一年来，中心将讲政治贯穿自身建设和各项工作，努力提升队伍素质和服务能力。全年进行集中政治学习6次，班子集中学习12次，开展党员主题日活动12次。以政治建设为统领，切实加强制度建设，坚持制度管人、管事，制订并完善机关事务服务中心《固定资产管理办法》《财务管理制度》《机关车队车辆管理制度》《工程建设管理制度》《机关办公用房管理办法》《机关服务中心工作标准》《党组中心组学习制度》等10多项制度。通过完善各类管理制度，加强内部管理，机关效能得到提高。加强队伍建设，通过全市公开招考，新进2名工作人员到机关事务服务中心工作。

沅江市信息中心

【基本情况】

沅江市信息中心是归口于沅江市人民政府办公室管理的正科级事业单位。机关设有综合股、网站管理与信息公开股、网络技术与审批管理股3个股室。2017年，有工作人员8名，其中中共党员7名，设党支部1个。

2015—2017年，沅江市连续3年被评为“湖南省政府网站工作先进单位”“沅江市人民政府网”“全省优秀政府网站”。

【班子简况】

主　　任　　　　　　　　　　游立斌

副　主　任　　　　　　　张　焰　杨建春
办公室主任　　　　　　　　　　　李爱华

【工作概况】

一、建设管理科学规范

（一）念好政府网站管理“紧箍咒”。国务院办公厅对全国政府网站实行“常态化监测”机制，每季度监测1次并面向全国通报，对问题网站点名道姓通报。一年来，中心严格按照《湖南省政府网站绩效评估指标体系》要求，对“沅江市人民政府网”进行常态化监测，坚持“分级管理、全民参与”的运维原则，建立全市政府网站联络员制度，确保“沅江市人民政府网”内容更新。2017年，在国务院、湖南省和益阳市每季度一次的常态化监测中，“沅江市人民政府网”的水平和质量均为“好”，沅江市荣获“湖南省政府网站工作先进单位”“沅江市人民政府网”连续3年获“全省优秀政府网站”（名列益阳市第一）。

（二）功能不断完善。“沅江市人民政府网”新版运行一年多来，安全稳定高效。同时，中心对新版网站页面和栏目根据形势发展需要，不断修改调整完善，并创新性地设计政府网站搜索功能和无阻碍浏览服务，建立移动客户自适应功能，广大网民可通过手机流畅地访问“沅江市人民政府网”手机版简洁页面。

（三）抓好信息公开。认真贯彻落实省、市《关于修改完善政府信息公开指南的通知》，由专人负责，紧盯全市市直单位、镇场街道办事处的“部门乡镇信息公开目录”栏目的维护更新，常抓不懈，及时指导并督促本部门单位政府信息公开目录的内容更新维护工作，“沅江市人民政府网”信息公开数量再创新高。2017年年底，“沅江市人民政府网”发布信息7464条，其中“沅江政务”微信公众号发布政务公开信息493条，“市政府政务公开工作要点”上传政务信息615条。

（四）整合“政府网”平台。根据国务院办公厅《关于印发政府网站发展指引的通知》及湖南省人民政府办公厅《关于促进电子政务协调发展与深化应用的实施意见要求》，加大电子政务资源整合力度，强力推进市电子政务资源整合。6月底，把全市60家政府部门子网站全部整合到“沅江市人民政府网”统一平台，提前2个月实现省政府提出的“一个区县市一家政府网站”的集约化建设目标，统一全市互联网平台出口，实现政府信息资源信集约化、规范化。

（五）加强业务培训。2017年9月，中心举办全市政府网站建设管理暨“互联网+监督”培训班，对100多名市直部门和镇场街道政府网站管理员进行业务知识培训，全面提高其业务能力和政策水平。

二、“互联网”信息公开

（一）建好“要点专栏”。根据《关于2017年政务公开工作要点》的要求，科学设置栏目，进一步规范信息公开的责任、范围，强化监督考核。重点建设《2017年政务公开工作要点》专栏，设置重大建设项目和公共资源配置、精准扶贫、洞庭湖生态环境治理、财政预算决算、“三公”经费等重大民生事项，及时向社会公众公开。

（二）完善网上服务。全市行政审批收费系统与全省网上政务服务和电子监察系统已对接运行，政务服务通过“外网受理、内网审批、外网反馈”模式接受省、益阳市实时电子监察。“沅江市人民政府网”建立统一的办事服务入口，规范办事指南流程，提供齐全的办事指南要素，方便网民网上办事。2017年，网上政务大厅累计受理各类行政审批和公共服务项目8034件，办结8034件，办结率达100%。

（三）畅通政民互动。“沅江市人民政府网”切实加强对国务院和省政府重要信息和重大转载，让广大网民及时了解中央和省政府重大决策部署，同时还对全市生态环境治理（矮围拆除、采砂治理、欧美林砍伐、珍珠退养等）进行相关政策文件的解读，提高市民关注度。安排专人每天查看网民的网上咨询，进一步提升网上诉求处理能力，各类诉求关注度、回复率大幅提高。全年共受理“市长信箱”和“部门信箱”合理诉求105条，回复105条，回复率100%。

（四）做好“互联网＋监督”。根据湖南省“互联网＋监督”工作协调领导小组办公室《关于进一步加快全省“互联网＋监督”平台建设工作的通知》，在湖南省、益阳市和沅江市纪委的牵头领导和统一指挥下，中心与中国移动沅江分公司、市财政局、市经管局等单位密切配合、分工负责，建好沅江市“互联网＋监督”平台，并且开展业务培训，全程指导全市20多个部门单位操作“互联网＋监督”平台业务系统，确保按要求保质保量、在规定时间节点之前顺利完成相关数据的采集录入工作。

三、网络运行通畅高效

建立健全网络安全管理机制，完善信息审查、网站保密、机房管理、安全保障管理等一系列制度，确保“沅江市人民政府网”信息发布严格遵循“上网不涉密，涉密不上网”“谁上网谁负责，谁发布谁负责”的原则，全年未发生失密、泄密事件。“沅江市人民政府网”增加了防篡改系统，网站的安全性大大提高。网站全年未发生被非法侵入事件，未发生网络与信息安全事故发生。全市电子政务外网中心机房部署了网管系统、上网行为管理系统及网络版杀毒软件，有效保证全市“互联网＋政务服务”网络安全。严格按照网络安全管理办法，实施网络日常安全管理，建立24小时读网制度，保证网站全天候正常运行。定期进行网站维护和数据备份，不定期进行网站防病毒、防黑客、防篡改等安全检查，做好网站和网页内容监测工作，保障网络软硬件正常运转。

沅江市人民政府政务服务中心

【基本情况】

2017年，沅江市人民政府政务服务中心有机关行政编制6名，在职干部职工7人，党组织2个，中共党员22人，其中女中共党员8人，副科级及以上干部4人。

【班子简况】

中心党组书记、主　任　曾跃飞

中心党组成员、副主任　颜毅刚
中心党组成员、副主任　马佑云（2017.4—　）
中心办公室主任　　　　卜倩萍

【工作概况】

一、政务公开水平提升

（一）信息主动公开。及时主动公开市场监管、市场准入负面清单、社会救助、就业创业等信息，公开棚户区改造、农村危房改造等政策执行和落实情况，公开财政预决算和“三公”经费等重点领域信息。全年，政府网站共发布信息7464条，发布省、市政务公开工作要点重点领域信息共2615条，沅江发布微信平台发布信息364条，沅江政务微信平台发布信息206条。督促55个单位编制、完善《政府信息公开指南》，及时更新沅江市人民政府网《重点领域信息公开》和《政府信息主动公开》等栏目，强化政府信息发布时效，做到“应公开，尽公开”。

（二）申请逐步规范。中心督查组到各镇场街道、市直相关部门就依申请公开的法规政策、工作要点、操作实务及流程等进行督导，规范办理程序。同时沅江政府门户网上设立依申请公开栏，开通现场申请、信函申请等申请渠道，网上公布依申请公开受理部门、程序和办理时限等服务内容。全年市政务公开办督促指导市国土局、市住建局、市民政局、市畜牧水产局依法办结依申请公开4件。

（三）回应社会关切。分类处置、积极回应涉及本市的重要政务舆情、媒体关切等热点问题，建立市委宣传部、市信息中心等部门的快速反应和协调联动机制。1—12月，“沅江市长热线”共接待群众来访377人次，受理来信来电共2062件次，其中：益阳市长热线市长信箱、电话交办465件次；湖南红网、湖南日报函办及领导批示件2件次；本级电话受理来电1595件次。

二、服务不断优化

（一）简政放权，提升服务水平。一是落实上级简政放权、减税降费政策，中心对行政审批项目进行全面清理，由原来的269项取消、调整为247项，进一步明确办件服务承诺期限、收费依据和收费标准等，制定新的公示牌，在办事大厅各窗口公示。二是牵头落实“设立园区政务服务中心”政府重点工作。中心一楼大厅设立园区政务服务代办窗口，配备好相关设施设备。三是制定《沅江市园区建设投资项目行政审批操作细则（试行）》《行政审批流程图》及《行政审批流程》。园区建设投资项目行政审批分五个阶段，由牵头单位组织并联审批，简化程序压缩时限，由原来199个工作日的承诺时限调整为备案类项目61个工作日、审核类项目73个工作日。四是推进行政许可标准化建设，梳理行政许可项目，实行编码管理，简化流程、减少申报材料、压缩办理时限等，极大地方便群众、企业办事。五是积极推进园区建设投资项目政务代办、重点企业“上门服务”、重点工程“预约服务”，探索推出八小时以外“延时服务”等系列特色服务，满足各类服务对象的需求。

1—12月，政务中心（含分中心）各窗口共受理群众各类申请395500件，办结394597件，办结率达99.77%；收缴税费179995.9699万元（其中，土地出让金16627.0805万元）；在湖南省网上政务服务和电子监察系统共受理申请7975件，办结7925件，办结率99.37 %;在网上办事大厅和沅江政务微信平台及时回复群众咨询68件，无电子监察红黄牌。未发生一起有效投诉。

（二）多措并举，强化窗口管理。一是严格窗口绩效考核。每月初在一楼大厅列队召开工作会议，通报、点评上月业务与管理情况，提出下月工作要求。二是开展评先评优。2月初，开展2016年窗口工作述职测评。6月底，以民主推荐、综合考评的方式评选出2016年度“红旗窗口”“先进个人”以及“年度优秀岗位”。每季度进行红旗窗口、优秀窗口主任和政务服务之星评选，行文表彰奖励，并在中心公示栏、网站公开，凝聚合力、激发斗志，营造良好的服务氛围。三是定期沟通联系。中心每季度向市直窗口派出单位通报季度政务服务情况，强化窗口单位管理派出人员的责任，商讨完善政务服务工作。四是月度报送情况。每月向市委、市政府主要领导和分管领导及市纪委、市委办、市政府办等报送中心工作情况和窗口绩效考核情况。

三、党的建设常抓不懈

积极落实沅江市委文件精神，开展“两学一做”学习教育常态化制度化活动，学习中共十九大精神。支部组织党员进社区指导便民服务中心工作；开展“脱贫路上，你我同行”等党日活动；召开专题组织生活会和党员民主评议；结合推进“两学一做”学习教育活动开展党员知识竞赛；开展党员积分管理、民主评议党员活动，细化党员的各项要求；开展到益阳市廉政教育基地参观学习、看守所警示教育活动，牢牢把握底线；开展行政法学习考试、手抄党章、电脑技能比武、窗口主任业务知识竞赛等，这些活动都旨在倡导积极向上、精诚合作、文明娱乐的价值取向，有力地激发全体窗口工作人员爱岗敬业的热情。

沅江市城市建设投资开发有限责任公司

【基本情况】

2017年，公司在编人员18人，退伍安置军人5人，借调人员4人，临聘人员9人，合计36人。中共党员19人，建党支部1个，其中女党员3人。公司有全额注册的子公司3个：开元发展（沅江）投资有限责任公司，沅江市德瑞建设投资有限公司，沅江市易地扶贫搬迁有限公司。

【班子简况】

总　经　理　谭洪祥

副 总 经 理　张建斌　曾剑波

纪检组组长　周卫东（　—2017.10）

办公室主任　郭　劲

【工作概况】

一、融资工作

融资项目做到坚持积极的态度（即始终把项目建设作为加快发展的“第一抓手”），坚持“三个考虑”（即考虑承受能力、考虑轻重缓急、考虑效益回报），坚持程序（即按照重大事项决策要求，把公众参与、专家论证、风险评估、合法性审查、集体讨论决定作为必经程序），坚持公开透明（即以公开促公正、以公正促公信，努力提高融资公信力）。城建项目做到立足惠民生、立足树形象、立足促发展。

全年度共完成签订借款合同（含通过贷审会项目）金额计31.9145亿元，并到位贷款资金22.79945亿元，同时完成以前年度签订贷款合同的提款资料，计7.8亿元，并配合财政局做好存量债务置换工作，2017年度，共计完成存量债务置换58457.22万元。

二、重点项目

根据沅江市委第十二届第四次全会精神、市委、市政府《沅江市2017年重点项目建设实施方案》的要求，按照项目建设实效性、操作性、全局性、政策性的原则，2017年，公司负责组织实施2015年沅江市公共租赁住房一期工程等重点项目建设。总投资28792万元，年内完成投资15926万元。按照市委、市政府的总体工作目标，累计完成投资13226万元。

三、投资情况

投资农商行入股溢价资金3700万元；易地扶贫公司投资1674.5万元；全年固定资产投资25个项目共计225336万元。

四、资产归集

公司全力配合市财政局初步对全市的行政事业单位国有资产清理排查，起草《沅江市城建投申请注入优质国有资产的报告》及实施方案和流程等一系列文件，已进行初步摸底并形成清单明细表。

五、党的建设

公司党组紧紧围绕全市经济工作中心和重点项目建设目标任务，以“两学一做”学习教育为契机，积极开展党建工作，学习贯彻中共十九精神，增强公司全体党员的“四个意识”“四个服从”，建立和完善党建工作各项纪律和规划。

六、健全制度

严格遵守国家法律法规，全面贯彻落实中共沅江市第十二届委员会第四次全体会议精神，完善管理制度，做实做强基础工作。公司党组坚持“用制度管人管事、依法规办文办事”的理念，进一步修订完善“三重一大”议事决策制度、公司机关管理制度、工程建设管理实施办法、公司财务管理制度等20项公司管理制度。着力构建越织越密的制度笼子，切实做到以制度管人、管事、管权，为巩固整改工作提供规范化的制度体系。

政协沅江市委员会

政协沅江市委员会领导人名录

主席、党组书记	肖正军
副主席、党组副书记	刘建斌　张伏初
党组成员	邓坤龙　谢丽君　陈群力　罗镇保　黄绍华
秘书长	汤建军

政协沅江市委员会

【基本情况】

沅江市政协核定机关编制17名，其中行政编制15名，机关工人编制2名。2017年有在职在岗人员22人，退线干部10人，退休干部28人。市政协设党组1个，分设机关和老干2个支部，共有中共党员50人，其中女中共党员10人。

【班子简况】

办公室	汤建军　金　磊
提案委	胡增荣　邓清平
经科委	曹　洪　吕自镜
法联委	黄　芳　邓卓智
文教卫体委	王敏敏
	罗朝兵（　—2017年9月）
人资环委	彭孟龙

【工作概况】

一、坚持紧扣中心，在助推发展中有所作为

一年来，市政协紧紧围绕市第十二次党代会确定的“跻身益阳县域经济发展前列”奋斗目标，主动融入全市经济社会发展大局，积极投身沅江经济建设主战场。在政协系统开展“我为沅江发展建言献策”主题活动。活动共收到调研报告28篇，意见建议176条，已选定一些有参考价值的调研报告、意见建议汇编成册，市委书记陶德保对调研活动充分肯定并欣然作序。

严格落实益阳市委书记瞿海在益商大会上提出的“引老乡、回故乡、建家乡”要求，通过经促会平台组队赴上海、广州、深圳等地招商，促成广东东莞通达板材入驻船舶制造产业园，中机智慧能源公司与高新区成功签约建设分布式能源项目；促进景星寺主体建筑工程的扫尾和园林绿化工作的全面启动；促推江西正邦集团到沅江发展稻虾共作和水产高效精养模式；引荐中国道教文化博物馆馆长陈特明为发展文化产业支招，华中师大城环学院副院长、湖北省人民政府参事周勇为科学规划用地、提高土地利用率献策，省农科院食品研究所党委书记方志辉为食品产业把脉，还邀请汉阳专用汽车研究所、东华大学、长沙理工大学、湖南省旅游协会等单位专家学者分别为汽车、服装、旅游等产业发展提供智力支持。

忠于职守服务大局。按照市委的安排部署，市政协班子成员带领委员积极投身重点项目建设、企业帮扶、防汛抗灾等中心工作。深入所联系的重点项目生产现场，积极协调、全力推进项目建设。深入所联系的企业及政协委员创办的企业，帮助解决生产经营过程中遇到的困难和问题，促进所服务的企业健康发展。防汛抗灾工作中坚守在一线，组织委员加入突击队、抢险队、服务队行列，副主席陈群力还获评“益阳市抗洪救灾先进个人”称号。防汛工作结束后，市政协主席会议成员带领部分委员前往赫山区小河口特大险情处置现场考察，听取工程技术人员的情况介绍，学习防汛知识，增强防大汛、抗大灾的危机意识。

二、坚持聚焦重点，在协商议政中奉献智慧

一年来，市政协牢牢把握协商议政的主动权，紧紧围绕市委提出的“一个要务、三个生态”工作思路，协商议政取得成效。

紧扣加快发展第一要务，开展调查研究。针对市区域经济发展所面临的产业支撑不强的现状，选择食品产业、文化旅游产业、专用汽车产业、纺织服装产业、小龙虾产业及优化经济发展软环境等重点调研课题，成立主席会议成员牵头、相关委员及政府工作部门协同参与的六个调研组。深入基层、深入群众、深入实际，学习理论、学习政策、学习外地经验，认真分析、认真研究、认真思考，把专家学者、企业家代表、基层干部群众组织在一起，共同商讨，形成可供市委市政府和有关部门作为决策参考的务实之策。如对发展食品产业提出突出食品产业园建设、通过内引外联做强龙头企业等建议；对发展文化旅游产业提出以打造南洞庭旅游产业作为切入点，尽快抢占“张家界看山、洞庭湖观水”的黄金码头，以组建旅游投资公司作为发力点，统筹全市旅游策划、规划、建设、运营，以市场运作模式务实推进文化旅游产业等建议；对发展专用汽车产业提出规划引领、园区发力、培育壮大龙头企业等建议；对发展纺织服装产业提出加大知名品牌企业招商引资力度、切实解决劳动用工问题等建议；对发展小龙虾产业提出以扶植龙头企业实行规模化、集约化、标准化生产带领农民一起干，以推进一、二、三产业融合发展做实做强产业链等建议。市委副书记、市长杨智勇作出重要批示，要求相关部门认真研究，尽快将调研成果落地落实。部分调研报告在全会上作大会发言。

围绕“山清水秀”的政治生态，加强民主监督。探索党内监督与政协民主监督相结合的形式，先后邀请市纪委、市委组织部主要负责人员通报党风廉政建设和组织工作情况，常委们就加强作风建设、树立正确选人用人导向、坚持人岗相适、人尽其才、才尽其用、减少人才资源浪费等议题积极建言。针对市经济发展软环境存在的问题，会同市纪委开展明察暗访活动，走访部分企业，发放调查问卷381份，召开研讨会深入剖析问题成因，形成《关于优化沅江经济发展软环境的建议》，陶德保书记作出重要批示：“务必用壮士断腕的勇气、刮骨疗毒的决心整肃发展环境。”选派特约监督员、行风评议员，对相关政府部门、司法部门的工作开展监督，为市构建良好政治生态贡献力量。

聚焦公平正义的社会生态，加大协商力度。围绕时势所趋、党政所需、群众所盼的热点难点问题，制定下发《沅江市政协2017年度协商与监督工作计划》，先后就“2017年度财政预算编制”“经营性商住用地增加容积率补缴土地出让金方案”“城建投融资方案”“法院执行难问题”“1—7月份经济社会形势”“旱改水项目利益分配方案”等事项开展协商，参与委员260人次，提出意见建议46条。如在“法院执行难问题”协商中，提出的建立综合治理新机制等3条建议，得到市委、市政府的高度重视和法院的及时采纳，并出台《关于支持和加强人民法院执行工作的若干意见》，公布两批42名失信被执行人名单，促成协商成果的转化落实。

着眼绿水青山的自然生态，开展提案督办。委员们贯彻绿色发展理念，从加大芦苇产区速生林管控、赤山岛生态资源保护、规范河道采砂、湖洲产业转型、美丽乡村建设等方面提出提案，市政协班子成员领衔督办，助推生态沅江建设。各承办单位以洞庭湖生态环境专项整治为契机，认真办理提案，有力助推全市“一个抓手、两大建设、三个拆除、四个退出、五项治理”工作的落实。

三、坚持注重民生，在服务群众中倾注真情

一年来，市政协不断创新工作思路，坚持以民为本，着力推动民生改善，维护社会和谐稳定。

以委员工作室为依托，构建社情民意直通车。为更好地联系群众，服务群众，让群众感到政协离自己很近，各镇场街道联工委、市直活动组建立政协委员工作室，构建社情民意直通车。一年来，全体委员通过委员工作室这一平台，对廉租房分配、村（社区）两委换届、安全垸建设、低保评定、征地拆迁等工作跟踪监督，有力地促进相关工作；帮助解决群众危房改造、贫困学子上学难等50多个民生问题；将收集的加强园区建设、加大招商引资、提升城市品位等方面20多条重要社情民意分析讨论研究，积极与有关部门沟通协调，促进一些问题的解决，增进人民群众对政府工作的理解和支持。特别是工商组、新湾镇联工委将委员工作室真正办成政协直接面对群众的窗口、帮助群众排忧解难的场所、及时反映社情民意的平台、架通党委政府联系群众的桥梁。

以“脱贫攻坚·委员在行动”活动为载体，投身精准扶贫攻坚战。由政协班子成员牵头，分别重点帮扶一个贫困村，并对全体委员发出“集结贫困村·聚力三个一”的号召，委员们按照“一对一”的方式与贫困户结对帮扶，发挥各自优势，通过开展助学、实用技术培训、介绍就业和义捐、义卖、义诊等爱心行动，积极投身脱贫攻坚战。据不完全统计，全市政协委员累计为贫困户捐款捐物160余万元，帮助就业近200人，捐资助学100多人，开展实用技术培训150多人次。

以政协云、益村APP为平台，打造政协工作新引擎。政协云APP是省政协推行的政协履职平台，自推广使用以来，把政协云作为委员学习和履职的重要工具，实现委员使用全覆盖；及时上传市委、市人民政府的决策部署和各部门的工作动态，方便委员知情明政；积极完成政协云、益村APP的对接工作，选派委员线上值班，与群众良性互动，帮助群众释疑解惑。

四、坚持团结民主，在凝心聚力中尽心尽职

一年来，市政协充分发挥人民政协大团结、大联合的组织优势，为建设富饶美丽幸福新沅江激发正能量。

团结各界合作共事。开展委员大走访活动，与委员们近距离沟通交流，听取委员对全市经济社会发展和市政协工作的意见建议，激发委员积极履职、干事创业热情。加强同工商联、人民团体和无党派人士的沟通联系，邀请他们参加市政协组织的调研、协商、视察、民主监督等活动，鼓励和支持他们通过政协全体会议、常委会议、主席会议和专题协商会议等议政平台，充分发表见解和主张，努力营造民主和谐、合作共事的政治氛围。

广泛开展联谊交流。加强与经促会会员和在外地委员的联系，发挥好他们在推介沅江、招商引资和社会公益事业等方面的积极作用，增进乡情乡谊。指导沅江市经促会上海分会换届，成立沅江市经促会武汉分会。一年来，深圳经促分会为市在深农民工春节返乡提供免费大巴；武汉经促分会发动爱心人士为市防汛受灾严重地区捐款20万元；上海经促分会为在沪沅江籍大学生提供解困、实习和就业帮助。与此同时，市政协积极配合上级政协到沅江开展基层宗教场所公共安全管理、优化非公经济法治环境、加大生态保护利用力度、特色教育、发展现代农业、化解大班额问题等课题的调研；加强与兄弟政协的联系交流，与全国有较大影响的专用汽车生产基地山东梁山县、被誉为龙虾产业第一市的湖北潜江市、大湖旅游发展成效明显的江西鄱阳县、通过抓干部作风促进经济后发赶超的贵州万山区、经济社会发展迅速崛起的宁乡市等地方政协结成友好单位。他山之石，可以攻玉，借鉴外地成功经验，助力沅江加快发展。

加强宣传文史工作。进一步加强与新闻媒体的合作，办好市政协门户网站、《沅江政协》内刊和沅江政协微信公众号，加大对政协履职成效和委员风采的宣传，扩大政协工作的社会影响，全年共在《湘声报》《益阳日报》《益阳政协》等媒体刊物上稿116篇。发挥文史工作的独特作用，继续做好沅江文史资料的收集整理工作。

五、坚持强基固本，在“三化”建设中提升水平

一年来，市政协坚持以严的标准、实的要求加强自身建设，着力提高领导能力和服务水平。

重视制度建设。以政协工作法制化、程序化、规范化建设为抓手，建立健全《关于政治协商、民主监督、参政议政的规定》《常委会工作规则》《提案工作条例》《双月协商座谈会工作办法》等规章制度，为各项工作顺利开展提供制度保证。

强化队伍建设。按照“懂政协、会协商、善议政”的要求，提升委员素质，发挥委员主体作用。举办益阳市政协委员陈艳辉先进事迹宣讲报告会，激发委员们见贤思齐、学先进赶先进争先进的热情。加强委员服务管理，举办社情民意信息撰写讲座，进一步提高委员履职的水平。制定《政协联工委工作考核办法》和《政协委员履职考核暂行办法》，对各委组工作进行月督导、季调度、年考核，对委员出席会议、撰写提案、反映社情民意、参加活动等履职情况量化考核，切实增强委员履行职能的责任感。

规范机关建设。扎实推进“两学一做”学习教育常态化制度化，切实抓好机关党建工作，严肃政治纪律和政治规矩，严格党内政治生活，落实全面从严治党主体责任。支持市纪委驻机关纪检组开展工作，自觉接受监督。加强机关思想建设、队伍建设、制度建设和党风廉政建设，机关干部全局意识、责任意识、法律意识进一步增强，能力素质进一步提高，服务保障水平进一步提升。

军事

沅江市人民武装部领导人名录

部　　长	彭达明（2017 年 7 月—）
市委常委	彭达明（2017 年 12 月—）
政治委员	付清明（2017 年 1 月—2017 年 7 月）
副 部 长	罗赛辉（2017 年 1 月—2017 年 6 月）
政工科长	赵志高（2017 年 1 月—2017 年 3 月）
保障科长	伍立波（2017 年 1 月—）

沅江市人民武装部

【基本情况】

2017 年，沅江市人武部有干部 6 人，职工 5 人，设 1 个机关党支部，2 个党小组，共有中共党员 10 人。

【工作概况】

一、围绕改革，夯实基础

在坚持原原本本“学”、组织生活“管”、立行立改“做”抓好“两学一做”学习教育的基础上，重点把学习教育向常态化制度化推进。一是科学筹划严密组织。二是跟进学习指示要求。按照军分区统一汇编的知识要点，印发《应知应会手册》。同步参加省军区“非转专”培训。通过同步参加上级授课辅导，引导大家牢记主席训令，强化使命担当，全体党员对军改“体系重塑、机构重组、职能重定”有根本性的认知。三是指导抓好承诺践诺。以支部党员大会的形式，对每名中共党员履诺践诺情况进行“回炉补课”，组织党员围绕政治、执纪、品德、发挥作用四个方面，抓好对照检查、兑现承诺，并对《党员承诺践诺书》进行公示。抓好跟踪问效，进一步指导每名党员承诺践诺的常态化落实。

二、聚焦中心，强化保障

一是结合方案预案修订抓干部研究作

业。按照省军区“能打仗、支援保障打胜仗”的目标要求，结合所担负的任务，坚持以应急应战为牵引，结合民兵整组，组织作战问题研究和战备方案修订完善，实现任务需求与力量编组匹配、方案计划与应急应战行动衔接，提升民兵应急分队支援保障和非战争军事行动的能力。二是巩固基层武装抓民兵整组工作。按照传达部署、宣传发动、调查摸底、制定方案、组织实施、检查验收和总结提高的步骤搞好民兵整组各环节落实。根据全市规范民兵整组暨征兵工作研讨会精神，对基层武装部及村级民兵营的软、硬件建设进行规范。三是建用结合加强后备力量建设。根据地方机构调整和人事变动情况，健全国动委组织机构，加强各职能办公室建设，抓好国防动员潜力数据调查，摸清动员潜力底数。完善国防动员资源信息系统，对系统数据进行维护更新。

三、严明纪律，筑牢根基

一是加强人员管理教育。扎实展开经常性的管理工作，对照全军安全大检查有关要求进行整改，完善安全管理制度。二是抓好关键问题管控。重点盯住“人车枪弹密、水火电钱网、酒油黄赌毒、涉外涉地方”等重点要素，突出隐患排查和问题整治，及时发现和解决问题。三是抓好全军安全检查迎检。

四、深化保障，提升能力

按照上级要求并结合自身实际，积极稳妥抓好后勤工作，主要有三个方面，一是抓好转隶前后各项准备。重点抓好转隶交接中八大类135项有关经费物资、装备器材、工程资产等清理清查及统计工作。二是积极推动营院综合整治。全年完成营区绿化升级改造、营院东侧围墙拆除重建、公寓楼周边地面部分设施的综合改造，对食堂屋顶防水、办公楼维护，营区面貌有较大改观。三是落实职工相关待遇保障。在落实省军区关于人武部职工纳入地方编制的要求基础上，本着保持基本待遇不变的原则，协调地方党委政府，落实职工军队服务性津贴，保障职工基本待遇的接续。

五、着眼融合，强军兴军

一是抓好基层党管武装绩效考评促发展。结合民兵整组，完成对全市基层武装部党管武装工作绩效考评，对照《沅江市党管武装绩效考核评估细则》，层层督导，促进武装工作在基层落地生根。二是常态化推进精准扶贫办实事。付真情，通过走村入户掌握第一手资料，加强与扶贫村、贫困户的结对帮扶，有分类、有重点、有步骤的按点推进，效果初步显现。自筹和协调16万元资金用于荷花村扶贫工作，切实把推动精准扶贫工作落到实处。三是组织民兵队伍参加重大行动树形象。按照益阳洞庭湖生态文化旅游暨水上运动节筹委会安排，人武部组织100名民兵，担负节会两个方向的水上安保和搜救任务。集中精锐力量做好防汛工作。汛期，人武部应市防指要求，牵头11个行局，出动700余人次，成功处置南洞庭芦苇场、茶盘洲等多处较大险情，发挥民兵预备役人员平时服务、急时应急的关键作用。

沅江市消防大队

【基本情况】

沅江公安消防大队为副团职单位。大队编制数50人,其中现役官兵40人(干部9人,战士31人)、合同制消防员4人，外聘文职雇员6人。全市有企业专职消防队3个（沅江纸业专职队、金太阳纸业专职队、漉湖纸厂专职队），镇场志愿（兼职）消防队8个。

【班子简况】

教导员 周刚平

大队长 蒋鹏程

参　谋 吴　卫

【工作概况】

一、消防安全专项整治

扎实开展冬春火灾防控、足浴汗蒸洗浴场所消防安全、夏季消防安全专项整治、电气火灾综合治理、高层建筑消防安全综合治理等行动，突出重点场所、重点时段、重要节点，对全市人员密集场所、易燃易爆场所、公共娱乐场所、敬老院等进行“拉网式”排查，指导行业部门开展消防安全自查，严格落实防控措施，持续消除火灾隐患，有效净化社会消防安全环境。特别是元旦、春节、两会、一带一路高峰论坛、五一、金砖会议等重大节会期间，全体官兵牢固树立“百姓过节、消防过关”意识，提前进入二级战备，扎实开展消防安全“零点夜查”行动，坚持做好湘北市场等重要场所的蹲点巡逻工作，严阵以待、严防死守，确保火灾形势平稳。1～9月，大队共检查社会单位1403家，督促整改火灾隐患3038处,临时查封25家,拘留7人。

二、芦苇堆场专项治理

2016年年底以来，大队根据芦苇收购储存的时间节点，深入研判芦苇堆垛火灾发生原因和气候特点，进一步加大了芦苇堆场火灾隐患整改力度，加强对苇场堆场的监管，集中开展芦苇场消防安全专项检查，不定期对储存单位突击检查，并提出整改意见。同时，于12月16日报请市消安委组织召开芦苇造纸企业约谈会，督促芦苇造纸企业落实消防安全主体责任，强化消防安全防护措施。

三、湘北市场隐患整治

湘北市场在巩固前期隐患整改的基础上，2016年11月起至2017年1月，市政府组织开展集中行动，对市场内占道经营、私拉乱接的违法行为进行整治，拆除违章搭建棚架1500平方米。8月起，市政府再次组织开展湘北市场消防安全隐患“一单四制”综合治理集中行动，成效较为明显。

四、强化消防宣传培训

大队始终将消防宣传培训作为火灾防控的重要抓手,扎实开展消防宣传“七进”工作，推动落实政府及行业、系统、单位的消防工作责任，督促社会单位落实“一懂三会”和“三提示”要求。一年来，大队分别组织全市重点场所负责人、二级消防安全重点单位负责人、全市物管公司从业人员进行消防安全培训，累计培训1350人次。将经常性警示性消防宣传有机结合，更新消防APP、微信内容400条、向目标人群发布火灾预防提示短信15000余条，提升单位从业人员以及广大群众的消防安全意识。

五、服务园区建设发展

一是主动服务园区管委。自2015—2016年标准化厂房开建以来，大队多次到工业园区管委协商园区消防工作，为园区建设工程消防报建、验收出谋划策。二是主动帮扶园区企业。新马制衣作为市规模最大的制衣企业，是大队直管重点单位，大队每季度不定期抽查企业消防安全工作，帮助企业改善消防安全管理，开展消防宣传教育；园区服装企业普遍存在未经消防验收投入使用的现象，年初以来，大队指派专人联系园区消防工作，与园区管委、安监站、公安派出所联合上门服务，为企业火灾隐患整改提出具体的、可操作性的指导意见；园区公租房作为重点建设项目，大队多次现场指导，完成项目的消防验收。

六、重点节庆安全保卫

从2017年8月起，大队在全市范围开展“迎接十九大、奋战一百天、忠诚保平安”消防专项行动。一是隐患排查。大队督促90家消防安全重点单位自查自改，落实“六加一”措施，完善微型消防站建设；联合各公安派出所集中排查高层建筑、人员密集场所、商市场、易燃易爆单位、文物古建筑和“三合一”及小单位小场所、群租房和电气火灾隐患。二是形势研判。开展火灾形势定期研判，每月开展1次火灾形势分析研判，分析火灾特点和规律，查找突出问题和工作薄弱环节，明确火灾防控重点，找准风险点，加强重点防控。三是执法整治。对检查发现的火灾隐患，按时限实行“清零管理”，确保到期一家整改一家；用足用好“查、改、罚、封、停、拘”执法手段，保持整治高压态势。四是集中约谈。大队组织对重大火灾隐患单位责任人进行1次集中约谈，开展消防监督检查时，约见单位法定代表人或主要负责人实行“见面谈”；对被依法处罚的单位，在送达法律文书时对法定代表人进行“告诫谈”，督促举一反三自查自纠。五是熟悉演练。大队对市辖区主要道路区域水源情况再次熟悉摸底，并对3个芦苇堆场、高层建筑等重点场所开展熟悉演练，同时加大夜间演练力度，提高灭火救援战斗力。六是教育培训。大队利用橱窗、楼宇电视、电子显示屏等开展“三提示”等消防公益宣传；对重点单位消防安全责任人、管理人、消防专兼职人员、高层公共建筑消防安全专职经理人、高层住宅建筑“楼栋长”进行集中培训；同时督促社区居委会、物业服务企业组织对社区居民开展防火知识宣传和逃生自救演练。

沅江市人民防空办公室

【基本情况】

沅江市人民防空办公室是国防动员委员会的常设办事机构，是市政府人民防空工作主管部门，受市政府和市人武部双重领导，主管全市人民防空工作。2017年，内设综合、工程法规（行政审批）、指挥通信3个股室。有工作人员16名，其中中共党员15名。

【班子简况】

主　任	郭　群
副主任	周文科
副主任	张艳红
综合股股长	朱　军

【工作概况】

一、加强指挥通信建设

（一）加强设备维护。日常训练规范化，常态化。实现短波电台每周通话3次，设备电池每3个月进行1次深度充放电。

（二）畅通指挥通信。一是抓项目建设，保障硬件到位。根据省、益阳市人防办的统一安排，全面推进人防通信指挥项目建设。先后完成超短波电台、视频会议系统及指挥中心升级改造等工程项目建设，同时，警报器改频12台，沅江警报器改频全部完成，圆满完成益阳市办交办的改频工作任务，使市人防指挥通信保障能力明显提升。二是抓日常管理，确保设备完好。除积极参加省、益阳市组织的跨区演练训练外，市人防办自行组织10多次通信指挥训练，日常训练规范化、常态化。与益阳市办的通信联络在位率达到95%以上，较往年上升5%。进一步明确各警报器所在单位的管理责任，确定具体管理人员，每月1次检查、每半年1次维护，及时更新老旧警报设备。

（三）警报体系建设。年内新添置电声警报器2台，推进警报自动化建设，拟制警报自动化改造方案，完成前期各项准备工作。5月12日和11月1日，按湖南省政府统一部署和要求，做好前期后续人防法律法规、警报器鸣响公示宣传，圆满完成警报试鸣演习，警报试鸣率达100%。

二、广泛开展宣传教育

一是以《中华人民共和国人民防空法》（以下简称《人民防空法》）及《湖南省〈人民防空法〉实施办法》等相关法规为依据，以机关、企事业单位、学校等为宣传主体，采取广播、电视、散发宣传资料和发送手机短信等形式，在全市宣传人防工作的重要性，努力扩大人防工作的影响面。全年发送人防手机短信6000多条。二是结合“5·12”国家应急救援日和“11·1”防空警报试鸣日组织琼湖中学1000多名学生疏散演练，有效提高教育实效，取得较好成效。同时，开展“12·4”以宣传人防法规、讲解人防基本知识、展示人防建设成就为主要内容的法治政府建设宣传活动，扩大人民防空影响，提高全民人防意识。三是对群众的宣传与各级领导干部宣传相结合，争取各级领导和相关部门对人防工作的大力支持。一年以来，为市级领导班子订阅《中国人民防空》杂志35份。利用工作汇报、会议等有利时机向各级领导宣传人防工作的重要性。四是认真组织开展在校学生人防知识教育，在政通中学、琼湖中学和琼湖书院3000余名中学生中开展人防知识教育，按要求完成规定课时和内容；对担任人防教育的教师进行培训，改进教学方法，实行多媒体、图片展示、实际操作演练等多种形式的教学方法，提高教育实效，并选派人防知识学得好的学生到益阳参加人防知识比赛并取得较好成绩。

三、"结建"工程进展顺利

通过一年的协调、整改，并请省工程质监站和益阳市工程质监站专家现场检查，专家评审，对沅江市橘城世家新时空结建工程评审验收。完成益阳市办关于人防地下室建设绩效考核工作目标任务。一是建立健全"结建"管理长效机制，把人防审批全面纳入政务中心窗口"一站式"管理，对建设项目实行前置把关审批。二是切实加强"结建"管理工作链条全过程监管，完善施工图审查机制，落实"结建"工程人防专业监理制度。三是进一步调整和完善"结建"政策，正确摆正"建"与"收"的关系，确保应建尽建、应收尽收。

四、加大行政执法力度

坚持依法行政，以收促建的工作方针，加大人防易地建设费征收力度，2017年，在建筑市场萧条及上年"两次降标"的情况下，已征收人防易地建费528万余元，圆满完成益阳市办绩效考核任务。在人防行政执法和人防易地建设费征收工作中，一是组织全办同志参加省、市办行政执法法律、法规知识学习，带头学法、知法、懂法、守法，切实提高人防自身的依法行政能力；二是在人防执法过程中切实做到执法主体规范，执法依据明确，执法制度健全，执法程序到位，执法文书正确；三是按照规范化服务型政府建设要求，人防审批项目列入市政务服务中心联审联批，规范办事程序，提高办事效率，"简政放权"工作进一步得到落实，办结时限进一步缩短，办结流程进一步简化明了，全年共办结联审联批项目20个。四是坚持依法行政，不搞趋利执法，不滥用执法权。在人防易地建设费征收工作中，做到应收尽收、不滥收、不多收、不给本市经济建设添乱，不给政府形象抹黑。五是认真落实省办《关于做好人防工程施工图审查服务费整改工作的通知》要求，沅江人防工程施工图审查服务费申请到位。

五、做好精准扶贫工作

按照中央、省委、益阳市委及沅江市委精准扶贫工作要求，人防办召开专题会议，成立领导小组、成立扶贫工作队、安排正科级干部任"第一书记"，下村入户结对、精准帮扶施策，组织开展"四类人员"清理、"脱贫攻坚"等活动，核实核准贫困户，因人因户攻坚脱贫，6月迎接省扶贫工作督察组的检查，受到扶贫工作认可的同时积极整改；扩大帮扶责任单位人员，以人防办牵头组织人大、法院、中华联合、人寿财险、平安保险、太平洋保险等部门结对帮扶20余次，通过与交通、卫生、农业等部门沟通、协调想方法、争项目资金，促步解决团湖洲村群众生活、就医、上学、生产环境，跟踪服务解决2家贫困户残疾认证，帮扶贫困户35户、111人有效脱贫。12月，慰问21名特困群众9700元，支持贫困村脱贫50000元，临近春节组织对脱贫户和未脱贫户上门慰问大米和菜油等物质。

六、加强人防队伍建设

进一步完善《沅江市人防办工作制度》，各项工作走向制度化、规范化、正规化，确保各项工作任务的圆满完成。一是认真落实学习制度，坚持每周组织机关人员进行人防业务知识学习，实行股长以上干部轮流上课的制度，不断提高人防干部的业务技能和办事能力；二是认真落实定期研究工作制度，坚持每月下旬召开人防工作形势分析会，讲评前期工作，督促各项工作开展进度，研究部署下一步工作，确保各项工作有序开展和有效落实；三是认真落实财务管理制度，加强人防经费和财产管理，定期报送财务报表，严格按财务管理制度办事，杜绝各种不合理开支和违规开支。四是按照“政治坚定、业务精湛、纪律严明、作风过硬、廉政高效”的准军事化建设标准，大力加强人防队伍的思想、组织、业务和作风建设，认真开展干部作风纪律整顿，进一步强化机关人员的政治责任感和敬业精神，树立人防队伍的良好形象。五是高度重视安全生产和保密工作，认真落实安全生产责任制和保密工作各项规定，无安全生产事故和失泄密现象发生。

七、完成招商引资任务

为搞好争资立项、招商引资工作，党组多次召开会议研究部署，成立领导小组，切实加强组织领导。全办上下联动，使内引与外联形成合力。圆满完成150万元的立项争资任务；并多次与地方民营企业家联系，完成招商引资信息任务。

八、认真落实反腐倡廉

根据市纪委的文件精神，结合办工作实际，党组认真贯彻落实市纪委工作会议部署的各项工作任务，把反腐倡廉工作纳入领导班子、领导干部目标管理考核机制，并制定切实可行的责任追究制度。

推进廉政文化建设，开展廉政教育，弘扬廉政文化意识。通过开展专题、警示教育等，将廉明健康的文化理念渗透进人防干部职工的思想意识，在潜移默化中教育人、鼓舞人、激励人，努力建设与市场经济相适应、与法律法规相协调、与传统美德相承接的具有人防特色的廉政文化，进一步增强广大干部职工廉洁从政和依法行政的意识。

法 治

政法委及综治

【基本情况】

中共沅江市委政法委是市委主管政法工作的职能部门，与社会治安综合治理委员会办公室合署办公，负责全市政法、综治、维稳工作的领导、组织、指挥和协调，设有办公室、政工组、综治办、维稳办、执法监督室，核定行政编制11名，事业编制1名，归口管理市法学会事业编制3名。2017年，有在岗人员14名，退线人员5名，退休人员13名。

【班子简况】

市委常委、书记	戴剑锋（ —2017年5月）
	刘　武（2017年5月— ）
副书记	谭登科　罗文力
	郭　勇
纪检组组长	易　兵（2017年10月— ）

【工作概况】

一、社会大局持续稳定

始终坚持领导接访下访制度，着力推动各级党政主要领导议稳机制，全面落实信访维稳“六原则”和“五要求”，注重源头治理，扎实开展信访维稳工作“责任落实年”“开门大接访”“民情大走访”等活动，着眼预测预警预防，突出重点时段、重点对象、重点领域，紧抓矛盾摸排、风险管控、应急处置、责任倒查等环节，完善重大决策社会稳定风险评估机制，加强重点人员管控。全年共摸底排查出严重精神障碍患者2892人，其中危险评估三级以上208人，全部落实“以奖代补”政策。接收监外服刑人员1353人，解除社区矫正对象929人，其中监外服刑人员424人、接收刑释帮教对象460人。通过“上门帮教”和“办班攻坚”成功转化邪教对象47人，解脱邪教人员360人。同时，全年共排查化解军队退役人员群体、“三线”民工群体等苗头性集访事件98起，积极稳妥化解出租车业主非法集会罢运、市职业中专学生死亡事件等突发性事件25起，查办堵门、堵路等涉访违法人员31人次，依法处理矮围拆围、砂石市场、中亿佰联、珍珠退养等涉众型维稳问题13个，圆满完成中共十九大等13个特护期维稳安保工作任务，确保社会大局稳定。

二、综合治理迈出新步

坚持以人民为中心，深化“平安沅江”建设，扎实开展七大平安创建活动，逐步完善“大平安”“大综治”格局。开展对89个市直局以上单位及垂管单位综治民调，出台考核意见，落实奖惩措施。组织全市政法机关和市监局130名干警，组成65个工作小组，在中心城区商业门店深入扎实开展“联店创平安”活动。全力构筑社会治安防控体系。全年新增200个高清视频监控探头，全市的754个治安电子监控点，基本覆盖全市主要道路、中心城区、集镇及治安复杂的重点部位。公安机关通过治安电子防控系统，查找到有价值的案件线索1200余条，侦破各类违法犯罪案件362起。公安机关突出“命案必破”，深入开展惩治“盗抢骗”犯罪和“飓风”侦破大会战等专项行动，成功侦破一批大要案件。刑事案件共受案1055起，立案855起，破案277起；刑拘各类犯罪嫌疑人318人，起诉345人。市审判机关受理刑事案件348件，审结314件，判处罪犯398人。市检察机关共受理提请批准逮捕案件102件、128人，审结109件、138人。同时，扎实开展集中整治“村霸”和宗族恶势力专项行动。共摸排出“胭脂湖街道十里坪村李某某等5人妨碍选举”线索和“草尾镇胜利渔村周某某等5人破坏选举秩序”线索，依法惩治1个“村霸”恶势力团伙，刑事拘留2人，行政拘留3人。

三、公平正义愿景提升

采取交叉检查和重点评查相结合的形式，对全市政法机关开展为期3个月的执法检查和案件评查专项整治行动，抽查20件案件重点评查，发现和查处瑕疵案件10起，处理工作人员7人。促推涉法涉诉信访体制改革，成立涉法涉诉联合接访中心，市联合接访中心共接访175批次、621人次，发放司法救助资金39万元，救助困难群众29人，成功化解一批涉法涉诉信访积案。完善矛盾纠纷多元化解机制，突出人民调解在矛盾化解中的重要位置，着力发挥好婚姻家庭纠纷、民商事诉前人民调解中心等15个行业性、专业性人民调解组织，全市各级调解组织共调处矛盾纠纷1588起，调处率达92%，有效控制民转刑案件的发生。多方听证促推信访问题“案结事了”。全年组织各类听证会8次，邀请上访老户参与听证，公开信访问题的处理过程和结果，公开回答上访人员关心的政策和法律问题，使信访人彻底停访息诉。

四、服务发展倾心尽力

围绕市委、市政府中心工作，为全市砂石堆场专项整治、矮围网围拆除、珍珠退养、欧美黑杨清理退出、首届洞庭湖生态文化旅游节、精准扶贫、环保督查、园区建设等中心工作和重点工程项目建设保驾护航，努力为经济建设创造良好的外部环境，全力充当优化环境的“捍卫者”。发挥政法部门在法律、政策服务上的独特优势，主动深入中联重科、太阳鸟、辣妹子等重点企业服务，致力改善企业周边发展环境，全力保障企业生产经营秩序，依法处置涉企维稳案事件，主动当好企业的“保护神”。

五、综治政法根基加强

加强综治政法基层基础建设，健全社会治安综合治理目标责任制，自上而下层层签订目标责任书，把综治工作实绩作为组织评选综合性荣誉称号和对领导班子、领导干部综合考核评价、评先受奖的重要内容，与业绩评定、职务晋升、奖励惩处等挂钩，坚决兑现综治“一票否决”和“黄牌警告”。严格按照国家标准，市综治中心与智慧城市管理中心、村级综治中心与村民服务中心实行同步规划、联动建设。深入贯彻落实《关于新形势下加强政法队伍建设的意见》，始终坚持把思想政治建设摆在首位，全面落实从优待警和从严治警的各项政策、措施。全年共提拔重用政法干警50多名，其中市公安局一次性新提拔副科级以上干部37名。同时，对利用职权滥收滥罚，“吃、拿、卡、要”，办关系案、人情案、金钱案的政法干警，坚决从严问责，努力锻造一支信念坚定、执法为民、清正廉洁的钢铁之师。

公 安

【基本情况】

沅江市公安局局机关设1个工会，18个内设机构（指挥中心、政工室、警务督察大队、警务保障室、治安大队、刑警大队、巡特警大队、国保大队、经侦大队、禁毒大队、人口管理大队、网安大队、执法监督大队、科信大队、民调中心、城管警察大队、社会化禁毒办、刑事技术室），3个二级机构（看守所、拘留所、交警大队）。

2017年，全市共有行政派出所17个（庆云山、琼湖、万子湖、浩江湖、三眼塘、新湾、南嘴、草尾、黄茅洲、阳罗、南大、四季红、共华、泗湖山、茶盘洲、漉湖、南洞庭）和1个森林公安局。

2017年年底，全局共有民警402名，其中局机关217名，派出所149名，交警大队78名，辅警128名。

【班子简况】

副市长、局长、党委书记	王倜夫
政委、党委副书记	鲁放军
副局长、党委委员	冯 安
副局长、党委委员	谭卫清
纪委书记	江丽民
副局长、党委委员	何 军
党委委员、政工室主任	罗长江
办公室主任	刘绍海

【工作概况】

2017年，共破刑事案件466起，刑事拘留427人，强制隔离戒毒253人，行政拘留998人，成功打掉涉恶团伙6个，抓获团伙人员23人，追回各类逃犯168人。人民群众安全感与满意度上升，先后被评为“2017年全省公安机关侦破命案成绩突出单位”“2017年县级公安机关绩效评估先进单位”“全市抗洪抢险先进集体”“全市维稳工作先进单位”“全市综治考评工作先进单位”“党的十九大安保维稳先进单位”“全市实施妇女儿童发展规划先进单位”“洞庭湖环境整治先进单位”“全市安全生产工作先进单位”“全市计划生育工作先进单位”“全市党建工作先进单位”。

一、主动担责，维护大局稳定

坚持把维护社会稳定作为公安机关的首要任务，切实增强责任意识、忧患意识，聚焦风险防控，加强各项维稳安保工作。一是重点群体排查管控有力。全年共搜集各类情报信息1362条，其中排查预警性、深层次的重要情报34条，动态有效管控498名人员、5个领域、8个群体，化解集访4批次，通过“敲门行动”接触邪教人员456人次，确保重点群体稳定，没有引发不良事端。二是重点人员包案化解有力。全年共接待信访群众93批次、127人次，办理群众来信74件次，领导包案5起，成功化解4起，1起正在引入法制轨道办理中，信访总量呈下降趋势，确保信访案件案结事了，促进社会的和谐稳定。三是重大涉稳因素处置有力。深入贯彻市委“六句话”抓信访维稳工作原则，依法处理非访、闹访案件11起，行政拘留21人，刑拘1人，特别是及时破获何××扰乱社会秩序案，有效震慑缠访、闹访等以上访为由扰乱公共秩序的行为；妥善处置因医患纠纷、交通事故以及征地拆迁、劳资纠纷等引发的突发性事件30起，依法处理36人。特别是及时有效化解涉军群体、“七站八所”下岗分流人员、矮围网围人员、出租车司机集访。四是重大保卫工作执行有力。高质量完成全国两会、中共“金砖峰会”“一带一路”高峰论坛、湖南·益阳首届洞庭湖生态文化旅游暨水上运动节、中共十九大安保等重大活动安保任务，特别是6月湖南·益阳首届洞庭湖生态文化旅游暨水上运动节。局共投入警力1700余人次、警车及保障车辆200余台次，确保整个节会期间的绝对安全；出色完成全国人大常委会委员长张德江到益阳视察、省长许达哲等到沅江考察等警卫工作任务10批次，确保重大节庆、重要时间节点社会政治大局稳定。加强节假日疏堵保畅工作，确保道路交通平安通畅。

二、快破严打，确保治安平稳

通过部署开展“飓风”“利剑”“集打斗争”“冬春攻势”等专项行动，不断增强打击实效。2017年，全局共立刑事案件1341起，破案467起，刑拘427人，逮捕192人，强戒253人，查处治安案件852起。一是现行命案得到全力侦破。完善快速反应、合成作战、领导盯案的命案侦破机制，全年5起现行命案全破，连续4年实现现行命案侦破率100%。加强命案积案攻坚力度，成功侦破“2007·9·25”李×结伙抢劫杀人案，3名命案犯罪嫌疑人悉数落网。二是涉恶涉枪得到全力打击。以惩治“村霸”和宗族恶势力等黑恶势力犯罪为重点，共深入摸排核查线索39条，打掉涉恶团伙6个，刑拘23人，破获故意伤害、寻衅滋事、聚众斗殴等案件30余起。成功摧毁以胭脂湖街道某村村主任李××为首的“村霸”势力团伙，抓获涉案成员7人，破获多起敲诈勒索和寻衅滋事案；深入开展缉枪治爆、网络贩枪等专项行动，破获非法买卖枪支弹药案2起，查处非法携带枪支案13起，共收缴各类枪支14支、子弹442发。三是侵财案件得到全力侦办。加大对系列性、团伙性侵财犯罪案件攻坚力度，加大对网络电信诈骗的打击力度。共破获多发性侵财案件109起，摧毁盗抢骗犯罪团伙2个，刑拘盗窃、诈骗、抢劫、抢夺四类侵财犯罪嫌疑人119人，该四类多发性侵财案件发案率较上年分别同比下降36%、12%、25.9%、16.99%，破案率分别同比增长6.4%、36.33%、58.16%、26.37%。成功侦破“8·14”诈骗案、“10·24”盗窃越野车案，为受害人挽回损失30余万元。四是涉毒犯罪得到全力整治。组织开展“利剑”专项行动、联合打击制毒犯罪“4·14”专项行动，破获涉毒刑事案件53起，逮捕35人，直诉17人，强制隔离戒毒159人，查处吸毒人员339人，收治特殊涉毒人员13人，缴获毒品×公斤。抓获贩毒嫌疑人6人。五是在逃人员得到全力清缴。全年共追回各类逃犯168人，最大限度地挤压负案在逃人员的潜逃空间。特别是成功追回“1996·4·19”抢劫杀人案逃犯肖某。

三、严管实查，推进平安建设

一是严格场所实名登记。强化对旅馆、寄递物流行业的督促检查，共排查安全隐患285处，发放整改通知书258份。并对排查出来的安全隐患定期复查，确保整改措施落实到位。二是强化单位内部防控。先后对全市24家涉危涉爆单位全面摸底检查，及时整治安全隐患15处。三是深化安全隐患治理。共开展清查整治打击行动21场次，清查各类娱乐场所300多家，查破各类案件36起，抓获违法犯罪人员48名;开展“百日会战”“一单四制”道路交通安全隐患治理活动，共查处各类交通违法131665起,立刑事案件22起,排查省市挂牌重点道路安全隐患2处，查处老旧报废车辆（黄标车）1008台，查处校车违法159起，查处货车违法1174起，死亡人数同比下降16.45%，“百日会战”行动名列益阳第一；深入开展“消防安全隐患大整治”专项行动，共检查消防重点场所、单位230个，发放整改通知书176份，查封场所、单位6个，停业整改3个，罚款9万元，行政拘留1人。四是加强街面巡逻防控。通过巡控，全年接报警情同比下降5.59%，可防性案件发案有较大幅度下降，其中抢劫案件下降73.33%、抢夺案件下降12%、盗窃案件下降25.9%。五是切实净化网络环境。全年共处理涉警负面舆情信息213条，集中检查网吧716家次，检查上网人员10900人次，对21家私自卸载实名制系统软件的网吧业主给予行政处罚，通过网上侦查抓获各类犯罪嫌疑人37人，网络环境得到有效净化。

四、改革创新，提升执法水平

深入开展执法规范化建设，全面提升执法效能。一是推进执法主体专业化。狠抓执法资格等级考试，倒逼民警提高依法履职能力。全局共有410人通过基本级、231人通过中级、7人通过高级，此举极大地促进民警学法用法的积极性。与此同时，市局还通过教育培训、旁听庭审、侦查比武等多种途径提高民警的执法能力水平。二是推进执法行为规范化。先后出台《沅江市公安局重大行政决策程序规定》《沅江市公安局关于建立刑事案件“三统一”工作机制的实施意见》等8个规范性文件，将“三统一”机制建设情况纳入执法质量考评、绩效考核的重要内容，在外部从移送审查起诉环节开始，积极与检察院、法院沟通，统一对口衔接机制。三是推进执法改革体系化。对执法办案单位及民警个人的执法绩效实行综合、量化、动态考核评定，全年共兑现奖金30万余元。通过刚性倒逼机制，在全局形成“多办案多积分、办好案积高分、办差案倒扣分”的良好导向，有效激发民警执法办案的主动性，推动全面执法质量的提高。四是推进执法监管长效化。全年共组织集体议案12次，研究取保候审、监视居住对象17人次、拘留请假人员8人，没有出现违规变更强制措施情形，做到受（立）案的首问材料上传，刑事案件质量普遍提高。五是推进执法工作公开化。全局共公开行政处罚决定文书1213份，涉案财物227件。全市阳光警务执法办案查询系统共向案件当事人发送查询短信5343条，群众通过互联网访问阳光警务执法办案平台查询73人次、通过微信关注阳光警务执法办案平台查询案件相关信息482人次。达到公开促公平的效果。

五、多点发力，夯实基层基础

一是突出公安基础建设补欠账。先后投入1亿多元用于基础设施建设，公安业务技术用房已完成主楼封顶。监管中心于上年7月开工。琼湖、新湾、草尾等6个派出所纳入国家“十三五”中央投资计划，新湾所已争取专项资金252万元，正进行主体建设。二是突出防控体系建设提效能。投入800多万元加快“天网工程”“雪亮工程”建设，进行公安网和视频专网改造，实现海量数据高速查询比对、深度应用。在已建成554个城区视频监控点的基础上，新建视频监控探头200个，实现城区主次干道以及车辆、重点场所和重点部位全覆盖，全年利用“天网工程”破获各类案件180余起。三是突出刑技手段建设夯基础。投入200多万元加强刑事技术室办公用房建设，年内物证鉴定所（室）100%通过资质认定；加强“点对点”核查平台应用，实现核查率100%、回复率100%；完善“大数据”资源体系，手机、DNA、指纹等信息数据持续增长，采集率100%；引进“E勘”模式，“十类”刑事案件现场勘验录入率较上年同期上升12%。四是突出六大中心建设强实战。投入400多万元高标准推进“4+2”六大中心建设,初步形成统一指挥、扁平调度、联合作战的新型警务体制，警务实战效能得到有效释放。五是突出执法场所建设促规范。新建执法办案区，配备执法现场记录仪120余台、金属探测仪30只、高速扫描仪70台;施行监所医疗社会化，对监室、放风场64台视频监控进行更换，办案场所规范化建设水平明显提高。

六、全力以赴，优化发展环境

一是积极配合专项整治行动。按照市政府统一部署，对砂石市场存在的隐患苗头逐一排查，依法开展专项整治，扣押船只70条，刑拘犯罪嫌疑人9人，行政拘留4人，累计扣押涉案资金百万余元。配合有关部门对洞庭湖矮围、网围和迷魂阵的情况进行摸底调查并进行拆除。共派出警力200余人次，协助化解处置32处。二是重点惩治经济领域犯罪。全年共立经济类犯罪案件49起，破52起，抓获犯罪嫌疑人39人，刑事拘留35人，逮捕12人，直诉31人，共挽回经济损失670余万元，三是强力整治市场经济秩序。共排查化解影响重点项目建设的各类矛盾纠纷421起，处置相关案件27起。成功破获“11·30”徐××特大虚开增值税专用发票案、樊××等人违法发放贷款案等案件，全年共立食品药品案件15起，刑拘22人，逮捕13人，捣毁制售假劣食品、药品黑作坊 3 个。成功侦破周 ×× 等人生产销售伪劣产品案，抓获犯罪嫌疑人 6 人，涉案价值达五十余万元。四是持续开展“三实”信息采集。紧紧抓住“一标三实”基础信息采录、网上动态追踪、落地查控管理三个关键环节，“一标三实”信息维护数据达 170565 条，核查重点人员信息 18096 条，核查出租房屋信息 8627 条，通过信息采集录入抓获网上逃犯 15 人，直接提供破案线索 62 条，协助破案 207 起,受理群众求助查找失散亲人 93 起，找到 87 人次，成功率为 93.55%。五是创新完善公安服务举措。坚持“一窗式受理”“一站式办结”，共办理公安行政审批件 1535 件；完善 110 社会应急联动机制，接处警中心受理群众求助 800 余起。

七、严优并举，打造公安铁军

一是全面完成人事调整。共调整、选拔中层正职 92 人，其中提拔正科级干部 2 人、副科职（级）干部 33 人,调整现任正职 58 人。选拔中层副职 32 人，调整现任副职 66 人。队伍班子结构得到有效改善、业务工作成绩明显提升。二是积极开展教育培训。全面完成 13 个支部的改选工作，组织开展烈士纪念、升国旗等仪式及党员活动日活动；积极开展“实战训练年”活动。全年共举办各类专题培训班 30 余期，组织实战演练 20 余次，开展送教活动 50 余场次，培训基层民警 200 余人次。三是切实加强励警宣传。在省厅、益阳市局信息港采用信息 112 篇、简报 6 篇，通过“沅江公安”双微平台发布各类信息 700 余条，公安微博综合影响力排列全省县级公安机关第六名，与市委宣传部、市文明办联合开展全市公安机关 2017 年“最美警察”评选活动。全局荣记个人二等功 1 人次、三等功 25 人次，省市县级嘉奖 33 人次，本局嘉奖 31 人次。四是全力保障惠警待遇。继续开展警员职级套改，全局已有 389 名民警参与套改，已达总警力数的 94.6%；实行“鹊桥工程”，先后为 7 名民警解决夫妻两地分居难题；为全局民警、辅警购买意外伤害险、大病医疗险等险种，办理社保卡，缴纳抚恤互助金，为民警建立健康档案。五是从严加强队伍管理。坚持高标准与守底线相结合，共进行各项督察 46 次，发督查通报 15 期，查处民警违纪违规案件 5 起，处分民警 3 人、停止执行职务 3 人、诫勉谈话 2 人，1 名民警涉嫌犯罪移交检察院立案侦查。

附： 交通警察大队

【基本情况】

沅江市公安局交通警察大队下设九队一所，即综合指导中队、法制宣传中队、事故处理与预防中队、秩序管理中队、科技设施与视频侦察中队、车辆管理所、一中队、二中队、三中队、四中队。2017 年，编制员额 79 人，设 1 个党总支部委员会，下设 2 个党支部，10 个党小组，共有中共党员 71 人，其中女中共党员 11 人。

【班子简况】

大 队 长　　李 勇

教 导 员　　杨灿华
副大队长　　陈 铮　黄建新　邬振华　钟艳贤

【工作概况】

一、交管工作成效明显

事故预防坚持“压大控量”，坚决杜绝重特大恶性事故，遏制死亡事故，实现事故总数下降3.3%，死亡人数下降20%的具体目标。主要有三个方面的措施和特点。一是坚持精准整治、精准发力。全年累计查处各类交通违法15.56万起（现场执法5.25万起），执法指数达到历史最高纪录。特别是查处酒驾、醉驾力度前所未有，查获酒驾890起，醉驾32起，嫌疑危险驾驶罪的30名犯罪嫌疑人被依法采取刑事强制措施，162名无证驾驶等严重交通违法行为人被行政拘留，43名交通肇事犯罪嫌疑人被依法追刑。在省总队组织的“百日会战”“四大攻坚战”及黄标车淘汰整治工作中均居支队排名第一。二是构建大交安格局。在充分发挥公安交警自身主力军作用的同时，通过大力推进，建立“政府统一领导、部门协调联动、镇村齐抓共管、社会共同参与”的道路交通安全社会化管理机制。充分发挥道路交通安全委员会的平台作用，加强对全市道路交通安全工作组织指导、统筹协调、检查督导，全面推进属地管理责任制、地方行政首长负责制、道路交通安全责任制的落实，逐步形成齐抓共管的合力。三是强化道路交通安全综合治理。联合交通运输、教育、安监等部门建立落实“4+X”工作机制，加强道路运输安全监管，严格对“两客一危一校”企业和车辆的安全检查、隐患排查和治理，联合交通运输、公路、城建、安监等部门健全落实事故多发点及危险隐患路段排查治理长效机制。全年排查发现14处重点隐患全部整改到位，有效保障道路安全通行条件。

二、疏堵保畅亮点纷呈

沅江市地形地貌特殊，交通区位复杂，交通供给与需求矛盾突出，唯一的主干道G234线赤山二级公路段是湘中连接湘北及鄂西南地区的重要通道，但通行能力十分有限，2003年规划建设、2005年建成通车，当时的设计日通行能力只有1.5万车次，而目前节日最高峰突破6万车次，超过设计通行能力的4倍以上。每逢节假日，交警全力以赴，市局抽调上百名警力支援，实行分片块、分路段、分点段包干负责制，强化责任落实，有效防止严重交通拥堵。益南高速公路建设工程、省道313线和217线扩改建工程对辖区正常交通影响很大，仅在赤山二级公路沿线取土的大型渣土运输车就有600多台，在警力下沉加强巡逻管控的同时，在赤山岛新建5个执勤岗亭，安排警力24小时值守，确保出警处警快、处理事故快、疏导交通快。市疏堵保畅的经验得到省、市的充分肯定，并予以推广。

三、服务质量全面提升

在工作实践中，善于听取、采纳社会各方面的意见和建议，坚持民意引领和民意主导警务，从群众满意的地方做起，从群众不满意的地方改起。市第十七届人大一次会议、市政协第九届一次会议有关道路交通管理的建议、提案7件，全部办结，并与代表、委员逐一见面座谈，满意度达100%。针对群众反映个别民警执勤执法行为不够规范、事故处警不及时，校车存在的安全隐患较多等具体问题，逐条逐项抓好整改落实，“涉交”网络负面舆情和有效投诉比上年大幅减少。特别是车管窗口，民调满意率排名在益阳交警系统之首，被评为“政务服务示范窗口”，被共青团益阳市委授予“青年文明号”称号。

2017年，春运安保工作被省公安厅交通管理局评为“先进集体”；2017年，依法惩治严重交通违法“百日会战”被省公安厅评为“先进集体”；十九大安保维稳“四大攻坚战”被益阳市公安局评为“先进集体”；2017年，绩效评估获益阳交警系统第一名。

检 察

【基本情况】

2017年，沅江市人民检察院有内设机构15个，其中政工、反贪、反渎为副科级单位。政法编制76个，在职干部职工68人，党组织2个，中共党员52人，其中女中共党员19人，副科级以上干部28人。

【班子简况】

党组书记、检察长	贾 浩
党组成员、副检察长	彭卫勋
副检察长	李跃龙
党组成员、副检察长	王靖宇
党组成员、专职检委会委员	肖东光
党组成员、政工科科长	李 亮
党组成员、反贪局局长	张迪兵

【工作概况】

2017年，共受理提请批准逮捕案件253件、326人，审结252件、328人，经审查批准逮捕160件、198人。受理移送审查起诉案件386件、525人，审结362件、494人，提起公诉276件、370人，附条件不起诉2件、8人，不诉83件、116人，其中绝对不诉2件、6人，存疑不诉20件、30人，相对不诉61件、80人。

立案侦查职务犯罪案件16件、23人，其中贪污贿赂案件13件、19人，侦查终结8件、9人；渎职案件3件、4人，侦查终结2件、3人，判决1件、3人。

一、履行批捕起诉职能

一是深入贯彻宽严相济刑事司法政策。对涉黑涉恶、制毒贩毒等严重刑事犯罪坚持从快从严打击，对偶犯、初犯等犯罪情节轻微、主观恶性不深的依法从轻处理，着力维护地方和谐稳定。二是认真开展未成年人附条件不起诉工作。成立未成年人刑事检察办公室，明确专人办理未成年人刑事案件，共办理未成年人刑事案件7件、15人，依法对2件、8人适用附条件不起诉。三是积极参与各类专项整治行动。如在打击村匪村霸及宗族恶势力专项行动中，根据群众举报依法对三眼塘镇某村村主任 ××× 等2人以涉嫌贪污立案后，又向公安机关移送其团伙 ××× 等7人的犯罪线索，公安机关已对 ××× 等7人以涉嫌敲诈勒索罪移送审查起诉。四是扎实抓好信访维稳工作。共受理群众来访78

人次，来信13件，举报线索3件，均予妥善处理处置，办理国家赔偿案件和司法救助案件各1件。在全国两会及中共十九大维稳期间，既认真制定预案和调配值班备勤人员，又派人到市委政法委、市信访局等单位协助接访，全力化解矛盾并维护稳定。

二、推进职务犯罪查办

在深刻总结上年“9·5”事件教训的基础上，年内院始终将保障办案安全与质量放在首位，在此基础上全力查办职务犯罪案件，取得良好效果。一是扩大办案规模和影响。通过加强联系走访、提升初查质量、深挖窝案串案等方法有效扩大办案规模，立案人数较上年有大幅增长，所查办的沅江市财政局系列案、漉湖苇场破坏生态资源系列案在当地均造成强烈震慑和影响。二是改进办案方法。在办案攻坚阶段，适时抽调其他科室精干人员参与办案，克服案多人少的矛盾；同时，对人员分组管理，以小组形式初查和办理案件，提升办案效率；打破反贪、反渎各自为战的壁垒，进行联合初查与办案。三是狠抓办案安全。结合上级院办案规定和要求，精细化制定办案操作规程及讯问规定、询问规定、押解规定等反贪办案制度13项，要求办案干警严格遵守规定和程序；在查办案件过程中，到案到人制定安全预案，并明确责任到人，压实执法责任和严格责任追究；在案前分析会、案中碰头会等场合，均多次进行办案安全教育和强调，促使干警时刻绷紧安全防范这根弦；加强分管院领导、“两反”局长对办案安全的督查检查，及时发现问题并督促整改；此外，对办案场所、设施设备等进行排查，就发现的问题进行整治，四是提升案件质量。分管院领导和两局局长通过查看录音录像、抽查案卷等方式，切实加强对各办案环节的质量督查，就执法行为、文书制作、案卷整理等及时督查，从源头上防范和减少案件质量瑕疵。是年，院反贪工作经验材料分别被省院检察长游劝荣、益阳政法委书记董岚批示，并被作为全省检察长会议发言材料。

认真开展行贿犯罪档案查询工作，分批对沅江市获得“助保贷”资格的33家私营企业和公司严格审查和把关；向政府申请专项经费，组织实施“预防职务犯罪邮路”活动，印刷宣传标牌260张、制作视频宣传广告240条，发放预防职务犯罪笔记本5000册；向沅江市人大常委会专题汇报2016年职务犯罪预防工作；继续对S228、S217建设工程沅江段2个重大建设项目开展专项预防，所撰写的重大建设项目预防服务论文被益阳市委评为优秀论文，另有5篇预防调研文章在益阳市院内外网和中国预防网发表。

三、提升诉讼监督能力

侦查和刑事审判监督方面：共立案监督6件6人，其中，监督公安机关立案4件4人、撤案1件1人，建议行政执法机关移送立案1件1人。追捕漏犯6人，追诉漏犯1人，追诉漏罪6条，发出纠正违法通知书33份，其中纠正侦查活动违法30件，纠正审判活动违法3件，抗诉1件1人，此外还发出检察建议20份。扎实开展食品药品安全和环境污染专项立案监督活动，立案监督1件1人。民事行政检察监督方面：共受理各类民行案件9件，其中审判人员违法行为监督2件，执行监督7件，配合益阳市院办理案件2件。

积极主动摸排公益诉讼案件线索，共收集民行公益诉讼案件线索11件，监所检察监督方面：办理羁押必要性审。9月，会同司法局开展专题检察，针对发现问题发出检察建议5份，口头建议13起；围绕迎接全国规范二级检察室的达标验收，认真完善各项常规工作，精心准备迎检材料，顺利通过验收；清理纠正人民法院判处实刑未收监且未办理暂予监外执行手续罪犯32名。“两法”衔接方面：在沅江市市场管理局建立“检察联络室”，硬件、人员均配置到位，即将投入工作。

四、加强执法队伍建设

一是切实开展教育整顿活动。在年初开展纪律作风教育整顿活动后，9月又按照市院部署，在全院深入开展“端正工作态度、落实工作责任、提升工作质效”的专项教育整顿活动。二是严厉进行督促检查。先后制定全院绩效考核、考勤考纪、案件质量评查等制度，督促各内设机构制定办案安全、质量及内部监督管理规定，依托各项制度促使队伍管理和案件质量管理落到实处。三是着力加强检察文化建设。积极开展读书评比活动，每季度要求干警读1本名著，写1篇学习心得，评选出“优秀心得”8篇；6月，举办以《干部成长感恩谁》为主题的演讲比赛，邀请市院、沅江市委、政府领导和媒体记者参加；开展集中学习活动，开展各类实战培训和技能比武活动等。四是严格落实考评奖惩。先后对6名干警由分管院领导谈话提醒，就纪律作风不严、案件质量不高等现象通报批评干警19人次，并严格落实相应处罚。

五、推进司法改革工作

院严格按照上级机关部署，稳妥有序地开展各项工作，一是实现员额制检察官独立办案。将上年选任的16名员额检察官科学配置到各办案科室办案，突出员额检察官办案主体地位和责任制度，杜绝借他人名义办案、有办案资质但由他人代办案件等情形。二是对人员实行分类管理。按照员额检察官、司法辅助人员、司法行政人员的分类标准对全体干警定岗定责，分类管理和考核。三是严格按照权力清单执法办案。

法 院

【基本情况】

2017年，沅江法院有在职干警93人，设11个内设机构、6个基层法庭、1个党组、2个支部，有中共党员64人，其中女中共党员18人。

【班子简况】

党组书记、院　长	杨铁松
党组成员、副院长	李国宏
党组成员、副院长	赵万新
副　院　长	蔡立平
党组成员	黄　丹
党组成员、执行局局长	彭建华
党组成员、审判委员会专职委员	许　毅
党组成员、审判委员会专职委员	李汉文
办公室主任	张遗爱

【工作概况】

2017年，法院紧紧围绕“努力让人民群众在每一个司法案件中感受到公平正义”的目标，坚持“司法为民、公正司法”工作主线，忠实履行宪法法律赋予的职责，不断加强队伍建设，深入推进司法改革，各项工作取得新进展。全年共收案4553件，结案3598件，同比分别增长5.9%和3.4%。

一、立足司法办案，维护社会稳定

（一）依法惩治刑事犯罪。共受理各类刑事犯罪案件314件，审结293件，结案率为93.3%，判处罪犯398人。其中审结故意伤害、“两抢一盗”等暴力犯罪和侵财型犯罪案件150件，判处罪犯166人；审结非法吸收公众存款、集资诈骗、非法经营等犯罪案件22件，判处罪犯32人；审结贩卖毒品、赌博和组织卖淫等危害社会管理秩序的刑事犯罪案件52件，判处罪犯74人；审结贪污、贿赂、滥用职权等犯罪案件8件，判处罪犯13人。严格把握宽严相济的刑事政策，对89名初犯、偶犯、未成年犯以及轻微刑事犯罪人员依法从轻或减轻处罚。

（二）保障民生服务发展。受理民商事案件3010件，审结2445件，结案率为81.2%。其中审结婚姻家庭、劳动争议、消费者权益、道路交通事故等涉民生类案件1067件，为农民工追回劳动报酬540万元；审理和执行金融借款、担保、信用卡纠纷等涉金融类案件851件，涉案金额3.7亿元。

（三）监督支持依法行政。受理行政案件269件，结案256件，结案率为95.2%。依法监督和支持行政机关依法行政，维护行政相对人合法权益，确认行政行为违法，判决撤销行政行为或责令行政机关履行法定职责案件21件。支持行政机关依法行政，争取行政争议的实质性化解，受理非诉行政执行审查案件25件，判决维持或通过协调撤诉行政案件53件。

二、强化监督管理，确保公平正义

（一）加强审判管理。出台案件流程管理、法官绩效评估等一系列规章制度，量化细化司法绩效指标，严格精细化管理与考核。坚持对发回重审和改判的案件逐案评查，严格错案责任追究。依托数字法院系统，实现从立案到执行全程跟踪监控。全年一审上诉、二审发改案件大幅下降，服判息诉率为95.2%，涉诉信访明显减少，审判绩效整体水平居益阳法院系统前列。

（二）规范权力运行。扎实开展司法作风专项督查、超审限执限案件专项清查、违规收费专项整治等活动，着力解决司法行为不规范、案件超审执限等突出问题。针对以往司法拍卖不透明、执行财产变现难等问题，确立以网络拍卖为原则、委托拍卖为例外的司法拍卖新模式，实现诉讼资产处置的信息化、透明化。全年在淘宝网司法资产处置平台成功处置涉案资产15件，成交额1100余万元。

三、践行司法为民，满足多元需求

（一）合力攻克“执行难”。受理执行案件935件，执结579件，其中清理执行积案106件，执结率为61.9%，执结标的2.1亿元。加大对执行工作的投入，优化执行人员配置，建立“员额法官＋法官助理＋执行员”的新型执行团队和执行指挥中心。全年网络查控被执行人银行存款及车辆等信息4876人次，查控被执行人存款8606万元，公开曝光“老赖”258人，拘留拒不履行生效裁判文书的被执行人38人次。

（二）落实司法“便利民”。设立便民服务区、立案调解区、信访接待区，开通诉讼服务热线和诉讼服务网，优化人民法庭布局，将6个基层法庭合并成3个中心法庭。全年审结各类案件996件，占全院结案的27.9%。加大司法救助力度，对确有困难且符合救助条件的当事人免、减、缓交诉讼费416万余元，发放司法救助金56.2万元。

四、坚持锐意创新，推进司法改革

（一）稳妥推进“四项基础”改革。严格法官入额标准和程序，选任35名员额法官，占全院编制人员的41.2%。严格落实院领导和庭长办案制度，院领导担任审判长或独任审理案件166件，同比增加196.7%。取消行政化的案件审批制，由独任法官、合议庭直接签发裁判文书，明确法官在职责范围内对案件质量终身负责。

（二）积极推进刑事诉讼改革。充分发挥庭审在查明事实、认定证据、保护诉权、公正裁判中的决定性作用。诉讼证据出示在法庭、案件事实查明在法庭、控辩意见发表在法庭、裁判结果形成在法庭，已逐渐成为刑事审判新常态。

（三）扎实推进案件分流改革。建立以随机分案为主、指定分案为辅的分案制度，实现科学有序地分配案件，努力实现繁案简审、简案快审。全年适用简易程序审理的案件占90%以上，当庭宣判率95.5%，司法效率明显提升。

五、坚持从严管理，加强队伍建设

（一）筑牢思想道德防线。坚持以党建带队建促审判，激励党员干警创先争优，强化党性修养与担当精神。组织干警认真学习司法体制改革的相关文件精神，充分调动和激发干警参与司法改革的积极性，凝聚推进改革的正能量。

（二）狠抓履职能力提升。全年组织干警89人次参加初任法官培训、岗位培训和专项培训，提升干警的业务素质和司法能力，引导干警争办精品案件，争当审判能手。全年，有5名干警荣获最高院颁发的“荣誉天平奖章”，1人被最高院评为“全国法院系统先进个人”，1人被益阳市委授予“全市维护稳定工作先进工作者”称号。

司法行政

【基本情况】

沅江市司法局是市人民政府主管的司法行政机关。2017年，局内设办公室、法制宣传教育股、基层工作管理股、政治工作室、政策法规股、公证与律师工作管理股、社区矫正中心、司法鉴定股、财务计划股。1个公益一类事业单位：沅江市法律援助中心。1个公益类二类事业单位：沅江市公证处。3个律师事务所，即湖南滨湖律师事务所、湖南天见律师事务所、湖南德康律师事务所。律师事务所为中介机构，与局机关脱钩。年末，全局在编人数为55人，在岗人数为64人，其中：局机关（含公证处）22人，法律援助中心7人，基层司法所26人，退伍士官、士兵9人。共有中共党员59人，设2个党支部。

【班子简况】

党组书记、局　长　刘伟文（2016.2—　）
党组成员　　　　　邱德明（2016.3—　）
　　　　　　　　　汤凤仁（2017.2—　）
　　　　　　　　　童进进（2016.3—　）
　　　　　　　　　刘　纯（2016.4—　）

【工作概况】

一、全力维护社会稳定

（一）抓好人民调解基础工作。充分发挥三调联动的职能作用，继续深入开展“三调联动解纠纷、防控风险促发展”专项调解活动。聚焦化解热点、难点、重点领域的矛盾纠纷，有效防范社会风险，预防和减少“民转刑”命案。并在重大节日、节点、国家重大活动，前后加大矛盾纠纷的排查力度，将矛盾纠纷化解在萌芽状态。一年来，全市组织开展矛盾纠纷大排查6次，乡镇场街道组织开展矛盾纠纷大排查212次，各级调解组织共调处矛盾纠纷1969起，调处率为100%。其中，婚姻家庭纠纷470起、邻里纠纷504起、房屋宅基地纠纷75起、医患纠纷29起、征地拆迁纠纷18起、劳动争议282起、其他纠纷591起，筑牢“维稳第一道防线”。

（二）形成上下联动工作格局。全市牢固树立强本固基的思想，把司法行政的基层基础夯实打牢，基层基本形成“小事不出村、大事不出镇、矛盾不上交”调处工作格局。全面推进村级人民调解委员会规范化建设，各乡镇完成村级人民调解委员平台建设，建立健全全市基层调解网络并实现全覆盖，形成上下联动的司法行政工作基层基础格局。

（三）完成司法所规范化建设。全市15个镇场街道党委政府高度重视司法行政基层司法所工作，积极创建规范化司法所。分管领导对司法所工作既全程摸排又靠前指挥，及时解决司法所工作上的困难与问题，为基层司法所创造良好的工作环境。在办公场所建设上，积极与各乡镇党委、政府协调沟通，加大对司法所规范化建设工作的投入力度。并全面完成基层人民调解员的信息采集，为人民调解员队伍规范化建设打下坚实的基础。

（四）继续落实“以奖代补”制度。进一步焕发基层生机与活力。通过集中培训、检查指导、案件评查等形式，提高全市基层司法所工作人员和村级人民调解及时、就地、依法调处各类矛盾纠纷的能力。根据与财政局联合下发的〔2016〕1号《关于印发〈沅江市人民调解“以奖代补”实施细则〉的通知》，对全市各级人民调解组织调解149宗案卷进行“以奖代补”，提高基层调处矛盾纠纷的主动性、积极性，整个基层司法行政队伍不断焕发出生机与活力。

二、深入开展法治宣传

（一）做好“七五”普法开局。2017年是“七五”普法开局之年，局坚持围绕市委市政府开展的农村换届选举、砂石整顿、治湖拆围、珍珠退养等中心工作，围绕经济社会发展目标任务，认真制定“七五”普法实施方案，深入开展法治宣传教育，为平安沅江建设营造浓厚的法治氛围。

（二）开展法治宣传教育。年内后结合“七五”普法启动仪式，“3·8”妇女节、“3·15”消费者权益保护日，5月农村法制宣传月，“6·26”禁毒日，“7·5”防洪法宣传日，9月青少年活动月，“12·4”宪法宣传日等重要节点，结合与人民群众生产生活密切相关的法律法规，突出重点，积极开展法治宣传教育活动。特别是在市禁毒委员会组织的“6·26”禁毒日活动中，联合全市40多家执法部门，在蓼叶湖举行大规模的法治宣传活动。活动期间，摆放法律咨询台，悬挂横幅标语160条，摆放240块法治板报，提供法律咨询8000余人次，开展有奖答题，发放普法读本20000余册。

（三）在5月的农村法制宣传月活动中，联合沅江市人社局、市国土局、市教育局、市住建局等多家单位，利用法治大篷车进行法治宣传，深入全市14个乡镇巡回广播与人民群众生产、生活息息相关的法律法规，营造良好的农村法治氛围。结合司法行政工作的亮点，自编自演“司法干部下渔村”法制文艺节目，以沅江市委、市政府主办的“欢庆十九大·文化惠民生”文艺会演为契机，在全市镇街道开展15场次巡回演出，借助移动短信手机平台，每周向市民发送法律短信，并向群众发放万份农村普法宣传挂图，通过创新形式开展法治宣传教育，提高广大人民群众的法律素质。通过创建微信公众号“沅江司法局”和“茶盘洲司法所”，拓展宣传阵地，利用新媒体实时发布政策、制度、法律法规及市司法行政工作动态，为广大群众创造一个足不出户就能学习法律知识的时尚新渠道。

三、规范社区矫正运行

一是严把社区矫正入门关，降低社区矫正执行风险。实行局长办公会议制度，把好社区矫正的入门关。对每一份调查评估意见召开局长办公室会议，与会人员各抒己见，形成统一的会议纪要，保证调查评估意见的客观真实、公平公正，形成准确的综合评估意见及时提交相关法院和监狱部门，实现审、矫工作的无缝对接，同时为下一步社区矫正工作奠定基础。

二是创新教育矫正模式，强化矫正教育引导功能。对社区服刑人员实行集中教育学习制度，每月学习时间不少于3天，社区服刑人员统一着装，针对不同的课程讲学、坚持“科学矫正、以德树人”理念，按照以情感人、以理服人，惩治处罚辅以教育帮扶原则，矫正社区服刑人员不良心理和行为恶习，促使其改过自新，培养健康人格，增强守法意识，提升道德修养、文化水平和劳动技能，帮助其更好地融入社会。

三是实行集中宣告制度，提升社区矫正教育实效。每月下旬，集中全市当月入矫的社区服刑人员，在社区矫正中心宣告室进行入矫宣告，通过实行社区服刑人员集中入矫宣告，增强社区服刑人员的服刑意识、身份意识，提高社区矫正的质量和效果，把社区服刑人员改造成举止文明、行为规范、遵纪守法的合格公民。

四是强化监督管理机制，筑牢社区矫正安全防线。对社区服刑人员实行不定期点训制度，每季度不少于一次的不定期到司法所开展集中点训，邀请市检察院监所科领导一起参加，2017年，全市共接收监外服刑人员

1478 人，解除社区矫正对象 1109 人，提起撤销缓刑 13 人，提起收监 3 人。

四、全面提升法律服务

一是加大公共法律服务宣传力度，扩大法律服务覆盖面。市委法治办开展法律宣传，全面扩大公共法律服务社会影响和覆盖范围。5 月，联合沅江市法律援助中心与市“婚调委”举办普法巡游宣传活动；9 月，联合沅江市依治办、沅江市公证处、沅江市法律援助中心在市区主要路段举办民法总则宣传活动，发放法律援助宣传单和便民联系卡 5000 余份，面对面宣讲法律援助基本知识 300 余人次。借助宣传车、电视、法治宣传平台、公共法律服务站点、如法网等现代信息平台和传播工具，广泛开展法律宣传。全面启动公共法律服务体系建设，2017 年 9 月，全部完成全市各镇（场）、街道、村公共法律服务 14 个站、204 个点的建设工作，建成率 100%。

二是充分发挥公共法律服务中心的窗口作用。全力构建打造公共法律服务体系，努力提升服务民生能力。

三是加大“如法网”（O2O）的推广应用，拓展线上公共法律服务平台的服务率。通过移动短信平台、精准扶贫、“一村（社区）一法律顾问”等形式，拓展宣传渠道，加大对“如法网”建设的推广力度。全年在线接待法律咨询 60 人次，基本实现百姓法律服务“一网通”。

四是加大法律援助工作力度，让基层群众共享法律的阳光雨露。借助“12348”法援热线和法律援助窗口实体平台，认真兑现“有问必答、有纠必解、有诉必帮、有困必助”的相关承诺，是年，共办理法律援助案件 381 件，接待来电、来访法律咨询 1500 余人次。

五是加强各方协调，确保公共法律服务实效。实行涉法涉诉信访值班制度，每个工作日派一名法律援助律师或法律工作者到信访局窗口值班、坐班，接待处理涉法涉诉信访事项。

六是加强公证、律师、司法鉴定所，基层法律服务所的规范与管理。积极开展行业政治业务培训，认真履行行业监管职责，有效查处投诉案件，规范行业秩序。

五、深入推进民生服务

2017 年，局在茶盘洲镇幸福村和东堤村对接扶贫帮困户 32 户，解决精准扶贫户子女就业 10 人，发放生活慰问物资 4 万余元。

六、深化司法行政改革

一是统一思想，全面部署。认真贯彻落实中央、省市关于深化司法行政体制改革的部署要求，多措并举、高位推进，深化司法行政体制改革各项工作。

二是寻标对标，开阔思路。借鉴先进地区经验做法，进一步开阔改革工作思路，提升思想境界、目标定位和工作水平。

三是落实责任，跟进督察。把全市司法行政体制改革工作作为重中之重，由“一把手”亲自抓，分管领导具体抓，研究制定司法行政体制改革意见和实施方案，分解任务，明确责任，提出具体要求，抓好落实。

四是多方协调，全力推进。积极协调市委组织部、市编办、市公安局、市人民检察院、市人民法院、市民政局、市人社局、市财政局、市司法局等多个部门单位和镇、场、街道主要负责人，研究制定司法行政体制改革机制创新意见，在创新编制、人事、财务管理制度、激发工作活力等方面力求突破。

经济综合管理

沅江市发展和改革局

【基本情况】

沅江市发展和改革局是沅江市人民政府的组成部门，主要承担国民经济中长期规划及年度计划的编订、执行情况的跟踪调度；拟定经济社会发展战略。2017年，局机关内设办公室、洞庭湖区经济建设股、综合规划股、工交投资股、农业经济股、社会发展股、市重点项目建设办公室、市经济发展环境优化管理办公室、两型社会建设办公室、服务业产业股、能源管理办公室、价格收费管理股、价格监督检查股、政务服务股、公共资源交易管理办公室、财务人事股、财政金融和利用外资股17个股室，2个二级机构（沅江市项目前期服务中心、价格认证中心），共有在岗干部职工96人，离退休人员20人。

2017年，被全国精神文明建设指导委员会授予“全国文明单位”称号。

【班子简况】

党组书记、局　长　　徐鄂春

党组副书记、副局长　　舒律人

党组成员、副局长　　周　游　杨武杰　彭　波　孙湘晖

党组成员　　张卫红

党组成员、优办主任　　汤正明

办公室主任　　黄新沅

【工作概况】

一、各项经济指标完成

市委、市政府年初提出的2017年度立项争资工作考核任务为47.743亿元，任务单位50个。据调度统计，2017年全市实际完成立项争资任务43.74亿元，完成年考核任务的91.6%。2017年全市完成固定资产投资233.24亿元（预计数），同比增长5.0%。

二、重点项目建设推进

全面贯彻落实益阳“项目建设年”、沅江市委经济工作会议精神，按照“惠民生、树形象、促发展”的要求，制定“沅江市2017年重点项目建设实施方案”。从全市62个重点建设项目中筛选17个项目参加益阳“项目建设年”活动。在该项活动中，局负责制定“春季大开工、夏季大推进、秋季大攻坚、冬季大会战”四项活动的活动方案。

2017年重点建设项目62个，总投资194.97亿元，年度计划投资52.14亿元。62个重点建设项目2017年完成投资53.02亿元，超额完成年度投资任务。产业项目类20个，总投资93.64亿元,年度计划投资14.37亿元，完成投资16.17亿元,超额完成年度投资任务。基础设施类36个，总投资97.27亿元，年度计划投资35.49亿元，完成投资34.87亿元，完成年度计划投资的98.3%。民生项目类6个，总投资4.06亿元，年度计划投资2.28亿元，完成投资1.98亿元，完成年度计划投资的86.8%。

三、易地扶贫进展顺利

2017年，省、益阳市下达市易地扶贫搬迁任务1335人，总投资8010万元，涉及全市14个镇、场、街道。目前已完成精准识别确定对象423户、1336人，其中集中安置项目3个，涉及121户、326人；分散安置项目涉及302户、1010人。

全市易地扶贫搬迁集中安置和分散安置项目于8月全部开工。至年底，市易地扶贫搬迁安置项目建设投资完成率96.6%；住房建成率100%；搬迁入住率97.1%；旧房拆除率88.8%。工作成效自评搬迁精准率100%、搬迁入住率97.1%、人均住房建设面积24.8平方米、住房建设资金补助率91%、累计脱贫率88.3 %。

四、专项重点顺利实施

一是扎实推进洞庭湖生态经济区建设。完善洞庭湖生态经济区重大项目调度机制，改善项目投资环境，强化资金、土地、用工等要素保障，确保项目建设顺利实施。积极推进十大标志性工程、重大建设项目，每月调度1次；推进环湖公路建设，在建的有河南线、沅宁线和乐漉线3处，总投资7.83亿元，累计完成投资5.04亿元，2017年完成投资2.83亿元，超额完成年度投资任务。洞庭湖水环境综合治理五大专项行动取得阶段性成果。洞庭湖区域沅江范围水质明显改善，沅江出水断面水质明显优于入境断面水质，全市3个断面水质为四类，除总磷指标超三类外，其余为二类，达到省定要求。二是扎实推进益沅桃城镇群建设。会同住建、国土、交通等部门，深入调研，形成专题调研报告；积极配合益阳市发改委修改完善《益沅桃城镇群省级产城融合综合试点工作方案》；建立益沅桃城镇群建设项目库，收集项目51个，计划投资25亿元，2017年完成投资25亿元。三是扎实开展节能降耗、能源基础设施建设。按照国家、省发改委的通知要求，制定并印发新的《沅江市固定资产投资项目节能审查流程》，积极落实《关于开展2017年固定资产投资项目节能审查意见落实情况监督检查的通知》要求，大力推进结构调整，有效控制“两高一资”项目能耗过快增长。风电项目取得突破，华顺漉湖风电场一期项目建设完工，已并网发电。另有三一漉湖风电场项目、虹润漉湖柴下洲风电场项目核准待建，正在办理开工前置手续。遵照《关于进一步做好光伏扶贫申报工作的通知》要求，修改沅江市光伏扶贫实施方案草稿。配合市扶贫办，做好2017年光伏扶贫指标申报工作。开展全市新能源项目调度，填写项目需协调事项表并上报益阳市发改委。汇总能源口“推进能源领域补短板专项行动计划”改革任务进展情况。四是扎实搞好公共资源交易管理。

成立高规格的市公共资源交易管理委员会和办公室等机构；制定《沅江市公共资源交易监督管理办法》和《关于进一步规范全市公共资源交易有关事项的通知》；形成公共资源交易管理、监督与服务职能相互分离、相互制约、相互协调的监督管理服务体制；成立益阳市公共资源交易中心沅江市分中心；全年共受理招标投标事项核准项目63宗，办结63宗，办结率达100%，共计核准招标金额约7.14亿元，其中公开招标53宗，邀请招标10宗，其中招标金额1000万以上的有20宗。五是扎实开展项目前期工作。上半年，局积极调研、学习其他地区发改局项目前期工作开展思路，总结和借鉴浏阳市、安化县的成功经验，编制符合沅江实际情况的《沅江市项目前期工作实施方案》《沅江市人民政府办公室关于建立沅江市重大项目前期工作联席会议制度》《沅江市项目前期工作经费管理办法》和《关于沅江市项目前期工作的情况汇报》，于10月中旬报送市政府，等待审批。

五、发展环境不断优化

为优化投资项目审批，局认真贯彻落实上级关于企业投资项目自主决策权的有关精神，对不使用政府资金企业投资项目实施备案制，不再实行审批制。全面推行首问首办负责制、服务承诺制、工作落实和督促检查责任制，严格执行项目审批、核准及备案制度；推进投资项目在线监管平台建设，大大缩短政府投资项目的审批时限。全年局共受理各类项目190件，其中审批项目58件、核准项目1件、备案项目67件、招投标项目64件。为优化环境服务，编发《优办快报》报送市委、市政府主要领导；发放《沅江市优化经济发展环境联系卡》，便于企业能及时反馈遇到的困难；配合市政协做好“沅江经济发展软环境调研”通过走访企业、发放问卷、专家座谈等方式对市经济发展软环境进行调研，了解市软环境发展现状及面临的实际问题，形成调研报告提交市委、市政府参阅；落实市委、市政府关于《沅江市2017年企业帮扶行动实施方案》并按文件要求，深入企业了解生产经营、发展瓶颈等方面存在的实际困难，对帮扶企业建立相关台账，针对发展中所存在的困难，与相关部门协调处理；牵头协调解决好企业投诉举报问题。

六、物价监管有序开展

一是严格规范收费行为。局会同财政局制定《沅江市涉企、涉农行政事业性收费目录清单》和《沅江市政府定价政府指导价涉企、涉农服务收费目录清单》，规定清单之外的收费项目一律不得执行。同时，积极开展乡镇涉农价格公示，完善乡镇部门、卫生院和社区、行政村的涉农价费公示。二是依法开展价格督查。积极开展重大节假日市场价格巡查；开展粮油、奶制品、肉禽蛋类、成品油等重点商品的价格检查；开展教育、卫生、建设、涉企收费和涉农收费等重点领域专项督查，维护广大人民群众和企业的合法利益。一年来，共开展价格检查行动75次；受理咨询、举报投诉及网络问政75件，其中价格咨询67件、价格举报投诉3件、网络问政5件，对收到的各类投诉举报，局在规定的时限内及时调查处理和办结。三是加强商品价格监测。重点加强“米袋子”“菜篮子”“气罐子”“油瓶子”等群众关心的价格热点商品的监测。四是做好“农调户”本调查。为了提高农调户登记员的业务水平和成本登记质量，局专干下点对农调户进行辅导。五是做好价格认定工作。年内，局完成价格认定114宗，完成涉案物金额156.83万元。其中，刑事案件96宗，涉案金额115万元；行政案件9宗，涉案金额4.3万元；民事案件8宗，涉案金额34.23万元；纪律检查委员会案件1宗，涉案金额3.3万元。局严格按照价格认定程序规定，把控好受理、勘验、调查、审议和结论等每道环节，力求每宗价格认定案件的受理和处置有理有据。已完成的案例中没有发生投诉和实质性的争议。

七、其他工作齐头并进

一是主题活动扎实开展。扎实开展“两学一做”教育活动。二是廉政建设常抓不懈。认真贯彻落实各项廉政制度。三是干部队伍不断优化。年内通过调整工作岗位，提拔重用7名年轻干部进入局中层管理岗位，10名优秀干部参加过市组织的青干班学习，向社会公开招聘9名年轻人才加入发改队伍。全年有60多人次参加省、益阳市发改委组织的各类培训，干部队伍结构更加合理，整体素质得到很大提升。四是文明创建成效显著。2017年9月5日，接受中央文明办创建全国文明单位检查组领导的检查和指导，受到湖南省文明办和沅江市委宣传部领导的一致肯定，成为第五届全国文明单位候选单位，9—10月，在省、国家级新闻媒体上先后公示。2017年11月17日，全国精神文明建设表彰大会在北京举行，大会揭晓第五届全国文明城市、文明村镇、文明单位、文明校园、未成年人思想道德建设工作先进代表和全国道德模范代表名单。局荣获第五届“全国文明单位”称号，并在中国文明网、人民网、新华网等网站上公布。

沅江市人力资源和社会保障局

【基本情况】

沅江市人力资源和社会保障局，为沅江市人民政府工作部门，2017年，局内设13个内设机构（即办公室、人事股、财务股、基金监督股、公务员管理股、事业单位管理股、专业技术人员管理股、就业培训股、机关事业单位工资福利股、社会养老保险股、政策法规与劳动关系股、医疗生育保险股、工伤保险股）；局属二级机构12个（即市社会劳动保险所、市机关事业单位社会保险所、市医疗保险管理所、市城乡居民社会养老保险所、市就业服务管理局、市劳动监察局、市人力资源市场管理中心、市劳动人事争议仲裁院、市人力资源和社会保障统计信息中心、市工伤保险所、市职业技能鉴定所、沅江市技工学校），其中副科级二级机构6个（即市社会劳动保险所、市机关事业单位社会保险所、市医疗保险管理所、市城乡居民社会养老保险所、市就业服务管理局、市劳动监察局）。

2017年，全局在职170人，其中在编133人、退伍安置37人；退休人员61人。

全局有中共党员 178 人，其中女中共党员 62 人，建 8 个党支部。

【班子简况】

党组书记、局长　　　　官仕范
党组副书记、副局长　方思敬（　—2017.10）
党组成员、副局长　　范　彪
　　　　　　　　　　彭宏伟（　—2017.11）
党组成员、副局长　工会主席
　　　　　　　　　　李志军
党组成员、副局长　　郭晓君（女）
局办公室主任　　　　宋滨波

【工作概况】

一、就业创业工作

全市城镇新增就业 5350 人，完成年度任务 5200 人的 103%；失业人员再就业 3054 人，完成年度任务 2700 人的 113.1%；就业困难对象再就业 829 人，完成年度任务 750 人的 110.5%；新增农村劳动力转移就业 2875 人，完成年度任务 2800 人的 103%；创业带动城镇就业 3760 人，完成年度任务 2100 人的 179%；新增创业担保贷款 4086 万元，完成年度计划 3280 万元的 124.6%；城镇登记失业率控制在 4.3% 以内；实现高校毕业生实名制登记率、跟踪回访率、就业服务率、就业准备率为 100%。

二、社会保障工作

企业养老保险征缴 50275.88 万元，完成年度任务 25968 万元的 193.6%；2017 年 7 月底，为 34623 人企业退休人员调整基本养老保险金，人平增资 144.06 元，并按时足额发放；城乡居民养老保险基金征缴 7754.83 万元，完成年度任务 2740 万元的 283%；城乡居民医保参保率为 99.5%；职工医保异地就医联网（直接）结算资金 420 多万元，上解率 100%；生育保险基金征缴 380.2 万元，完成年度任务 380 万元的 100%；工伤保险基金征缴 1720 万元，完成年度任务 1180 万元的 146%；工伤保险参保人数达 47980 人，完成年度任务 43000 人的 111%；新开工建设项目 32 家，总面积达 50 多万平方，缴纳工伤保险基金 170 万元，工伤保险新建设项目参保率为 100%；失业保险基金征缴 495 万元，完成年度任务 420 元的 118%；失业保险新增参保人数 900 人，完成年度任务 900 人的 100%；失业保险参保总人数达 33200 人，完成年度任务 33200 人的 100%。机关事业单位养老保险征缴基金 22305.5 万元，征缴率为 100%；完成 15520 人次机关事业单位参保登记，占年度目标 11200 人的 138%。

三、人事人才工作

转发省厅或益阳市局审定获得高级职称 76 人、中级职称 120 人，审核并发文确认 2016 年度具备初级职称任职资格 120 人；完成全市高级职数申报工作；招募 6 名本科生开展“三支一扶”服务工作，公开考录 127 名公务员，公开招录 161 名事业单位工作人员，公开招聘 20 名英语教师，赴高校现场招聘教师 45 名；完成全市 78 家单位、14043 人年度考核工作；完成津补贴调标工作和法官、检察官工资改革工作。

四、执法维权工作

全年共受理各类劳动人事争议案件 120 起，结案率为 95.8%；成功调解 84 起，占结案率的 70%，涉及金额 2000 余万元；全市已建工会组织企业工资集体协商规模企业

523家，建制率92%；以政府文件出台《沅江市工程建设领域农民工工资保障金管理办法》，农民工工资保障金专户净交存达940多万元；全年共受理劳资纠纷案件42起（其中涉嫌拖欠和克扣农民工工资案件35起，立案查处12起，移送法院6起，移送公安部门3起，涉及劳动者540人，帮助农民工收回工资310余万元），结案率为97.6%。

五、行业扶贫工作

落实贫困劳动力信息采集、职业培训、贫困劳动力转移就业、补贴对象标准等要求；建立劳务协作信息平台；贫困家庭“两后生”技能培训50人，完成目标任务50人的100%；创业培训660人，完成目标任务660人的100%；贫困劳动力素质提升培训402人，完成目标任务400人的100.3%；对全市38064名精准扶贫对象全部由财政兜底缴费，参加了城乡居民医疗保险，参保率为100%；全年共计5317名精准扶贫对象享受城乡居民医保住院报销，报销比例提高10%，受益金额414万元；171名精准扶贫对象享受城乡居民医保大病保险起付线降低50%，受益金额136.8万元；对21名精准扶贫对象享受城乡居民医保大病保险特药报销，受益金额46.99万元。

沅江市审计局

【基本情况】

沅江市审计局为市人民政府工作部门，内设经责股、财金股、行审股、农水股、经贸股、投资股、技术计划股、审理股、执行股和办公室10个机关股室，下设市建设投资审计中心。2017年年末有人员58人，其中在职34人，离退休24人。在职在岗人员中具有高中级专业职称的7人，取得国家专业资质的8人，其中注册会计师2人，注册资产评估师1人，注册咨询工程师1人，注册造价工程师2人，一级建造师1人，法律职业资格证1人。机关有中共党员41人，设党支部1个。

【班子简况】

党组书记、局长　赵军洪
党组成员、纪检组组长　梁剑光
党组成员、副局长　吴文科　吕敬忠
党组成员、总审计师、工会主席　尹正军
党组成员、市经济责任审计领导小组办公室专职副主任　张电波
办公室主任　周宏琦

【工作概况】

2017年，市审计局坚持审计工作的行政首长负责制，主动适应经济发展“新常态”，推进有重点、有深度的审计“全覆盖”。全年实施6大类、37个审计（核）项目，审计查出主要问题金额305407万元（其中，违规金额16200万元、管理不规范金额289207万元），核减政府投资工程造价5626.75万元，向纪检监察部门移送处理事项4件，移送处理人员4名，被审计单位采纳建议90条，发表各类信息53篇，完成各级交办的中心工作15

项。受托起草并提请市人民政府出台《关于进一步加强审计工作的实施意见》等3个规范性文件。审计通联工作和6项审计技术成果获省厅表彰奖励，计划生育工作被沅江市委、市政府评为先进单位。

一、坚持依法审计

（一）深化财政预算执行审计。同级财政预算执行审计共查出57个问题，其中同级财政存在预算编制与执行、社会保险资金、财政专户资金、政府专项资金等32个问题，所抽选的6个部门单位的预算执行存在24个问题，移交市纪委处理问题1个。审计结果于6月28日向市人大常委会报告，引起较大的反响。

（二）领导干部经济责任审计。全年实施13个经济责任审计项目（其中，离任8个、任中5个），涉及领导干部15人。局经济责任审计常年坚持与组织纪检部门联合进点、特邀被审单位“两代表一委员”座谈、与纪检部门一同向被审计单位反馈情况等做法，较好地发挥了权力“紧箍咒”的作用。

（三）部署政府投资审计改革。2017年，以《沅江市财政投资评审管理实施办法》和《关于沅江市政府性投资建设项目造价审计工作职责分工、业务操作流程与工作要求的暂行规定》等相关文件，积极推进政府投资审计改革，完善政府性投资建设项目投资审计业务操作流程。全年完成政府投资审核项目78个，送审投资3.67亿元，核减金额5626.75万元，审减率为15.34%，为财政节约了建设资金。

（四）加大民生资金审计力度。全年共实施9个专项资金审计项目。除重点抓好参与益阳市审计局组织的对沅江市保障性安居工程跟踪审计和扶贫专项资金审计调查外，还协调配合益阳市局完成血吸虫病防治专项资金审计和稳增长政策措施落实情况跟踪审计。同时，组织开展对共双茶垸水利项目资金、创业专项资金、市城建投公司征地拆迁安置资金和农业综合开发等专项资金审计。通过一系列民生项目和资金审计，督促归还被挤占挪用的专项资金，纠正部分专项资金管理不规范、发放不及时、使用不合规等问题，维护了人民群众的利益。

（五）注重重点风险隐患审计。为发挥经济发展的“安全员”作用，对市园林、路灯、城管大队进行财政财务收支审计；并继续坚持对市城建开发公司的资产负债损益进行审计，审计结果已向市人大常委会报告。

（六）完成上级交办中心任务。全年接受并完成各级交办的中心工作15个，即协助益阳市局上审下财政决算审计、血防专项资金审计；镇场街道财务运行审计调查；配合市纪委对三公经费的检查、参与益南高速沅江支建指挥部草尾段指挥所案件调查；市长交办的2016年度沟渠塘坝清淤增蓄工程专项资金审计；益阳市局交办的强农惠农专项资金清理整治工作；1人参与十二届沅江市委第一轮巡察，2人参与十二届沅江市委第二轮巡察，1人参与六届益阳市委第二轮巡察；首届洞庭湖生态文化旅游暨水上运动节资金使用情况审计；市人大交办的融资平台历年来融资及使用情况审计，参与市人大的审计整改的督办；参与市国土局对全市“旱改水”工程的验收工作；参与审计署特派办的长江经济带生态环境保护审计。

（七）注重审计结果运用成效。一是加强审计整改。健全责任机制，由执行股对审计整改情况跟踪督促；着力构建整改联动机制，由人大监督和审计监督形成合力全面提升监督效果。二是推进审计结果公告，向社会发布审计结果公告15篇。

二、加强科学管理

（一）加强制度建设。一是以市政府规范的20项《行政权力清单》和12项《责任清单》作为审计监督的准绳。二是严格机关制度管理。认真构建、修改并完善一套从领导班子到股室成员的职责权限、从审计计划到审计整改回访的业务程序、从上班纪律到内部控制三个大类的制度笼子，形成“按制度办事、用制度管人”的管理体系。同时结合各股室工作职责和人员岗位分工，制定《绩效考核办法》，形成导向明确、科学合理、体系完善的绩效考核评价机制。三是建立健全审计质量控制体系，把审计质量作为审计工作的生命线来抓；并建立健全审计质量责任追究制度。

（二）扎实推进党建工作。除局党组班子带头讲党课外还邀请市委宣传部的工作人员给全局党员干部讲专题党课，中心组集中学习12次，严肃认真地召开民主生活会。全局开展4次推进“两学一做”学习教育常态化制度化专题活动集中学习研讨；坚持落实好“三会一课”制度，推行党员量化积分管理，开展民主评议党员，发展新党员，规范党费收缴，结合主题党日到胡耀邦故居参观学习、到湘北社区开展在职党员进社区活动，法制宣传日组织干部去街头开展“弘扬法治精神，加强审计监督”的“现场说法”，倡导“心连心党员关爱资金”和“湘北社区爱心超市”捐款等活动；深入开展党员主审项目业务竞赛活动，引导党员干部立足本职争当行家里手；组织全体党员干部认真学习新的党章党规、习近平总书记系列重要讲话和中共十九大报告等，坚持以习近平新时代中国特色社会主义思想指导机关党建工作。

（三）党风廉政建设。健全机构、强化领导，落实党风廉政责任制。以

“实、高、新、严、细”和“审计纪律八不准”为准则，反对“四风”和“不严不实”的问题。自觉参加上级审计机关召开的党风廉政教育视频会议，积极邀请市纪委常委讲廉政党课，到益阳市反腐倡廉警示教育基地接受警示教育，在防汛抢险大堤重温入党誓词；与市人大、市委督查室去被审单位联合回访审计工作纪律遵守情况。局党组班子带领全体审计干部加强自律、弘扬正气、不忘初心、廉洁奉公。

（四）提升队伍素质。积极拓宽渠道、搭建平台，全年派出10余人次去审计署特派办、省厅和市局跟班学习，以审代训；全局业务骨干“走出去”向安化学习取经、组织20余人次参加“中国审计数字在线网”的政治学习与业务培训，聘请专家面授党纪国法，推选本土一线“能手”现场说法方式提升学习效果。依托审计案例和审计方法的形式进行业务讲评已成常态，多次得到上级部门的褒奖。积极构建审计信息化工作平台，确保审计人员人手1台笔记本电脑。尝试实行审计专业技术资格制度，对2017年新考入的8名人员要求具备审计或相关专业知识

和技能。

（五）精准扶贫攻坚。全年7次组织全局党员干部进村入户走访帮扶，组织资金24万元、协调项目资金32万元支持社区基础设施建设，对贫困帮扶对象救助慰问2万元，给贫困家庭学生购买学习用品，组织志愿者进行教育扶贫。通过精准推进扶贫脱贫攻坚工作，确保社区2017年年底前实现脱贫。

（六）开展文明创建。全局党员干部走村入户，精准扶贫；以9名“审计能手”和“最美审计干部”的“火车头”作用树行业标兵；组织党员主审项目业务竞赛活动；继续办好审计论坛。结合主题党日开展爱国主义教育与警示教育；派出3名干部参加市审计系统“品红色经典，抒审计情怀”的读书演讲比赛。创办“道德讲坛”，开展审计职业道德教育和审计人员的核心价值观培育；同时，通过组织机关工会活动、“志愿者”扶贫公益活动、绿化美化机关庭院、参加大众运动会等工作，倡导以人为本的集体凝聚力。新成立妇委会，组织参加全市女子集体跳绳比赛，向市妇联和市委宣传部推选1户“文明家庭”。作为“益阳市文明单位”，局通过上述各种有效的活动，力助全局审计文化的大提高和审计文明的进步。

沅江市安全生产监督管理局

【基本情况】

沅江市安全生产监督管理局，加挂沅江市安全生产委员会办公室的牌子，履行全市安全生产监督管理职能。2017年，经市人民政府批准成为行政执法机构，属于政府组成单位，为市人民政府主管全市安全生产综合监督管理部门。

沅江市安监局现有干部职工35人，设办公室、安全生产综合协调股、职业安全健康监督管理股、危险化学品安全监督管理股、烟花爆竹安全监督管理股、法制股等10个股室和市安全生产执法大队二级机构。主要负责全市危险化学品、烟花爆竹、非煤矿山、工贸行业和职业卫生的安全监管任务，并承担全市安全生产综合监督管理责任，依法行使综合监督管理职权，指导、协调、监督检查全市各部门安全生产工作。

【班子简况】

局长	龚　志
副局长	王俊生　龚志良
纪检组组长	盛建民
总 工 程 师	汪正光
办公室主任	汤　晔

【工作概况】

一、履行安全生产责任

（一）加强安全生产监管能力建设。2017年，新招考10名安全生产执法大队人员，对市安全生产委员会成员单位进行调整，共有成员单位32个。各镇场街道都已经挂牌成立安全生产委员会、安全生产监督管理办公室。

（二）开展重点行业领域专项整治。对水上非法载客船舶、水上加油船舶、建筑施工、道路交通、校车、人员密集场所、危险化学品、烟花爆竹、职业健康危害、非煤矿山等重点行业领域每月专题专项整治行动，取得良好的效果。共出动执法人员950多人次，查封非法生产企业（作坊门店）204家，扣留非法采砂船舶、非法载客船舶84艘，立案查处92起，罚没款108万元，没收各类非法产品价值320万元。

（三）认真夯实安全生产基层基础。全年完成工贸企业三级标准化3家和二级标准化2家的达标任务。在沅江纸厂等3家企业开展安全生产应急救援演练，督促共华镇创建省级安全生产示范乡镇、新湾镇创建益阳市级安全生产示范乡镇。组织开展7次大型安全生产专题培训，共培训人员1200余人次。对全市1065家烟花爆竹门店清理整顿，对符合要求的400家经营门店发放行政许可，对不达条件的经营门店全部按时下架。开展烟花爆竹“打非”清剿专项行动，共出动执法人员300多人次，查封门店500多家，没收各类非法烟花产品价值30多万元。

（四）努力营造安全生产良好氛围。在沅江安监网、电视台、手机报等主流媒体开设专栏，发稿700多篇，对各区域、各行业的安全生产情况全方位的报道，并曝光一批不安全的典型现象。在全市主要交通要道、白沙大桥桥头等处树立大型安全生产宣传栏5块，在各乡镇、企业、人员密集场所等区域树立宣传栏500多块。认真组织开展“安全生产月”活动。在全市近千幅书法作品中遴选出优秀作品180余件，于“安全咨询日”当天在琼湖路展出，吸引大批群众前来参观。组织安委会成员单位于“安全咨询日”在琼湖路提供安全生产宣传咨询。共展示宣传横幅1100余幅，展板230余块，向群众提供咨询9000余人次。调用宣传车在全市范围内进行流动宣传，并分发宣传手册、资料等2万余份。在南方水泥厂等3家企业进行安全生产巡展，发放安全生产知识宣传材料共8000余份。

二、履行政治领导责任

一年来，局始终坚持将讲政治贯穿于自身建设和各项工作，努力提升把方向、管大局、作决策、保落实的领导能力。全年提请市委常委会议2次、政府常务会议3次研究安全生产工作，全市召开4次安全生产专题会议，局党组召开会议23次，机关干部会38次。一是认真传达学习中共十九大精神。局党组中心组围绕学习宣贯中共十九大会议精神，专题学习讨论3次。局党组书记、局长讲党课4次，并就红旗渠学习精神组织专题汇报会。二是进一步增强“四个意识”。专题组织学习《中国共产党廉洁自律准则》《中国共产党纪律处分条例》《中国共产党问责条例》和《关于新形势下党内政治生活的若干准则》等党内准则条例10余次。三是深入贯彻执行上级决策部署。对沅江市委召开的重要会议、作出的重大决策部署，做到第一时间传达学习、第一时间研究贯彻落实，与中共中央保持高度一致，切实增强履行安全监管职责的责任感、使命感，强力推进隐患排查整治，切实加强岁末年初安全生产工作。

三、履行党要管党责任

一是认真开展正风肃纪行动。强调春节前后贯彻落实中央“八项规定”以及省、益阳市、沅江市各项规定。二是认真落实“三会一课”制度。认真开好民主生活会和组织生活会。机关支部每月为干部职工上党课。三是严控“三公”经费。认真贯彻《党政机关厉行节约反对浪费条例》，公务接待严格按市委市政府有关规定执行。严格规范干部外出学习考察、公务用车，严格控制车辆运行费用等。

沅江市食品药品工商质量监督管理局

【基本情况】

沅江市食品药品工商质量监督管理局是市政府工作部门之一。2015 年 12 月，按照体制改革的要求，原市工商局、市质监局、市食药局 3 局合并成立新的市场和质量监督管理局，2017 年 3 月，按照省政府的规定，经市委、市人民政府批准，再次更名为市食品药品工商质量监督管理局。实行属地管理，主要履行原工商行政管理、质量技术监督、食品药品安全等市场监管工作的职能，承担全市市场主体发展、商品质量监管、食品药品安全、特种设备安全监管、打击破坏社会主义市场经济秩序违法行为等职责，同时，肩负市食品安全委员会、市质量强市工作领导小组、市打击传销工作领导小组和市清理无证无照工作领导小组的日常工作。

2017 年，沅江市食品药品工商质量监督管理局内设 18 个股室、2 个直属行政机构、5 个直属事业单位，下辖 13 个监督管理所（四季红所暂由阳罗洲所代管）。沿袭基层所健全的行政体制，整体框架上织就“机关指导、依镇设所、遍及全市”的监管网络。是年底，有工作人员 360 人，其中，在职工作人员 222 人，提前退休人员 38 人，退休人员 100 人。全局共有中共党员 189 名，设党总支 1 个，党支部 4 个。

沅江市食品药品工商质量监督管理局严格执行市委各项决定，整合融合及精局强所等方面的工作，初步取得成效。一是编辑整合三局业务知识的《工作指南》；二是对局领导的分工进行错位安排，既有熟悉的业务，也有新的业务分管；三是对中层骨干进行部分岗位交流；加强对基层监管所的基础设施改造和办公条件的改善，加大工作经费的保障力度，保障基层所人员有一个安心的工作环境；五是对职能重叠的股室合并或撤销，撤销合并两个股室，“瘦身”后的局机关更加凸显工作效率，一支服务人民、执法公正、纪律严明的行政执法队伍正在形成。

【班子简况】

党组书记、局长		孙志斌
党组副书记、副局长		胡继勇
党组成员	胡小平	邹遐辉
	胡雪清	赵　伟
	王立国	李康民
党组成员　纪检书记		黄　浩
党组成员　总工程师		杨定新
办公室主任		许世宏

【工作概况】

一、以服务发展为己任，全力助推沅江经济提速

（一）商事制度改革成效显著。继续稳

步推进商事制度改革工作，通过注册资本登记制度改革、前置审批改为后置审批以及“五证合一”“两证整合”等举措，进一步便利注册登记办理，降低市场准入门槛。同时，进一步扶持小微企业发展，鼓励大学生创业，全面释放改革红利，激发“双创”热情。至年底，局已为1730家企业核发“五证合一”执照，共鼓励小微企业转型升级187家，其中工业93家。全面深化改革最大限度地激发市场活力。6月上旬，全市共有市场主体41926户，上半年共发展1866户，同比增长182户，增长34.2%。其中：个体工商户1362户，同比增长168户，增长49.3%；企业404户，同比增长9户，增长3.5%；农民专业合作社100家，同比增长27家，增长97%。

（二）无照经营清理成绩斐然。年初，根据局《2017年工作计划》，制定《查处取缔无照经营活动实施方案》，对各所查处取缔无照经营的情况实行月报制。特别是4月6日省局“无证无照经营管理系统”上线后，各所通过对《无证无照经营管理手册》的学习，已基本掌握系统功能，并在内网系统运行，将无证无照情况及时录入并处理，对于无证的应抄告的要求在系统进行抄告处理。上半年，局无照经营专项整治行动规范引导办照284户，责令整改22户，立案查处30起，结案16起，罚款6.42万元。

（三）市场主体年报圆满完成。局采取领导带队、媒体宣传、上门服务等方式，帮助引导市场主体进行网上信用信息公示年报。是年，企业应年报4733户，已年报2269户，年报率为47.94%；农民专业合作社应年报873家，已年报397家，年报率为45.48%；个体工商户应年报24945户，已年报23828户，年报率为95.52%；市场主体综合年报率为86.72%。

（四）帮扶扶贫工作卓有成效。一是开展企业帮扶工作。通过实地走访了解，对湖南天下洞庭食品有限公司、湖南飞涛专业汽车有限公司、湖南博大天能食品有限公司3家结对帮扶企业进行调度帮扶，“一对一”帮助解决企业实际困难，较好地解决了企业在融资、生产以及周边环境等方面的问题。二是扎实推进精准扶贫。通过驻村帮扶、实地走访等形式，根据帮扶对象的具体情况制定具体的措施办法，为结对村黄茅洲镇黄茅洲村脱贫63人，圆满完成脱贫攻坚任务。三是实施商标品牌战略。着力指导培育商标品牌，提升企业综合竞争实力。全市共有注册商标712件，其中，湖南省著名商标15件，湖南省名牌产品4件，全国驰名商标4件。上半年，共有4家企业的8个商标拟申请湖南省著名商标。

（五）计量惠民着力注重实效。局围绕“一机二器三表”等计量器具展开免费检定和强制检测工作，着力护民利惠民生，把关计量市场。上半年，共检定计量器具960余台（件），其中：检定台秤、案秤、电子计价秤、电子汽车衡等衡器170余台（件），燃油加油机182台（件），压力表120余块，血压计30余台，电能表60余块，天平40余台，出租车计价器350台，检定合格率90%以上。

二、以安全有序为目标，全力维护市场经济秩序

（一）围绕热点，强化食品安全监管。一

是摸清底数，全面巡查。为保证全市食品安全，局下大力气摸底、巡查。全市共有 82 家食品生产获证企业，3350 家食品经营单位，1307 家餐饮服务单位，179 家药品零售企业，117 家医疗器械专营企业，124 家化妆品经营单位。上半年，新办理“食品经营许可证”的单位有 492 家；受理新申办药品零售企业 8 家，变更 24 家。二是抓住重点，专项整治。一方面，重点领域专项整治。开展芦笋市场专项整治行动，共检查芦笋生产企业 13 家，芦笋经营户 80 家，下达责令整改通知书 21 份，扣押封存标签标识不符合规定的芦笋产品 640 公斤、礼品盒 943 个，扣押涉嫌冒用他人的芦笋包装袋 11100 个，取缔无证加工销售窝点 3 处，立案查处违法案件 11 起。联合“茅台”“五粮液”等名优白酒厂家对全市的名烟名酒专卖店、烟酒门市部、超市等酒类场所进行检查，查封扣押涉嫌假冒注册商标的各类名酒 165 瓶，价值近 15 万元。另一方面，重要节点专项整治。在洞庭生态旅游节开展夜宵市场专项整治行动，检查夜宵经营户 128 户，发出责令整改 58 户，取缔 3 户。在高考之前，开展校园及周边食药安全专项整治行动，共出动执法人员 96 人次，检查单位 62 家次，责令整改 7 家，立案 2 件，罚款 1.4 万元。三是专项行动，扎实开展。全年局按照上级安排部署，认真开展“清网”“四查”“护苗”，农村食品无证经营清理等专项行动，共出动执法人员 332 人次，检查经营户 5556 家次，责令整改 87 家，立案 17 件，罚款 15.92 万元。四是食品作坊，专项监管。全市摸底建档食品加工小作坊 94 家，办证小作坊 19 家。

此外，上半年，局对全市 77 家食药企业进行培训，提高从业主体责任意识和安全意识。

（二）突出重点，强化药械安全监管。一是开展 GSP 认证(《药品经营质量管理规范》认证）和医疗器械备案工作。对 3 家药品零售企业进行 GSP 认证，变更 24 家。受理经营第三类医疗器械零售企业 9 家，变更 1 家，经营第二类医疗器械备案 8 家，均已通过验收。二是加强对药品经营企业日常监管和医疗机构规范化管理，强化对药品购进渠道的监督检查和票据管理，进一步规范药品购进渠道。三是开展 ADR（药品不良反应）和 MDR(医疗器械不良事件)上报工作。上半年，在真实有效的基础上，完成上报药品不良反应 42 份，医疗器械不良事件 10 份。四是开展药品流通领域突出问题专项整治。办理简易程序案件 92 个，一般程序案件立案 18 件，罚款 33 万元。对 18 家药品零售企业发出责令整改通知书，真正做到监管不留死角。

（三）点面结合，强化特种设备监管。上半年，局结合特种设备安全“监管执法年”活动，共出动安全监察人员及执法人员 323 人次，现场监察特种设备使用单位 81 家，气瓶充装单位 13 家，电梯 30 家、320 台，锅炉使用单位 22 家。下达特种设备安全监察指令书 40 份，特种设备现场安全监督检查记录 81 份。张贴液化气钢瓶宣传资料 2000 多份，稳步推进液化石油气钢瓶安全信息化管理工作。签订 2017 年度《沅江市特种设备生产质量安全承诺书》81 份，进一步落实企业安全生产主体责任。实现全市上半年特种设备零事故的工作目标。全市在用特种设备（除压力管道和钢瓶外）共有 2035 台，涉及使用单位267家，其中有锅炉60台，压力容器962台，电梯672台，起重机249台，厂内机动车辆41台，在用游乐设施14台。

（四）抓住要点，强化标准质量建设。一是质量工作卓有成效。年初，制定《沅江市2017年政府质量强市工作规划》，先后组织召开3次质量强市工作联席会，对质量强市工作中的产品质量、工程质量、服务质量和环境质量四个重要指标任务分解，提出明确要求。此外，还组织市质量强市领导小组成员单位分管领导、市重点企业中高层管理人员100多人参加“质量大讲堂进企业”活动，在全市范围内尝试推广卓越绩效管理模式。二是标准化工作有为有位。通过局与省质监局积极协调和对接，4月25日，《沅江鲜芦苇笋采收与运输技术规范》和《沅江芦苇笋罐头加工技术规范》两项沅江芦笋地方标准正式实施，于6月16日召开沅江芦笋两厢地方标准发布会，为沅江芦笋产业发展做出积极贡献。

三、以打假维权为重点，全力保障消费者合法权益

（一）专项行动有序开展。一年来，局扎实开展八大专项整治行动，成效凸显。其中，网络市场监管专项整治行动网上检查网站、网店100个次，实地检查网站、网店、网络交易平台、入网食品生产经营者50个次，查办网络违法案件6件，责令整改网站4个次，删除违法商品信息5条；虚假违法广告专项整治共监测广告82条，查处虚假违法广告案件6件；红盾质量维权专项行动对钢材9批次、家用厨电11批次样品抽检，立案13件，罚没金额8.9万元；打击传销专项行动张贴打击传销宣传画报200张，散发宣传资料2000份，制作宣传板报4幅，开展集中宣传咨询活动1次。立案1件，正在调查处理之中；红盾护农专项行动共在农药、化肥、农用泵等产品中抽样15个，2个农用自吸泵、1个化肥不合格，均已立案查处；打击商标侵权专项行动，立案3件，涉案金额8万多元；合同市场专项整治行动查处格式合同霸王条款案件2件，罚没金额1万元；无照经营专项整治行动规范引导办照284户，责令整改22户 立案查处30起，结案16起，罚款6.42万元。

（二）维权活动有条不紊。“3·15”国际消费者权益保护日，局在美世界百惠生活广场前通过发放宣传资料、展开宣传游行等方式集中开展宣传活动。是日，共接受消费者现场咨询126人次，现场受理投诉3件。活动期间，出动执法人员380人次，执法车辆32台次，共发放宣传资料2000份，巡查各类市场主体456户次，查处销毁不合格商品12种，价值5万余元。通过日常调处，保障合法消费权益。局认真受理和转办全国专线“12315”“12365”“12331”三部消费者投诉举报服务电话，共受理消费者投诉89件，调解处理83件，帮助消费者挽回损失18万余元，有力地打造公平和谐的消费环境。

（三）打击传销重拳出击。局定期组织宾馆、饭店管理人员召开联席会，学习传销和变相传销的表现形式、讲解危害后果、通报整治成效，基本形成群防群治的社会环境。同时，加大舆论宣传攻势，利用广播、电视、报纸等传播媒介，宣传《直销管理条例》和《禁止传销条例》，宣讲传销及变相传销对社会的危害后果，增强了群众的自我防范意识。

四、以“两学一做”为抓手，全力打造市场监管精兵

（一）“中梗阻”专项治理行动。继上年开展“雁过拔毛”式腐败问题和“纠四风、治陋习”专项整治活动以来，局在纪律作风建设方面一直保持思想定力，常抓不懈。局按照省、市纪委的要求，集中开展“中梗阻”式腐败问题专项治理。通过集中梳理问题，拿出切实整改方案，持之以恒地加以推进，从根本上有效疏通“中梗阻”，为全面优化沅江经济社会发展环境奠定坚实基础。

（二）“两学一做”学习教育活动。局在全体党员中组织开展“两学一做”学习教育活动，通过领导干部讲党课、召开民主生活会等形式进一步加强党的思想政治建设。

沅江市环境保护局

【基本情况】

沅江市环境保护局为政府组成部门，对全市的环境保护工作实施统一监督管理。局机关内设办公室、人事教育股、监督管理股、总量减排股、法制宣教股、生态保护股、政务服务股、财务股8个机关股室。下设市环境保护局高新区分局、市环境监察大队、市环境保护监测站3个事业单位。2017年全局有干部职工123人，其中在职102人（包括提前退休5人），退休21人；获得本科学历的22人，其中获得环保专业技术副高级职称的5人、中级职称的17人。共有中共党员83人，设立机关、监察大队、老干3个党支部。

【班子简况】

党组书记、局长	文志红
党组成员、副局长	周电华　彭万里
党组成员	黄跃辉
党组成员、总工程师	袁曼红
办公室主任	李　丹

【工作概况】

2017年，全市深入贯彻落实上级和市委、市政府生态文明建设和环境保护工作的决策部署，按照“12345”的总体思路统筹推进生态环境保护工作，加速环保督察问题整改，环境保护工作取得新的进展，环境质量明显改善。全年环境空气质量优良率为81.6%、地表水水质达标率为83.7%、农村生活污水处理率为70%，小康指标实现率分别达96%、88.1%、116.7%，提升幅度在全省排名第一；完成部分饮用水保护区环境整治，饮用水水质达标率为100%；主要污染物减排任务全面完成，万元GDP主要污染物排放量下降；环境执法力度加强，环境违法行为得到有效遏制；农村环境综合整治整市推进工程获得验收，农村生态环境质量得到提升；生态保护红线科学划定，已通过省和国家认可；水污染防治项目和土壤污染防治项目申报取得初步成果。

一、环境执法

（一）信访投诉。2017年，应急室受理环境信访件共338件，其中红网投诉7件、华声在线投诉2件、益阳交办44件、市长热线投诉72件、来电投诉194件、群众来访投诉19件。其中大气污染投诉160件，占总数的47.3%，噪声污染投诉117件，占总数的34.6%。水污染投诉61件，占总数的18.1%。信访案件办结率为100%，反馈率为100%，无错案、积案。对具备回访条件的全部回访，满意率在98%以上。未发生进京到省越级非正常上访案件。

（二）行政执法。2017年，市环境监察大队针对辖区内的各类环境违法行为，共下达《责令改正违法行为决定书》132份、《停产整治决定书》4份、《行政处罚事先（听证）告知书》63份、《责令停止排污决定书》71份、《环境保护查封、扣押决定书》1份、《环境保护查封决定书》3份、《行政处罚决定书》41份。移送公安行政拘留案件6件，行政拘留8人，共计罚款922378元。

（三）费用征收。2017年，共收缴排污费298.9万元，征收排污权有偿使用交易费292万元。

二、环境监测

（一）完成环境质量监测。区域环境质量监测。城区空气自动监测站，站内派出专人巡查维护，并每日将数据进行科学有效性审核后上报，获得有效日均值数据4260个；酸雨常规监测获得成果数据75个；城区地表水省控断面后江湖每月进行全分析，获得成果数据共312个；城区其余5个内湖水质监测获得成果数327个；集中式饮用水源地2个测点，共获得成果数据92个。

（二）及时提供监测服务。

一是总量控制和重点污染源监督。完成监测130家（次），为局减排办和监察大队提供主要污染源监测数据790个。二是协助环境监察执法做好环境污染投诉事件的监测工作达到50余次，为仲裁污染纠纷提供监测数据。三是沅江境内湖泊水质监测。沅江市范围内23个湖泊开展退养前或退养初期与后续的水质状况监测，共获得成果数据368个。四是完成空气、水监测和声环境状况委托性监测12批次，获得成果数据共1000多个。五是在市“两考”（中考，高考）期间，组织专人参加“绿色护考”噪声监测巡查工作。六是配合完成省环保督察行动组交办的各项工作。

（三）生态环境质量考核。2017年，市获得重点生态功能区转移支付2902万元，为落实县域生态环境质量监测评价与考核工作实施方案的要求，局及时向市政府汇报争取支持，制订县域生态环境质量考核工作实施方案，组织召开专题工作会议，分解责任，明确目标，部署考核工作。经益阳市专家组现场核查，市顺利通过县域生态环境质量考核。

三、项目审批

2017年，共审批建设项目环境影响评价文件63件，办结63件，办结率为100%。其中建设项目环评审批事项34件（建设项目环境影响报告表34个），核发正式排污许可证（含换证）19份，临时排污证10份。对高新区服装产业园90家新入驻企业的基本情况进行摸底调查，督促办理环境影响评价手续。所有项目满意率为100%，未发生任何投诉和上访事件，多次受到服务单位的好评。

四、生态环境

（一）生态保护红线划定。由于国家对生态红线划定工作提出新的要求，将按新的红线划定技术指南重新划定。根据这一情况，由市人民政府组织相关单位、部门多次召开“关于调整生态红线划定面积的研讨会”已拿出调整方案，局请专业技术人员做出红线调整图，并形成汇报材料配图纸附说明，上报益阳市人民政府。截至年底，国家确认的生态保护红线面积为725.42平方公里，占国土面积的34.04%。

（二）农村环境综合整治。农村环境综合整治整县推进项目44个村按照省环保厅要求进行环境综合整治，工程项目已全面完工。上年年底完成验收资料的收集和汇编工作，并顺利通过省厅验收。2017年，计划完成25个村的农村环境综合整治。

（三）开展土壤污染治理。一是按时完成市土壤污染源、污染地块的调查并编制《沅江市土壤污染源、污染地块调查报告》，其中全市污染源总数313个，其中工业污染源27个、污染地块3处；农业污染源248个；生活污染源35个，分别占污染源总数的10%、78%、12%。二是编制《沅江市土壤污染防治工作方案》，已下发到各镇场街道、市直相关部门。三是申报2018年的土壤污染治理项目3个，其中沅江市电镀厂土壤修复项目已纳入省级A类项目库。

五、其他工作

（一）专项整治。燃煤锅炉加油站油气治理及黄标车淘汰。城区10蒸吨及以下燃煤锅炉10个全部淘汰到位，全部改用天然气或生物质固体成型燃料等清洁能源；沅江纸业、金太阳烟气脱硝工程已经建成并投入试运行。市所有加油站共有地下油罐243个，有43个双层罐、74个单层罐设有防渗池，其余单层罐正在整改中。上年，完成淘汰“黄标车”615台（原任务610台），发放环保绿标11225个。

（二）饮用整治。2016年3月以来，扎实推进饮用水源保护，组织开展饮用水源安全隐患清查行动，坚决取缔饮用水源保护区的违法排污口及违规建设项目。市已在沅江市三水厂水源地保护区设置标志、宣传牌及交通警示牌40块，并制定《沅江市白沙长河小河嘴饮用水源保护区规范化建设方案》，并对饮用水源保护区内违规排污口、畜禽养殖场、砂石堆场等问题专项清理。市环境监察大队联合相关市直部门依法强制拆除城区白沙大桥沿线11处非法砂石堆场，清运砂石10万余吨，拆除大小房屋63间、12000平方米，沿线大堤恢复原貌、逐步实施景观美化。

（三）退养整治。全市8个镇场街道的20处、10580亩珍珠养殖水面，已退养90.5%，除南嘴镇有1000亩水域因业主申请司法诉讼造成延期外，其余已全部退出；涉及全市9个镇场街道存在湖泊水产人工养殖，共有湖泊水产精养面积54285亩，2016年已全部退养；2017年，政府计划将榨南湖列入水产精养退出范围。

（四）污染整治。为改善大气环境，局于1月至2月底全面开展全市挥发性有机物调查工作。通过调查，市VOCs排放量较大的行业分别为化石燃料燃烧、船舶制造、机械喷涂、生物质燃料燃烧和包装印刷等。调查重点企业41家，VOCs排放总量为1395吨。根据上级环保部门要求，列入湖南省2017年度大气污染防治重点项目的中联重科股份有限公司沅江分公司、湖南鑫海网业有限公司的挥发性有机物治理工程已建成，设施正在调试中。

六、整改反馈

2016年以来，市相继接受省环保督察、涉及沅江的24个突出环境问题，19个已整改到位、其余5个正加速整改，完成率为79.17%。其中11个中央环保督察问题完成整改10个，还有1个问题正在整改，完成率为90.91%；3个中央环保督察未办结信访件完成2个，还有1个正在整改，完成率为66.67%；10个省环保督察问题完成整改7个，还有3个正在整改，完成率为70%。

七、宣传引导

根据省市相关文件精神，宣传当前环保工作面临的形势和任务，提高全市人民的环境保护意识，局以“6·5”世界环境日、“全国科普日”“国家宪法日”等活动为契机，紧紧围绕“绿水青山就是金山银山”这一主题组织开展系列宣传教育活动，通过户外咨询、展出宣传展板、拉挂横幅、电视宣传、设立环保法律咨询台、派发环保资料等形式进行环保知识宣传，全年在市区及各镇场主要街道悬挂宣传横幅500余条，展出宣传展板50多块，设立3个环保法律咨询台，发放宣传资料5000余份，公众参与人数5000余人。并根据省厅要求，印制土壤污染管控能力宣传资料12万份，充分调动公众参与环保的积极性，营造浓厚的社会舆论氛围。

图1：第四十六个“6·5”世界环境日活动

图2：市委召开人工水产精养退养专项会议

图3：全市第二次污染源普查动员大会

图4：沅江市环保志愿者协会第一届三次会员代表大会

（图1—图4，均由市环境保护局办公室提供）

沅江市湿地保护局

【基本情况】

沅江市湿地保护局于2012年1月成立，现有机关行政编制27名，在职干部职工24人，党组织4个，中共党员17人，其中女中共党员2人。

【班子简况】

党组书记、局长　郭建平
党组成员、副局长　尹志和　王　浩
党组成员、纪检组组长　刘建辉
办公室主任　肖向前

【工作概况】

2017年，该局坚持发展经济和社会稳定两手抓，沅江芦笋产业项目建设取得明显效果，启动芦科所遗留问题工作取得阶性成果，机关作风建设进一步加强，相关的社会矛盾逐步理顺，各项任务全面完成。

一、芦笋产业项目建设

局把沅江芦笋产业项目建设作为主抓手，加强组织实施、生产管理和科技服务，取得成效。

（一）抓好生产质量。一是继续加大生产投资。全市完成投资3.6亿元，其中原料收购2.697亿元，改扩建产房3390万元，设备添置2100万元，原料基地投入3580万元，技改等投入1030元。收芦笋原料产量4.1万吨，完成加工39860吨，深加工产品销售8500余吨，实现销售额过亿元。二是加大产品开发力度，继续深化与湖南农大、湖南中医药大学、湖南农科院、中南林科大等单位的科研合作，加强芦笋企业与研究单位的紧密对接，对新产品的开发实行课题管理。年内已开发出芦根饮料、芦笋多肽抗疲劳新产品，进一步增强了品牌影响力。三是加强生产标准化建设。4月25日，由省标准化研究院正式发布《沅江鲜芦苇笋采收和运输技术规范》《沅江芦苇笋罐头加工技术规范》。正在申报制定“清水芦笋”等产品质量标准和《沅江芦笋产品质量标准》《沅江芦笋地理标志商标地方保护措施》。四是加强“沅江芦笋”商标使用的管控。防止品牌滥用,保护品牌形象。对“沅江芦笋”商标使用，严格实行申请、认证、监管制度。对使用“沅江芦笋”商标的企业、经销商进行彻底清查，重新认定。对芦笋产品的内外包装凡标示“沅江芦笋”的严格管控，从包装印刷环节起严格把关。是年授牌使用“沅江芦笋”企业16家。五是打击劣质产品。加大对沅江芦笋生产经营的执法检查和打击力度。上半年，局联合市场监督管理局对所有芦笋企业、芦笋经销门店进行一次彻底排查整治和业务知识培训。依法追究非法代工生产沅江芦笋的企业。

（二）加强基地建设。一是根据芦笋生产企业发展需要，选择高产优质、交通相对便利的苇田，由芦笋企业直接管理或者采取原有苇田承包业主与芦笋生产合作经营的方式，加强芦笋企业对芦笋生产基地管理的权利和责任。通过努力落实高产芦笋基地 9 万多亩。

（三）强化营销推广。一是进一步加大宣传力度。发挥主流媒体的推动作用，跟踪宣传沅江芦笋产业进展。在飞机、高铁等人流量大的场所做广告，扩大沅江芦笋品牌认知度，上半年花费近 45 万元在两列高铁、南航两架飞机上打广告宣传推广沅江芦笋。下半年积极组织参加广交会、农博会等食品展销会，扩大沅江芦笋精准营销。与湖南省餐饮协会对接，将沅江芦笋推广到北戴河度假区，获得好评。二是推广精准营销。深化与庆丰包子铺有限公司的合作，正在推动芦笋食品进高铁活动。渔来福公司对接大型连锁餐饮企业海底捞，按海底捞的要求进行的厂房设备改造，完成验收，进入洽谈合作协议。三是建设运营好芦笋大市场。根据市政府的安排，2017 年 6 月 16 日正式开始运营。该项目由金域国际房地产公司承建，共投资装修款超700万元,芦笋办补贴项目经费200万元。

（四）发展形势喜人。一是生产规模继续扩大，全市芦笋产业发展到 24 家，其中益阳市级农业龙头企业 5 家；开发出芦笋食材、芦笋即食产品、芦笋粉汁、芦笋糖块、芦笋面条、芦笋饼干、芦笋饮料、芦笋大泡茶、芦笋酱共 9 大系列产品。二是生产能力不断提高。博大天能扩产工程已经竣工；南洞庭厂房建设已经开工建设；洞庭斋正在洽谈征地建厂项目。三是产销形势向好。3 月，市各芦笋企业克服阴雨天气困难，收购芦笋 4.1 万吨。销售形势比往年更好，有的芦笋企业已经销售完半数以上的芦笋产品，特别是渔来福公司签订与海底捞餐饮集团合作的大订单，这是沅江芦笋销售市场的一次大突破。四是招商引资越来越精准。6 月，芦笋办通过市投资促进中心，向外发布“沅江芦笋等湖鲜食品冷链物流项目”“引进沅江芦笋加工企业项目”“沅江芦笋电子商务平台项目”3 个招商引资项目。制定《关于 2017 年沅江芦笋产业发展奖励方案》。五是加强沅江芦笋品牌的申报认证，品牌含金量越来越高。年底，沅江芦笋已经国家工商总局注册为地理标志证明商标，申报农业部农产品地理标志，已经通过评审，3 家芦笋企业申报绿色食品认证已获批准。沅江芦笋产业协会被评为“‘3·15’全国诚信建设示范单位”。正组织参加农业部农业博览会，沅江芦笋有望获得“袁隆平博览奖”。获得湖南农业十大品牌，长沙中国餐饮博览会“2017 年中国食品餐饮博览会消费者最喜欢的餐饮品牌”，并带领沅江芦笋企业参加六次展会：2017 中国食品餐饮博览会（东盟）；2017 年 9 月第十四届东盟博览会；2017 年 11 月第九十七届全国糖酒商品交易会（重庆）；2017 年 11 月中国中部（湖南）农业博览会;2017 年 12 月（南昌）第十届中国绿色食品博览会;2017 年 12 月（武汉）第二十六届中国食品博览会暨中国（武汉）国际食品交易会。

二、解决群众热点问题

一是启动芦科所遗留问题工作，较好地解决芦科所干部职工多年来强烈要求解决社保医保的心愿；二是启动芦科所遗留问题解决管理形式方案。三是及时调处局直单位下岗干部职工的社保金交纳和生活费发放矛盾。通过以上几项扎实的工作，缓解矛盾，排除群访，维护稳定。

三、部门工作出色完成

作风建设。创学习型机关，创新机关各项制度，坚持每周五政治学习，实行考勤领导值班制，上班、下班实名签到制，考勤奖罚制，严格按作息时间考勤。严抓财务管理，各项开支从俭、各项制度从严。落实工作汇报制，每月各线分管领导有工作计划，有工作汇报，每季度坚持工作点评，加强工作责任，工作务实，办事效益提高。

群团工作。加强组织建设，开展帮扶弱势群体活动，“八一”建军节进行慰问退伍军人 11 名。在慈善一日捐活动中，局干部职工踊跃共募捐 3200 余元，开展“三八”国际妇女节、重阳节等活动，丰富了职工群众生活。

精准扶贫。建立健全帮扶信息卡，建立结对帮扶联系卡。并走访相关帮扶联系对象，了解致贫原因。慰问 4 名品学兼优的贫困学子。并指导或代发贫困信息需求与需求对接。

安全生产。健全局、企业及局直单位安全责任管理网络，签订安全生产责任状，开展 6 月和 10 月两次宣传，组织对各重点部门企业 8 次全面排查，排除多处隐患，对全市芦笋收购和生产提出安全意见。实现全年无安全事故。

城乡建设与管理

沅江市国土资源局

【基本情况】

沅江市国土资源局负责全市2012.5平方公里土地的管理利用、85.5万亩耕地的保护和矿产资源的开发管理工作。2017年，全局在职人员223人，在编人员164人，三定方案核编158人。全局共有中共党员190人，建7个党支部。内设17个机关股室，9个局机关直属机构，15个基层国土规划建设环保所。

【班子简况】

党组书记、局长	龚秋桂
副局长	马　兵　朱可军
总工程师	郭登科
工会主席	熊剑波
执法大队长	蔡飞阳
党组成员	傅向阳
办公室主任	彭　华

【工作概况】

一、保障发展

2017年，共向省厅申报项目31个，用地面积248公顷，其中圈内项目113.11公顷，圈外项目134.93公顷。已批回项目18个，面积64.17公顷，待省厅审批项目13个，面积183.84公顷。完成土地出让128宗，出让面积38.34公顷，完成土地成交总价款2.668亿元，矿产资源价款收益208万元，土地资源费6000万元。完成招商引资任务1.1亿元，超额完成5000万元，完成率为183%。完成立项争资任务1.254亿元，超额完成3040万元，完成率为132%。完成财税任务670万元，超额完成370万元，完成率为223%。完成征地面积180公顷，拆迁房屋821栋（总建筑面积220000平方米），安置人口近3000人，征地拆迁安置补偿金额达6.068亿元。

二、保护耕地

2017年，圆满完成全市基本农田划定工作，全年省厅下达沅江市耕地保有量指标为86.73万亩、基本农田保护面积76.61万亩，划定后的耕地保有量指标为86.82万亩、基本农田保护面积76.67万亩，督促用地单位按时足额缴纳耕地开垦费610.65万元，连续18年实现耕地“占补平衡”。

（一）推进土地整治。2016年高标准农

田建设项目实施规模1.12万亩，投入资金1900万元，年底规划工程量已基本完成，资料备齐，等待验收。2017年省级高标准农田建设项目，实施规模1.05万亩，投入资金1680万元，正全面施工。

（二）推进社会投资。2016年“旱改水”项目，投入资金1.75亿元，建设规模约5.7万亩，其中旱地改造成水田面积4.03万亩，新增耕地800亩，在省厅交易平台完成5000亩交易指标，获取收益5亿多元。2017年“旱改水”项目建设规模约2.11万亩，新增水田面积约1.5万亩、投资规模估算约9000万元，年底前各施工单位全部深入项目现场开展实施工作。

三、执法监察

2017年，扎实开展年度土地卫片执法检查工作，年内达到履职率为100%，如质如量完成卫片数据统计、系统填报数据等工作。加大巡查力度，查处违法案件。全年巡查130次，发现土地和矿产违法行为10起，及时制止7起，立案3起，结案3起，结案率100%。

四、攻坚克难

（一）不动产统一登记工作。2017年，为加强内部管理，建立健全《沅江市不动产登记中心考勤会议学习制度》《沅江市不动产登记中心业务办理首问负责制、限时办结制、延时服务制、中心会审制》等相关制度。根据沅江市人民政府第十次常务会议和沅江市委第二十六次常委会议决定，已明确规定不动产登记中心人员规模、窗口和办公场地、经费保障、职能整合等方面问题，把房产部门的二手房交易职能整合到不动产登记中心，提高办事效率。2017年，受理登记业务5886件，办结率为99%；办理不动产证明7800多件，发放不动产权证2500余本。

为改善政务服务质量，局全面排查不动产登记“中梗阻”问题，针对不同群众，推出特殊业务上门服务、关键节点延时加班办理、重点企业项目绿色通道等便民措施；科学设置业务办理程序，印制发放办事指南1万册，对外公开办理流程、办结时限、业务办理必备资料，整合精简重复审批环节，相关业务精简到二级审批或一级审批。

（二）洞庭湖生态环境保护。2017年，局严格按照上级环保整治组要求开展砂石堆场专项整治行动，局成立专项工作领导小组，牵头制定工作方案，多次召开环保督察专题推进会，对问题清单逐一摸底排查，逐步整改落实到位。完成白沙大桥两侧的砂石堆场（国盛砂场、志盛砂场、沅江建设混凝土有限公司）清运砂石25万吨、拆除地面上建筑物560平方米、洗砂设备2套、地磅2处；完成石矶湖大堤沿线的两处砂石堆场（宇穹砂场、鸿顺砂场）清运砂石2.6万吨，率先完成市级下达的任务。

为规范取土秩序，打击赤山岛“以取土之名行非法采砂洗砂之实”的现象，局召开12次专题会议研究部署，成立防盗采粘土矿专项行动领导小组和专门监管组，制定实施方案，明确队伍进行24小时轮流值守，对进出取土场的车辆车牌、司机实时录像，对违法取土行为立案查处，移送公安机关立案。共下发责令停止违法行为通知书16份，树立警示标牌16块，立案3人已移送公安处理。

根据沅江市黏土砖厂专项整治工作要求，对全市砖瓦窑进行专项整治。经清理，对采矿许可证已过期的19家砖厂企业（含两家砂石企业）注销，17家企业全部关闭。14家砖厂已拆除轮窑，共爆破18座烟囱，8家整改砖厂已按照国家环保规定的相关标准技改，各砖厂的排污许可证、环保批复已到位，局要求各整改企业迅速完善相关手续，缴纳相关规费后按程序办理采矿权延续登记。下一步将继续加大砖厂环保整治力度，强化动态巡查监管，对拒不改正的企业依法注销其“采矿许可证”。

（三）积极化解遗留问题。2017年，在市委、市政府统一领导下，历经9个重大决策程序近3年时间，由局牵头，于2017年6月出台《沅江市人民政府关于处理历史遗留问题中涉及经营性商住用地增加容积率补缴出让金的实施方案》，解决大部分购房业主办不了证的难题，成功追缴1.4亿元国有资产入库。

五、提升服务

2017年，完成土地年度变更工作及沅江市赤山岛、三眼塘及城市规划区农村集体土地上房屋、人口、户籍的实时更新工作；完成农村集体土地所有权确权工作中心行政区划调整工作并顺利通过省厅验收；完成市县“十三五”（2016—2020年）土地整治规划修编工作；启动2014—2018年度耕地质量评价与监测工作、土地基准地价更新工作、城市建设用地节约集约利用评价工作；创新形式提高法治化水平，依法做好征地补偿标准调整和被征地农民社会保障工作听证，举行听证会40次；全方位、多形式宣传“‘4·22’地球日”“全国土地日”“‘12·4’国家宪法日”活动，悬挂横幅标语200余条、设立咨询台26处、发放手册5000多份、出动宣传车辆16台、张贴宣传公告600张、现场咨询1500多人次。认真办理人大代表建议、政协提案8件，办结率和满意率均达100%。履行信访维稳“一岗双责”，严格落实沅江市“信访工作六原则”，落实班子成员每周一公开挂牌接待上访群众制度，特殊时期每天接待，畅通渠道、有访必回，共接待群众来访22批次60人次，解决问题16个。

沅江市住房和城乡建设局

【基本情况】

沅江市住房和城乡建设局隶属于沅江市人民政府管理的正科级单位，肩负着综合管理全市建设事业的职能部门。全系统共有干部职工103人，其中专业技术人员有45人，中共党员95人（其中女中共党员14名）。

【班子简况】

党组书记、局长　　李国辉

副 局 长　　曾庆平　刘志祥　阳立军　谢　敏　彭　凯

纪检组组长　　罗红丽

总工程师　　张迎庆

办公室主任　　　　　　　　　　陈　达

【工作概况】

一、狠抓“三风”，全面夯实工作基础

（一）党的建设。一是加强组织领导。成立由党组书记、局长任组长，其余党组成员任副组长，各股室站负责人为成员的推进“两学一做”学习教育常态化制度化工作领导小组，制定学习教育实施方案、任务清单、学习计划表，并于5月26日召开工作部署会。二是全面铺开学习。把“两学一做”制度化常态化学习作为党建工作的重点、进一步加强宣传力度，多次召开会议，形成全体干部职工自觉坚持学习的良好氛围。三是加强党建工作。严格按照党员发展程序，年内共发展5名新党员、1名预备党员按期转正。共召开12次支部会议，召开4次党员大会，召开12次党小组会议，上了7堂专题党课（党组书记到联系点上党课、分管领导到二级机构上党课、班子成员分别到机关支部党小组上党课）。与此同时，党小组开展专题讨论，扎实完成3次专题党课和3次专题学习讨论规定动作。开展以“喜迎十九大、争做新贡献”等中心的党日活动。

（二）作风建设。一是以省委督查组暗访局机关作风为契机，开展作风大整顿活动，全面建立“五个好作风”。二是积极配合市委第二巡察组巡察住建局工作。2017年7月18日至8月20日，市委第二巡察组对住建局进行巡察，对巡察组反馈的16条意见18个问题及时整改，三是积极开展机关作风检查活动，一年来，开展作风建设明察暗访和监督检查13次，发通报2期。四是认真办理人大、政协提案及综治维稳工作。2017年，被市委、市政府评为“综治维稳先进单位”。

（三）廉政建设。一是认真学习贯彻上级廉政工作的一系列文件精神。二是结合主题党日活动，组织参观廉政教育基地，观看廉政教育警示教育片，以反面典型的现身说法，为住建干部敲响廉洁自律警钟。

二、奋勇前行，经济指标全面达标

一是小康指标全面达标。沅江市城镇化率目标值为52%，是年已达53.02%；污水处理率目标值为到2020年达到70%以上，已达到73.5%；城镇生活垃圾无害化处理率目标值为到2020年达到95%以上，已达到100%；城镇建成区绿化覆盖率目标值为到2020年达到40%以上，已达到40.04%；局承担的相关小康任务目标已全面达标。二是税费收缴基本完成。完成建安税4200万元(年任务4000万元),完成报建费收入1743万元，共发放“施工许可证”35份、面积为425613平方米、施工造价为57425万余元，“规划许可证”19份、面积为415030平方米，“用地许可证”38份、面积为1669251平方米。三是“立项招引”超额完成。年初，局向省厅上报15个立项争资项目，目标任务是4000万元，至年底已完成4159万元；招商引资：总目标为1.2亿元，已完成1.38亿元，四是招投标完成情况。全年共完成招投标项目39个，招标率为100%，工程造价24000万余元。

三、科学谋划，城乡规划体系完善

一是做好规划日常工作。完成修建性详细规划项目172个，规划总用地面积84.3万平方米，规划总建筑面积420.9万平方米。完成测量项目82项，其中城区及工业园项目62项，乡镇项目20项。共召开4次规划列会，审批项目47个，通过38个，否决9个。二是推进专项规划编制。其中：南洞庭风景名胜区总体规划（2013—2030）、城乡环境卫生专业规划、商业网点专项规划（2011—2030）、城区户外广告专项规划、电网规划（2016—2030）、城市给水专项规划、城市排水专项规划（2012—2030）、中心城区排水防涝专项规划、弱电管网专项规划（2013 ~ 2030）等9项专项规划已取得成果。《城市综合交通体系专项规划》《中心城区停车专项规划》已进入编制阶段，启动《“海绵城市”专项规划》《农村生活垃圾治理专项规划》的编制。基本完成地下管线普查，即将启动地下管线信息平台建设。

四、提档升级，基础设施建设加速

2017年，按照市委、市人民政府确定城市建设思路，局坚持问题导向，开工或续建项目30余个，狠抓基础设施建设，拉开城市发展框架，着力补短板、强功能、惠民生，重点项目建设进度工作按市委、市人民政府的时间节点要求有条不紊的进行。一是城区基础设施建设。局负责的重点项目投资已达11600万元，其中：狮山桥新建工程、石矶湖道路扩建、自来水三厂建设等项目正在建设，城市亮化工程、浩江湖路建设等重点工程已完工，基本完成人工运河工程前期招投标工作，黑臭水体治理方案已基本确定，乡镇污水处理厂项目目前在选定ppp项目咨询单位和合作企业，垃圾焚烧发电项目正在快速推进。二是乡镇基础设施建设。年初计划投资23500万元，截至年底各镇用于基础设施建设的资金投入达2.7亿余元，主要用于道路、水厂、下水道、绿化等方面的建设，草尾、南大、阳罗、南嘴等镇的建设速度明显加快。

五、突出环保，城乡生态环境好转

2017年，认真落实市委、市政府洞庭湖生态环境保卫战“12345”思路，按照“五位一体”总体布局和“四个全面”战略布局，牢固树立创新、协调、绿色、开放、共享的发展理念，严格落实“党政同责、一岗双责”，切实抓好洞庭湖生态环境保卫工作，着力改善全市环境质量，建设碧水蓝天、宜居宜业的幸福沅江。

（一）黏土砖企业整治。一是加大政策宣传力度，二是加大禁止淘汰产品进入在建工地的工作力度。9月上旬，局开展“禁淘汰产品进工地”专项行动，通过查看施工现场砌体材料的供应合同、检查施工现场砌体材料供应厂家的生产资质和环保文件、对施工现场砌体材料与质保资料进行核查和质量检测机构不再受理黏土砖砌体的检测等一系列举措，进一步加大禁粘力度，中心城区受监项目均没有使用黏土砖。

（二）铺开城区水质提升。全面开展市中心城区水面源污染摸底调查和城区主要集中居住区域污水排放摸底调查，完成黑臭水体项目总体规划方案编制工作；全面推进城区内湖联通工程，完成杨泗桥运河团山桥和滨湖桥之间土方开挖及驳岸工程建设施工图设计工作，汲水港闸建设工程前期工作基本完成。

（三）做好建筑扬尘整治。一是将扬尘控制纳入开工条件审查的重要内容，重点检查建设单位和施工单位是否将扬尘治理费用列入招投标和施工合同中的不可竞争费用，检查建设单位是否足额拨付项目安全文明措施费。项目开工建设前必须将施工围挡、道路堆场硬化以及车辆冲洗设备要求到位。二是通过与各建设单位、项目部签订《建筑施工扬尘污染专项整治责任书》，进一步强化责任主体的扬尘治理意识。三是编制《文明施工扬尘防治宣传手册》500余份，编发工地扬尘污染防治宣传标语50条，组织人员多次进入建筑工地宣传扬尘防止工作，营造扬尘防控氛围。四是多次开展专项检查行动，工地新建车辆冲洗设施5处，硬化场地面积2000余平方米，覆盖裸露土方面积3500余平方米，新建围挡1500余米。城区项目均进行封闭围挡作业，建立洗车槽和车辆冲洗设备，建筑工地扬尘得到基本控制。

（四）乡镇污水、垃圾治理。一是乡镇污水处理厂建设。沅江市乡镇污水处理工程专项规划已完成编制，并经专家评审；南大、草尾两镇的乡镇污水处理厂项目前期工作已全部完成；其他8个建制镇的污水处理厂建设项目已完成选址工作；正在积极向省厅汇报，协助四季红镇做好污水处理厂申报工作。二是城乡生活垃圾收集运转体系建设。编制完成沅江市农村生活垃圾治理专项规划；推进垃圾中转站建设，全市14个垃圾中转站建设已全面完成；规范农村垃圾收集点建设。与农业部门积极进行对接，全面落实乡镇以下垃圾收集点建设。三是船垃圾收集点建设。局积极与市交通运输部门协调，茶盘洲、白沙大桥附近两处船舶垃圾收集点建设已全面完成。

六、注重安全，行业监管力度加强

一是强化建筑业安全生产的监管。2017年，共排查隐患116条，发出《建设工程安全隐患整改通知书》43份，发出《停工通知书》8份。通过回访复查，整改率100%，有效预防安全事件的发生。

二是加强建筑质量监管。2017年，新开工受监工程项目18个、建筑面积22.62万平方米，投资总额4.37亿元；完成竣工验收监督的工程项目13个，建筑面积12.13万平方米，监督覆盖率达到100%，已竣工工程验收合格率达到100%。及时纠正监督检查，共下发质量整改通知书9份，停工整改通知书4份。共抽检72个重要构件的工程主体结构的砼强度、23组楼板厚度、47组钢筋原材料，未出现违反工程建设强制性标准的情况和工程质量事故。

七、聚焦民生，群众幸福指数提高

（一）危房改造。局承担的农村危房改造任务1335户，其中四类人员881户，其他贫困户454户，中央省级补助资金2157万元，县级配套资金220万元。全部完成农村危房改造任务。

（二）精准扶贫。局帮扶点为草尾镇和平村，结对帮扶贫困户113户、321人，局共投入村民服务中心建设及村级基础设施建设等扶贫资金52.5万元；每月到贫困户家中走访，全年共慰问贫困户4次，走访慰问资金和物质17万元;制定帮扶措施65条，危房改造32户、雨露计划8户、易地搬迁2户7人、小额金融贷款扶贫14户、教育助学28户34人、低保35户受益85人。通过与益阳市住建局和业务部门的协调，引入光大集团垃圾焚烧发电站和光伏发电项目，进一步畅通就业渠道。2017年，全村整村“摘帽”，89户、258人脱贫，圆满完成市委、市政府下达的精准扶贫任务。

沅江市房地产管理局

【基本情况】

2017年，沅江市房地产管理局有机关行政编制15名，在职干部职工409人，党组织8个，中共党员184人，其中女中共党员48人。

【班子简况】

党组书记、局长　曹　立
副局长　龙佑田　刘湘奎
纪检组组长　罗红丽
办公室主任　王　镇

【工作概况】

一、落实建设任务

2017年，城市棚户区改造3294户，其中实物安置622户，货币安置2672户。截至12月底，3294户已签订拆迁协议，其中货币安置2672户，实物安置622户，622套安置房建设正施工建设中，其中新湾蠡山大道棚户区改造（二期）88套安置房建设已主体完工；租赁补贴发放2360户，金额150万元；保障性住房分配入住1326套：其中廉租房230套、公租房1096套。5月，政府出台《沅江市城镇公共租赁住房管理实施细则》，全市保障性住房的管理将更加制度化、规范化。

二、规范市场秩序

一是管资质，严把市场准入关；二是管项目，强化商品房预售许可管理；三是管资金，严格商品房预售资金监管；四是配合政府相关部门开展查处非法地下开发和“治违拆违”专项整治行动。

2017年，完成房地产投资12.6亿元，与上年同期相比增10%。商品房网签面积达55.46万平方米，金额17.14亿元，4525宗，其中住宅网签面积52.54万平方米，金额15.35亿元，4183套，网签住宅成交均价2921元每平方米。批准商品房预售面积32.55万平方米，商品房待售面积31.41万平方米，去化周期为7个月。

三、完成税收代征

严格落实房地产税收政策，坚持税收协控联管制度，2017年，市人民政府下达局协税任务1.2亿元，已入库12800万元，完成全年任务的106%。房地产税收对市经济所做的贡献日益突出。

四、征收补偿开展

截至2017年年底，局国有土地与征收补偿项目有8个，其中2个已发布征收决定，玉潭学校、荣军加气站房屋及附属物的征收工作已完成，其余项目正有序开展。

五、服务管理加强

安全鉴定。全年出具78份行政鉴定报告书，共鉴定各类房屋163栋次，总建筑面积达193966.23平方米。

测绘业务。强化对房地产测绘市场的管理，受理办结业务4073笔，实测房屋274栋，面积945983.03平方米，预测房屋29栋，面积406803.61平方米。

产权办证。全年共发放房屋所有权证1112本，抵押登记共2617宗，其中现房抵押登记694宗，预约抵押登记1920宗，交易发证面积 80548.42 平方米，产权登记发证面积 381343.73 平方米。

物业服务。物业服务登记管理备案工作从 2017 年 9 月起实行，通过实行企业备案登记、建立黑名单制度、企业信用信息公开、推动行业自律等方式，降低行业准入门槛，强化事中事后监管。

公房管理。启动 3 栋直管公房维修改造；规划 5 栋直管公房改建公租房项目；对直管公房进行全面的安全检查，对存在安全隐患的房屋进行修缮；同时强化房租收缴管理，确保了国有资产保值增值。

沅江市城市管理行政执法局

【基本情况】

沅江市城市管理行政执法局为政府工作部门，负责城市管理和城市综合执法。局机关内设办公室、人事股、政策法规股、城市管理股、计划财务股、督查股、户外广告管理办、信息指挥中心及渣土管理办 9 个股室。下辖市环境卫生管理中心、市园林管理中心、市市政工程管理中心、市城市管理监察大队、市自来水公司、湘北市场管理办、市城市规划执法大队、市路灯管理所、市污水处理厂 9 个独立二级机构。2017 年，在岗干部职工 513 人。

【班子简况】

党组书记、局　长　陈适民（　—2017.11.13）
党组成员、副局长　蔡佑先
党组成员、副局长　邓　兴
党组成员、纪检组组长　胡　炜
办公室副主任　田沃夫

【工作概况】

一、健全机制

结合城管执法的工作实际，紧紧抓住社会各界反映较多的民生热点问题，出台《沅江市城管执法局权责清单》《沅江市城管执法局依法行政工作制度》《沅江市户外广告管理办法》《沅江市渣土管理办法》等一系列规章制度，并对系统二级机构的执法人员进行多次法律知识和业务培训，提升管理能力。

按照中共中央、国务院《关于深入推进城市执法体制改革改进城市管理工作的指导意见》，局已向市委、市政府报告请求。出台沅江市智慧城管平台建设工作计划和沅江市数字化城市管理平台方案。

二、违章查处

（一）广告整治。规范城区及公路沿线户外广告管理，坚决拆除有安全隐患、违反规划的楼顶广告、墙体广告、灯箱广告，强化城区建筑工地的围挡广告管理。共拆除公路指路牌 20 个，改造、规范门店招牌 76 块，清楚牛皮癣 3000 余处，墙体小广告 7800 平方米，拆除破旧招牌 76 块，拆除跨路广告 5 处，规范城区内工地围挡广告 12 处。

（二）违章整治。对城区和益沅线在建工程进行全面清理，采用多种强制性措施，重拳出击，依法惩治违法建设行为。全年共开展拆除行动90次、共计122处、拆除违建面积17540平方米、搬运转移汽车轮胎11000条、清运砂卵石300方吨、拆除围墙120米、动用运输车辆、大型机械设备200余台次。处理群众投诉33起，接待群众来访106人次，确保市规划区域内新建违法违章建筑零发生。

（三）渣土整治。加强渣土源头执法管理，加强渣土许可的前置把关，强化工地文明施工建设。依法依规对市区和公路沿线建设工地落实施工围挡、洗车平台建设、硬化场内及出入道路等防污措施。重点加强砂石运输管理，监督砂石密闭运输，确保路面不受污染，加大打击处罚力度。有10家大型在建工地已建设洗车平台，其他正在逐步规范中。

（四）道路保洁、绿化。采取机械化清扫为主，人工清扫为辅的作业模式，及时洒水降尘去霾，确保路面、绿化带整洁干净。执法人员每天巡逻，对出现的绿植毁坏等现象及时处置，及时清理路灯杆广告和附着物，及时更换损坏市政设施。通过采取科学节能的开关路灯模式，实现道路照明和节能的结合。

（五）一江三路管理。局严格按照相关文件进行管理和考核。牵头组织街道、高新区、职能部门组成联合执法巡逻队，严格按照责任分解任务，实行定目标、定路段、定人员、定责任、定时限的“五定”制度，科学合理安排，采取日常巡查、定期检查、随机抽查等方式，对管理区域、职责范围及执法管理活动开展全过程督查，对存在的问题及时督查整改。

三、服务中心

一是确保市容整洁。加大市容秩序、环境卫生整治力度。局多次开展大型集中专项整治行动，4月，开展市容秩序百日整治行动，9月，牵头组织市消防大队、安监局、公安局、科工局等职能单位，对湘北市场消防、电力、卫生、秩序等突出问题进行为期一个多月的集中整治。市城管大队落实区域责任制，依法对城区出店经营、占道经营等各类违法行为，分时分段，集中整治，常态管理。市环卫中心强化对外包公司日常监管和督查跟踪，促使其清扫保洁工作制度化、精细化、规范化。城区生活垃圾清扫率和清运率100%，垃圾资源化处理率达50%。

二是做好公用事业。

1. 自来水公司年度安全优质供水1500万吨，取水率较上年增长0.05%，特别是2017年春节供水得到基本保障。

2. 污水和垃圾无害化处理能力日益提高。年处理污水830万吨，污水处理率68.5%；生活垃圾日处理240吨，处理率保持在100%。2017年，共转运生活垃圾至垃圾焚烧发电场约15000吨，实现城区生活垃圾资源化利用率接近50%；接收消纳北部各乡镇生活垃圾约50000吨，实现全市无害化处理率达100%。

3. 修复更换市区破损路面3288平方米、沥青路面3900平方米，麻石道板8370平方米，雨水口93个，井圈井盖9套，道路沥青灌缝24300米、管道疏通44100米、路缘石更换1308米、水平石更换1047米。

4. 绿化、亮化等大幅提升。城市绿地完好率≥95%。中心城区绿化覆盖率面积98万平方米，公园绿地面积5.33平方米／人，绿化覆盖率达39.12%，绿地率35%。路灯亮化率为100%。燃气事业发展迅猛，城区天然气用户新增4280户。

三是推进项目建设。全年完成市政设施维护、绿化、路灯等工程项目，共计造价1620万元。通过项目建设，不仅完善市政基础设施，且极大的缓解市民的实际困难。

四是加强队伍建设。局严格按照市委、市政府要求，从严治党，开展“两学一做”学习教育。结合城管执法工作实际，紧紧抓住社会各界反映较多的民生热点问题，形成11项权力运行制度和14项监督保障机制。

国网沅江市供电公司

【基本情况】

国网沅江市供电公司担负沅江市供电任务，2017年，有部室8个，集体企业1个，运检所1个，供电所8个，共有员工432人，其中主业员工189人，集体企业员工25人，农电员工218人。

公司辖变电站13座，主变26台，主变容量398.1兆伏安；其中，110千伏变电站5座，主变10台，容量306兆伏安，35千伏变电站8座，主变16台，容量92.1兆伏安；110千伏输电线路9条，总长208.92千米，35千伏输电线路10条，总长95.573千米；10千伏配电线路84条，总长1969.12千米，配变3596台，其中公变2667台、专变929台；历史最高负荷27.23万千瓦（2017年7月27日）。

【班子简况】

总经理	蔡　纲
党委书记	王建华
纪委书记　工会主席	曾涛明
副总经理	孟明华　方　笑
综合管理部主任	刘　剑

【工作概况】

截至2017年12月31日，沅江市供电公司实现连续安全运行3776天，实现历史最长安全周期；公司被评为“省公司安全先进集体”，变电运维班被评为“省公司安全生产先进班组”。

2017年，共计新建、改造10千伏线路79.1千米；新建改造台区273台，容量56590千伏安；利旧改造台区54台，容量7485千伏安;新建、改造400伏线路331千米;改造一户一表22419户，基本实现集抄改造全覆盖。完成35千伏泗湖山变电站输变电工程，新增容量4.4兆瓦，新建改造35千伏线路8.376千米。完成15个行政村重点民生实事工程改造任务，完成“12·30”光伏扶贫接入项目的并网发电，得到沅江市政府的高度评价。公司被评为“市公司电网建设管理工作先进单位”。

2017年，累计完成供电量96532.20万千瓦时，同比增加12566.40万千瓦时，同比增长14.97%；累计完成售电量87724.45万千瓦时，同比增加11639.50万千瓦时，同比增长15.30%；累计完成综合线损率9.12%，同比下降 0.26%；电费回收率为 100%；公司被评为“省公司营销服务先进单位”，用检班被评为“省公司营销服务先进班组”。

2017 年，公司大力开展本部建设，特别是全能型供电所建设，取得较好成绩；公司选取赤山供电所作为“全能型”供电所建设试点，以打造“末端融合、快速响应、效率为先、服务优质”的示范所为目标，通过优化班组岗位设置，全面推进营配业务末端融合，创新网格化服务模式，赤山供电所综合管理水平、经营效率效益、供电服务保障能力全面提升。2017 年 9 月，全省“全能型”供电所建设推进会议在沅江召开，赤山供电所管理模式得到省公司董事长孟庆强的高度评价，相关经验在全省推广。赤山供电所被国网公司评为“五星级”供电所、省公司“十佳基层党支部”和“四星级”营业厅。

科学技术　邮政　通信

沅江市科学技术和工业信息化局

【基本情况】

沅江市科学技术和工业信息化局负责对全市工业经济运行进行分析、监测和调度；研究拟定产业发展规划，指导全市产业结构调整；研究和制定企业技术进步规划和措施，指导企业技术进步，推动企业节能减排；对全市企业实行宏观管理和指导；负责全市信息化推进工作；负责全市电力执法工作；负责墙体材料革新和散装水泥管理等工作。

2017年，机关内设办公室、科技计划股、经济运行股、政工股、工会、纪检监察室、信息化股、知识产权办、中小企业服务中心、财务股、法制股、墙改办、电力执法大队等股室。全局共有在职在岗机关干部55人。

【班子简况】

党组书记、局　长　　王建宏

副局长　　朱建光　邬应良

王　辉　陈继光　李运芳

总工程师　　崔艳辉

办公室主任　　张奇林

【工作概况】

一、工业总量增长

一年来，实现工业总产值450亿元、工业增加值95.9亿元，分别增长10.7%、8.5%；其中规模工业完成工业总产值395亿元、增加值85亿元，分别增长12%、9%。规模以上工业企业157家，产销过亿元的企业114家。

二、工业投入加大

一年来，完成工业固定资产投资135.78亿元，增长5.94%，完成工业技改投资104.9亿元，增长10.78%。实施20多项重大工业项目，投资93.6亿元，其中竣工项目1个，推进项目7个，新开工项目12个。

三、信息建设加快

信息基础规模和技术水平不断提升，基本构建起以光纤通信为主，卫星通信、移动通信、微波通信为辅的城市信息高速公路。软件与计算机服务、互联网服务等信息服务业快速发展。电子商务、数字媒体、网络娱乐等一大批新型业态快速成长。电子政务建设稳步推进、信息化服务水平不断提高，电子商务营销推广，城市信息化整体水平加强。

全年新建和共享通信站建设完成115个。编制基站五年建设规划。2017年，重点民生项目完成149个村的光网升级改造需求；脱贫攻坚光纤网络90%以上，4G网络覆盖率95%以上。

四、园区建设发展

深入开展“园区建设年”活动。按照“整体规划、产业定位和功能分区”的要求，完善市高新区的整体规划。完成工业基础设施投入11亿元，完善园区道路、电力、供水、排水、通信等基础设施建设，进一步增强园区的吸纳和承载能力。日趋完善的基础设施、优良的政务环境，使沅江市高新区产生磁场效应。船舶产业园加速发展。市益阳船舶制造基地进入洞庭湖生态经济区规划笼子。

五、落后产能淘汰

按照尊重规律、分业施策、多管齐下、标本兼治的总原则，推动淘汰落后产能有序退出。一是做好沅江市恒达纸业有限公司落后产能生产线的拆除关闭。二是搞好化工等产业现状的统计摸底。包括企业现状，经营状况，排污设施，排污监测，是否构成危险源等情况。为今后化工行业实施落后产能淘汰做好基础工作。三是淘汰改造城区10蒸吨以下锅炉10台，44蒸吨全部改烧生物质燃料。

六、创新能力提升

一年来，全市工业企业累计开发新技术、新产品150项，申请专利510件。全市高新技术企业达9家。全市基本构建“企业为主体、市场为导向、产学研相结合”的创新体系。企业通过引进新技术、开展人才培训、院校联合开发、购买知识产权等方式，提升企业自主创新能力。

湖南沅江高新技术产业园区

【基本情况】

湖南沅江高新技术产业园区原名湖南沅江经济开发区，是经湖南省人民政府同意，于2012年4月成立的省级高新技术产业园区。2016年5月，经省编办批复同意，升格为副处级机构。2017年，园区有行政编制10名，在职干部职工51人，工委辖机关支部、派出所支部、企业党委等11个党组织，共有中共党员131人，其中女中共党员41人。

【班子简况】

工 委 书 记　管委会主任　王文波
工委副书记　高志荣
工委副书记　张　硕
工 委 委 员、管委会副主任　黄全胜　邓　滨　张　勇
工 委 委 员、纪工委书记　郭　瓒
办公室主任　薛三平

【工作概况】

2017年，沅江高新区工委全面落实市委各项工作部署，以园区建设为中心，切实履行基层党建工作责任，扎实开展园区建设大会战，持续加强工委班子自身建设，园区呈

现良好发展态势。

一、园区经济建设取得较大成效

一年来，工委始终把园区经济建设作为工作中心，精心谋划，扎实推进，园区经济建设取得很大成效。在四个季度的益阳园区年度考核中，在益阳市十大园区的排名均为第一。上半年规模工业增加值居全省50大重点园区首位。2017年园区工业企业实缴税金1.71亿元，同比增长61.23%；新增高新技术企业4个，高新技术产业增加值28.18亿元，同比增长33.9%，占园区规模工业增加值比重的71.16%；园区规模工业生产情况与工业集中度62.1%，园区规模工业77个，规模工业总产值164.97亿元，同比增长27.95%，工业集中度62.6%。

（一）始终把项目建设作为园区工作的第一要务。2017年，园区紧紧围绕项目建设，在组织领导、要素保障、问题破解、环境优化等方面狠下功夫，切实做到领导在项目建设一线指挥，干部向一线靠拢，资金向一线倾斜，问题在一线解决，确保项目建设顺利推进。全年共征地892亩，拆迁房屋151栋，迁坟1000余座，拨付征拆及补偿资金8300万元。产业项目方面：瑞丰项目三通一平基本完成，已经开工建设；玉潭学校完成三通一平，校园道路及下水工程建设基本完成；新马制衣二期扩建土地征拆全面推进，已拆房屋31栋，周边道路正在施工，已完成用地预审，合同谈判已基本完成；鑫海二期扩建项目征地及红线内16栋房屋的拆迁已经全部完成；正在进行土地平整，即可以动工建设；恒瑞管桩二期扩建项目已通过项目评审会议，正申请规划例会通过并正式向征拆办提交征拆申请，启动征拆；华兴玻璃二期扩建项目设备采购正在进行，相关准备工作已基本完成。基础设施项目方面：华兴玻璃高压电力线路的移位与架设已经完成；第二污水处理厂正在加速推进，主管网已基本建成，厂区主体工程已全部完工，设备已购置；园区食堂与综合服务大楼已经建成。

（二）始终把招商引资作为发展园区的第一选择。2017年，园区紧紧围绕纺织服装等特色产业招商，充分利用本地资源禀赋及传统产业的优势，大力开展“引老乡、回家乡、建家乡”活动，采取小分队招商、亲情招商、产业链招商等多种形式，吸引广东佛山、福建石狮、浙江湖州等地沅江籍纺织服装企业77家到沅江投资兴业，全年建成投产66家，累计建成投产95家，形成一定规模的纺织服装产业集群。2017年，服装产业园共实现产值26.8亿元，上缴税收5600万元，分别同比增长106.15%、86.67%。至此，服装产业已经成为园内乃至沅江市重要的产业支柱。

（三）始终把服务作为促进园区发展的第一手段。2017年，园区始终把企业的困难当作自己的困难，多措并举，全力爱企、护企、帮企，园区企业生产经营形势持续向好。2017年，园区税收上百万企业共20家，其中税收超过千万的企业6家，辣妹子上缴税收3724万元，新马制衣3635万元，华兴玻璃1273万元，恒瑞管桩1185万元，鑫海1181万元，中联重科1008万元。一是积极帮助企业解决用工短缺困难。成功组织一次大型招聘会，帮助企业招聘员工600余人。支持帮助服装企业将工厂延伸到北部乡镇，新马制衣、远鹏服饰等在北部乡镇开设加工点8个，解决用工400余人。二是积极搭建校企合作桥梁。支持广州衣酷文化有限公司与市职业中专及四通学校联合，开设服装专业班和电商专业班，为服装产业园输送合格人才。三是积极促成银企合作。帮助燕南飞服饰等4家小微企业进入“助保贷”笼子，为部分小微企业融资搭建平台。四是积极推进“腾笼换鸟。”支持科技创新能力强、成长性好的兴农机械成功收购发展处于停滞状态的中合机械，既支持了企业的发展，又盘活了土地资源。

二、基层党建工作持续发力

一年来，园区工委切实履行管党责任，努力加强基层党建工作，为园区发展提供坚强的组织保证。

（一）创新制度，激发工作活力。依据湖南省委组织部《关于集中推进非公有制企业和社会组织党的组织和工作覆盖的通知》文件规定，通过党费返还、园区补助、非公企业预存、企业个人赞助等方式，多途径筹集30万元党建工作经费，在园区设立党建“助企微基金”，主要用于园区所属各党组织开展党建活动、队伍管理、示范创建等支出。

（二）建好阵地，夯实工作平台。把园区党建阵地建设作为工作的重点，加大投入和扶持力度，确保园区党员有地方开展各类活动。一是建好企业党建平台。园区党工委对企业党组织实行“一建四送”，即企业新建1个支部，园区送1套牌子章子、1套上墙的工作制度、1套业务指导书籍、1笔启动经费。二是建好园区党群活动服务中心。设置3区7室1校，能同时容纳200名党员集中开展活动。年内，园区企业党委的日常工作全部入驻活动中心办公，对企业党组织和党员的教育培训已全部转移到活动中心。

（三）开展活动，丰富工作载体。一是严格组织开展“三会一课”，严肃党内政治生活。严肃开展党支部的专题组织生活会和民主评议党员工作，严格按要求做好上级规定的政治任务，不走形式。二是扎实开展党员教育培训。结合“两学一做”学习教育制度化常态化工作开展，组织党员开展学习党章党规、学系列讲话，学习廖俊波、防洪抗灾先进典型事迹等各类学习活动，认真组织开展专题讨论，严格党员积分管理，切实增强党员党性，激发党员在学习、工作和生活中发扬先锋模范作用。三是广泛开展主题党日活动。在每月9号，组织各企业党组织的党员开展环城健身走、拔河、歌咏、党员一日捐、红色旅游、廉政警示教育、劳动竞赛、书画竞赛、扶贫帮困、关注注册“益村”“红星云”平台等形式多样的主题党日活动，在企业内部增强合力，凝聚人心，向社会展示党组织和党员的良好形象。

（四）建设队伍，筑牢工作基础。组织园区企业党委全体党员召开大会，选举产生第一届园区企业党委班子成员，选举书记和专职副书记，大部分党组织书记被选举为党委委员。定期开展党组织书记培训，传达上级精神，进行业务指导。明确党务专干，由各企业党组织明确1名同志负责党建日常工作。每月至少召开1次以上座谈交流会，学习党建业务知识，研究讨论工作。派驻了企业党建指导员。14名党建指导员，主要由园区工委班子成员和园区企业党委的党务专干担任。党建指导员每月到联系的企业开展1次以上工作，着重在企业党员排查、党员发展、企业意见收集与反馈等方面开展工作。建立党员志愿者队伍。配合市委组织部的工作部署，在园区各企业醒目位置张贴宣传海报，开展宣传发动，力争更多的党员自觉加入到志愿者队伍中来。2017 年 7 月，机关党员志愿者在防汛期间，组织到受灾较重的恒瑞管桩公司进行慰问，辣妹子公司的志愿者组织对环卫工人进行慰问。

三、环境综合治理明显改善

一年来,园区工委坚持以“创建平安社会，构建和谐园区”为主题，切实履行社会治安综合治理责任，确保了园区社会大局稳定。

（一）高度重视，切实做好社会治安综合治理工作。把维护稳定暨社会治安综合治理工作纳入企业发展的重要议事日程，常抓不懈，做到每季度召开综合治理工作会议，研究、部署每一阶段的社会治安综合治理工作，亲自抓，具体协调解决问题。明确各部门负责人是本部门综合治理工作的第一责任人，本部门社会治安综合治理工作完成情况直接与绩效工资挂钩。设立意见箱，健全完善各项规章制度，配齐、配全各类办公用品，使社会治安综合治理工作达到工作有制度，经费有保障。认真落实信访责任制，及时化解各类不安定因素。

（二）积极采取措施，维护社会秩序和企业稳定。结合企业实际的治安状况，积极探索新形势下社会治安综合治理的新思路。建立以意见箱收集问题，办公室处理问题，领导班子具体过问问题，基层及时化解问题的网络体系，最大限度地减少矛盾纠纷的发生。2017 年，通过积极与干部职工沟通联系，及时发现和掌握影响稳定的矛盾纠纷，并采取有效措施妥善化解，把矛盾和问题解决在萌芽状态，避免矛盾纠纷激化。

（三）狠抓人防、物防、技防，努力营造良好治安环境。针对企业内自行车盗窃案件频发状况，组织综治小组成员详细研究对策，采取许多有效措施。一是要求保安人员做好看家护院工作，加强对院内、周边及办公楼的巡逻和保卫，要求职工上下班关好门窗，自行车一律停放进车棚，夜间 12 点准时锁大门。二是在企业办公楼重点部位安装防盗报警装置和防护栏、防盗门。三是配备灭火器，对职工进行消防教育，使职工掌握必备的消防知识。以上措施，防止治安事件的发生，职工能够安心工作，群众有了一个良好生活环境。

四、抓实抓好安全生产工作

2017 年，工委高度重视安全生产工作，认真贯彻落实安全生产“党政同责、一岗双责、齐抓共管、失职追责”的要求，深入开展安全生产宣传教育和安全生产专项整治活动，园区安全生产形势总体保持平稳，被评为沅江市安全生产先进单位。

（一）加强领导，落实责任。一年来，高新区先后召开 6 次班子成员会议，研究布置园区安全生产工作。成立专门的安全生产工作领导小组，并及时成立园区安监局，配备人员并制订文件，明确职责。建立领导干部带队开展安全生产大检查制度，按行业将园区企业分配给各班子成员，并按照“谁主管，谁负责”“管行业必须管理安全，管业务必须管安全，管生产经营必须管安全”的要求，先后开展了四次安全生产大检查。

（二）严格执法，排除隐患。制订《沅江高新区“安全生产隐患治理年”实施方案》，并按照方案要求，累计开展企业隐患排查650次，发现隐患2980个，当场整改2920个，限期整改60个。园区领导先后4次带队对联系的企业进行安全生产大检查，发现富民纺织、天昌安玩具两家企业存在重大隐患，采取积极措施，及时消除安全隐患。

（三）加强宣传，形成氛围。一年来，园区分层次、分行业组织开展了4次安全生产知识培训，提升园区工作人员的安全生产意识和安全生产管理水平。扎实开展安全生产月活动，制定活动方案，召开园区企业主要负责人会议，布置工作任务。在园区企业进行巡回宣传，发放宣传资料5000份，园区企业累计张贴宣传标语800条，营造良好的安全生产氛围。

（四）开展职业病防治。根据上级要求，园区对园区重点企业开展了职业病防治工作。印发《职业病防治法》宣传资料2000多份，通过上门宣传、口头告知和张贴职业病危害因素告知牌的方式，普及职业病防治知识，极大地提高企业和员工的认识。25家企业完成职业病危害因素场所检测工作，300多名员工进行职业病防治体检，并建立健全职业病防治档案。

图1：沅江服装产业园远眺　　（丁璞摄）

图2：瞿海到新马制衣调研

（图1—图2，均由工业园办公室提供）

沅江市船舶制造产业园

【基本情况】

沅江船舶制造产业园管理委员会是市财政全额拨款的正科级事业单位，是沅江市人民政府的派出机构。园内设办公室、规划建设部、招商联络部、资产财务部、国土所、经济运行部、拆迁安置部、警务室。2017年在职干部职工30人，有中共党员16名，设党支部1个。

【班子简况】

工委书记、主　任　　郭　昂

工委副书记　　邓建富

委　员、副主任　　曾永熙

委　员、副主任　　李　剑

委　员、副主任　　彭　坚

党政办公室主任　　丁忠良

【工作概况】

一、“两学一做”深入开展

2017年，园区工委坚持“两学一做”制度化，常态化，扎实抓好党建工作。认真开展“三会一课”，学党章党规、学系列讲话，规范干部职工行为，确保园区作风建设风清气正；组织干部职工认真学习中共十九大报告，深入领会精神，进一步激发干部职工建设园区的热情。

二、经济运行 平稳向好

2017年，船舶园完成工业总产值80.2亿元，同比增长8.35%；规模以上工业企业完成工业总产值68.1亿元，同比增长21.82%，其中规模工业增加值24.05亿元，同比增长15.41%；整个园区经济发展逆势求进，稳中向好。沅江船舶产业总产值约占益阳的80%，约占全省的50%以上，成为湖南省船舶产业的主要集中产区。

三、园区建设 方兴未艾

2017年是园区基础设施建设成效显著之年，共完成项目建设投资34.3亿元，同比增长38.81%；完成基础设施投资4.2亿元，同比增长8.5%，新入规模企业4家，新开工工业项目5个，新投产工业项目4个，园区自建的第三期标准化厂房已完成计划目标，太阳鸟1万平方米金属船舶厂房、金航8000平方米新能源船舶厂房相继投入使用，改善了园区生产条件。

四、科技创新 亮点纷呈

园区根据市政府《沅江市特色县域经济重点县项目扶持奖补暂行办法》对高新技术企业创建、科技创新与技改、品牌创建、专利申请、科技成果转化、市场开拓等多方面发放奖补资金2040万元。年新增专利技术86项，其中发明专利6项；新增省级工业设计中心和工程技术研究中心各1个，海荃游艇、大洋机械、精一机械、帝豪舾装、恒盛机械等5家企业获省级高新技术企业认证。2017年，实现园区企业单船载重突破1万吨、单船造价突破2.4亿元的重大跨越；金航公司制造LNG新能源动力船舶；海荃游艇研制全国最大吨位的太阳能动力游艇成功下水，获得用户好评。被省经信委认定为“湖南省中小企业创业创新基地”。

五、产研合作 快速推进

园区创建全省首家“船舶创客中心”，打造由船舶研发开放式设计研发信息交流合作共同体；建立船舶信息平台、船舶检验检测平台、船舶人才培训平台，为科技创新提供了坚实载体。园区共有10家企业与高校及科研院所建立产学研合作关系。园区聘请中国船舶行业国内知名的5位船舶专家为企业把脉问诊，提供技术服务和行业信息咨询，为促进沅江船舶产业后发赶超、提升科技含量、提高技术质量增添了动力。

六、融资保障 助力产业

园区被列为“益阳市金融生态样板区建设试点园区”。组织8家银行与14家企业进行对接，同时加强企业的诚信度评估和教育，企业的诚信度提高，银信部门对企业的支持力度加大。启动“助保贷”，积极对接金融机构、探索和建立园区、银信部门及企业多方参与、市场化运作的投融资服务体系。2017年，园区利用“银企园”合作的方式共实现存量贷款10.7亿元，为企业科技创新、扩建发展提供资金保障。

七、军民融合 加速发展

船舶园紧紧把握军民融合发展战略机遇，推进船舶产业军民融合科技孵化平台建设。组织园区企业，积极创造条件，加强与高校、科研院所和相关部门的产、学、研对接，申报船舶军民融合生产资质。重点扶持骨干企业加快军民融合发展。已有1家国防船艇动员企业，9家企业的新型船艇、新装备配套产品进入军品市场。园区已取得湘军工船舶认证企业有22家，认证类别27个，产品品种6大系列80多个品种。湖南帝豪船用设备公司创建舰船橡胶护舷生产线，军用船舶配套产品取得突破。2017年，园区被省经信委批准为“湖南省军民融合示范基地”，成为“园中园”创新发展模式。

八、综治维稳 成效显现

通过创建样板园区，园区经营环境明显优化，发展大局和谐，综治维稳工作在全市考核排名靠前；企业的诚信指数不断提高。近年来，船舶制造产业园内企业信誉良好，无任何不良信贷记录，受到银行机构的高度认可和赞许；安全生产全年实现无重大事故、无生产死人事故、无安全群发闹事。

九、沅江艇好，绿色名片

益阳市首届洞庭湖生态文化旅游节隆重举办，其中赛艇赛及畅游洞庭等主体活动在沅江市举行。沅江制造的高速快艇、豪华游艇、太阳能游艇、双体游船精彩亮相，“沅江艇好！”赢得益阳市委副书记、市长张值恒点赞。让沅江人民和国内外游客感受到沅江游艇的魅力，同时领略到水城沅江旅游的激情。提升了沅江船舶的知名度、美誉度。极大推进水上运动中心、太阳鸟水上码头基础设施建设，将湿地生态游和游艇工业旅游无缝对接，沅江游艇成为绿色发展的靓丽名片，促进环洞庭湖经济绿色发展。

沅江市气象局

【基本情况】

沅江市气象局为国家基本气象站，实行上级气象主管机构和人民政府双重领导，以上级气象主管机构领导为主的管理体制，根据授权承担本行政区域内气象工作的管理职能，依法履行气象主管机构的各项职责。

2017年，沅江市气象局内设气象台、法规股（防雷减灾办公室）、综合管理办公室和气象科技服务中心（益阳市防雷中心沅江分中心）。有干部职工22人，其中在岗15人，专业技术人员中有工程师4名。沅江市气象局在省、益阳市气象局与沅江市委、市政府的领导下，各项工作均衡发展，得到上级主管部门的充分肯定。从2013年起，连续3年获沅江市绩效考核一等奖。2015年，获评“湖南省重大气象服务先进集体”“全国标准化现代化农业气象服务市”荣誉称号。

【班子简况】

局　长	舒　芳
副局长	黄赛群
副局长兼办公室主任	刘　青

【工作概况】

一、气象防灾减灾

（一）严格落实汛前准备工作。建立健全

汛期各项预案与规章制度，及时开展本站及自动站巡检等汛前自查工作，开展综合气象业务应急演练。

（二）整理更新各类服务名册。年初重新规范服务产品类型、服务方式、服务范围等内容，收集更新全市种养殖大户、家庭农场、专业合作社等新型农业经营主体名单，重点服务对象由上年的215户增加到238户；收集整理全市及各乡镇防汛责任人名单509名；收集换届后的各镇场街道行政村负责人名单，更新整理气象信息员名单227名。

（三）业务新系统学习与应用。组织业务人员积极参加“中国气象局气象信息员平台”操作应用培训和“省市县气象业务一体化”平台培训。将重新收集的气象信息员号码全部纳入信息员系统。利用平台实况监测与预警功能，及时制作和发布强降水监测预警服务信息8次。

（四）做好春播汛期预报服务。一是继续做好早稻春播育秧期决策预报。在3月14日至4月22日早稻播种育秧期间，共发布“春播育秧专题滚动预报”13期；二是认真做好汛期趋势订正预报。三是及时向各级政府及领导提供实况雨情。进入汛期后，继续于每旬初定期发送当年累积雨量及与历年同期的比较数据，在强降水过程出现时及时提供实况雨量信息及降水起止时间、重要灾情等。四是努力扩大气象预警信息发布覆盖面。

（五）完成高洪水位防汛服务。进入汛期，沅江本站出现暴雨6次，局启动应急响应5次。6月下旬及6月降水总量均为1955年有记录以来历史第二极大值。6月25日，进入警戒水位以来，沅江高洪水位持续17天，全局严阵以待。7月1日开始，每天8时、20时主要负责人参加防汛指挥部会商。6月25日至7月12日，集中制作发布“汛期降水实况及专题滚动预报”17期、“强降水来袭及未来3天滚动预报”等专题17期、“降水实况”7期、“汛期降水信息专报”2期、“农业气象灾害预警服务”2期。6月29日至7月1日，强降水过程，利用市县一体化平台发布向有关镇场街道发布暴雨预警8次。局获得“沅江市抗洪救灾先进集体”荣誉称号，业务局长与区域站维护负责人分别获得益阳市与沅江市“抗洪救灾先进个人”称号。

（六）推进“三农”专项工作开展。认真制定沅江“三农”专项实施方案和经费预算。开展为农服务农田调研常态化。聘请农业局粮油站副站长为涉农专家。继续加强与农业、国土、水利、民政等部门的信息共享和联动，先后两次召开部门联络员会议，在灾害天气出现时，及时联合开展实地灾害调查和评估。在方案编写与标准化县、乡镇的材料申报上，为其他县局做指导。

积极推进本地突发灾害性天气预警和气象灾害风险预警服务标准化业务。及时开展强降水实况监测预警服务，做好服务过程的留痕管理。规范制作6种气象灾害风险区划图、沅江市防洪形势分布图等。

根据本地新型农业经营主体实际需求，对农田小气候站的布局进行调整。一是针对本市特色农业产业，将原四季红镇阳雀洪村农田小气候站移址至泗湖山镇朱冯村1500亩集中连片稻虾基地，通过“基地+农户+科技”的产业模式，发展“稻虾共作”农业特色产业气象服务。二是针对乐园大棚蔬菜基地小气候站已毁事实，重新购置一套5要素站，安装于乐元村工厂化集中育秧示范基地。

强化沅江气象防灾减灾群测群防体系建设，积极组织全市50名气象信息员培训会。汛期中组织信息员参与本辖区内气象灾害预警信息传播，指导信息员利用钉钉软件及时收集上报灾情信息。

一年来，总计为沅江市委、政府以及全市各部门单位、镇场街道、重点服务对象等提供各类气象服务产品共235期次，农业气象灾害预警、农业气象服务等各类产品30多期。通过MAS平台为各平台用户累计发送手机短信103万条；充分利用市台预报产品，结合本地气候特点，向各级用户发布预警信息21期。

（七）建立健全人影工作制度。进一步完善人影工作相关规章制度，按时对火箭发射装置进行年检，加大对火箭炮的管理和安全保卫工作，积极选派人员参加人影知识培训。旱象初露之际，单位主要负责人向新一届领导详细汇报本市人影装备、作业点现状，沟通无障碍，零作业。

（八）科研课题获省高度评价。

二、网络信息保障

1—12月，地面测报错情率为0.00‰；传输质量99%以上；无伪造、涂改等重大错情。新增DPZ1型综合硬件集成控制器、DSG3型降水现象仪。区域站巡检维护到位，故障率低，数据的准确在防汛决策中发挥重大作用。全面完成漉湖区域自动气象站作为骨干站的改造，升级为六要素。单位网络提速到20MB。

三、突发气象应对

（一）积极做好突发事件预警信息发布系统建设的前期汇报工作。5月中旬，认真制定《沅江市县级突发事件预警信息发布系统建设工作方案》，力邀市政府办副主任组织应急办、气象局、电视台一起前往衡阳县学习考察发布系统建设及与村村响大喇叭对接等工作经验，向常务副市长汇报，并递交考察报告。

（二）做好“村村响”对接工作。已与文广新局、电视台对接，并与北京创思维嘉科技有限公司签订“村村响”系统对接县级一体化平台的协议。

（三）开展交通气象站建设。稳步推进制作方案、力促政府召开协调会、选址、汇报、接受财政调研、进入财政投资评审、邀请厂家竞争性谈判等环节，位于白沙大桥入口左侧的交通气象站顺利建成。

四、防雷体改

一年来，局严格执行国务院文件精神，年初，与住建局进行工作对接，不再受理房地产行业防雷行政审批事项。对易燃易爆行业加大安全监管力度，对改扩建加油（气）站的安全问题，局主要领导和安监局对接多次。9月，局提请政府组织安监、住建、房产、教育、发改等部门召开防雷安全监管工作协调会议，为未来气象部门正确履行防雷安全监管职责奠定基础。

五、综合管理有序

（一）防灾减灾宣传，成功承办“流动气象科普万里行”活动。结合“防灾减灾日”“安全生产月”以及“科技活动周”等活动年内新制作宣传展板20多块，印制宣传资料10000多份，统一印制《中小学生防雷安全手册》6000本。在防灾减灾气象宣传方面共投入经费4万多元。4月12日，成功承办在三眼塘村举行的“流动气象科普万里行——

走进湖南”之“气象科普进农村”活动。现场解说13块气象科普展板，播放自行制作的、以多年科普工作累积图片为素材的“沅江气象科普发展历程”视频短片，体现“原创”精神，以对唱抒发气象人爱岗敬业的情怀，通过小品《打赌》展现农村气象科普的重要等形式,被中国气象局领导评价为是“创新”的气象科普活动。

（二）安全生产检查。以“企业安全生产主体责任年”“企业安全生产隐患整改年”为契机，按照上级气象部门和地方安全生产委员会会议文件精神，局认真履行防雷安全监管工作职责，对全市危化场所、易燃易爆场所、人员密集场所存在的防雷装置开展安全检查4次，涉及42个单位，对发现的防雷隐患积极督促整改有成效。

（三）人才培养教育。年初，1名工作人员获得气象服务与应用气象工程师资格；1名工作人员申报综合气象观测工程师。4名非气象专业人员较圆满完成基础知识培训任务与考核。

（四）气象创新项目。先后上报《沅江市气象局气候品质认证助推芦笋销售》《建立“稻虾共作”协同攻关气象服务新模式》创新工作申报表。

（五）气象法治建设。气象法治建设纳入单位目标考核。普法考试全体顺利通过。针对全市防雷安全生产开展年度执法巡查4次，规范建立台账。未见违规施放气球现象。气象探测环境得到有效保护。

（六）文明创建巩固。认真落实沅江市委文件精神，规范开展“两学一做”学习教育制度化常态化活动与主题党日活动，学习中共十九大精神。通过沅江市委组织部的2次基层党建工作督查。党建材料经省局党委办调研，被授予“基层党建示范点”称号。开展“心连心关爱资金一日捐”、向社区贫困大学生捐学费等活动。3月8日，单位主要负责人被省局选定为湖南代表前往中国气象局参加“三八”妇女节市（县）气象局优秀女局长事迹报告会；七一前夕，又作为县局唯一代表参加省局举行的中国共产党建党96周年纪念会。

全局15人参加“志愿服务队伍”。小品《打赌》被宣传部选定为“2017年欢乐潇湘 幸福沅江系列群众文化活动”之“送文化下乡活动”的参演节目，并作为益阳市局参演节目参加省局“迎接党的十九大群众性文艺展演”；单位工会主席积极参加了“爱在七夕 热恋水城”弘扬中华传统文化的活动，获得最佳人气奖第一名。积极派员参加第六届大众运动会等。

表一　　2017年沅江市主要气象指标一览表

年份	年平均气温	年最高气温（℃）及出现日期	年最低气温（℃）及出现日期	年总降水量（毫米）	年总日照时数（小时）
2017年	18.4	38.9（7月28日）	0.7（12月18日）	1581.7	1396.1

表二　　2017年沅江市主要气象指标一览表

月份	平均气温（℃）	降水量（毫米）	日照时数（小时）
一月	8.0	38.9	42.1

续表二

月份	平均气温（℃）	降水量（毫米）	日照时数（小时）
二月	9.0	54.4	93.5
三月	12.1	263.0	49.3
四月	18.7	136.4	134.7
五月	23.6	125.7	180.3
六月	24.7	483.3	91.4
七月	30.8	61.4	97.5
八月	29.1	277.2	54
九月	24.9	57.0	104.5
十月	17.9	45.4	61.4
十一月	13.6	67.5	88.5
十二月	8.8	16.5	120.4
2017 年全年	18.4	1581.7	1396.1

沅江邮政分公司

【班子简况】

总　经　理　　王尉名

副 总 经 理　　黄赛雄　朱　萍

办公室主任　　张　萍

【工作概况】

一、金融业务推进

分公司金融网点 19 个，其中亿元网点 18 个，通过开展 2016—2017 年跨年度竞赛活动、“开门红”竞赛、“中国邮政成立 121 周年庆”“积分换购”等活动形式促进余额跨越式发展。

2017 年，紧密联系社保部门，做好社保卡客户的维护工作，有效激活社保卡，提高社保卡使用率，进一步提升储蓄活期余额。

二、快递合力发展

一年来，沅江包裹业务持续快速增长，自快递包裹改革启动以来，沅江邮政分公司利用政府政策支持录用一批见习岗位人员对包裹队伍进行补充，分别从事快包揽收、客服、营销等岗位，保障快包业务的稳步发展。并对包裹处理场地进行改造，提升包裹处理能力。与速递公司联合对投递区域重新划分，扩大城区投递范围，同时对投递道段进行调整，增加汽车邮路，购置电动三轮车和 PDA 反馈工具，提升快包终端投递服务能力。

三、农村电商起步

沅江农村电商目前建成邮乐地方馆 1 个，县级运营中心 1 个，乡镇区域中心 1 个，邮掌柜精品点45个，邮掌柜普及点累计建点数142个，叠加金融助农取款服务点37个，建自助包裹存取平台E邮柜6个。形成较为完善的农村电商三级服务体系。

四、传统业务跟进

一是组织“两学一做”专项营销工作，成功拿下市委组织部的图书大单，流转额达15万元。二是木质明信片积极寻求突破，完成业务收入29.5万元。沅江邮驿主题邮局自上年5月开业以来已创收近5万元。2017年，积极开拓省外市场，提升产品档次。5月，为湖南省函件局定向开发红木明信片套装，弥补高端产品的空缺，同时湖南生活上首批主题邮局订单（价值3.5万元）正在加紧生产中。三是举办品鉴会、微营销等手段，做好个人消费市场营销，同时利用市民手册等手段开发政务市场，整个项目销售额突破20万元。四是第一季度与第三季度共承接企、事业等单位的画册项目，创收近15万元，传统函件继续保持活力。

五、廉政建设扎实

一是制定2017年党建工作计划。二是成立党风廉政建设领导小组，并将党风廉政建设工作同其他业务紧密结合。三是认真开展“两学一做”学习教育，进一步增强“四个意识”，努力做到“四讲四有”。

六、员工活力激发

一是完善各项考核制度，有效激励员工工作积极性，加强营销队伍和理财经理队伍的建设。二是以节假日或重病慰问等为抓手，丰富和延伸送温暖工程，重视和关心离退休人员的生活。三是加强新员工业务技能培训工作，组织金融从业人员每月定期举行技能考试兼比赛。

沅江移动分公司

【基本情况】

2017年，中国移动通信集团湖南有限公司益阳市沅江分公司有合同制员工67名，劳务派遣制员工3人，“两退”员工28人，建党支部1个，中共党员42人，其中女中共党员16人。

【班子简况】

经　理、党支部书记	赵育才
副经理、组织兼纪检委员	张连勋
副经理、宣传委员	彭良辉
综合部主任	黎树清

【工作概况】

一、市场经营

（一）深化营销，促进4G发展。精心组织集中订货会、区域订货会，认真解读订货政策、获利空间，确保网点订货率。督导网点针对目标客户积极主动开展各类促销活动，提升终端销量。主打口碑品牌终端，紧盯2G/3G目标客户，开展精准换机工作。加强通报与稽核，严控销售质量，不达标终端限时整改。细分目标客户开展短信、外呼营销；督导网点加大进店目标客户迁移工作力度；加强通报与业务指导。统一外呼口径，规范外呼要求，在不影响客户满意度的前提下推介套餐办理。

（二）多措并举，提升流量运营。多轮宣贯，将各种文件主要内容精简化，对于阶段性外呼工作，统一制定外呼营销话术，确保政策宣贯到位。采用分片责任到人，分片驻点的方式，加强上门培训的力度，及时上门蹲点帮扶。将重点业务制作成小单页，及时发放并更新。常态化地开展业务竞赛，以提升业务办理积极性。加强台席人员自身业务熟练程度，方便更好地指导网点业务。发挥数据业务微信群的及时性，倾听渠道心声，了解渠道意见，尽最快速度为渠道解决实际困难与问题，使其发展业务无后顾之忧。

（三）加强基础，宽带业务推进。一是结合现场培训和电话"一对一"的多次对代办网点营业员培训宣贯，详细介绍宽带资费及操作流程，针对"营销—受理—办理"过程中遇到的问题答疑和疑难问题讨论，进一步强化内部业务流程和技能提升。二是利用节日气氛，联合渠道、路演团队开展现场终端营销，实行渠道包保，维系小区物业，定期进行小区现场驻地促销，现场喊麦与扫楼、扫单元同步进行。三是加快行政村网络资源建设，优先预约地区建设，实行全程跟踪、每日通报，针对建设过程中遇到的资源短缺等问题及时反馈，集中解决，为宽带发展提供基础保障。

（四）创新手段，做好集客经营。一是高度重视，智慧应对，确保集团单位的稳定与发展。强化集团单位宣传，要求客户经理定期到集团单位上门走访，通过张贴海报、微信等方式推广宣传。二是坚持不懈的做好星级客户的营销与服务工作。多维度着手，进行细致的客户分层，找出不同层级客户的共同特点，然后结合本地的流量、终端等营销政策，匹配客户需求与营销政策，再针对性的向客户进行推介。三是加强对重点项目实行重点把控，客户经理全程督导，力求探索一条高效、稳定的集团专线业务推进机制。

（五）完善机制，提供优质服务。建立投诉处理层级制，明确各层级投诉处理时限及要求，务求投诉处理更高效。每旬根据投诉的焦点、疑难问题讨论与分析，有效预防并控制重复投诉和升级投诉的发生；案例总结、关注要点及时传达一线，提升一线人员投诉处理与应对能力。加强宣传，海报粘贴在网点店内显眼位置，前台一线人员统一佩戴胸牌；客户经理在对包保客户进行电话、短信及上门营销时告知客户参与满意度调查活动；指导网点对进店客户多说一句话，扩大客户知晓面，提升客户满意度。

二、建设维护

（一）维护保障网络。一是积极响应省市公司行动，召开专题分析会议，并理出提升方案。通过优化、站点整改、参数优化、微站补盲等手段，优化网络。二是实时监控集中故障管理平台，确保发现任何故障工单，都能及时通知到位，严格执行发现故障半小时到位处理的工作流程。三是节假日前后制定网络保障方案，主要包括载频扩容和信道调整、半速率门限参数批处理调整等，顺利完成节假日通信保障工作。四是为保障沅江首届洞庭旅游节文化和神州大舞台下基层活动，出动应急通信车，网络部全体员工无休现场盯防，圆满地完成活动的网络保障工作。

（二）实现深度覆盖。为快速推进4G、家庭宽带两项主体工程建设抓进度，沅江分公司注重规划、强化管理，通过优化工作流程、加大网络市场协同力度、合理整合传输资源，全年建设任务目标基本完成。一是LTE5.1期宏站、室分及微站均已完成目标任务。二是2017年行政村家宽建设、高价值小区建设基本完工，考核达标。三是完成三个路段的传输网成环改造，扩大网络结构，为未来的网络需求提供保障。

三、综合管理

（一）党建工作。一是严格按照“党要管党、从严治党”要求，全面落实“两个责任”。组织领导班子签订《党风廉政建设目标责任书》，全体员工签订《廉洁从业责任书》，公司领导班子认真贯彻“民主集中”的原则，严格“三重一大”。实现党建工作与企业经营生产工作的融合。

（二）精细管理。开展固定资产清查工作，做好台账记录。定期对成本与费用的执行情况进行通报。完成2016年度上市员工和劳务员工的年度绩效评定工作。强化新闻信息管理，益阳移动通信信息上稿24篇，湖南移动通信报上稿8篇。

（三）安全生产。一是结合“安全生产教育月”活动，组织全员进行“安全生产知识培训”。二是认真开展日常安全生产巡检，排查隐患，根据市公司通报，认真落实整改，严格按照“五个一”要求开展专项检查。三是加强车辆安全管理。

（四）激发活力。以“幸福1+1”活动为抓手，H-EAP员工幸福成长计划和暖心工程为台阶，推进职工之家“建、管、用”齐头并进，大力营造和谐氛围。一是定期组织开展各类工会活动。二是逐步做好“职工之家”的建设。三是落实员工关爱工作，深入一线，了解诉求，合理解决，春节开展送温暖慰问工作，抗洪期间，慰问守堤员工，发放防温降暑用品。四是根据工作岗位需要，调整人员配置，优化组织结构，盘活人力资源。

中国电信沅江分公司

【基本情况】

2017年,沅江分公司有AB类员工134人,CD类员工27名。该公司设有3个部室（综合部、销售服务部、网络部）、4大城区营业部、4个分部［政企分部、商客分部、渠道分部、核心商圈（中心厅）分部］3个中心,11个农村支局;专营店及卖场66个，代理店和便利店9家。

【班子简况】

经　　理　　郭　平

副 经 理　　曹兴华　曾念阳

经理助理　　杨　刚

办公室主任　　张碧波

【工作概况】

一、销售服务

2017年，沅江分公司完成年度收入6221万元。全年发展移动用户3.85万户，净增1.26万户，期末出账用户数达8.63万户；全年发展宽带1.11万户，净增0.47万户，宽带期末出账用户数达 3.65 万户；全年发展 ITV 1.36 万户，净增 0.87 万户，期末出账用户数达 3.12 万户。2017 年，分公司组织开展一系列的劳动竞赛和专项营销活动，年初组织进行“岁末年初”营销活动，共发展移动 11450 户，净增 3895 户，发展宽带 3590 户，净增 1320。发展 ITV3880 户，净增 2500 户。随后，在各四级经营单元中开展社区渠道网点大会战，“光网平移、融 V 短期竞赛”“‘5·17’全员劳动竞赛”、组织城区各营业部、农村支局开展信息化整区（村）推进，三季度开展“2+1”格局之战、“农村集镇宽带保卫战”“万村攻坚”、农村 ITV 圈地等一系列营销活动，四季度在优化渠道生态，强化营维协同方面制定相关文件和政策。相继开展“企业上云”“融合迁转不限流量冲刺”系列营销活动。

强化渠道建设，提高渠道营销能力：沅江公司相继在城区、乡镇渠道加大扩点、建店力度，全年升级改造南嘴、三眼塘 2 个专营店，8 个专营店先后开业，引进强商 2 家，同时，根据市分公司组织架构的调整，增加专职社会渠道经理，加大对社会渠道的上门帮扶支撑，针对渠道网点单点能力不够的现状，每周四定期进行渠道能力提升培训，并不定期送培训到支局、到网点。全面清理渠道数据，完善渠道系统，推进派单式闭环营销管理，建立营销派单的跟踪分析，效果评估和考核流程，通过强化和细分预算式派单来提高渠道营销能力。政企单位定期走访政府部门及重点政企单位，同时对政企部的派单有求必应，切实加强与政企单位沟通和交流，融洽与政企单位的感情。对重点项目紧盯不放，与公安局签订平安沅江第七期建设项目协议，与劳动局签订内网、机房建设项目协议，与沅江漉湖虹润风力发电有限公司签订基地通信建设项目协议，为收入的完成提供保障。

二、运维建设

2017 年，沅江公司运维建设工作严格按照市公司整体工作安排，致力打造“责任后端、担当后端、活力后端、尊严后端”，从机线整治、工单管控、装维服务、光功率整治、青春行动等方面进行专项提升，全面打造精品网络，强化网络运营，提高客户感知。一是全年新增 800M–4G 站 31 个，新增光网端口 1.3 万个（现有光网端口 11 万个），光网利用率由 36% 提升至 39%，扩容 OLT 上行端口 28 处（为年底 ITV 频道质量提升打下基础）。加强与铁塔公司合作，上半年完成 800M 进程任务，下半年完成乡镇 800M 建设。紧紧围绕公司的发展战略，以全光网和 800M 建设为重点，城市集镇以 FTTH 为重点，以客户需求为导向，以资源配置为保障。2017 年，新增 FTTH 光网端口 1.3 万个，完成率 120.98%，光端口利用率提升 8.1 个百分点，完成 LTE1.8G、800M 建设 53 个 4G 基站的开通，沅江公司 800M 两簇成为益阳公司第一个 4G 精品族，全市波分环扩容 10G 端口 24 个，10 个支局 OLT 开通 10G 双上行，实现主要接入节点高峰期无拥塞，视频流畅无卡顿的目标。二是夯实装维基础，全面打造智慧家庭工程师队伍，分公司于 2017 年 3 月举行装维工程师培训及技能比武，宣贯上级公司智慧家庭工程师理念，通过率 95%。为提高装维服务质量，提升客户感知，出台装维城区“六项服务承诺”，规范装维行为。三是开展泗湖山、草尾、阳罗等四处杆线青春行动，并对沿线的 FTTH 光衰进行整治。四是开展装维生态整治行动，处理处分装维队伍中索、拿、卡、要现象，有效整治装维生态，提升渠道感知。五是加强队伍建设，划小成立四个维护分部，实质性地开展综合化属地维护。

三、综合管理

为加大支撑经营力度，公司对相关机构进行优化整合，本着人尽其才，才尽其用的原则，通过双向选择对员工的岗位及时调整，盘活人力资源；举办各类培训 48 期，提高员工的综合素质。2017 年，公司严格控制成本费用，规范财务报账内容、程序、时限等有关事项，进一步完善财务管理制度，实施职能部门与财务部门对各项财务指标的双重管控，实时监控各部门的费用列支情况，确保费用列支有效控制和正常运行。坚持“安全第一、预防为主、综合治理”的方针，坚持“以人为本”和“谁主管、谁负责”的原则，全年未发生重大安全责任事故 。公司与各部门负责人签订防范资金风险“小金库”治理责任状，在原有基础上，增强制约和监督的力度，杜绝违纪现象的发生。

农　业

沅江市农业局

【基本情况】

沅江市农业局由原市农业局、农村办、经管局、农机局、能源办、蔬菜办合并组成。2017 年，局机关共设 23 个股、站、室、办、所、中心和 3 个副科级事业单位（农机局、经管站、能源办）。有机关行政编制 18 名，在职干部职工 157 人，建党组织 3 个，中共党员 100 人，其中女中共党员 16 人。

2017 年，沅江市农业局荣获“益阳市文明建设先进单位”“湖南省粮食生产标兵县（市）”“湖南省培育发展家庭农场工作先进单位”“湖南省土地确权颁证工作先进单位”“益阳市农产品质量安全监管工作先进单位”“益阳市市经济作物生产优秀县（市）”“益阳市农药监管先进单位”称号。

【班子简况】

党组书记、局　长　　邱未来
党组副书记、副局长　　刘密珍
党组成员、副局长　　蔡飞明　龙卫红　王文波　陈新国
党组成员　　胡志辉
驻农业局纪检组长　　卜永梅（2017.10—　）
党组成员、总农艺师　　刘正云
党组成员、农村办副主任　　黄　波
办公室主任　　李　艳

【工作概况】

2017 年，农业局认真贯彻落实中共中央、省、益阳市农业农村工作会议精神和市委经济工作会议精神，以推进农业供给侧结构性改革为主线，以农业增效、农民增收、农村增绿为宗旨，不断提升农业全领域基础建设、农机全过程机械化生产、农技全方位服务水平，加大招商引资、立项争资、品牌创建力度，有效地推进全市现代农业新进程。

一、抓结构调优

一是稳定粮油产量。2017 年，全市粮食播种面积 130 万亩以上，粮食生产总产 53 万吨。其中早稻播种面积 60 万亩，单产 400 公斤，总产 24 万吨；中稻、一季晚稻（含稻虾共作）面积 8 万亩，单产 450 公斤，总产 3.6 万吨；晚稻播种面积 62 万亩，单产 410 公斤、总产 25.4 万吨。油菜收获面积 52 万亩，总产量 7

万吨。二是调优经作产业。蔬菜种植面积37万亩，新发展的规模基地来势较好。同时在小水果、药材种植、老龄柑橘品质改善上加大力度。建立水果新品种示范基地5个，示范园面积3000亩；琼湖、新湾、胭脂湖、南嘴繁育柑橘新品种近50万株；益森枳壳基地2000亩枳壳集中连片，2017年新发展500亩。三是发展特色种养。市以“稻虾共作”为代表的特色综合种养在草尾、四季红、南大、阳罗洲、黄茅洲、泗湖山、茶盘洲等乡镇迅速发展，全市“稻虾共作”综合高效种养面积达8万亩以上。朱冯村“稻虾共作”示范基地1500亩集中连片，是一个集稻虾共作、湘米产业工程、病虫害统防统治、测土配方施肥、全程机械化生产“五位一体”示范基地，已成为全市现代农业的一个亮点。

二、抓基地建设

重点创建3个市级现代农业的示范点。一是“早加晚优”示范基地。以八形汊村为中心，结合“早加晚优”绿色高产高效模式创建，以金键米业为订单企业，创建万亩以上高档优质杂交稻桃优香粘标准化生产示范基地。二是机械化示范基地。以上码头村、立新村为中心，选用盛泰优018为订单品种，采用全程机械化生产模式，创建万亩以上高档优质杂交稻全程机械化标生产示范基地。同时，各镇、场、街道也根据各自的生产特色，因地制宜，分别创建1 ~ 2个千亩左右现代农业示范片，全市创建26个特色农业基地。三是“稻虾共作”示范基地。以朱冯村万亩稻虾综合种养示范基地为核心，以卢青年米业为订单企业，以华润2号、盛泰优018、农香32为订单品种，创建4万亩以上“稻虾共作”（高档优质稻）标准化生产示范基地。

三、抓品牌建设

一是狠抓“三品一标”。凡申报农业项目、龙头企业、示范合作社和示范家庭农场都必须申报三品一标认证。全市已创建绿色食品原料（水稻）标准化生产基地25.3万亩。2017年，新增84个无公害农产品，新增11家无公害产地认定基地。湘龙芦笋已通过绿色认证，另两家企业正在农业部评审中。目前全市“三品一标”认证产品总数达到122个，超额完成益阳市的任务。二是打造沅江品牌。“沅江芦笋”已获农业部农产品地理标志登记证书，同时被评为“湖南省十大农业区域公用品牌”和中国食品餐饮博览会消费者喜爱的十大品牌；“沅江四季红镇腐乳”成功申报国家工商总局地理标志证明商标。“沅江枳壳”农产品地理标志正在申报中。同时已将“沅江芦笋”区域公共品牌、“辣妹子”辣椒酱、沅江麻香糕、天下洞庭“萌王、萌主”系列等企业品牌作出典型调查推介并成功推荐入选《湖南省农产品品牌名录》，实施品牌战略、推进农业侧结构性改革。三是申报龙头企业。2017年，新增6家益阳市级龙头企业。全市共有市级以上龙头企业74家，其中省级龙头企业5家，益阳市级龙头企业69家。四是推介湖鲜食品。7月，组织湖鲜食品企业参加益阳市文化旅游节。11月，组织参加益阳首届生态农业智慧乡村互联网大会和中国（中部）湖南省农业博览会，提高沅江市湖鲜食品在国内的知名度。

四、抓安全监管

一是强化农产品质量安全监测。市级检测共抽检蔬菜、水果样品5693批次，农残检测合格率为99.98%。在省农业委2次和益阳市农业委4次例行监测中，检测合格率100%。全市未发生一起农产品质量安全事故。抽检统防统治药剂18批次，合格率100%。市正创建湖南省首批“省级农产品质量安全县”，将于2018年接受考核验收。二是开展农资打假专项整治行动。共开展大的农资打假和专项整治行动11次，出动执法人员395人次，出动执法车辆125台次，检查农资生产、经营单位（个人）2410个次，查验农资产品1690个次，抽查农资产品164批次（种子86批次、农药73批次、肥料5批次），对违法经营农资产品的行为当场处罚13起，立案查处17起，没收假劣农资产品1080公斤，挽回经济损失940万元。三是开展肥料专治整顿行动。2017年，开展肥料专治整顿行动3次，检查抽样38个，化验不合格肥料样品3个，不合格肥料1.9吨，并将不合格肥料向社会公示。

五、抓农村建设

一是着力推进农村环境综合整治。以农村生活垃圾和河道保洁综合治理为重点，加大农村环境综合整治力度。是年，全市组织开展农村清洁工程专项督查8次，问题整改复查8次，发放督查通报8期，下达整改通知书112份。在资金投入不足的情况下，保住了益阳市的中游水平。二是着力美丽乡村建设。2017年，创建示范村新申报新湾村（省级）、荷花村（益阳级）、小河嘴村（沅江级），2016年续建村榨南湖村（省级），项目已全部完工。续建村基本达标。2017年3个创建示范村全部通过益阳市级考核验收，新申报的3个村正陆续启动规划和基础设施建设的部分工作。三是着力抓好农业面源污染治理。年内沅江市南大镇双螺村为湖南省农业面源污染示范村。重点开展30户农业面源污染防控、农业废弃物无害化处理和资源化利用技术推广和设施建设，示范村示范区范围内农地排水、村庄污水全部得到净化，逐步实现达标排放；实现农业投入品包装物回收处理率100%，其中，再生利用率为80%；农作物秸秆收集利用率为85%；村域范围内畜禽粪污无害化处理率为100%的整体目标。该项目已建设完工，并通过省农业委、益阳市农业委的验收。四是推进“农村能源三年行动”。永安农牧有限公司500立方米大型沼气工程主体工程完工，完成内部设备调试，第一期集中供气30户。新湾镇莲花村循环农业示范村建设项目，至12月已经完成投资10万元，完成建设任务。同时向省农业委申报2018年度中央投资大型沼气项目和省级示范项目。

六、抓项目建设

一是积极争取上级项目支持。向省农委等相关部门申报项目36个，完成立项争资6141.9万元（含扶贫项目资金1977.5万元），超额完成目标任务。二是进一步加大招商引资工作力度。全年确定5个招商引资项目，其中续建项目1个：水稻工厂化育秧项目；新引进项目4个：芦笋原料培管加工与销售产业化扩建项目、种养加工一体化循环经济示范基地建设项目、粮油加工项目、现代农业综合生态园建设项目。共投资资金6010万元，完成目标任务。三是做好特色产业园创建摸底工作。建立特色产业园创建库，上报省地备案产业园41个，作为今后申报依据。同时加强园区创建指导。

七、抓新型主体

一是推进新型主体稳步发展。指导新发展家庭农场300个，增长率为47.8%，专业合作社240个，增长率为34.4%，鼓励引导各类社会组织加强与新型经营主体的合作。全市家庭农场达928个，农民专业合作社已达938个。二是推进农村土地流转。鼓励农民通过转包、租赁、互换、转让、股份合作等多种形式，流转土地承包经营权，推进土地适度规模经营。全市规模经营面积30.5万亩；农村土地流转总面积达54.3万亩，流转率为66%，比上年增长4.8%。全市流转规模在50亩以上的大户达1871户，其中500亩以上的大户达195户。三是推进社会化服务发展。全市双季水稻机插秧面积达32万亩，水稻机插秧率为26.8%。阜丰现代农业在草尾镇建成全省第一家专业化水稻育秧工厂；全市农作物病虫害专业化统防统治服务面积达110万亩次，覆盖率为90%以上；全市水稻耕种收综合机械化水平达80%；油菜耕种收综合机械化水平76%。2017年，实施1000万元的洞庭湖区农机提升工程项目，益阳市仅沅江市一家。四是推进农村土地确权颁证。全市完成确权登记颁证村（居）152个，占应确权村（居）的100%；确权面积106.4万亩（其中集体面积18.08万亩）；完成确权农户13.89万户，占应确权农户数14.22万户的97.68%；签订土地承包合同12.51万份，合同签订率90%；确权登记数据汇交已通过省里质检。

八、抓产业融合

一是芦笋产业融合。全市芦苇笋产业转型得到省农委的充分肯定。市内建成“沅江芦笋”实体专卖店37家，其中沅江市区19家，益阳市区9家，益阳区县各1家，长沙市6家，广东佛山市1家、东莞1家。“沅江芦笋”大市场于6月16日开业运营。粮油、果蔬、畜牧水产、湖鲜食品等产业融合发展较快。二是积极发展休闲农庄。德群庄园为五星级休闲农庄，渔家浜为四星级休闲农庄，湖南白羊生态旅游有限公司为三星级休闲农庄。另外向外推荐休闲农业与乡村旅游精品线路，三眼塘乡村休闲旅游路线长沙市区—长常高速（77.8公里）—沅益一级公路（21.1公里）。三是大力发展电商。全市有10多种农产品及加工产品通过电商网上销售，100余人参与农产品的电子商务。龙虾、芦笋及加工产品进入58农服益村平台线上销售。

九、抓精细服务

一是推进新型职业农民培育。遴选25家农民合作社参加省2017年农村实用人才带头人培训班；选派11名稻虾种养示范户参加省稻虾综合种养技术培训班；在黄茅洲举办全市稻虾综合种养技术培训班，培训人数142人；完成各类农机人员培训300余人，完成全年目标。同时借助新型职业农民培育工程，2017年完成新型职业农民培训任务250人。开展多层次、多形式的培训，全年开办农民田间学校近50期，培训人数近5000人次，为推进现代农业发展提供人才支撑。二是大力推广农业“五新技术”。年内推广氯虫苯甲酰胺、高含量的阿维菌素、烯啶虫胺等10多种，总量40吨，推广面积达120多万亩；推广先进的机动喷雾器6030台、植保无人机33台，实施药械更新换代带动工程；推广催芽器浸种催芽、“壮秧剂”与“旱育保姆”育秧等新技术应用面积达50万亩以上；新安装太阳能控蛾灯200盏，草尾镇、共华镇等高产创建示范区实施性诱剂控蛾面积10万亩以上；共华镇阜丰现代农业新品种示范基地安排水稻桃优香粘、玉晶91、盛泰优018等新品种展示示范。三是推广农机新机具。全市新增高速插秧机64台，新增高效植保机71台，新增粮食烘干机87台，新增油菜直播机110台，联合收割机、轮式拖拉机等其他大中型新机具510台套。四是增强公共服务能力。在主要乡镇村以及主要生产大户、农资经营户、农产品加工企业建立监测网点57个。其中水稻生产经营监测点35个、农资监测点6个、农产品收购加工监测点2个、蔬菜生产基地与蔬菜批发市场6个、农产品销售超市3个、蔬菜生产农户5户、信息采集员15名、网上直报员6名、市场信息分析员5名。

沅江市水务局

【基本情况】

2017年，沅江市水务局下设6个行政股室，11个内设股室，7个直属二级机构(含公司)，辖14个镇场街道水管站，有在职干部职工1488人，退休人员795人，共有中共党员299人，建党支部8个。担负着沅江市防汛抗灾、水利建设、水行政执法及水资源的管理保护和开发利用。管理大小堤垸8个，其中重点垸2个、蓄洪垸2个、一般垸4个。有一线防洪大堤314公里、145处大堤防洪建筑物，保护着74.75万亩耕地面积；境内主要河流有7条，全长196公里，外湖水域59万亩、内湖水域6.4万亩；384处655台69323千瓦电力排灌机埠、1座抗旱中型水库，2座小中型水库，1846口山塘，214座拦洪坝。

【班子简况】

党组书记、局长　易志斌
党组副书记、副局长　周桂秋
党组成员、副局长　刘普丰　涂鸿雁
党组成员、总工程师　潘群芳
办公室主任　任立新

【工作概况】

一、防汛抗灾

2017年，沅江市遭遇的汛情灾情严峻复杂、近20年罕见。

（一）降水偏多。4月1日至6月30日，全市总降水量700.4毫米，比历年同期偏多30%。特别是6月下旬，境内降水量261.8毫米，比历年同期69.8毫米偏多275%，仅次于最多的1998年。

（二）来势凶猛。受湖南历史罕见特大洪水及“三口四水”入湖影响，全市水位迅猛上涨：所有堤垸于6月29日超警戒水位、于7月3日超保证水位；3天时间全线超保证水位为历史罕见，全线水位为中华人民共和国成立以来第四高。

（三）灾害严重。全市受灾17.7万人、紧急转移安置7866人，农作物受灾34.45万亩，其中成灾15.12万亩、绝收5.89万亩，各类灾情直接经济损失4.5亿元以上。

二、水利建设

2017—2018年，沅江市水利基础设施建设计划总投资63668.95万元，其中水毁恢复4960万元，堤防加固工程（包括共双茶垸蓄洪安全建设、分洪闸工程）31600万元，饮水安全工程400万元，小型农田水利工程1320万元，沟渠塘坝清淤增蓄工程10038.95万元，泵站及水闸工程570万元，其他水利工程14780万元。

（一）“三小”工程。市内“三小”水利工程第一期项目共启动建设项目71处，其中汛前处险53处，堤顶硬化5处，堤身加培3处，渍堤加固2处，抛石护脚2处，压浸平台2处，泵站更新2处，堤身防渗墙2处，共涉及8个镇场街道，总投资7167.8万元。

（二）堤顶硬化工程。2017年，在长春垸、目平湖垸、畔山洲垸、黄家湖渍堤实施，长春垸19.051公里，黄家湖渍堤6.86公里，目平湖垸8.63公里、畔山洲垸7.4公里，八形汊间堤7.63公里，南洞庭19.00公里，均已完成。硬化堤顶道路共计54.86公里。

（三）蓄洪安全工程。共双茶蓄洪垸安全建设一期工程目标考核指标为：2017年前计划完成投资22937万元，2017年计划完成31431万元，至2017年年底共需完成投资

图1：傅德华一行检查8标工地施工现场

54368万元。

共双茶蓄洪垸安全建设一期工程经过3年的建设，至2017年12月底，2014年度五个标段工程全部完成并通过分部工程验收，完成投资10009万元；2015年六个标段老堤部分工程、新堤建筑物工程已基本完成，土方工程完成177.4万立方米，工程进度为38%，完成投资13320万元；移民征地拆迁补偿实施进度为90%，完成投资31770万元。共双茶蓄洪垸安全建设一期工程共完成投资55099万元。较圆满地完成共双茶蓄洪垸安全建设一期工程目标考核任务。

（四）清淤增蓄工程。2017年，全市沟渠塘坝清淤增蓄工程总任务是疏浚大型沟渠37条150.1公里、中型沟渠180条518.38公里，小、微型沟渠633条857公里，清淤大型塘坝5处、中型塘坝11处、小型塘坝13处，总投资1.03亿元。工程于10月全面动工，至12月底完成形象进度的100%，并做好迎接市、省两级验收。

（五）农饮安全工程。2017年，上级下达市农村饮水安全工程建设任务是解决4400人建档立卡贫困人饮水安全问题。9个项目总投资为264万元。12月中旬，全部完工。总体工程完工进度100%。

（六）农田水利专项。项目建设地点在黄茅洲镇、阳罗洲镇6个村；涉及耕地面积1.50万亩，治理面积1.20万亩。小农水专项工程投资1219.69万元，中央资金800万元已到位，省级本级配套资金未到位。2017年11月24日该项目完成招投标工作。11月底全面动工，至年底完成整体形象进度的93%，其中2000亩高效节水灌溉工程已完成100%。计划于

2018年3月底前全面完工。

（七）“五湖连通”（二期）工程。本项目概算总投资1.18亿元，中央补助资金3000万元。主要建设内容：小河嘴引水枢纽工程、石矶湖综合治理工程，完成清基扫障、招投标程序，于2017年10月开工，年前主体工程完工，完成总体形象进度的80%，预计2018年3月完工。

（八）水利秋冬修。市委、市人民政府自筹资金4000万元，用于22处水毁修复，314公里大堤线路架设、12处720平方米堤防管理站屋建设，两水夹堤整治1处。

三、“河长”制

全市5公里以上河流有16条334公里，10平方公里以上湖泊有5个576平方公里，全部纳入市级“河长制”范围；参照市级“河长制”要求，大中型沟渠、大中型塘坝、小（2）型以上水库都纳入镇级“河长制”范围，小微型沟渠、小微型塘坝纳入村级“河长制”范围。

图2：沅江市河长办公室在城区宣传河长制工作

（一）两围整治。市政府开展铁腕整治矮围、网围专项行动，市水务局积极配合，拆除矮围、网围72处16.8万亩。在东洞庭漉湖水域开展为期两个月（9—10月）的“迷魂阵”专项拆除行动，涉及全市53.7万亩水域范围；6月，先后3次开展河湖巡查，巡查河道长度92.73公里、湖泊面积117.14平方公里，完成沅江市砂石尾堆基本情况调查表。

（二）采砂整治。在成立砂管办的基础上，增设由水务、公安、海事牵头的3个执法大队，其中水务砂石执法大队于2016年11月底成立，下设漉湖、沅江、黑泥洲3个执法中队，工作人员46名。严厉惩治和查处超许可范围开采或非法盗采砂石资源行为。

（三）砂场整治。上半年，市集中对白沙大桥两侧、石矶湖大堤沿线21处砂石堆场进行专项整治。8月9日，市完成《沅江市城区砂石堆场总体规划》征求意见稿。9月初，开展全市109处砂石堆场专项整治工作，并按照地域大小、岸线长短、市场需求及地域平衡的原则，规划确定全市砂石堆场保留54处、拆除58处。

（一）两围整治。市政府开展铁腕整治矮围、网围专项行动，市水务局积极配合，拆除矮围、网围72处16.8万亩。在东洞庭漉湖水域开展为期两个月（9—10月）的“迷魂阵”专项拆除行动，涉及全市53.7万亩水域范围；6月，先后3次开展河湖巡查，巡查河道长度92.73公里、湖泊面积117.14平方公里，拿出了沅江市砂石尾堆基本情况调查表。

（二）采砂整治。在成立砂管办的基础上，增设由水务、公安、海事牵头的3个执法大队，其中水务砂石执法大队于2016年11月底成立，下设漉湖、沅江、黑泥洲3个执法中队，工作人员46名。严厉惩治和查处超许可范围开采或非法盗采砂石资源行为。

（三）砂场整治。上半年，市集中对白沙大桥两侧、石矶湖大堤沿线21处砂石堆场进行专项整治。8月9日，市完成《沅江市城区砂石堆场总体规划》征求意见稿。9月初，开展全市109处砂石堆场专项整治工作，并按照地域大小、岸线长短、市场需求及地域平衡的原则，规划确定全市砂石堆场保留54处、拆除58处。

图3：林海砂场正在拆除工作板房
（图1—图3，均由市水务局办公室提供）

（四）湖汊整治。2017年7月20日，分两组赴浩江湖沿线开展调查摸底。8月18日，制定《沅江市浩江湖湖汊专项整治工作建议方案》。9月29日，完成178处鱼塘的调查摸底，其中私人侵占105处。12月29日，下发《责令改正违法行为通知书》，105处非法矮围在2018年3月15日前完成拆除任务。

四、党的建设

年初，召开党风廉政建设的专题会议，调整成立市水务局党风廉政建设和作风建设领导小组，与二级机构签订党风廉政建设责任状，落实局党组成员的责任清单和2017年党风廉政建设责任目标，强化党组的主体责任和纪检的监督责任。组织机关党支部干部职工赴益阳反腐警示教育基地接受反腐警示教育。

五、精准扶贫

2017年，根据全市29个贫困村的实际，加快推进水利基础设施建设，重点实施贫困村饮水安全工程项目、水利灌溉建设项目、防洪避灾基础设施项目。农村饮水安全巩固提升项目和其他小型水利工程按年度计划投资100%完成。结对帮扶实现脱贫，市水务局筹集水利项目资金70万元，为南渔口村改善水利基础设施，帮助疏挖清淤村级渠道5000米，建设小型泵站5个，解决部分小型水利建设资金。除此之外，解决南渔口村办公大楼缺口资金22万元，给48户贫困户发放生活补助物资达3.2万元。南渔口村共有贫困户48户、143人，2017年人均纯收入3450元，村集体经济收入6万元。一年来，经水务局结对帮扶队员努力，各项脱贫指标符合退出贫困村要求。

沅江市林业局

【基本情况】

2017年，沅江市林业局有机关行政编制22名，在职干部职工365人，基层党组织7个，中共党员171人，其中女中共党员17人。

局机关内设7个股室，即办公室、人事股、计划财务股、造林科技股、资源林政法规股、政务服务股、绿化办；直属二级机构有沅江市林业综合行政执法大队（副科级参照公务员管理单位）、沅江市南洞庭湖湿地水禽自然保护区中心管理站、沅江市林业科技推广站（沅江市林木种苗站）、沅江市森林病虫害防治保护站、沅江市森林调查规划设计队、沅江市林业重点项目建设管理办公室、沅江市林业要素市场管理办公室、沅江市林业局目平湖林芦站。垂直管理林业管理站9个，独立二级机构有国有龙虎山林场、沅江苗圃、沅江市林科所。沅江市森林公安局属市林业局和市公安局双层管理的副科级行政机构。

【班子简况】

党组书记、局　　长	周武波
党组成员、副 局 长	朱丙坤　吴先云
党组成员、纪检组组长	林建新（　—2017.10）
党组成员、总工程师	杨达理
办公室主任	邓劲松

【工作概况】

一、严格生态环境保护

2017年，完成春季造林5.18万亩，占计划任务（4.8万亩）的108%。投入资金690万元，实施森林抚育、造林补贴项目，建设长江防护林4000亩、高标准农田防护林800亩，建设生态公益林20.86万亩，发放补偿资金348万元。编制完成龙虎山省级森林公园总体规划。

二、调整“两湖新区”规划

邀请国家林业局中南林业规划设计院专家对琼湖国家湿地公园功能区调整进行研讨，形成意见。多次征求部门单位调规建议和意见后，经20多次修改调规方案，最终确定并向益阳市人民政府递交《沅江市人民政府关于南洞庭湖省级自然保护区（沅江区域）调规建议》。协助环保部门完成保护区生态保护红线划定工作。

三、加强湿地生态维护

加强南洞庭湖湿地保护，积极开展湿地监测与巡查工作，对南洞庭湖存在的问题积极整改，严厉打击保护区内违法采砂、“迷魂阵”和内湖周边开垦湿地、侵占湿地等违法行为。挂置湿地保护标识标牌27块，在全市5大片17条巡护线路上合计开展1200余次巡护；做好国家林业局对湖南琼湖国家湿地公园迎检验收工作；加大林业行政执法力度，一年来已开展45次联合专项执法行动，出动车辆（船）250余台（艘）次1700余人次，办结自然保护区范围内湿地违规抬洲造林案件4起、违规捕捞案件4起、违规建设破坏湿地行为案件4起，行政罚款7.2万元。严厉打击非法占用林地、盗伐、滥伐及违规运输林木行为，办结林业行政案件6起，没收林木65立方米，行政罚款3.8万余元。

四、造林绿化再上台阶

开展高标准农田防护林试点示范建设，共栽植樟树、银杏、玉兰、香椿、水杉、香柚等12个品种、8800多株。开展珍贵乡土树种整乡整村推进“一带二”示范建设，共栽植银杏、香椿、楠木、香樟、酸橙等珍贵乡土树种苗木1.92万株。完成X009共华镇段2200米的“绿色通道”建设，共栽植樟树、水杉、红叶石楠绿化大苗1100株。全市共育苗1621亩，可产合格苗木295万株。全市14个镇场街道相继组织义务植树活动，完成 150 万株义务植树计划任务，义务植树尽责率达 85%。

五、森林资源保护落实

加强森林防火，全市全年森林火险发生率为零。开展林业有害生物防治，无公害防治率 88.5%，精确指导沅江及周边县市区开展林业有害生物防控工作。积极开展苗木产地检疫，全年检疫各类苗木 1300 万株，检疫率为 100%。开展麋鹿等野生动物救助工作，全年救助遇危麋鹿 34 头次。

六、生态扶贫扎实开展

投入 51 万元购买苗木，对合兴洲管区、和平村、杨梅山村等贫困村进行生态扶贫，绿化进村主干道 15 公里，绿化村公共面积 13200 平方米，栽植绿化树种 15000 株，其中珍贵乡土树种 5000 株。对富丰村、七子浃“秀美村庄”示范村进行后续绿化提质工作，完成 5000 平方米公共绿地、12 公里路渠绿化建设，栽植各类经济类苗木近 4000 株。

七、林政资源管理规范

依法办理征占用林地 18 宗，面积 81.358 公顷。严格执行限额采伐计划，建全林木采伐管理制度，杜绝乱砍滥伐行为的发生，2017 年，净增蓄积 94349 立方米，同比增长 4.3%。加强 20.86 万亩公益林管理，加强护林员队伍建设，完善生态管理体系。

八、“两区”杨树砍伐完成

按照中央环保督察整改要求和省委洞庭湖生态环境专项整治推进大会精神，以及沅江市委总体工作部署，快速推进保护区核心区杨树砍伐退出工作。全面完成全市保护区核心区清理退出任务 24796 亩，其中欧美黑杨砍伐任务 22116 亩、苏柳 2680 亩。

图 1：12 月 6 日上午 11 时，沅江北胜洲 1 棵高约 20 米 7 年树龄的欧美黑杨被砍伐。至此，沅江完成自然保护区核心区 24796 亩杨树砍伐任务，提前 25 天完成中央环保督察组提出的整改目标

图 2：5 月 8 日，沅江市林业局整体搬迁至原万子湖乡机关院内

（图 1—图 2，均邓劲松摄）

沅江市畜牧水产局

【基本情况】

2017 年，沅江市畜牧水产局有机关行政编制 31 名，在职干部职工 630 人，党组织 8 个，中共党员 207 人，其中女中共党员

33人。系统有29个单位，其中乡镇动物防疫站14个，局直单位14个（企业3个，改制企业2个）。

【班子简况】

党组书记、局　长	冯正军
副局长	曹水平
纪检组组长	叶颜明
副局长	范德华
办公室主任	陈　芳

【工作概况】

一、稳定养殖生产，巩固发展基础

（一）养殖生产实现新的增长。2017年，全市生猪出栏量73.43万头，同比增长1.89%；牛2.46万头，增长3.8%；羊3.32万只，增长3.75%；家禽565.5万羽，增长2.51%；水产品总量17.52万吨，增长5.54%。养殖业生产总值44.32亿元（牧业20.59亿元，下降2.09%；渔业23.73亿元，增长3.22%），同比增长0.7%。建设稻虾7.2万亩、产小龙虾0.7万吨，产值近1.6亿元。

（二）渔业环境获得全面优化。渔政站通过不间断地开展巡湖检查，对非法捕捞及违规渔船严厉打击；经过一系列环境治理，渔业生产秩序进一步规范。全年查获非法载客渔船17艘，未穿戴救生衣渔船31艘；非法电力捕鱼案件52起，无证捕捞12起，偷捕螺丝11起，地龙网27起，刺网13起，销售非法捕捞的渔获物15起，养殖水域污染案件3起。依法没收电捕工具52套、地龙网350余条、丝网105条。4月28日向南洞庭湖投放青、草、鲢、鳙优质春片266万尾，6月6日，向浩江湖投放青、草、鲢、鳙四大家鱼优质夏花500万尾。

（三）养殖质量得到有效保障。一是动物检疫防疫效果的提升。通过不断完善动物防疫体系，全面提升产品质量安全监管水平。全市免疫密度、抗体水平和免疫质量均有明显提高，取得较好效果。猪口蹄疫疫苗、禽流感疫苗、鸡新城疫疫苗、免疫标贴率、耳标佩带率均达95%以上。上半年，成功处置一起H7N9禽流感疫情，市疫情处突能力得到实战验证。二是畜禽水产品质量安全提升。按照上级要求，深入开展节假日、“金盾护农”“农资打假”“瘦肉精”、水产品违法添加禁用物质等专项整治行动，进一步加大例行监测、监督抽查的执法力度，共出动执法人员800人次，查处私屠滥宰窝点9个，没收屠宰工具15件，立案私屠滥宰案件18件70余人，其中移送公安2件、2人，移送市监部门4件、10人。不断加强非法处置病死动物的违法违规行为，强化水产品检验检测，共消毒深埋病死畜6200头，病死禽8000羽；抽检水产苗种孵化基地18个，水产品检测合格率为100%；产地检测抽检覆盖率占全市养殖面积的80%，合格率为98%；农贸市场（湘北、金富城、西区、江南）水产品样品检测合格率为97%。

（四）项目建设取得可喜成绩。2017年，新引进项目2个，新开工项目1个，全额完成招商引资任务；立项争资任务6000万元，完成6133.3万元，完成比例为102%。

二、立足长远发展，严格环境整治

2017年，局承担“三拆三退”（反弹矮围、网围，迷魂阵拆除，畜禽、珍珠退养，浩江湖水产精养退出）工作基本完成。

（一）扎实开展“三拆”

1. 反弹矮围、网围拆除。按照“乡镇一周一排查，市拆围办一月一巡查”和“属地管理”原则，落实属地责任，强化防止反弹措施，防止矮围网围反弹。5 月 7 日 17 时 7 分，对漉湖境内下塞湖矮围节制闸成功进行爆破；12 月 6 日 16 时 30 分，使用炸药、导爆管雷管，成功爆破南大膳镇民生湖反弹矮围 500 余米，彻底摧毁其全部功能。2017 年，共拆除反弹矮围网围 50 余处。

2. 迷魂阵拆除。全市共有迷魂阵、布围子毫蔸 19270 个，竹篙 107.82 万根，网片 212.5 万米，涉及捕捞渔民 520 户。从 9 月 25 日起，市渔政站每天租用船只 5 艘，安排 100 名工作人员，采取手工砍伐的方式开展迷魂阵集中清除工作，至年底，全部清除迷魂阵。

（二）稳步推进“三退”

1. 畜禽退养。在全市建立畜禽退养干部联系包场包户制度，统一测量标准，健全退养档案，建立资金使用管理制度，确保退养工作按时按质，有序推进。全市 798 户养殖户，总面积 361416 平方米畜禽养殖悉数完成退养，省人民政府验收组已验收。全市需改造升级的规模畜禽养殖场 226 家，畜禽养殖规模场配套建设废弃物利用设施 159 个，畜禽规模场设施设备配套比例 70.4%，畜禽资源化利用率为 75%。

2. 珍珠退养。市环保局开展珍珠退养水质检测，并向茶盘洲镇、南大膳镇、南嘴镇等镇场街道的珍珠养殖业主下发《责令改正违法行为决定书》，建立完善的法律程序；领导小组多次召开现场办公会议，听取各辖区的工作情况汇报，了解存在的实际问题，积极寻找解决办法。截至年底共拆除 94%。

3. 五湖退养。浩江湖在 2017 年 3 月退出人工精养后，剩余网箱 690 口（面积 26184 平方米），网围 6710 米等设施未拆除。渔政站内湖执法中队和五湖渔业管理站，在尊重群众意见及照顾民生的基础上，分批次、有计划地开展多次强制拆除行动，拆除浩江湖网箱和网围。经多次集中拆除行动，所有网箱、网围等养殖设施已拆除，所有养殖人员全部撤离，市五湖渔业管理站正式接管五湖。

三、开展“两学一做”，抓实党建基础

（一）抓专题学习教育。根据中央省委和沅江市委有关精神，2017 年紧紧围绕“两学一做”学习教育主题，组织全局党员干部集中学习。积极动员全体党员参加“红星云”“益村”“社会扶贫”等平台的注册与学习。学习讨论重点围绕“四个专题”进行。推动各级党组织把学习教育融入日常，抓出实效。

（二）抓基层组织建设。遵循“抓落实、全覆盖、求实效、受欢迎”的工作要求，推进支部活力、党内关怀、党群连心、运转保障、制度规范五大工程，把基层党组织建设成为凝聚党员、凝聚群众、凝聚社会的坚强堡垒。2017 年，组织集中学习 12 次，党支部召开全体党员会议 6 次。

（三）抓党建知识学习。建立周五下午集中学习制度，采取自学与集中学习相结合的方式。组织党员干部学习习近平总书记系列讲话、中共十九大报告，认真学习领会报告的精神实质。要求广大干部职工爱岗敬业，开拓创新，攻坚克难，全面完成各项工作任务。

（四）抓党内制度建设。成立党建工作领导小组，建立党组成员党建工作联系点制度和党建工作目标考核机制，进一步完善“三会一课”、机关工作制度等管理制度，建立健全党务政务公开、重大决策集体研究、重要情况通报制度，促进民主决策和工作的规范化。

四、围绕精准扶贫，落实扶贫帮困

局选派3名工作人员为五花洲管区扶贫工作队队员，由刘牧耕任队长兼第一书记。按照市扶贫工作要求，单位每季度听取第一书记工作情况汇报，党组书记冯正军和副局长范德华等16人每个季度到村结队帮扶1次以上，研究解决具体困难和问题。

图1：5月7日，漉湖下塞湖矮围闸口爆破现场

图2：市渔政站打击渔船非法载客

图3：市渔政法开展湖泊退养宣传

图4：漉湖民生湖矮围爆破现场

（图1—图4，均由市水产局办公室提供）

沅江市渔政监督管理站

【基本情况】

沅江市地处洞庭湖腹地，东与岳阳、汨罗交界，西与常德、汉寿相邻，南与益阳资阳相接，北与南县相连；水面71.8万亩。全市有13个专业捕捞村（队），专业渔民近2万人。沅江市渔政站共有事业编制60人，其中全额事业编制50人。建党支部1个，中共党员34人，其中女中共党员1人。

【班子简况】

站　　长　叶颜明

支部书记　汪劲松

副 站 长　　刘昭晖　任正毛　肖卓军
　　　　　　郭云凯　左德明　黄秋阳
办公室主任　　　　　　　　　左德明

【工作概况】

一、党建工作

2017年，站支部调整班子成员，增添班子新鲜血液，在上年的基础上，完善各项规章制度。深入开展学习中共十九大、学习习总书记重要讲话精神《中国共产党章程》《中国共产党廉洁自律准则》《中国共产党纪律处分条例》等，不断提高班子成员政策理论水平和管理能力。二是加强党员干部队伍建设。坚持“三会一课”制度，结合工作实际有针对性地开展党员干部教育工作；加强入党积极分子的培养和党员管理工作。一年来，参加入党积极分子培训2名，发展新党员1名。坚持把工作责任心强、工作积极性高，想干事、会干事、能干事的职工调整到股室、中队岗位，在工作中率先垂范，身体力行，起到示范引导作用，对全站工作起带动作用。

二、业务培训

2017年5月，站支部在渔港码头组织执法人员40余人开展军训练兵活动，进一步磨炼全体渔政执法人员的意志，提高队伍的凝聚力和战斗力。举办行政执法培训班和渔业行政执法案卷制作培训班2期，深入系统地学习依法行政、渔政执法文书制作、渔政执法案例分析、综合法律法规、渔政队伍建设等知识；上半年，站派出3名执法人员赴省局参加内陆渔船管理系统和渔业安全生产知识学习培训；6月，全站52名执法人员参加市政府组织的行政执法培训班，并全部通过考试，拿到行政执法证。11月，站4名执法人员参加全国渔政执法证考试。通过培训和考试，执法人员执法能力和业务水平得到进一步提高。

三、增加投入

一是积极争取政府对渔政执法经费的投入。年内春季禁渔、人工增殖放流工作经费已全部到位，打击非法捕捞工作经费基本到位。二是加强站执法装备建设。全年添置20吨级公务船1艘、沅江市财政解决60马力冲锋舟3艘、省级配套40马力冲锋舟2艘，基本实现渔政装备的更新换代。三是改善职工待遇。站13名已登记的参公人员实行职级变形，33名工勤人员通过技术等级考试，在岗职工和退休人员的待遇，按政策调节已全部落实到位。全站干部职工待遇得到提高。

四、春季禁渔

2月28日，市委、市人民政府召开全市春禁工作动员大会，制定《沅江市2017年春季禁渔工作实施方案》，站分管站长和各中队中队长向领导小组递交了春禁工作责令状。随后，14个相关镇、场、街道迅速召开春禁专题会议，成立领导小组，签订工作责任状。3月3—8日，全市共制作宣传光碟6张，实行广播巡回宣传；另外，为惩治内湖偷捕行为，实施湖泊退养，市渔政站开展“百日宣传行动”，白天在市区街道、门店，夜晚在各养殖水域巡回宣传，春禁期共张贴《沅江市人民政府关于加强禁渔期管理的通告》600份，张贴宣传标语180条，悬挂宣传横幅16幅，发放禁渔宣传资料2300余份，编写《春禁动态》22期，在各类媒体发表信息报道78篇，电视台宣传报道13次，营造良好的禁渔氛围。

3月中旬开始，全市集中力量开展交界水域、重点水域的巡查打击工作，渔政执法快艇进驻各责任水域日夜防守，连续作战，保持春季禁渔高压态势。共组织统一检查行动63次，出动执法车辆120台次、船艇252艘次，参加执法人员504人次；查处反弹矮围、网围25处，并整改落实到位，查处渔业水域污染案件5起；清理布围子、迷魂阵网片9.4万米，收缴毫蔸781个，砍掉竹篙3.2万根；拆除网箱680口、1.75万平方米，清理湖泊漂浮垃圾7处；没收地笼王560条，丝网234条，收缴电鱼设备52套。共查获非法捕捞渔船115艘，其中“三无”渔船9艘，没收非法捕捞的渔获物1361公斤，教育、处罚渔民197人，其中行政处罚115人，行政罚款32万元，刑事拘留4人。

五、人工放流

4月，市畜牧水产局召开专题会议，制定《沅江市2017年鱼类增殖放流实施方案》，与省畜牧水产局签订《湖南省长江中下游鱼类人工增殖放流协议》。5月28日，市在太阳鸟公司码头举行第一次人工增殖放流活动，此次放流活动共向南洞庭水域投放“四大家鱼”优质春片苗种200万尾。6月6日全国放鱼日，市组织在浩江湖开展“湖南琼湖国家湿地公园生态除磷修复工程暨浩江湖人工增殖放流活动”，共向浩江湖投放“四大家鱼”优质夏花苗种509万尾。

六、“飓风”行动

7月起，站开展打击非法捕捞“飓风”行动，各执法中队人员采取白天与夜间，明察与暗访，陆上与水上相结合的检查方式，加大打击力度，做到检查不留死角，处罚不留情面，务求实效。至12月底，共组织统一检查行动35次，出动执法车辆173台次、船艇341艘次，参加执法人员2146人次；没收地笼王540条，收缴电鱼设备55套。共查获非法捕捞渔船158艘，其中“三无”渔船12艘，没收非法捕捞的渔获物1032公斤，教育、处罚渔民307人，其中行政处罚156人，行政罚款66.25万元，刑事拘留2人，沅江市打击非法捕捞“飓风”行动工作获得农业部的表彰。

七、“打非治违”

开展宣传、培训和应急演练活动。站制作水上安全整治工作宣传光碟7张，在渔港码头和水上安全检查站实行全天候的广播宣传。共悬挂横幅18条，张贴宣传标语168张，张贴政府通告500余份，发放《安全知识手册》和《给全市渔民的一封信：让您的生命之舟在安全中航行》各2000份。与气象局联手，定期向渔民群发安全提示短信，告知各渔船船主务必严格遵守市人民政府“六不发航”“四个一律”规定。3月初，渔政站各执法中队迅速行动起来，出动宣传车（船）13台（艘）次，执法人员104人次，利用广播进行巡回宣传，营造浓厚的渔业安全生产工作氛围。

年内，站共开展渔船船员安全培训班6期，共培训渔民2300余名，发放驾驶证1995本，考试合格率87%。

全力整治安全违法违规行为。3月，渔政站开展安全生产“一单四制”隐患治理，紧紧抓住重点渔业水域，集中时间、集中力量，牢牢把握渔船整治难点，点面结合，严查各种渔业安全生产隐患和各种渔业安全违规、违法事件。列入清单的安全隐患共32处，按照“一单四制”要求全部整改落实到位。9月12日，市渔业安全生产工作受到农业部第三检查组的一致好评。

八、“三证合一”

站成立“三证合一换证工作领导小组”，制定《沅江市渔业船舶“三证合一”证件发放工作实施方案》。在省局指定厂家定制渔船牌照2800套，每艘渔船2块牌照，牌照规格和编号统一按省局要求制作。开展渔船现场检验。现场钉牌、拍照，对不符合要求的渔船一一核实淘汰，全市共检验渔船2243艘并全部录入全国内陆渔船管理系统并将证书发放到渔民手中。

九、落实政策

2017年，全市共核定享受春禁补贴的渔民2131户、7441人，共发放春禁补贴资金223.23万元。

2017年，沅江市渔政站荣获农业部“‘亮剑2017’渔政系列专项执法行动先进集体”称号，站长叶颜明荣获农业部“‘亮剑2017’渔政系列专项执法行动先进个人”称号；沅江市畜牧水产局荣获“全省养殖业信息宣传工作先进集体”称号，左德明获“全省养殖业信息宣传工作先进个人”称号；沅江市渔政站一线执法人员李再宏等14人荣获“沅江市洞庭湖生态环境专项整治工作先进个人”称号。

商贸 经济管理与监督

沅江市商务和粮食局

【基本情况】

沅江市商务和粮食局为政府工作部门，对沅江的商务流通和社会粮食实施统一监督管理。局机关内设办公室、财务审计股、政工人事股、法制安全和粮食监督检查股、市场运行调节股、市场建设股、电子商务股、外经外贸股、粮食调控统计股、粮食行业管理股、国有企业与资产管理股、军供站、工会。下设市投资促进服务中心、市商务和粮食局综合执法大队、市市场管理服务中心、湘北市场管理办公室、沅江市粮油购销总公司，其中湘北市场管理办公室于5月份划入沅江市城管局。2017年有干部职工193人，其中在职75人（在编人员42人），离退休118人，设立机关党支部、老干党支部各1个，中共党员共198人。

【班子简况】

党组书记、局 长　周细良
党组副书记、副局长　刘卫兵
党组成员、副局长　范文彪　陈海鹏
党组成员、副局长　向红军　万 玲
党组成员 纪检组组长　兰艳君
办公室主任　聂群灿

【工作概况】

一、经济指标完成

（一）招商引资。引进省外境内资金54.73亿元，占全年目标任务51亿元的107.3%；引进市域外资金形成固定资产投资67.76亿元，占全年目标任务64亿元的105.9%。新引进项目37个、新开工项目36个、新投产项目31个，分别占全年目标任务的148%、180%、124%；实际利用外资3261万美元，占目标任务3010万美元的108.4%。

（二）社会零售。2017年社会消费品零售总额98.98亿元，同比增长10.6%，居益阳市第三位，其中限额以上部分25.27亿元，增长10%；限额以下部分73.71亿元，增长10%。新增限上企业沅江芦笋荟餐饮有限责任公司、湖南金诚信等8家，盛世汽车有限公司正在办理新增企业入规手续。

（三）外经外贸。据海关数据，2017年

全市外贸进出口总额完成12942万美元，占任务的121.4%。同比增长35.4%，其中出口完成9671万美元，同比增长3.1%；进口完成3271万美元，同比增长1761.9%；加工贸易完成9891万美元，同比增长70.83%，在各县排名第一。沅江市破零企业10家，倍增企业1家。

（四）储粮落实。沅江县级储备粮规模计划5500吨，2017年7月全部轮出，11月全部轮入，并通过验收。

二、主要工作情况

（一）签约项目。2017年4月，"汇智聚力、建设益阳"恳谈会及"港洽周"沅江签约玉潭中学等5个项目总投资额38.3亿元；6月，"美丽洞庭——旅游产业博览会"、旅游项目推介会沅江签约维也纳国际酒店建设2个项目，总投资2.8亿元；8月，"招商活动月"沅江签约奥园商业综合体等8个项目签约资金达100.72亿元。

（二）"优供促销"。一是抓住节庆活动集中消费的特点，积极组织开展各类展销促销活动，让顾客畅享优惠、畅享实在、畅享品质。二是坚持传承与创新相结合，促进老字号和沅江地方特色产品企业改革创新发展。三是推动"名优特"和地方特色产品积极对接市场。

（三）外经外贸。强化服务引导，成功举办"沅江市外贸业务综合服务与出口融资业务培训会议"，为企业拓展外贸业务提供新思路新办法。

（四）电子商务。初步完成网销产品目录征集工作；县镇村三级电商体系建设正在铺开；共完成"益村平台"8个试点村电商超市建设，并经市委组织部验收。

（五）粮食收购。对政策性粮食处置进行监管，严把出库和入库关，没有让一粒超标粮流入口粮市场。早稻收购，沅江市按照省、市部署，前期采取"轮换托市"优先收购各级储备轮换粮，后期于8月16日起分三批启动4个收储库点开展最低价收购，全市入库新早稻22.5万吨，约占益阳市的50%，超史上最高收购水平（2014年18.26万吨）4.24万吨。

（六）市场监管。全年执法大队出动执法人员900余人次，执法车200余台次，开展"打非治违"专项整治、成品油市场"百日安保"专项整治、单用途商业预付卡专项整治等执法行动10余次；执法大队共立案查处商务和粮食领域违法案件28起，已结案26起，另2起正在执行。涉案金额共300余万元，已入库罚没金额17余万元。没有一起行政诉讼、行政复议案件，没有发生涉嫌犯罪案件未移送司法机关的情况。

（七）加强党建。一是完善组织机构设置。成立商务和粮食局机关党总支部，下设机关一支部、二支部，同时完成第一届选举工作。二是机关支部扎实开展"两学一做"常态化制度化学习教育，督导系统所属支部抓学习教育各项工作的落实。三是对全系统686名党员个人信息全面采集并录入全国党员管理系统。机关事业单位在职党员"红星云"关注与注册比例达90%以上。四是组织机关支部党员开展"沧海横流'尽显英雄本色'""脱贫路上，你我同行""喜迎十九大、争做新贡献"等一系列主题党日活动。

图 1：沅江市与北京京能能源签约光伏领跑者项目

图 2：沅江市成品油市场整治“三黑”在行动

图 3：省商务厅石慧农一行到沅江调研

图 4：商务局开展扶贫春节慰问
（图 1—图 4，均由市商务和粮食局办公室提供）

沅江市烟草专卖局（分公司）

【基本情况】

沅江市烟草专卖局（分公司）下设办公室、财务室、综合室、专卖监督管理股、市场服务分部、内管派驻组、基建办（临时机构）。2017 年，有在职员工 68 人，离退休职工 27 人，其中大专以上学历 59 人；党支部 2 个（沅江市烟草专卖局机关党支部、沅江市烟草专卖局离退休党支部），共有中共党员 45 人。

沅江市烟草专卖局（分公司）共有卷烟持证网络经营户 2614 户，其中城镇 1316 户、乡镇 1298 户。2017 年，共计完成卷烟销量 28397 箱，同比增长 1.95%；单箱均价 30816.62 元（含税），同比增长 4.77%；实现销售收入（含税）87510.36 万元，同比增长 6.81%。查获各类涉烟违法案件 360 起，涉案卷烟 333.2 万支，涉案金额 217.85 万元，其中 5 万元案件 3 起，破获国标网络案 1 起。

2017年，QC课题"提高区域市场客户定足率"获全省系统二等奖、中质协二等奖；"降低办公费用支出"获全市系统二等奖；"专卖罚没烟仓库管理系统的研发"获全市系统二等奖。

【班子简况】

局　长、（经理）、党组书记	肖　凌
副局长、党组成员	叶　庆
副经理、党组成员	朱华锋
纪检组组长、党组成员	何胜华
办公室主任	黄洪波

【工作概况】

一、抓党建，聚共识，铸造"核心力量"

把党建工作摆在首位，将"严"字贯穿始终，坚决落实中央和国家局、省市局党组关于全面从严治党的要求。一是从严落实"两个责任"。局党组多次召开专题会议研究部署党建工作，明确目标任务和职责分工，严格抓好执纪监督问责。2017年共上报党组集体决策"三重一大"事项4起，干部职工报告婚丧喜庆事宜2起，开展"两项工作"制度执行情况检查12次，开展重点费用专项检查4次，未发生违反党风廉政相关制度的情况。二是从严执行党建标准。严格落实"三会一课"、谈心谈话等制度，开设党建知识宣传栏、党务公开栏、党员承诺书展示栏等，不断推进基层党建标准化。三是从严管好党员队伍。坚持"严管就是厚爱"，狠抓党员队伍的学习教育和实践教育，推动"两学一做"学习教育常态化制度化。通过组织职工观看廉政教育专题影片，互相交流"心廉心愿"；创建廉政文化长廊和"党建书屋"，传播廉政文化；开展体验式党性教育活动，使每名党员都牢固树立宗旨意识和身份意识，自觉提高政治站位。

二、抓规范，稳状态，挖掘"市场潜力"

一是坚决摒弃"依靠大户"观念。转变过去依赖大户提升销量的思维，深刻领会"十条严禁"的精神内涵，坚决做到"一强化、四禁止"。2017年8月，开展一次规范经营"回头看"自查，共对414户存在不规范行为的零售户作出处理，其中对辖区"人证不符"或"证址不符"的108户客户责令重新申领烟草专卖零售许可证，对经营能力与经营等级不符的57户客户作出停访处理。二是倾心打造"私人订制"服务。通过线上建立高效共享的服务平台，线下实施"4211"零售户拜访计划，畅通客我沟通渠道。此外，为有销售潜力的零售户提供专业化指导，提供"贴心管家"式暖心服务。2017年，共开展座谈、培训10场次，培训客户1271人次。三是网建凸显"沅烟特色"亮点。2017年，沅江烟草先后携手湖南中烟、山东中烟等工业公司召开"精品三代""山东泰山"等品牌文化宣讲会，极大提升零售户在店面形象、产品陈列、品牌推介等方面的技能。通过零售户自发组织，395户积极参与，全市成立24个规范经营自律互助小组，覆盖率为14.69%。组内民主推选小组长，制定章程公约、经费管理、组内考核等制度，真正实现自我管理、自主经营和自我发展。

三、抓源头，严打击，担当"监管主力"

一是主动出击，强化打假源头治理。认

真贯彻落实“向专卖管理要市场、要销量、要效益”的理念，进一步深化与公检法等执法部门的联合打假机制。2017年，成功破获国家局级互联网销售假冒卷烟网络案1起，查实累计涉案金额130万余元，刑拘4人，逮捕3人。同时，以寄递打假为重点，联合公安、邮政部门不定期开展检查，坚决堵住假私非卷烟进入市场的源头。2017年，共查处假烟案件176起，查获涉案假冒卷烟132.18万支，涉案金额164.25万元。查获的假烟数量为2016年全年的7.3倍。二是突出重点，落实真烟治非责任。以依法严管大户为重点狠抓真烟非法流通治理，坚持既打流入又打流出的“双向打击”原则，对辖区34户大户进行“一户一档”详查、“一户一策”严管。联合公安、工商等部门先后开展“春雷七号”“猎狐6号”等专项整治行动，始终保持真烟治非的高压态势。2017年，共取缔违法违规卖烟大户4户，查获真烟非法流通案件181起（含5万元或30万支以上案件3起），涉案卷烟199.34万支。三是前移关口，内部监管常态长效。建立健全监管责任的评价考核机制和责任追究机制，对国家局内管系统通报的涉及非法流通卷烟码段的零售户在48小时内上门调查核实，对包括分管领导在内的相关责任人扣罚部分绩效工资。2017年，共处罚金额48947.86元，处罚人数188人次。沅江市局2017年被省外单位查获码段数在全市排名第四。

四、抓细实，强执行，提高“管理效率”

一是强执行促规范。紧紧围绕年度预算目标，以动态管理为抓手，通过抓重点部门和重点环节，做好预算编制、审核和执行，充分发挥预算管理的指导性作用，基本完成全年降本增效目标任务。二是抓细节保安全。高度重视安全管理和信访维稳工作，在细节上下功夫，将矛盾化解在基层。同时，通过开展安全教育培训、安全隐患排查等，不断提升全员安全防范意识。2017年共查出安全隐患问题18项、安全生产标准化整改项目28项，已按要求全部整改到位。三是攻课题重运用。鼓励QC课题小组继续开展课题攻关，利用技术手段开发新的工具，将创新成果运用到具体工作环节。

五、抓队伍，增活力，释放“人才红利”

一是考核鞭策，激发进取心。严格执行部门二级绩效考核制度，打破“平均主义”和“吃大锅饭”现象，使精益管理、多劳多得、主动作为的理念深入每位员工的心中，营造鼓励创新、支持干事的良好氛围。二是内部挖潜，树立事业心。大力推行“师带徒”和“帮带型”锻炼，营销线推行“单元小组”走访服务、专卖线构建“四队伍月度PK”模式、机关线突出“精益团队”，形成“层层帮带、多方帮带”的良好局面。三是文化育人，强化责任心。以“八个更加懂得”文化理念育人，依托党支部、党小组、工会等群团组织开展形式多样的实践活动，深入镇、场、社区慰问帮扶困难群众，全面开展精准扶贫活动。2017年，共计定向捐赠贫困农村、受灾群众29万元，用实际行动展示责任烟草的良好形象。

沅江市市场管理服务中心

【基本情况】

沅江市市场管理服务中心为市人民政府主管行政区域内市场管理和服务工作的副科级事业机构。2017年，有干部职工113人，其中中共党员67人，机关内设3股1室，即人事股、财务股、业务股及办公室，下辖8所1队，分布在城区及北部原建制镇。2009年起，纳入地方财政预算，市管中心以稳定促发展，加大外部发展力度，规范内部管理制度，较好地完成了年度各项工作任务。

【班子简况】

主任	陈新伟
副主任	钟力平　袁细中
	陈连喜　冷健康
总支委员	余定国
办公室主任	周　辉

【工作概况】

截至12月29日，共完成非税收入110万元，完成全年目标任务。

一、综治维稳工作

年初与商粮局签订综治、维稳工作责任状，全面贯彻落实《中共中央、国务院关于进一步加强社会治安综合治理的意见》及市委、市政府《关于创建“平安沅江”的决定》，积极预防和有效化解各类矛盾纠纷，全年未出现一例非正常上访事件。

二、安全生产工作

落实市委、市政府及商粮局对农贸市场安全生产的工作要求，成立市管中心安全生产工作领导小组。年初，与商粮局签订安全生产责任状，为认真落实安全生产监督管理责任，切实按照《湖南省党政领导干部安全生产“一岗双责”暂行规定》及《湖南省安全生产监督管理职责规定》，把安全生产管理工作摆在首要位置，精心组织，周密部署，完善安全生产档案，要求各市场做好安全生产巡查日志，每天下午5点前将安全生产情况及时上报办公室，做到发现问题及时整改落实。多次组织各基层所召开安全生产会议，扎实开展安全生产专项整治行动，全年对各基层所农贸市场开展安全生产大检查4次，全面强化安全生产能力基本建设。

落实市安委办《沅江市湘北市场消防安全隐患“一单四制”综合治理实施方案》文件要求，从8月17日起抽调15人参与湘北农贸市场、湘北水产品批发延伸至加油站、湘北农产品市场的安全排查及综合秩序的整治，及十八栋出店、占道经营的整治。严格实施安全生产投入机制，全年共投入安全生产日常工作经费18万元，由于措施落实到位，全年未出现一例安全责任事故。

三、市场管理工作

（一）制定目标任务。年初，结合各所的实际情况，制定经济目标任务，及时召开所、股室长会议，下达年度目标任务，与基层所签订目标责任状。

（二）防治好禽流感。为落实《关于加强

我市禽流感防控的紧急通知》，成立H7N9禽流感防制指挥部，并以所为单位对所属市场的防制工作进行专项管理，各所组织人员24小时值班，并备好值班日志，对市场内家禽产品的进销渠道登记造册。为加大市场卫生清扫力度，市管中心分四个组，认真督促经营者落实“三个一”防治方案和卫生清理工作。从2017年1月5日起至4月30日，坚持每天对市场清理消毒。其间，按照市委、市政府指示组织两次家禽市场集体捕杀行动，对家禽市场3次“休市”，休市长达将近2个月之久。共计投入禽流感防治工作经费15万余元。

（三）处理督办信件。4月29日，接到省环保督察组转来中央环保督察组交办的群众信访举报转办及地方查处情况一览表第五批、第六十八项信访事项，主要反映两个方面的问题：一是噪音污染，夜间作业；二是水污染。接到交办通知后，中心及时召开紧急会议，成立专项工作组，迅速制订整改方案。在水产市场周边调查走访，实地调查后，污水影响环境问题：2016年12月，湘北办联系市政工程处重点办对水产品市场下水道进行改造。年底场内无污水积聚而影响环境卫生。

对于噪音污染问题，主动对接公安、环保等部门，张贴宣传栏、禁鸣、禁喧、限速联合公告等；并制作安装夜光警示牌；安排工作人员夜间值班（夜间值班表上墙），上门宣传降噪理念。报请市人民政府批准同意搭建降噪隔音棚，于2017年10月20日，与湖南省博清环境科技有限公司签订《沅江市水产品批发市场降噪隔音棚合同书》并开工建设，于10月26日建成完工，共投入资金85万余元。11月28日，由湖南中润恒信环保有限公司出具沅江市水产品批发市场噪声治理工程验收监测报告。

（四）盘活市场资本。盘活资产，将黄茅洲农贸市场、仓库及办公楼出租兴建兴旺地笼厂，这是一家小型惠民加工企业，经镇人民政府领导介绍引进，自开业至今，该企业安排近180个就业岗位，每月发放工资40余万元，就业群体为土地流转后无业人员、下岗职工、留守老人、低收入人员等，产值突破3000万。

四、党建人事工作

（一）抓好党的建设。年初，与商粮局签订党风廉政建设责任状，贯彻落实上级党风廉政建设的决策部署和工作要求，结合市管中心的实际制定党风廉政建设工作计划、具体措施。召开专题研究党风廉政建设会议，对党风廉政建设工作任务进行责任分解，在党员干部中开展警示教育，严格执行党的政治纪律、政治规矩、组织纪律、廉洁自律，从源头上预防和治理腐败，保证党员队伍的纯洁性。

按照沅江市市直机关工委及商粮局党建工作要求，总支及时召开全体党员大会，落实党建工作责任制，各支部按月完成党建各项工作任务。

（二）做好工资改革。保证单位性质与工资属性的一致性。沅江市市场管理服务中心属事业单位，工资待遇参照行政机关公务员及机关工勤人员核定。为了保证单位性质与工资属性的一致，中心召开职代会，应干部职工的强烈要求，报请主管局同意将单位行政工资调整为事业工资，达到单位性质与工资属性的一致性。

（五）在资金紧张的情况下，召开班子会议研究讨论以打包的形式偿还工商遗留债务及干部职工晋档工资 163 万元，补发 2010—2011 年干职绩效工资 103 万元。

财政 税务

沅江市财政局

【基本情况】

沅江市财政局是沅江市人民政府主管全市财政工作的综合部门，2017年，内设21个股室、3个事务部门、4个参公管理事业部门、3个股级事业单位；下设12个镇财政所、2个园区财政所，局机关在职在岗干部职工75人，退线15人，退休42人。有中共党员161名，建党支部4个，其中机关支部95名，老干支部41名，财政国库集中核算支付局支部14人，农业综合开发办公室支部11人。

【班子简况】

党组书记、局　长　　　　　　　　滕国辉
党组成员、副局长　　　　张小明　叶正红
党组成员、派驻纪检组长　　　　　曾佑平
副 局 长　　　　　　　　　　　　刘俊奇
党组成员、总会计师　　　　　　　毛劲英
办公室主任　　　　　　　　　　　陈明芳

【工作概况】

一、收入重心更突出，地方财力有新提升

2017年，全市共完成公共财政预算收入10.4716亿元，同比上年增收1.1654亿元，增长12.52%。其中税收占比79.23%，同比提升10.3个百分点。大力支持园区建设。园区道路交通等基础设施进一步完善，新建标准厂房5.4万平方米，建成服装产业园标准厂房4.6万平方米，第二污水处理厂主体工程即将建成，园区全年上缴税收1.8亿元，同比增长50%。累计投入资金10.3亿元发展船舶制造产业，全市拥有船舶制造及配套企业32家，产业集群初步形成，实现税收4000万元。大力支持招商引资。园区共引进各类项目86个，其中引进纺织服装项目77个，建成投产66个，形成一定规模的纺织服装产业集群。着力立项争资。全市全年争取上级转移支付40.34亿元。着力支持企业发展。大力实施企业帮扶专项行动，清理并公示涉企收费目录。对100万元以上16家企业进行调研，着力破解当前存在的市场核心竞争力弱、招工难、融资难问题。启动企业新的融资渠道“助保贷”，湖南海荃游艇等5家企业通过融资申请。申请中小企业转型升级等项目21个，争取上级项目资金1100万元。着力城乡统筹发展。整合涉农资金 2.765 亿元，在草尾等 5 个镇 19 个村实施旱改水项目，引入社会投资 9000 万元。大力实施“财银保”和“农信担”，对接项目 55 个，发放贷款 2092 万元。着力加强财税征管。认真开展重点税源、重点行业、重点企业的税源监控分析。加大税收稽查力度，对规模以上工业企业进行税源调查，审核代征税收单位 22 家,审核税收代征收入 1.9544 亿元。实施“以票管收”“源头控收”,全市完成非税收入 4.98 亿元，其中纳入一般预算收入 2.19 亿元，纳入政府性基金收入 2.08 亿元，纳入专户管理 0.71 亿元。

二、支出结构更优化，民生发展有新进步

全市与民生相关的支出达 29.6 亿元，占财政支出比重的 70%。支出结构进一步优化，公共财政职能进一步体现。大力支持教育发展。教育支出 7.1750 亿元，足额保障教育系统人员工资及时发放。拨付义务教育阶段学校公用经费 3625 万元，确保义务教育学校正常运转。落实公办义务教育学校家庭经济困难学生生活费补助政策，拨付家庭经济困难寄宿学生补助 417 万元。发放中等职业学校全日制在校生国家助学金和免学费资金 785 万元、普通高中在校生助学金 237.8 万元、民办学校学杂费补助400万元。投入771万元，实施教育校舍标准化建设、校舍安全保障工程和校舍维修改造工程。投入 1666 万元，实施义务教育阶段薄弱学校改造。大力支持卫生事业。医疗卫生支出 4.8715 亿元，主要用于基本药物补助、村卫生室改造、城乡医疗救助、基本公共卫生服务、重大公共卫生专项等方面。大力支持社保事业。全市全年社会保障和就业支出 8.1386 亿元。启动新的机关事业单位工作人员养老保险制度改革，涉及单位 102 个。积极推进城乡低保“阳光行动”，对全市原农村低保进行全面清理，重新确定低保对象 4006 户、7599 人。着力完善医疗保险体系，城乡居民基本医疗保险参保率达 99.5%，同比 2016 年提高 6.5 个百分点。严格落实惠农政策。通过“一卡通”发放惠农补贴资金 152 批次共计 2.52 亿元。其中发放耕地地力保护资金 1.227 亿元，适当规模经营补贴资金 913.4 万元，惠及农户 13.25 万户；发放农机购置补贴 1200 万元、家庭农场补助资金 319.8 万元。大力实施精准扶贫工作。投入扶贫资金 3000 多万元，实施扶贫项目 127 个。支持改善人居环境。争取上级保障性安居工程资金 1.0919 亿元，专项用于 3326 户棚户区改造和廉租住房补贴发放。争取上级移民专项资金 4966.7 万元，专项扶持移民 35911 人。争取上级彩票公益金 1730 万元，主要用于农村幸福院、敬老院、乡村少年宫、文化体育设施建设等。

三、改革步伐更坚实，财政改革有新成效

深化预算管理改革。加强全口径预算管理，政府收入预算应编尽编，支出预算到位率提高到 80%，同比增长 30 个百分点。大力压减整合专项资金，压减部门单位专项 1000 万元、市级专项 1.0077 亿元。大力推进预算公开，市本级财政预决算和 109 个部门单位预决算公开率 100%。大力盘活财政存量资金，盘活 2016 年部门单位存量资金 6000 万元。深化财政投资评审改革。制定《关于进一步加强财政投资评审工作的通知》和《沅江市财政投资评审管理实施办法》，新组建中介机构库和评审人才专家库，全年评审政府投资项目572个，评审项目资金20.84亿元，审定18.69亿元，审减不合理资金2.15亿元。深化国有资产管理改革。制定《沅江市国有资产管理试行办法》和《沅江市国有资产处置管理暂行办法》，对全市所有行政事业单位国有资产进行全面的清查盘底，全面核实全市行政事业单位国有资产，同步推进事业单位产权登记和房地产产权集中管理，着力整合和盘活优质资产资源。深化公务用车制度改革。公务用车费用同比上年下降8%。深化国库集中支付制度改革。对民政、文化系统独立核算的二级机构和部分财政专项资金实行国库集中支付改革，新增国库集中支付单位及财政专项23家。深化政府采购管理改革。重新制定《沅江市政府采购工作流程》和《市直行政事业单位与团体组织公务用车2017年至2018年定点维修有关事项的通知》，着力规范政府采购行为，方便单位实施政府采购。深入推进政府和社会资本合作。总投资7.85亿元的沅江市高新区标准厂房建设PPP项目和总投资20.1亿元的沅江市赤山岛旅游综合开发PPP项目已列入省PPP项目库。深入推进政府购买服务。建立和完善服务购买制度体系，重新制定政府购买服务管理办法和指导目录，纳入政府购买服务的项目资金达2929万元。

四、绩效目标更明确，管理水平有新提高

加强专项资金管理。清理移交代管核算专项资金54项，清理银行账户15个，取消代理预算单位记账6个。加强绩效目标管理。在深入实施各预算单位开展预算绩效自评的同时，先后对2016年的第二轮、第三轮特色制造产业重点县专项资金、洞庭湖区沟渠疏浚专项资金、技术改造节能创新项目资金、精品旅游线路建设专项资金、产粮大县奖励资金、产油大县奖励资金、千亿产业粮食建设专项资金等财政专项资金重点绩效评价。加强政府债务管理。把2017年新增债券与年初预算打通盘活、统筹安排，置换出资金用于“保工资、保运转、保民生”等非资本性支出。加强财政监督管理。深入开展“财政资金监督年”活动，先后对市公路局等4个单位2016年度预算执行、财经纪律执行情况进行检查。建立和实施“互联网+监督”，全市25个涉及民生资金的单位和14个镇场街道全部纳入监管范围。制定《沅江市财政局内部控制制度》以及十一个风险防控办法，有效防范财政风险。加强乡镇财政管理。在大量调查研究的基础上，制定《沅江市乡镇财政管理办法》和《沅江市乡镇财政消赤减债管理办法》，进一步明确规范乡镇财政财务管理，重点对乡镇化解债务作出具体明确规定。

沅江市国家税务局

【基本情况】

2017年，沅江市国家税务局内设机构13个、1个事业单位、2个税务分局。有在职干部职工136人，离退休人员46人。2017年，国税局担负全市708户一般纳税人企业、969户小规模纳税人企业、7672户个体工商户的税收征管工作。连续四年荣获“益阳市国税系统绩效管理先进集体”称号，获评“益阳市文明单位”“湖南省国税系统全面推开营改增工作先进区县单位”，获得“2017—2019年度湖南省国税系统法治基地”“益阳市五四红旗团支部”“益阳市税务学会沅江分会‘先进学会’”“2017年度全市社会治安综合治理工作先进单位”荣誉称号。

【班子简况】

党组书记、局　长　　胡　闵（　—2017.8）

周曙光（2017.8—　）

党组成员、副局长　　于　翔　毛伟峰

柳志权　陈定国

党组成员、纪检组组长　彭宏权

办公室主任　　佘国锋

【工作概况】

一、税收收入迈上新台阶

2017年，国税局克服经济增长缓慢、结构性减税增加、重点税源增长乏力等因素影响，全面落实“坚决依法收好税、坚决不收过头税、坚决落实减免税、坚决打击偷骗税”的要求，科学算好经济税源账，主动作为，攻坚克难，在提高税收征管主观努力程度上下功夫，通过强化税收分析，夯实收入基础，强化税源监控，锁定收入来源，强化征收管理，堵塞征管漏洞等措施，全年累计入库各项收入52357万元，同比增收24056万元，增长85%，收入总量跨越4亿元、5亿元两个台阶，创历史新高。同时，严守收入纪律，收入质量明显好转，全年消化历史税收包袱7884万元，圆满完成税收任务。与此同时，全面落实国务院6项减税政策等税收优惠政策，全年落实小微企业税收优惠110.15万元、高新技术产业税收优惠407.55万元、出口退税税收优惠4318.14万元。

二、税收改革取得新进展

深入开展国地税合作，创新信息共享机制，实行联合税收分析，推行“一人一窗一机”联合办税，实现纳税人“进一个厅、叫一个号、到一个窗、找一个人、办两家事”的服务新模式；扎实推进营改增税制改革，采取分行业集中培训、上门个别辅导等方式全覆盖培训试点纳税人，对税负上涨的典型企业加强走访、辅导，帮助企业更好地享受减税红利，2017年，全市161户建筑、房地产营改增纳税人共入库税收13868万元；积极推进商事制度改革，稳步推进“多证合一、两证整合”改革，共2949户纳税人享受到改革成果；发挥邮政网点直接服务群众的优势，开展委托邮政部门代开发票和代征税款，让纳税人少跑路、少费时、少花钱；全面推行实名办税。为3246户纳税人办理实名认证，在方便纳税人办税的同时，规范税收管理，进一步降低税收风险。

三、风险管理实现新提升

面对日新月异的新业态新模式和“放管服”带来的新情况新要求，局加强增值税行业风险防控，举全局之力开展虚开虚抵税收综合治理，对纳入整治范围的185户纳税人进行全面核查，核查面达100%；调阅178户企业账册进行纳税评估，共计查补税罚款1314.89万元，滞纳金39.32万元，移送稽查立案查处10户；走访调查9个镇场、100多个行政村的棉花种植农户3465户，获取有效《农户自产销售籽棉或皮棉情况核查表》2709份，核查的农产品收购金额达到总额的30%，为益阳市国家税务局规定比例的六倍。风险纳税人的增长特别是农产品收购业务纳税人数量的增长得到根本的遏制。出口退税专项核查初显成效，是年共结案5户，入库税款270.8万元，入库滞纳金15.45万元，追回已退税款15.9万元，有力地净化税收环境。

四、纳税服务增添新亮点

坚持向联合服务高效化、便民服务智能化、个性服务纵深化三大目标努力。按照省国税局、益阳市国税局关于“纳税服务提质年”要求，创造性地开展“便民办税春风行动”，以纳税人为中心，以需求为导向，开展全市纳税人办税需求专项调查工作、“局长与您面对面”税收宣传活动、“问需求 优服务 促改革”大走访活动，通过面对面沟通交流、实地走访等形式，为纳税人提供直接反映情况、表达心声的渠道，切实地提高服务的针对性；投入100多万元对办税服务厅进行整体改造，设立19个综合服务办税窗口，配置6台供纳税人使用的电脑及打印机，开辟电子税务局体验专区，添置发票代开自助终端、发票领购自助终端、发票认证自助终端，纳税人办理涉税业务更加便捷；结合召开税企联络会、举办专题学习班、上门服务辅导、微信群信息提示等多种形式公开最新税收政策，2017年，局开办纳税人学校4期，培训人次达880余人。

五、党建廉政开启新局面

落实全面从严治党要求，压实“两个责任”，严格监督执纪问责，为税收改革发展提供坚强的政治保障。把学习宣传贯彻中共十九大精神作为首要政治任务，采取组织收看开幕会、党组书记讲党课、赴韶山培训学习、邀请沅江市委党校讲师宣讲等多种方式，掀起学习宣传贯彻中共十九大精神的热潮。按照“五化”标准，全力推进支部标准化建设，严格执行“三会一课”制度和民主生活会制度。充分利用绩效考核平台，对各党支部进行考评，加强党务工作者培训，举办基层党建工作业务培训班，组织党务工作者赴延安进行“理想信念教育”，增强党务工作者做好基层党建工作的责任感和使命感，提高党务工作业务水平。积极配合益阳市国税局巡察组巡察，针对巡察组提出的3大类、41项问题，站在顾大局、防风险的高度立行立改。加强对中央八项规定精神等各项纪律落实情况的监督，建立问题线索分类处置及考核链条，注重运用“四种形态”强化监督执纪，全年开展党风廉政建设大会1次、集体廉政谈话1次、个别廉政谈话若干次，增强干部廉洁从税意识。

六、队伍建设展现新面貌

坚持正确选人用人导向，严格落实《党政领导干部选拔任用工作条例》，按要求对11名中层正副职干部进行转正考核，对6名中层副职轮岗交流，对党团工妇等机构超配职位和低职高配干部进行整改，积极消化。大力实施人才兴税战略，建立中心工作集中办公机制、“以师带徒”制度，制定青年干部培养考核办法、青年干部培训方案等相关文件，为培养和造就一支适应新时代税收事业发展的青年人才队伍提供制度保障。制定相关激励措施，在全局营造比学赶帮超氛围，2017年，局2名同志被益阳市国税局纳入“素质提升‘115’工程——岗位能手项目”名单。推进数字人事试点，充分发挥数字人事管干部效能，把数字人事纳入绩效考核指标，加强宣传辅导，定期开展数据统计分析，营造良好推行氛围，全年系统整体平稳运行。

沅江市地方税务局

【基本情况】

2017年，沅江市地税局有机关行政编制97名，在职干部职工106人，党组织8个，中共党员84人，其中女中共党员29人，内设7个科室，2个直属单位，4个税务分局，负责全市10个乡镇、2个街道、2个园区、2个芦苇场的税收征管。2017年年底，全市共有纳税人8806户，其中企业2348户，个体户6257户，非企业（行政事业单位）201户。

【班子简况】

党组书记、局　长

龚学军（　—2018年1月）

罗松柏（2018年1月—　）

党组成员、副局长　彭智斌　黄　臻　樊跃波

党组成员、纪检组组长　刘宗武

办公室主任　罗建军

【工作概况】

一、组织收入

2017年，该局累计入库税费总收入34363万元，增幅13.29%，较好地把握全年的序时进度。一是落实收入责任。坚持抓早抓实、掌握主动，主动与政府部门衔接好收入计划，谋划落实措施，强化跟踪管理，注重预测统筹，落实收入责任，传导工作压力。二是强化税源巡查和分析。健全税源监控指标，加大对重点税源的监控力度，走访政府职能部门，重点了解重大工程的进展状况，及时获取税源变化情况的数据。每月对收入执行情况分析，强化对一线征收部门收入入库的精准调度，提升税源分析和预测的准确性。三是严格保证收入质量。积极向政府汇报收入纪律和营改增后地税收入形势，取得政府的理解和支持，减轻收入工作压力。本着“有税尽收，无税禁收”的原则，不收过头税、不虚收空转，不遗余力抓好收入质量，收入结构持续优化。

二、税政征管

一是联合办税成效凸显。国税对地税单方认定的24户非正常户、欠税纳税人、D级纳税人等异常纳税人采取限量供应发票、降低纳税信用等级的后续管理措施实施联合惩戒，助推地方税费入库120万元。按照对个体工商户地方税收“双定”工作实施方案的要求，2017年全局共完成390户达起征点个体工商户定期定额核定工作，月定税额25.53万余元。二是综合治税大幅强化。向沅江综合治税平台导入地税往年征管数据，12月导入2015年以来的新办税务登记信息、入库数据、申报明细、税务登记变更信息、税务登

记注销信息近65万条。大力强化国地税税费同征同管，同征同管率实现大幅提升。9月30日前，市环保局移交35户企业2016年及2017年上半年排污费征收数据等信息资料，内容包括单位基本信息、污染物排放数据、排污量核算方法、排污费许可证发放信息、污费征收数等。三是征管基础持续夯实。2017年1—11月，上级推送的11批风险任务合计1752条，其中税务核查1687条、提示提醒59条、纳税评估6条。风险应对准期完成1752条，风险应对入库税款150.65万元，入库滞纳金15.84万元。完成纳税评估84户，评估入库税款615.53万元，对543户逾期申报的纳税人加收滞纳金86.82万元。按月实行征管质量考核，2017年，全局申报率从上半年的55.47%，提升至下半年的91.15%。四是联合稽查成效凸显。加大案件查办力度，与国税稽查局建立联合稽查工作机制，完成年度稽查计划案件10户、年度重点稽查随机抽查对象9户的税收检查工作，完成异地稽查2户，国地税联合稽查2户。通过金三稽查系统共入库税金、滞纳金、罚款144.29万元，为堵塞沅江地区税收漏洞、规范税收秩序、改善税收征管环境、完成税收任务发挥重要的作用。

三、队伍建设

一是强化干部教育培训。与国税一起开设纳税服务培训班，进一步提升办税服务人员的综合素质。7月，在湖南大学，举行中层正职以上的综合素质培训，12月举办“金三”操作巡回辅导培训班。二是组织开展“创建学习型班子，做学习型干部”的主题活动，组织中层正职以上干部开展中心组学习，组织全体党员干部进行思想政治理论学习。三是深入开展“领导干部下基层，倾情为民解难题”“党员干部进社区”活动，制定实施方案，局长龚学军和党组其他成员带队到企业、社区、各分局走访调研，及时了解企业存在的困难和问题，慰问社区特困群众，帮助社区开展公益行动；坚持做好爱心助学活动，资助两名特困学生。

四、文明创建

一是获评省级文明单位。该局于2017年2月正式被省文明办评为“湖南省2016届文明单位”。二是推进精神文明创建。

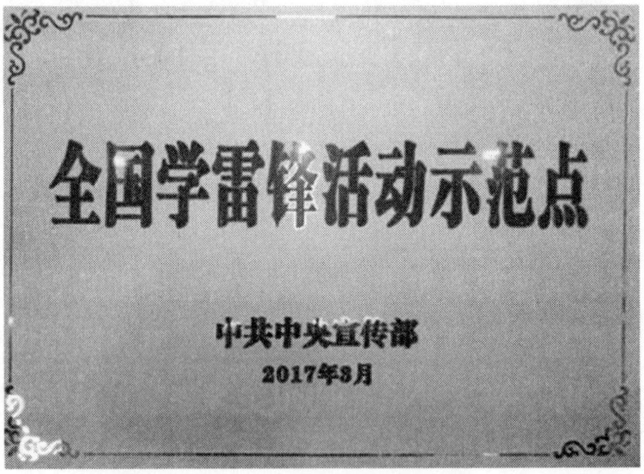

2017年3月，该局办税服务中心被中宣部命名为第三轮“全国学雷锋活动示范点”
（图片由局办公室提供）

2017年3月，该局办税服务中心被中宣部命名为第三批“全国学雷锋活动示范点”。继续以职业道德和地税部门优良传统与作风建设等教育为核心，深入贯彻《公民道德基本规范纲要》和二十四字社会主义核心价值观，积极组织筹备“道德讲堂”，深入开展公民道德建设，建立完善沅江地税志愿者团队，全局105名在编在岗干部职工全部在湖南义工网注册登记，并购买志愿者保险，组织开展福利院送爱心、环卫工人结对子等社会公益活动，不断提升全局干部的道德修养水平。三是积极了解纳税人诉求。大力开展“问需求优服务促改革”活动，联合国税召开纳税人座谈会，由局领导带队，积极走访全市纳税人，重点了解纳税人的经营情况及面临的实际困难和问题，对各项税收优惠政策落实情况调研，听取纳税人对地税机关的意见和建议。四是大力开展精准扶贫。深入安化县仙溪镇芙蓉村开展精准扶贫工作。芙蓉村深处大山，交通不便，安排7名优秀干部作为帮扶责任人，每月定期去芙蓉村贫困户家走访，深入了解贫困户生活情况，得到当地群众的普遍赞誉。

社会民生　教育　文化　体育

益阳市住房公积金管理中心沅江管理部

【基本情况】

益阳住房公积金管理中心沅江管理部是益阳市住房公积金管理中心的分支机构，负责沅江市管辖范围内的住房公积金管理营运，承担资金保值增值责任。2017 年，有工作人员 6 人，中共党员 4 人，其中女中共党员 1 人，成立 1 个党支部。

【班子简况】

主　　任　　罗思丁
副 主 任　　杨　峰　贺丽莎
办公室主任　　杨　畅

【工作概况】

一、归集扩面，稳步提升

管理部全方位落实住房公积金制度，维护职工的合法权益，通过抓政策宣传，抓规范缴存，抓全员建制等措施，使归集工作取比较好的效果。不断创新宣传方法。为进一步推行住房公积金制度，扩大住房公积金缴存范围，尤其是个体工商户的群体范畴。沅江管理部多渠道拓展公积金宣传，在“大沅江”“掌上沅江”等微信公众号平台发布公积金相关提取、贷款政策、在沅江市公交车内张贴公积金政策宣传标语。并将通过沅江市政府的官方微信平台“沅江发布”发布公积金相关政策动态。

二、贷款营销，应贷尽贷

扎实做好住房公积金贷款业务工作，通过细分楼盘至各柜员，实行责任定点制。柜员需每周到所负责楼盘对售楼人员、购房者进行公积金业务培训与政策解读。在历次“12329”热线楼盘回访评价中，沅江管理部均名列益阳市前茅。在做好贷款营销的同时，加快贷款面签、发放的速度。

三、行政执法，效果显著

全面开展行政执法。行政执法仍是沅江归集扩面的最直接、最有效、最有特色的方式。2017 年，沅江管理部继续紧密对接联系沅江法院，取得大力支持，强势开展行政执法工作，并取得实绩，为全市启动行政执法最多的管理部，也是执法效果最好的管理部。自开展行政执法以来，共对 36 家单位启动执法程序。其中，向沅江法院移送执行

14家，已结案9家。近两年，通过行政执法新增人数467人，实现全员建制的9家，建制人数占单位人数50%以上的3家。正在处于执行程序的5家，2017年新开展行政执法程序的5家。

四、优化服务，客户满意

通过提升服务质量，真正为职工提供全方位、零距离的服务。对行动不便、存在困难的客户采取上门办理提取业务，竭力为其提供帮助。各柜员上门为各单位提供自助缴存系统操作服务，通过全步骤演示说明、耐心解说，力争让每一个专管员熟悉并能独立操作自助缴存系统。进一步优化服务流程，得到各单位和干部职工及群众的一致好评。

五、自助缴存，逐步推广

采取“一对一”的方式，柜员直接对口责任单位，列入沅江管理部绩效任务分配方案。因沅江教育、财政、卫生系统集中账户特殊性，单位不能单独开具网银。通过多次与市政府、教育、财政、卫生系统沟通，同意将教育、卫生统一开网银，各行政事业单位单独开网银，再由财政将公积金转入该网银账户的方式自助缴存。

六、党建工作，积极开展

党组织关系收归市中心党支部后，沅江支部积极参加中心支部组织的各项活动。开展“两学一做”专题学习活动，支部书记按季度为党员讲党课。通过周会的形式，学习中共十九大精神，争做合格的共产党员。

沅江市卫生和计划生育局

【基本情况】

沅江市卫生和计划生育局为市人民政府工作部门，内设办公室、人事股、规划和信息股、财务股、法规监督股（食品安全风险监测股、卫生应急办）、医改股、基层卫生股、医政股、中医与科教股、药品器械管理股、妇幼健康服务股、计划生育基层指导股、计划生育家庭发展股、流动人口计划生育服务管理股、血防股（加挂市血吸虫病防治办公室牌子）、爱国卫生工作股（爱国卫生运动委员会办公室）16个股室。下辖机构30个，其中市直医疗卫生机构7家，分别为市人民医院、市疾病预防控制中心、市卫生计生综合监督执法局、市妇幼保健院、市血防专科医院、市中医医院、市卫生计生局会计核算中心；镇（中心）卫生院10家，街道社区卫生服务中心4家，血防（控）站10个（琼湖血控站加挂琼湖街道第二社区卫生服务中心牌子）。局机关行政编制31名。全系统建有52个党组织。其中党委2个，党总支1个，党支部49个。党员总人数1236人，其中在职中共党员715人，离退休中共党员521人。

2017年，获得“全省计划生育工作良好单位”“全省血防工作优秀单位”“全省打击‘两非’先进单位”，以及“全市安全生产先进单位”“社会治安综合治理先进单位”“小康建设工作先进单位”等荣誉称号。

【班子简况】

党委书记、局　长	冷世辉
党委副书记、副局长	吴建伟
党委委员、副局长	曾洞庭　唐　辉
	张凤姣
党委委员、派驻纪检组组长	刘小英
党委委员、副局长	赵科斌
党委委员、计生协会常务副会长	鄢自力
办公室主任	罗介雄

【工作概况】

一、深化医改砥砺前行

一是领导重视。市委常委会、政府常务会分别专题研究，成立领导机构，出台工作要点，明确重点任务和具体事项。二是推进市域内医联体。中南大学湘雅医学院、益阳市中心医院与市人民医院、茶盘洲卫生院，省妇幼保健院，省儿童医院与妇幼保健院，湖南省中医药大学第一附属医院与市中医院分别建立医联体合作关系，提供技术援助、现场指导和学术讲座，并形成长效机制，有效地提升医疗服务能力。三是强化卫生信息化建设。医联体成员单位间建立预约转诊、“1+1+N”分级诊疗、远程诊疗等信息化平台，同时利用信息化手段实现各级医院信息互联互通。四是严格控制医疗费不合理增长。建立公立医院医疗费用监测体系，每月动态监控。至12月底，全市医疗费用增长10.76%，同比下降21.19个百分点。五是公立医院综合改革核心数据总体趋势向好。全市3家涉改公立医院医疗总收入同比上升9.6%，医疗服务性收入同比上升8.8%，药品总收入同比下降9.6%。六是积极筹备分级诊疗制度建设。开展全市分级诊疗制度建设基本情况调研，制定《关于推进分级诊疗制度建设的实施方案》，举办全市公立医院综合改革全员培训。10月底，组织全市医改成员单位人员赴安徽滁州天长市学习医改经验。七是切实落实双向转诊。建立“双向转诊”机制，市医院首诊过程中，及时对病情疑难、复杂、危重患者按程序引导转诊至上级医院治疗。对上级医院符合下转条件的患者，积极安排转至市医院继续康复治疗。八是进一步推行家庭医生签约服务。全市组建家庭医生团队124个，总签约人数21.9万人，签约率达32%。重点推进老年人、孕产妇等重点人群的签约工作，签约服务率均达到70%以上。九是启动药品采购“两票制”。10月1日起，正式启动实施，制定实施方案，组织业务培训。同时对村卫生室基药制度及药品采购“两票制”落实情况专题调研。十是积极开展中医药服务能力提升工程。市中医院作为市域基层中医药适宜技术推广培训基地，积极帮助指导市内各社区医院建成中医科、中药房，培训指导全科医生熟练掌握基层中医药适宜技术等相关内容，全面提升全市基层中医药服务能力。

二、计划生育有序推进

全面推进计划生育惠民实事项目，开展免费孕前优生健康检查3932对，完成“两癌”免费检查9700人次，妇产科、儿科临床专科能力和危重孕产妇、新生儿转诊救治能力得到较大提升，全市孕产妇死亡率控制在11/10万，5周岁以下儿童死亡率控制在2.5‰，婴儿死亡率为1.7‰，有力地保障母婴安全。受理全面“两孩”生育登记3612份，登记发证3533份。2017年，共出生人口9745人，出生率为12.46‰，符合政策生育率97.37%，出生人口性别比逐步趋于合理，主要责任指标运行良好。利用卫生计生重大纪念节日，多渠道全方位开展大型宣传教育活动，发放各种宣传资料55.6万份，提供现场咨询4万余人次，发送宣传短信90万余条，户外宣传阵地进一步规范。在中央、省、市新闻媒体刊登卫计新闻稿件170篇，有力地推介全市卫生计生工作。认真落实计划生育利益导向，全年共核定农村部分计划生育家庭奖励扶助对象3997人、特别扶助对象627人。兑现独生子女保健费90.8万元。全市通过人社局机关养老保险所、企业职工养老保险所、城乡居民养老保险所以及计生部门共为10540名城镇独生子女父母发放奖励金1012万元。计生协会在宣传教育、优生优育指导、生育健康咨询服务、计生家庭帮扶、权益维护等方面有新进展新成效。共为774个计生困难家庭（特殊家庭）开展慰问关爱活动，发放慰问金35.95万元。计生药具工作稳步推进，药具应用率、有效率、计划发放率均达95%以上，药具市场进一步净化。流动人口基本公共卫生计生均等化服务工作有序推进，服务水平不断提升，均等化服务到位率达到90%以上。

三、医疗服务水平提升

一是加强医疗质量管理，确保医疗安全。各医疗卫生机构深入开展群众满意度活动，进一步加强在岗人员培训和继续医学教育。狠抓医疗制度落实，坚持每季度开展医疗质量、抗生素应用与医疗安全督查，下发通报，落实整改措施。在市直医疗单位广泛开展“创建平安医院”活动，促进质量安全与医德医风根本好转。二是加强医疗废物监管。不定期开展医疗废物管理督导，发现问题，督促整改到位。三是提升服务能力。组织全市业务骨干参加上级业务培训100余人次。推荐、选派医疗骨干20余人到省、市级医院进修学习。组织开展“5·12”国际护士节大型活动，评选表彰系统“最美护士”。四是着力维护医疗秩序。全市医疗纠纷同比有所下降，无重大恶性医疗事件发生。全市共发生较大医疗纠纷11起，受理医疗争议投诉22件，参与重大医疗纠纷调处5起，有效地保障医患双方的合法权益，维护了正常医疗秩序。

四、公卫服务惠及民生

一是稳步开展公共卫生工作。14个项目实施单位全面落实12项基本公共卫生服务。共建健康档案65.96万份，建档率达95%以上。发放资料60万份，播放影像资料1.7万小时。开展预防接种8.2万剂针次。为6420名新生儿开展新生儿访视，对6410名孕妇开展早孕建册、产前检查和产后访视等工作，为4.7万名65周岁以上老年人开展健康体检。为1.8万名0～3周岁儿童和4.4万名65周岁老年人开展中医药健康管理。管理结核病患者488人、严重精神障碍患者2802人。基本公共卫生服务群众满意度达92.5%。二是加大对肺结核、人感染H7N9禽流感等重点传染病防控力度。累计报告病例2610例，全市无重大传染病暴发流行。三是加大乡村医生签约服务工作力度。对重点人群家中的一般人群纳入管理，签约覆盖率达60%以上。四是加强基层阵地建设。完成334个行政村卫生室和其他卫生室设置工作。2所镇（中心）卫生院和1所社区卫生服务中心顺利通过益阳市“群众满意的乡镇卫生院”达标验收。协调推进乡村医生与镇（中心）卫生院签订“政府购买村卫生室基本公共卫生服务项目协议书”的工作，进一步明确服务内容，转变服务模式，开展上门优质服务。

五、血防工作稳步开展

一是加大查螺、灭螺、灭蚴力度。全市共查螺11984万平方米，其中垸内1072万平方米，垸外10912万平方米，未查到感染性钉螺。垸外易感环境及垸内有螺环境实施药物灭螺1300万平方米。垸外易感地带灭蚴600万平方米。二是认真开展血防宣传周活动。全市共设血防宣传义诊点29个，新建维修警示牌404个，出动宣传车55台次，发放宣传资料及实用性宣传品（毛巾）5.1万份。查病2016人次，化疗560人次，培训中小学教师、学生和外来务工人员及渔船民1万人次，接待咨询群众3.5万人次。三是加强“急感”防控。在全市范围内设立流动哨卡14个、固定血防哨卡19个，安排哨卡值班人员68人，对重点地段巡查，对因生产及防汛需要必须接触疫水者发放防护药品并登记造册，适时开展化疗。防汛期间，全市共排查疫水接触人员2637人，发放防蚴霜4500支（其中，武警官兵3000支），发放“急感”宣传资料6万份，预防性化疗147人，汛期紧急灭蚴280万平方米。四是全面启动牛养淘汰和有螺洲滩禁牧工作。出台实施方案，召开专题会议，开展摸底调查、入户核查，联合有关部门进行专项督查。

六、中医科教卓有成效

一是强化基础设施建设。阳罗洲镇中心卫生院、琼湖街道第二社区卫生服务中心完成中医馆项目建设，已投入使用，运行良好。此外，阳罗洲镇中心卫生院、茶盘洲镇卫生院、新湾镇卫生院的中医馆建设已顺利通过上级验收。同时，进一步加强市中医医院规范化建设，为二级评审打下基础。二是积极组织中医专家开展学习交流。2次委派相关中医专业人员下基层督查指导。三是全面开展住院医师及全科医生规范化培训。联合举办2期卫生计生专业技术人员知识培训。聘请益阳市中心医院教授开展肾病专科分级诊疗和糖尿病新进展专题讲座。四是积极开展卫生计生科技活动周活动。举行大型义诊咨询活动，接诊市民400余人次，健康咨询260多人，发放各类卫生计生科普宣传资料8000余份。五是完成国家农村订单定向免费培养医学本科生招录工作。共有7人通过户籍审核。六是对本市《病原微生物实验室生物安全管理条例》落实情况进行督查。

七、统筹谋划卫生应急

一是全面开展禽流感防控。组织专业力量对各市直医疗卫生单位进行业务培训与督查，并顺利通过省、益阳市多次专项督查。二是认真开展应急工作培训演练。组织全市卫生应急技能比赛活动，并选送优秀人员赴益参赛，取得理想成绩。三是全力做好防汛救灾防病工作。调整充实防汛救灾防病工作力量，组建16支卫生应急救援小分队赴防汛抗洪抢险现场实施巡回医疗、应急救援和药物发放。同时，加强以肠道传染病及食源性疾病的报告、监测、筛查以及生活饮用水的卫生管理、周边环境消毒。形成上下对口、分级负责、信息畅通、指挥有力的卫生应急管理体系。全市未发生重大突发公共卫生事件。

沅江市计划生育协会

【基本情况】

2017年，沅江市计划生育协会有会员7.5万名，机关编制5人，其中中共党员3名（女中共党员1名）。

【班子简况】

会　　长	周业贵
常务副会长	鄢自力
副 会 长	谢云飞
秘 书 长	张晓南

【工作概况】

2017年，市计划生育协会工作在市委、市人民政府的正确领导及省市计生协会的精心指导下，深入贯彻中共十八大精神，深入开展生育关怀行动，不断加强组织建设，积极参与基层群众自治工作，积极参与基本公共卫生服务试点工作，全面深化优质服务，进一步增强协会的凝聚力和影响力，协会工作稳步发展，被评为全省计划生育协会工作先进单位。

一、基层协会组织建设加强

依据《中国计划生育协会章程》，市计生协会对镇、村两级协会组织进行规范，与并村并组、村居换届同步进行，进一步健全完善了村（居）计生协会组织。对全市协会会员进行清理整顿，年底，市共有会员7.5万名，培养骨干会员4820余名，每个骨干会员联系1～2户计划生育特困家庭，共有会员联系户7500户。在协助计生家庭维权、解决困难等方面发挥积极作用。

二、基层群众自治工作推进

在总结过去五年计划生育基层群众自治工作经验的基础上，根据中央精神，按照上级协会要求，制定新的5年（2017—2021年）工作规划，提出新的工作目标。全年有1个镇（黄茅洲镇）被评为“全省计划生育基层群众自治示范镇”，2个村（南嘴镇南嘴村、南洞庭芦苇场车子岐管区）被评为“全省示范村”，另有2个镇、6个村被评为益阳市示范镇、村。

三、计生特困帮扶指示落实

扎实开展生育关怀行动，全年共进行2次（2017年春节、‘5·29’全国会员活动日）救助慰问活动，发放救助金额达110多万元。慰问走访1589人次。各镇、场、街道计生协会积极开展救助慰问活动，共救助580户特困家庭，发放救助金额50万元。

四、“5·29”活动扎实有效

市计生协组织4台宣传车，对14个镇、场、街道进行5天巡回宣传，发放宣传资料10万余份。慰问走访计划生育特殊困难家庭891人，共发放救助慰问金45万余元。各乡镇均开展各具特色的会员活动。有上街宣传、慰问走访等。据统计，在“5·29”活动期间，各镇、场、街道出动宣传车26台，发放宣传资料近8万余份，文艺演出8场，各类卫生计生咨询近1万人次，救助计生贫困母亲1000人次，救助金额近60万元。

五、流动人口服务管理加强

3月，开展流动人口计划生育服务活动

月专项活动，清理流动人口信息1200条，流动人口走访慰问210人,救助留守儿童67人，企业走访15家，制作大型宣传标语40条。下半年，在琼湖街道湘北社区开展流动人口计划生育协会组织建设示范点创建工作，组织开展一系列活动，全面提升流动人口服务管理和水平。

六、热心参与公共卫生服务

组织专家对14个镇、场、街道开展优生优育、生殖健康巡回专题讲座，培训育龄对象3000人，进一步提高全市广大计划生育家庭成员的健康意识、自我保护意识。发放健康教育宣传资料8000余份，取得很好效果。

七、项目建设社会效益明显

2017年，争取省计生协会计划生育‘三结合’项目1个，计划生育家庭创业贴息贷款项目2个，重点帮助计生家庭发展种植、养殖、运输等产业，为21名计划生育群众解决就业问题，帮助7个计划生育家庭发展生产，提高计生家庭的自我造血功能，充分发挥政策导向和示范引领作用，得到群众好评和社会公认。

沅江市人民医院

【基本情况】

沅江市人民医院是沅江市唯一一所集医疗、保健、教学、科研于一体的“二级甲等”综合性医院，担负着全市70多万人民群众的疾病救治、公共卫生、急诊急救和突发事件处理任务。2017年，共有25个临床及医技科室，编制床位800个，实际开放1000个。医院核定编制为475人，实际在职在岗人数为796人，其中卫生技术人员685人，占全院职工的89%。党支部5个,中共党员126人，其中女中共党员108人。2017年，全院总收入达2.65亿元，较上年同期增长6%。

【班子简况】

党委书记、院　长	钟　勇
党委副书记	徐凤龙
副院长	谢中华　龙轶谋
纪委书记	刘正清
工会主席、办公室主任	刘　燕
院长助理	李建国

【工作概况】

一、党建工作

（一）落实主体责任

一是始终坚持以“围绕党建促发展”，以制度为保障，以学习为抓手，不断推进党建工作。二是层层签订党建工作目标责任状。形成一级抓一级，层层抓落实的工作局面。三是进一步完善和规范学习制度，不断加强班子自身建设。四是严格执行“三重一大”决策方略，坚持民主集中制。五是着重提高支部班子的履职能力和水平。一年来，党组织的战斗堡垒作用和党员干部的先锋模范作用得到发挥。

（二）狠抓制度建设

1. 建立健全制度。日常工作有章可循，循序渐进，医疗护理质量不断提升，医疗纠纷大大降低。全年业务稳步上涨，病人满意度达95%以上。

2.坚持“三会一课”制度。完善党务公开制，增强党组织工作透明度。

3.建立“两学一做”学习教育常态化、制度化机制。

4.开展对党员的积分管理和民主评议工作，将评议结果纳入年度考核，参与评先评优。

5.进一步完善和规范党费收缴工作。

6.构建平台建设。严格按照上级要求建立益阳党建、沅江党建，红星云和益村APP等微信平台，及时有效的通过微信平台了解党务知识和时事政治。

（三）抵制行业腐败

一是实行廉政责任制和公开承诺制，层层签订目标责任状。二是认真落实医德医风考评制度，考评结果与职工晋升、晋级、月绩效、年终绩效挂钩。三是进一步加强行风问责和纪律约谈。四是与医用耗材、设备经销人员签订廉政风险防控书，一再下调采购价格折扣，最大限度压缩经销人员利润空间，确保医务人员廉洁廉政、拒腐防变。五是聘请第三方行业监督员，通过暗访、测评和病人满意度调查等方式，进一步提高医院服务能力和服务水平。

（四）突出公益职能

1.班子人员到共华镇福安村开展精准扶贫工作，每位班子成员结对帮扶3～4户村民。全年共提供扶贫资金10万余元。

2.建立贫困户健康档案卡。根据病因、病情分类建卡建档，使患病农民得到更好的医疗服务。结合基本公共卫生服务项目工作，建立上门随访联系制度，将因病致贫扶助人员纳入医疗服务重点管理对象，按照健康档案病种管理要求，开展有针对性的免费随访、指导康复等专项帮扶服务。

3.成立健康扶贫领导小组，制定贫困人口专项救治工作方案，实行农村贫困人口先诊疗后付费等举措，开设“一站式”结算服务窗口。对四类九大疾病的贫困患者按国家政策实行二次退补，减轻他们的经济负担。

4.提高新农合保障水平。认真落实新型农村合作医疗和大病保险对贫困人口实行倾斜政策，提高新农合门诊报销水平，做到应报尽报；降低病残儿童、重度残疾人以及大病保险报销起付线，降低贫困人口大病费用个人实际支出。

5.全额承担“三无”（无姓名、无住址、无经济能力）和血透病人补贴医疗费用82万元。

二、业务工作

（一）强化科室绩效管理

医院不断完善各项规章制度，全面更新标准化的操作规程。新制定医务人员规章制度；建立工作人员电子档案，做到统一存档管理。

（二）提高医院整体形象

1.全年门诊人次29万人，住院人次43390人，手术台次6446台，体检15000人次，血液透析21000台次，门诊处方合格率达98%，住院病历书写合格率达96%，优良率达91%，三日确诊率达97.5%，临床治愈率达89.8%，手术前后诊断符合率达99.1%，危重病人抢救成功率达87.6%，病床使用率达79%，平均住院日9天，120全年出车5230次，接回病人4000人次。

2.2017年，医院共收治职工医保住院病人 3566 人次，产生医疗费用 2292.62 余万元，报销全额 1820.55 万元，报销比例为 79.41%；共收治新农合病人 31919 人次，产生费用 15057.80 万元，报销金额 8901.11 万元，报销比例 59.19%（其中包括特困病人 1713 人，产生医疗费用 1130.36 万余元，报销金额 847.82 万余元，报销比例 75%；"五保"户病人 547 人，产生费用 571.39 万元，报销金额 533.8 万元（含民政补助部分），报销比例 93.75%。

3. 体检中心全年共为 10080 名体检者健康体检，其中团检有 62 个单位近 6000 名干部职工，个人检查 2400 人，招工 1680 人，同比上年新拓展 10 个单位。

（三）加强人才引进培训

1. 始终坚持多层次培训医务人员的工作技能，鼓励年轻医务人员刻苦钻业务，不断提高工作能力。

2. 加强专业人才队伍建设。随着新医院的发展，新业务的拓展，2017 年，本着择优选人用人的原则，公开考录专业技术人员 10 名，经上级主管部门同意，医院自主招聘合同制临床医师、护理人员及医技人员共 25 人，并经过岗前培训，所有人员都安排在临床一线。

3. 加强对护理新技术及护理管理的培训，进一步规范护理技术水平，提升管理者的能力。院选派各科优秀人员 25 人参加省、市培训，是年，1 名护士被评为"沅江市最美护士"，3 名护理工作者被评为"优秀护士"，2 名护士分别被评为"益阳市优秀护士"和"优秀护理管理者"。妇科荣获益阳市优质护理服务 PPT 演讲赛三等奖。5 月，开始成功开展 13 例 PICC 置管，为病人提供方便，高效、优质的护理服务社会效益。

三、关爱职工

全年共慰问职工住院 60 人次，职工和职工家属悼念 51 次，新婚贺礼 28 人，职工高龄贺寿 2 人；特困职工补助 40 余人，共补助资金 4 万余元；"三八""护士节"慰问女职工 781 人次，女职工妇科体检 560 人次，女职工参加特殊疾病保险 706 人次；对全体退休人员进行身体普查。

沅江市教育局

【基本情况】

2017 年，沅江市共有各级各类学校 100 所，其中完全中学 3 所、高中 2 所、中职类 4 所、初级中学 9 所、小学 43 所、九年一贯制学校 22 所，特殊教育学校 1 所、教学点 16 个；在编在职教师 5567 人，在校学生 54567 人；公民办幼儿园 130 所，在园幼儿 19141 人，从教人员 1457 人。

【班子简况】

党委书记、局　长	胡经纬
党委副书记、副局长	段学文
党委委员、副局长	黎建波
党委委员、纪委书记	鲍学良
党委委员、副局长	沈迪文
党委委员、市人民政府主任督学	彭江林
局长助理	邵孝文

办公室主任　　谭　炜

【工作概况】

一、教育面貌发生重大改观

以迎接省两项督导评估和国家义务教育基本均衡县验收为契机，对全市各级各类学校的办学条件完善和升级，一中、三中、职业中专、琼湖中学、橘园学校等窗口学校完成校园道路“白改黑”、修建塑胶运动场；完成农村学校“四改三化”,全面消除D级危房；建设并配齐各类各类学校的实验室、功能室；教育信息化项目建成投入使用；全市教育现代化建设迈出坚实一步。

二、教育难点得到妥善解决

年内引进玉潭民办实验学校，投资1.2亿元；在市档案局北面新建1所高标准小学，学校将在下年秋季开学建成投入使用，城区学校“大班额”问题将得到有效解决。二中、四中完成办学转型，既盘活高中富余资源，又顺势调整草尾、南大两个大镇的学校布局，解决镇区学校“大班额”。教育扶贫攻坚落在实处，建立“减、免、助、奖”等多种形式的帮扶途径，严格按国家资助政策发放各类资金，建档立卡贫困家庭学生应补尽补，确保无1名学生因贫困而失学。

三、教师队伍素质明显提升

是年，通过特岗教师、定向师范生、公开招考、选调等途径补员272人，特别是到高校现场招聘和幼儿教师的大量补充，补齐市教师队伍的短板，队伍结构不断优化。加强全员培训，逐步形成“入职教师、骨干教师、学科带头人、名师”专业发展序列，打造一批在省、市有影响力的名学科、名教师。积极稳妥推进“县管校聘”改革。以激励和引导为主，充分利用薪酬福利、培养培训、晋职晋级、评先评优等倾斜政策，重点引导骨干教师、优秀校长向农村学校、薄弱学校流动，有效地解决学校学科教师短缺的矛盾，全市200人以上学校全部实现学科教师专业化，实现区域内师资配备均衡。

四、教育质量取得重大突破

2017年，再次进入益阳市第二，小学抽考益阳市第二，职业类对口升学率益阳市第二，沅江三中二本以上上线率较上年提高7个百分点。特别是在职业中专4.26事件、沅江三中“11·12”事件之后，痛定思痛、深刻反思，相继召开德育工作现场会、学校管理工作现场会，全面强化学校德育工作，深入推进素质教育，相继开展法制教育、心理健康教育、感恩教育等系列活动，在全系统树立抓质量必先抓德育，抓德育就是抓质量的观念，立德树人的根本任务得到进一步落实。

附：湖南省特级教师　黄志文

黄志文，男，沅江市职业中专数学教师。中学高级教师。在工作中潜心研究新课改，1996年起，主持湖南省教育规划课题《基于新课程理念的中职数学教学资源开发与利用研究》获湖南省优秀课题一等奖。出版《数学基础模块》《对口升学数学精讲精练》等教学参考书9部，担任《中职教育教学参考》等10部湖南省中职数学规划教材和教参副主编，参编教育部规划教材15部。2010年，参加省教育厅主办的首届职业院校信息化教学大赛，获一等奖。代表湖南省参加教育部举办的首届全国职业院校信息化教学大赛，获三等奖。2010年，被评为“全国教育科研先进个人”。2015年3月，被湖南省教育厅评为“湖南省特级教师”。

沅江市文化体育广电新闻出版局

【基本情况】

沅江市文化体育广电新闻出版局为市人民政府工作部门，加挂沅江市旅游局牌子，局机关行政编制14名。下设办公室、人事股、财务股、政策法规股、文化艺术股、体育股、广播影视股、旅游股、产业股、安全生产股10个股室。负责管理沅江市文化市场综合执法大队、沅江市全民健身服务中心（市业余体校）2个副科级事业单位和沅江市文化馆、沅江市博物馆（市文物管理所）、沅江市图书馆3个股级机构。

【班子简况】

党组书记、局长	陈盛祥
党组副书记、副局长	李小波
副局长	张　力　蔡　进
	江朝晖　陈海军
党组成员	张　静
总工程师	徐天卉
办公室主任	姚春旺

【工作概况】

一、夯实文体基础设施

一是开展文博图三馆修缮工程。筹集资金200多万元，对文化馆、博物馆、图书馆馆舍清理和修缮，清理腾退占用馆舍15间，新增馆舍使用面积400平方米。二是群众体育设施进一步丰富。全年共配发室外健身路径器材45套，新建公共篮球场2个，笼式公共足球场2个。泗湖山镇建成市首个乡镇全民健身中心，包括篮球场、羽毛球场、路径器材及室内健身设施。三是赛艇运动基地初步成形。利用举办中国赛艇大师赛（沅江站）的契机，在浩江湖原体育局场所按国际比赛标准硬化赛艇场地，购置专业赛艇，对艇库、艇架、上下水码头、赛道系统等进行规划并经过赛事检验。

二、丰富公共文体供给

（一）丰富免费开放服务形式。文化馆首设全市中青年舞蹈培训班，每周五下午免费授课；图书馆通过举办读者座谈会、少儿活动、开展公益讲座等多种形式主动开展阅读服务。博物馆根据市民和游客需要主动增加开放时间，周末由预约开放变为常规开放（另晚间可预约开放）。9—12月，接待周末、晚间观展游客近3000人。

（二）积极开展文化惠民活动。举办文化志愿服务惠民演出17场，观众达到30000人次。组织书法家协会送春联3000幅。年内农村电影放映共完成2596场，送文化下乡5场，送花鼓戏下乡14场。

（三）举办高水平文体赛事展。6月中旬，承办中国赛艇大师赛（沅江站），沅江市代表队在男子4人双桨B组中荣获亚军。7—8月，举办沅江市第八届篮球俱乐部联赛，作为湘北地区最高水平的篮球赛事，吸引其他区14支篮球队同场竞技，为广大市民呈现50场篮球盛宴。10月下旬，邀请沅江籍著名画家温安泰先生回乡举办画展，本次画展共吸引本市及北京、广东、武汉等地2000多人观展。为沅江本地艺术家和广大市民提供1次近距离观摩学习国家级画家作品的机会。11月初，承办“湘鄂边羽毛球俱乐部联赛”。

三、推动群众文体发展

（一）倡导全民健身，打造健康平台。一是组织参加湖南省第八届全民健身节暨益阳市大众运动会。组织200多人次参加太极拳、健身气功、自行车、微马联赛、围棋、象棋等10多个项目的比赛。二是举行沅江市大众运动会，组织环城健身走、职工篮球赛、羽毛球、趣味保龄球、乒乓球、定点投篮、钓鱼比赛、门球等系列赛事，共有3000人次运动员参加比赛。

（二）发展群众文化，搭建展示舞台。6月初，组织市文艺爱好者200多人，参与排演大型实景演出“霞印沅江”。参加人员中涉及学生、医生、农民、机关干部、退休职工等，表演类型有武术操、民歌对唱、民乐演奏、民俗表演、舞蹈等。8月下旬，举办“欢乐潇湘，文化益阳”群众文艺会演沅江专场，精选14个节目，300多人参演。其中《芦笋情》《打飘飘》《罪魁祸首》3个优秀节目选送参加益阳专场会演。

四、净化文化市场环境

全面贯彻落实第三十次全省“扫黄打非”电视电话会议精神，围绕“清源”“净网”“护苗”“秋风”“固边”五大专项行动等展开，发挥“扫黄打非”体制机制优势，坚持打防并举、标本兼治、综合治理，不断推进“扫黄打非”工作深入开展，全年依法查缴各类非法出版物近2500件（张），取缔非法出版物游商地摊6个，查处无证经营门店4家，督促符合办理出版物经营许可证条件的门店完善相关手续1家，对5家出版物经营单位和1家印刷厂予以行政处罚，有效地维护新闻出版市场的正常秩序。

五、谋求旅游发展“破题”

（一）成功举办“洞庭湖生态文化旅游暨水上运动节”

本次节会以“益山益水 益美益阳”为主题，以打造“省内一流、全国知名”节会为目标，通过举办本次节会，推动经济社会各项事业的发展，得到各级领导和社会各界的高度评价。一是打造旅游产品。通过举办赛艇大师赛，引进水上特技表演、打造南洞庭湖湿地文化之旅、太阳鸟游艇主体工业旅游等。是对开发市旅游资源、打造特色旅游产品的有益尝试。二是打响城市品牌。本次节会规格高、活动多、影响大。赛艇大师赛、畅游南洞庭、太阳鸟工业旅游三大主题活动，既紧扣节会主题又巧妙结合本地实际，向外界展示沅江市特色旅游资源、船舶制造产业、湖鲜食品产业和城市发展面貌。节会前后，人民日报、湖南日报、中央电视台、湖南卫视等主流媒体和各类网络媒体共发送稿件300多篇，高频率、多角度、全方位报道该次盛会，最大化提升沅江的知名度，传播沅江城市形象，展示沅江市近年社会经济发展成果，展现沅江人民的精神风貌。三是夯实了发展基础。通过举办节会，实现以节会促建设、以节会促发展的既定目标。

（二）立项争资取得重大进展

沅江市成功获评“湖南省旅游精品线路重点县”，获得上级项目资金1100万元，另有1080万元计划到位资金。全年共计成功争取旅游项目资金2248万元。三眼塘乡村旅游休闲区等3个项目入围大益阳城市圈基础设施项目库，新湾风情旅游小镇等3个项目入围重大固定资产投资项目库。

（三）旅游产业发展思路日渐清晰

一是配合市政协完成沅江市文化旅游产业调研报告。对市文化旅游产业进行全面总结。二是积极吸引外脑，诊脉沅江旅游。先后邀请北京中艺创景郑宇昌、湖南大学卢健松博士、湖南师范大学徐飞雄教授、湖南民族职业学院姜宗福副院长、文博堂机构等业内著名专家和咨询机构到沅江考察交流。就沅江旅游发展定位、项目规划落地、乡村旅游发展等议题给出宝贵意见。

（四）旅游产品力逐步提升

一是旅游硬件环境显著改善。借举办节会契机，市浩江湖、石矶湖等地兴建高标准赛艇运动场地、改造沿湖大堤环境、修建太阳鸟旅游码头，凌云塔周边环境得到改造。二是旅游产品建设初显成效。八百里旅游公司湖岛旅游基地建设投入资金800万元，完成经营权置换，初步完成设施建设。新湾镇完成千亩荷塘游步道建设和农业观光基地前期工作。凌云塔完成护堤加固和芦苇荡八卦阵迷宫健身等。

沅江市广播电视台

【基本情况】

2017年，沅江市广播电视台共有干部职工308人，其中电视台123人，网络公司147人,网传中心38人。共有中共党员99名，建支部3个。

2017年，沅江市广播电视台荣获“益阳市精神文明标兵单位”“沅江市组织工作先进单位”“沅江市防汛救灾先进集体”“沅江市计生综治工作良好单位”称号。

【班子简况】

党组书记、台　长　　张卫东
党组成员、副台长　　陶志敏（　—2017.11）
党组成员、副台长　　黄尚峰（2017.12—　）
党组成员、副台长兼纪检组组长　　李　微
办公室主任　　鄢　岗

【工作概况】

一、党建工作更加扎实

2017年,沅江市广播电视台紧紧围绕“两学一做”常态化、制度化活动，扎实落实党建工作责任制，加强对党员干部的管理和约束，全体党员干部工作作风、生活作风持续好转。

二、日常工作更加务实

（一）新闻立台理念提升。内宣精准发力。1—12月，在《沅江新闻》中编发各类新闻2024条,开辟新闻专栏及系列报道15个;制作播出栏目86期,其中《魅力沅江》48期,《新农村》和《法制在线》栏目38期，魅力沅江栏目配合市中心工作，做扶贫专题2期，旅游节3期，防汛3期。外宣提质增量，在巩固上年上稿数量基础上，1—12月，在中央级电视广播媒体上稿19条(新闻联播3条、央视7条、央广9条)，在省级台上稿90条，益阳台上稿500多条，在益阳台上稿量4年始终保持益阳市第一。

（二）文化活动丰富多彩。一年来，圆满完成“三月女神节，人间艳阳天”“益阳旅游形象大使·十二茗媛选拔大赛”“一起成长吧”系列“六一”活动，“芦笋节市场运营暨省级地方标准发布会”“洞庭生态文化旅游”暨“水上运动节”“我是达人”和“欢乐潇湘　炫舞洞庭　幸福沅江”“少儿才艺电视大赛”等大型活动近90场。特别是8月28日，台承办益阳市委宣传部“我们的节日——爱在七夕　热恋水城”大型文艺会演,超2万人参与,极大地丰富群众的文化生活，提升沅江的文化品位。

（三）新媒体实现全覆盖。2017年，沅江广播电视台微信公众号日常维护、发布后台的管理工作，广播电视台及沅江发布的重要新闻信息，“微信公众号平台”运营模式得到进一步优化，完全转变由他人代管向自己主管的运营模式，粉丝达8万人，沅江广播电视资源得到有力延伸，实现新闻全覆盖，扩大广播电视媒体的影响力。

（四）有线网络瓶颈破除。沅江市人民政府常务会议纪要〔2017〕8号文件精神，关于广播电视工作一项中对台广播电视发展和有线网络发展面临的困难和问题有明确指示。同意新建商品房有线电视线路设施安装实施并联审批，住建部门重点支持，按政策程序执行到位；同意有条件的单位将干部职工有线电视收视费纳入各单位宣传教育经费。

（五）微波服务能力增强。微波电视信号是对有线电视的一个重要补充，因其维护简便，收视费相对便宜，而深受广大农村用户喜爱,最多时用户达到6万多户。2017年，经过甲、乙双方认真协商，最终就沅江市广沅微波有限责任公司经营发展相关工作达成一致意见：甲方同意乙方继续按原有模式经营，乙方自愿分三次向甲方交付160万元。

（六）其他工作同步推进。按照上级相关要求，统筹协调办公室、纪检监察、经营创收、老干、机关支部、党建、工会、安全生产、计划生育、综合治理、创卫等各方面工作，圆满地完成上级交给的各项工作任务。

沅江市新华书店（分公司）

【基本情况】

沅江市新华书店系湖南省新华书店有限责任公司分公司，为省属国有企业。主营教材、图书发行、文化用品与电子产品销售等相关业务，2016年，沅江市分公司下设综合部、财务部、教材业务部、图书业务4个部门，共有员工32人。共有中共党员25人（含离退休），设党支部1个。

2017年，公司各项经济指标稳步攀升，实现主营业务收入3850万元，全面完成上级公司下达的经济指标。

【班子简况】

经　　理	盛文军
副 经 理	李正清　徐　英
办公室主任	刘智清

【工作概况】

一、校园书店建设

2017年，沅江分公司新建校园书店11家，其中标准化布克校园书店1家，校园阅览室10家。至12月底，其中标准化校园书店莲花塘学校布克店已完工，校园阅览室已完成10家的建设。力争实现全市所有中心学校的校园书店全覆盖。在校园书店经营上，分公司与校方沟通，发放问卷，与学生交流，及时收集需求信息，调整营业时间，把工作做细，提升服务质量，为随之而来的教辅新政做好平台支撑准备。

二、教材教辅发行

2017年，沅江分公司的教材教辅发行工作以求稳为首要前提，力求各学校各年级征订量均衡发展，遗拾补缺。免费教材发行面对新的政策形式，与教育局、学校做好协调解释工作，摸准订数，落实免费与非免的结算界定，确保免费教材缺口的最小化，避免非免缺口造成利润影响。进一步规范和完善发行模式。新的教辅从每学期放假前发放并回收学生及家长的自愿征订单据；到开学前落实开好教育、中心校、村校三个会议；对贫困学生的教辅捐赠工作，严格实行一人一包、一对一的赠送。

从2017年秋季起，除基础训练（同步练习）外，所有年级其他教辅资料，新华书店将不再进行进校统一征订，如有需要，可到沅江市新华书店中心门店或校门外新华书店设置的流动售书点直接购买。

三、图书营销活动

2017年，营销工作的总方向——线上线下联动，加大智慧书城APP的推广，引导全民阅读，共建书香家园。

（一）线上营销。着重对省公司统一的智慧书城APP的推广，成立专项营销小组，鼓励走出办公室，在街头社区门口摆摊设点，对顾客进行一对一的宣传推广并征得顾客同意辅导安装智慧书城APP。并告知顾客朋友：市区3公里范围内1个工作日内免费送货上门，超过3公里范围免费快递配送到家。已实现用户增长。

（二）卖场营销。上半年以开学和节假日为节点，进行10余次营销活动。如“3·8”妇女节的“赠人玫瑰，手有余香”“六一”儿童节的“‘六一’海玩节”等，旨在提升新华书店形象及文化坐标建设。

四、经营服务延伸

财务管理工作从强化内控着手，规范业务流程，完善费用开支手续，加强资金管理，防患财务风险，通过科学规划，合理掌控各项经济指标的运行，将这些常态性的内控管理工作不断完善与加强。既为公司的发展提质增效，又为业务工作的开展保驾护航。

五、确保安全发展

以“两学一做”活动为指导，逐步完善和健全新形势下的党建工作要求，始终坚持围绕工作抓党建、抓好党建促发展的思路，深入学习，严格按照《中国共产党党员领导干部廉洁从政若干准则》和党员标准，带好头、做好事；加强队伍建设；充分发挥群团组织作用，营造和谐、积极、向上氛围。年内，公司团支部组织团员青年开展“青年志愿者”行动，和“青年读书日”，在“五四”青年节，组织团员青年参加“精锐拓展训练”。培养团队合作精神，倡导公司员工健康生活，快乐工作。

交通　海事

沅江市公路管理局

【基本情况】

根据《中共沅江市委、沅江市人民政府〈关于印发沅江市人民政府职能转变和机构改革方案的实施意见〉的通知》，参照益阳市人民政府办公室关于印发《益阳市交通公路管理体制改革实施方案》和益阳市人民政府办公室《关于明确市房地产管理局和市公路管理局运行机制的通知》的精神，把原益阳市沅江公路管理局、沅江市农村公路管理所职能整合，组建沅江市公路管理局。2016 年 1 月 1 日起，原益阳市沅江公路管理局正式整体下放沅江管理；2016 年 8 月 3 日，原沅江市农村公路管理所整体移交市公路管理局管理。根据市人民政府三定方案（草案）市公路局机关内设 12 个股室，即办公室、财务股、人事股、机务安全股、公路养护股、统计信息股、计划股、农村公路股、工程质监股、法制股、工会、纪检监察室；1 个副科级二级机构，即公路路政执法大队；2 个股级二级机构，即公路养护总站、公路应急抢险中心。2017 年，共有干部职工 118 人。设机关党支部和路政应急抢险联合党支部 2 个党支部。

【班子简况】

党组书记、局　　长　　葛爱华
党组成员、副 局 长　　蒋立强　袁国光
党组成员、纪检组组长　　陈世界
办公室主任　　傅锦斌

【工作概况】

一、力求精细养护管理提质

全年共计投入资金 790 多万元，对重要县、乡道实施清灌缝、破碎板换板工程，对县道路面轻微裂缝、坑槽、桥头跳车等病害沥青罩面，改造公路涵洞 2 座，对赤山大桥安防设施进行部分更新。保证所管养的县乡道的畅通，指导、带动相关镇、村开展乡、村道养护工程。

二、稳步推进路网水平提高

一是加速推进危桥改造。根据省市下达计划，沅江市 2017 年危桥改造工程 14 座，共完成 6 座，另有 2 座危桥改造工程移交给市干线公路建设管理有限公司，纳入茶草线改造项目，同步规划、同步设计、提前实施。其他 6 座桥均已完成所有前期工作，市政府解决配套资金123.5万元，11月下旬，桥梁主体工程全部完工。

二是加紧推进安防工程。2017年，省、市下达市农村公路安全生命防护工程项目52个，共计113.291公里，其中90公里已被纳入市重点民生实事项目；结合2016年安防工程实施情况，最终确定46个项目、101公里为2017年农村公路安防工程项目，拟投入资金1066.3万元，其中国省补助资金716.5万元，已向市政府申请解决本级配套资金349.8万元。该项目实体工程已基本完成，进入扫尾阶段。

三是加力推进示范路段、示范乡镇创建。结合农村公路实际情况，确定草尾镇为市2017年农村公路管理养护示范镇，并根据该镇农村公交、校车运行线路圈定50公里乡、村道示范路。经实地勘察、详细规划，拟投入180多万元用于示范路破碎板处置、安防设施补齐、增设错车道、路肩清理培护、行道树刷白等相关工作。破碎板处置工程、清基扫障工作已完成。

三、强化执行路政管理提效

一是春运保畅有序。严格落实“春运保畅方案”，春运期间，每天安排4名路政执法人员上路巡查，发现问题，及时汇报，及时处理。对S204线（益沅一级公路、赤山段）占道经营的摊点进行整治，清理摊点共计30余处，确保春运期间的公路通行安全、畅通。

二是治超执法有效。局始终把治超当作一项重点工作来抓，加强与各单位、部门的合作协调，确保治超措施到位，保持治超的高压态势。抓实抓常，突出源头管控。一年来参加沅江市治超办组织的“非法改（拼）装车辆切割行动”4次，出动路政执法人员共计26余人次，出动执法车辆共计10台次，得到沅江市治超办的充分肯定。群策群力，强化路面执法。4月20日下午，市治超办组织公路路政治超、公路路面执法、公安交警、协警等近60名执法人员，在市公路局召开“沅江市治超‘春雷行动’路面执法推进会”，出台《沅江市治理超限目标管理考核办法》，进一步凝聚联合治超的共识。局高度重视治理车辆超限超载工作，路警联动治超在竹莲治超检测站检测车辆16113台，查处超限车711台，卸载4123吨，罚款金额191万余元，刑事拘留暴力抗法人员2名。同时，9月1日至12月31日，开展车辆超限超载集中整治“一超四究”秋冬行动，设置一批限宽限高设施、增设治超执勤点等措施，推动科技治超。

三是专项整治有力。积极参加市委、市政府组织的“白沙大桥两侧砂石堆场专项整治行动”，出动路政执法人员共计170余人次，执法车辆及工程车辆共计40余台次，共清理白沙大桥两侧砂石堆场4处，清理砂石约5万余吨，恢复白沙大桥两侧的土地原貌。

沅江市交通运输局

【基本情况】

2017年，沅江市交通运输系统共有干部职工2836人，其中行政事业单位人员285人（在岗206人、退休77人）；企业职工2551人（在岗114人、下岗899人、退休1538人）。副科级事业单位2个（市道路运输管理所、市交通建设质量监督站）、内设职能股室10个（办公室、人事股、财务审计股、政策法制股、计划统计股、基本建设股、道路运输管理股、水路运输管理股、安全监督股、维稳办）和工会；辖基层交通运输管理站10个（城区、胭脂湖、赤山、共华、泗湖山、茶盘洲、南大、阳罗、草尾、黄茅洲）；辖交通运输企业4个（市公汽公司、益阳神舟汽运沅江分公司、市装卸公司、市运输服务公司）。

【班子简况】

党组书记、局　长	王正良
党组副书记、副局长	任忠武
党组成员	臧文质
党组成员、副局长	廖跃军　彭　辉
党组成员、总工程师	黎建红
党组成员、派驻纪检组组长	唐业毅
办公室主任	黎劲松

【工作概况】

一、交通基本建设

2017年，S217河南线沅江段年底建成通车；S228沅宁线沅江段完成投资98%，计划于2018年5月建成通车；S313漉乐线总投资4.906亿元，2017年3月开工建设，2017年完成投资2.5亿元，占总投资的51%；开展S220泗共轴线和黄茅洲大桥南至八形汊公路的前期工作。完成危桥改造16座，投资1200多万元，完成农村公路安防工程113公里，投资2514万元，完成农村公路提质改造工程62公里；新建农村客运招呼站50个。

二、交通项目融资

完成交通项目融资1.5亿元，占年度任务的100%；完成立项争资5.6亿元，占年度任务的100%；完成招商引资6200万元，占年度任务的100%。

三、道路运输管理

全市共有公交车269台，城市出租车350台，班线车263台，货运车2200台。运管部门开展“打非治违”活动，全年开展多次客运市场专项整治。配合公路路政和交警部门在竹莲治超站开展“治超”行动，共查处违规案件60余件。

四、交通运输安全

全年对本系统车站、码头、桥梁、民间渡口、建设施工场所等进行60多次检查，对发现的安全隐患全部整改到位；对重大安全隐患建立档案，落实专人重点监控；开展水上交通安全等专项整治。全年实现水上交通运输、道路运输、公路建设养护、运输企业、消防安全等无事故，各项指标均未突破上级下达的控制指标。

五、交建质量监督

质监站成立质量监督工作机构，对所有交通建设项目实行全方位、多层次监督；局成立交通建设项目质量验收委员会，对16座危桥、34公里窄路加宽工程、50个新建农村客运招呼站、113公里安保工程项目进行质量验收，合格率均100%。

六、交通法治建设

围绕法治政府建设大局，开展法治培训，组织执法人员参加省交通厅的行政执法培训班，各下属机构都成立法制机构，全年开展行政执法检查3次，接受省交通厅、益阳市交通局行政执法检查2次，许可项目、新增客运班线、出租车公司化等进行社会稳定风险评估，召开听证会。积极推行政务公开制度，开设政务公开专栏，在运管所设立交通政务分中心，优化服务，方便群众。办理人大代表议案10件，办理政协提案9件，办结率、满意率均100%。

七、治安综合治理

每月进行一次不稳定因素排查，对排查出的问题按照“五个一”的要求，落实责任；建立健全解决不稳定问题的督办制度，及时化解各类矛盾，成功调处老年人优惠乘坐公共汽车等问题、全系统未发生赴省进京非正常上访等案件。

八、精准扶贫工作

负责指导阳罗洲镇吼龙村精准扶贫工作，组织资金95万元，帮助该村改造农村公路4公里，改造危桥2座。切实为群众办好事、做实事。

沅江市地方海事处

【班子简况】

党组书记、主　任　　卜源光
党组成员、副主任　　黄界伕　郭　峰
办公室主任　　符　军

【工作概况】

一、加大水域巡航力度

2017年，处坚决贯彻落实沅江市委、市政府关于水上交通安全工作的指示，进一步巩固市水上交通安全整治成果，分别在3月13—17日、5月23—27日、9月18—20日、12月18—22日，集中力量组织4次季度水上交通安全大巡航，先后对辖区内的41艘挖砂船、15处水上加油站点、25处渡口、58艘客渡船、22艘客船、12艘旅游船、4处水工项目进行详细检查，共排查安全隐患637起，其中，现场整改615起，立案调查22起。对于检查出的安全隐患，执法人员要求船舶所有人、经营人立即整改，彻底消除船舶安全隐患，以保船舶水域航行安全。

二、强化水上交通监管

2017年，处先后在“元旦”“春运”“清明”“五一”“首届洞庭湖生态文化旅游节”“汛期”端午、高（中）考、中秋、国庆、中共十九大、“枯水”期间，对全市水域运输船舶、客渡船、汽车渡船、旅游码头进行全面的安全监管。编入现场检查组，实行24小时值班制度。全年，共组织特殊时期专项行动16次，出动巡逻艇（车）122次，出动执法人员670余人次，检查各类船舶330艘，发放船舶违法通知书41份，实施海事行政处罚19件，检查水上运输企业8家，发现隐患16处，整改13处，移送公安机关22人。

三、严格渡船渡口检查

沅江市内河通航里程480公里，河流分布众多，渡口、渡船是老百姓重要的出行交通工具。2017年，实现每月1次的安全监管全覆盖，形成“抓源头、细监管、保适航”的安全体系，及时整改。全年共检查渡口356处次、渡船718艘次，对存在安全隐患的4个渡口、31艘渡船下达水上交通安全隐患整改通知书，对3艘超载渡运的渡船实行了口头警告和经济处罚。

四、坚持“打非治违”行动

2月初，违法运输野菜采摘务工人员进出湖州的，“五一”劳动节、“十一”国庆节期间，违法运输游客至南洞庭湖湿地游玩等严重水上交通安全行为。全年开展24次专项打击行动，共查获非客船载客船舶32艘，移送公安机关17人，行政拘留13人，移送渔政部门5人，对抗拒执法的张某某、黄某某等17人实施暂扣船舶并移交公安机关拘留。

五、严管重罚涉砂船舶

2017年，整治涉砂船舶安全隐患的专项行动中，以赤磊航道、共华水域、泗湖山水域、明朗山水域，莲花岛水域为中心，按照“绝不放过一船，绝不漏掉一证，绝不留下一个隐患”的要求，共检查涉砂船舶1926艘次，下达《安全隐患整改通知书》162份，立案调查307起，下达《行政处罚决定书》307份，经济处罚490万元，卸载砂石约18000吨。

六、做好节庆护航安保

2017年6月，益阳首届洞庭湖生态文化旅游暨水上运动节沅江分会场活动举行，为了确保旅游节期间水上活动的顺利开展，沅江市地方海事处对参加节会的船舶和码头设施多次详细的安全检查，保证参加该次节会的船舶适航，船员适任。对“畅游洞庭”活动的水路航线多次试航演练，确保在节会航行时的“分秒不差”。该次水上安保工作，处共出动水上监管执法人员380人次，海巡艇60艘次，及时发现和阻止13艘社会船舶驶向节会活动水域。

七、规范依法行政行为

2017年，沅江市地方海事处加强执法管理综合治理及平安创建工作，紧紧围绕化解矛盾、公正廉洁执法，认真制定执行“法治创建、谁执法、谁普法”工作，完善行政规范性文件的制定程序，牢固树立执法为民理念，认真落实行政执法制度，促进行政执法的规范化，加大行政执法工作的督查力度，对执法人员的执法行为考核与检查，2017年，处加强执法人员的教育培训，提高执法人员的法律知识和政治思想，积极开展执法人员的岗前培训和审验培训。

八、打造一流海事队伍

为保障市水上交通安全、维护水上秩序，2017年，处以海事建设为抓手，迅速组织各部门开展作风建设，全面提升海事执法服务队伍的创新力、执行力、公信力，切实增强服务发展、服务基层、服务群众的本领。让全处干部职工认识到，“在岗”是基础，“在行”是前提，“在状态”是保证，牢固树立“公仆意识”与“服务意识”，把人民群众是否满意作为工作标准。细化监察模式，强化各部门的自我检查、自我整改、自我监督模式，树立“以督促建、以督促改”思想，处纪检采取明查和暗访相结合、定期检查和常态化检查相结合，确保“在岗、在行、在状态”的要求成为每个海事执法人员的自觉行动。建立健全处工作管理制度，启动日常考勤制度，强化管理目标责任制，努力克服消极思维和模糊意识，善于从政治、大局的角度服务海事工作，规范执法行为，树立文明形象，把沅江海事打造成为一支讲正气、讲学习、讲责任的执法队伍。

街道 镇 场

沅江市琼湖街道

【概况】

2017年，琼湖街道下辖22个社区、8个行政村、1个渔场；户籍人口近13.5万人，总面积24987公顷；街道工委下属党总支25个，党支部108个，中共党员3353名，其中女中共党员882名。

全年实现财政总收入2700万元，固定资产投入10.02亿元，三私税收188.18万元。

【班子简况】

工委书记	吴限忠
工委副书记、主任	梁成伟
工委副书记	盛根良
工委委员、人大联络组组长	王　智
工委委员、副主任	刘　鸿
工委委员	郭菊秋　彭世伟　丁建军
副主任	朱另熹　周　辉
党政办主任	黎曙明

【党建工作】

一、“两委”换届

为确保2017年换届工作结果群众满意，根据上级要求，街道及早部署，制定详细方案，充分走访调研，深入细致开展换届工作。6月底，圆满完成全街道30个社区（村）两委班子换届工作。

二、党的建设

街道认真组织党建业务培训，定期督查指导，及时通报基层党组织党建工作情况。坚持“定期汇报”“群众推优”“跟踪考察”和“联审制”发展党员。2017年，共培训入党积极分子175名、发展预备党员25名。积极推广益村APP和红星云公众号，益村APP关注人数达21824人。

三、群团工作

街道妇联组织近4000名农村妇女免费两癌筛查，为300户生活困难女性送去慰问品。团委创办“青年之家”、免费书吧，组织送爱心进社区活动。工会组织干部参加篮球联赛，并取得亚军。此外，为村（社区）配齐便民服务员。

【民生保障】

一、社会保障有序推进

积极做好残疾人、城乡低保、养老保险、

医保等工作。突出阳光低保行动，对所有低保对象定期进行民主评议与审核，规范操作程序，做到应保尽保、应退尽退，建立进退有序的动态管理制度。

二、精准扶贫卓有成效

街道切实落实扶贫政策。全街道 60 户、167 名贫困户完成易地搬迁，800 余名贫困群众领到爱心手机，九只树村建立蔬菜基地，带动全村 83 户贫困户脱贫致富，农村低保享受人数减少 78%，城镇低保享受人数减少 58%。

三、生态保护重拳发力

街道全面排查工矿企业，饮用水源地的安全隐患。全年协助部门处理 15 起环境污染案件。同时，畜禽退养 226 户、8.7 万平方米，拆除黏土砖厂两家，清退欧美黑杨 9614 亩、淘汰牛羊 2074 头，关停采砂场 31 家，做好了湖汉整治和秸秆、垃圾焚烧整治工作。

此外，为丰富群众业余生活，全年组织大型赛事 1 场，文艺节目下基层 5 台。为促进工作，全年街道在媒体发表新闻 100 余条，把中共十九大精神宣讲到渔村。

【产业发展】

一、工业企业运行平稳

为促进企业发展，搭建 3 个平台（劳动力资源共享平台，招商引资项目服务平台和企业运行调度平台），制定相关政策。全年新增小微企业 22 家，新增劳动就业岗位 500 余个。2017 年年底，规模以上工业企业 10 家（新增 1 家），完成生产总产值 13.3676 亿元，完成工业增加值 1.8 亿元，完成工业固定资产投资 3.15 亿，完成工业技术改造投资 3.2 亿元，增速 1.58%。2 家规模以上工业企业正在办理申报手续。

二、农业任务出色完成

是年，街道落实近 90 万元农机购机补贴和奖补资金，完成农机年检 500 台次；全年早稻、晚稻种植面积分别为 12078 亩、12152 亩，油菜种植面积 2252 亩。九只树村建好 1050 亩无公害蔬菜基地，保民村建好虾稻综合养殖基地。

三、第三产业蓬勃发展

万子湖村、莲花岛村“立足洞庭湖，做活水文章”，榨南湖省级美丽乡村示范村创建，文化旅游暨水上运动节的举办，促进生态旅游。同时，充分利用芦笋、渔业资源，研发“绿色健康安全”食品，探索微商、电商、餐饮推广等新型营销方式，延伸产业链，提升附加值，增加群众收入。

【安全稳定】

一、大力抓好安全稳定工作

进一步提高认识、工作力度和执行强度，强化问题导向和底线思维，集中排查整治突出问题，努力消除各类隐患。

二、重点搞好防控体系建设

新增视频监控并联网，奠定天网防控基础。各单位配齐警棍、钢叉等器械，人口密集地新增警务室、警务点。同时，深化治安巡逻工作，每个社区（村）成立一支近 10 人的“义务 110”巡逻队，与派出所巡逻民警联合群防群治。

三、依法推进社会管理工作

把司法调解与人民调解有机结合，对基层矛盾纠纷统一受理，建成集维护社会稳定、社会治安、社会管理于一体的工作平台，年内成功调处纠纷58起。为提高居民法律意识，推动社会管理走上法治化轨道，举办法制专栏和讲座，发放宣传单，开展法律咨询。同时做好社区矫正工作。2017年，街道共接收社区矫正对象49人，依法解矫67人（续2016年），未出现漏管、脱管、重新犯罪现象。

2017年，琼湖街道获“全市湖南·益阳首届洞庭湖生态文化旅游暨水上运动节先进单位”“全市综治工作先进单位”“全市安全生产工作先进单位”“全市洞庭湖生态环境专项整治工作先进集体”“全市计划生育工作良好单位”等称号。街道干部中有近30人次获“市级先进个人”称号。

胭脂湖街道

【基本情况】

胭脂湖街道办事处2016年1月11日由三眼塘镇更名而来，2017年，街道共有机关工作人员128名，辖14个行政村，有村民小组357个；1个社区，即海上社区；代管经开区3个社区。行政区域面积99平方公里，有耕地面积64980亩。总人口66860人，其中农业人口58378人，非农户口8482人。街道党工委下辖65个党支部，16个党总支，共有中共党员2187人。辖区内共有各类学校8所（其中初级中学2所、九年制学校1所、小学4所、农校1所）。有医院1所。

【班子简况】

工委书记	周　锋
工委副书记、主任	邱浩宏
工委委员、人大联络组组长	郭镇彪
工委委员、副主任	周喜云
工委委员、纪工委书记	刘孟良
工委委员、副主任	傅大力
工委委员	吴锦锋　谢奇志
副主任	王永成　王　燕
党政综合办公室主任	周　清

【工作概况】

2017年，胭脂湖街道工业总产值累计完成18.9亿元，为年计划的100%，工业增加值31245万元，同比增长8.5%，工业企业固定资产投资45623万元。同比增长2.2%。此外，街道6家规模企业生产状况平稳向好，完成规模工业总产值17亿元，比上年同期增长11.4%。

一、工业经济有新成效

贯彻落实市委“工业强市”的战略部署，坚持“三步走”。一步强化组织领导。街道成立新型工业化工作领导小组，配齐配强工作队伍。围绕推进新型工业化过程中的土地、资金、人才等瓶颈问题想办法、出实招。二步抓项目落实。完成吉林森工600亩土地的拆迁及土地平整、辣妹子三期80亩土地征地拆迁。三步完善政务服务。搭建平台，纾解企业用工难题，政策倾斜，实现企业壮大扩容，新潮食品大型冷库接近完工，辣妹子二期完成规划报批。

二、农村农业有新面貌

一是壮大村级集体经济。街道深化土地流转改革，盘活现有资源，把培育专业合作社作为促进农民增收、农业增效、农村发展的重要抓手，探索形成“公司＋农民专业合作社＋农户”的发展新模式。截至年底，全街道农民专业合作社46个，总投资规模2亿多元，入社成员400余户，带动村民持续增收，土地流转新增1280亩，增收70多万元。二是注重特色产业培育。提升供给和带动双重效应。精心打造“一村一品”，形成杨梅山蔬菜、荷花蔀头、三眼塘茶油、回龙山枳壳品牌示范效应。

三、旅游产业有新亮点

聚焦乡村振兴战略，实现乡村旅游在乡村振兴中的大作为。三眼塘村抢抓机遇，利用优良的区位条件，积极主动对接资阳区皇家湖旅游度假区，共商共建共享黄家湖旅游资源，休闲观光旅游平台锥形初现。并成立洞庭乡愁三眼塘旅游开发工作筹备组，“洞庭乡愁”旅游项目也正在推进中。此外，三眼塘、胭脂湖村、赤塘村投入300余万元资金全力提升美化乡村人居环境，以此优化乡村旅游的大环境。

四、民生福祉有新改善

2017年，紧紧围绕民生工作重点，全面落实好民生福祉。一是积极工作，兜底有力。对原低保户严格核查，做到应保尽保。2017年，有低保户213户，保证人口423人；认真做好救灾救济和社会福利工作，大病救助全年共计发放250000元，开展“办实事、解难题、做贡献”为主要内容的“双拥”共建活动，落实好优抚政策，共计发放1685442元，帮助392人；做好部队退役士兵的安抚工作，走访街道930名退伍老兵，共计发放慰问金16万多元；敬老院新增50张床位，启动三眼塘镇敬老院1500平方米主体工程建设，并计划再新建敬老院16所，总投资375万元。二是补民生短板，促社会公平正义。街道新建农村公路9.4公里，按上级要求完成人工运河征地拆迁工作，完成南株线（知青之家）道路扩宽硬化、绿化、亮化工程；全年新增就业人口732人，棚户区改造50套，农村适龄女“两癌”免费检查1600人，完成率100%；孕产妇产前免费筛查，任务450人，完成382人。完成率84.8%。加强创新社会治理，新增社会治安视频监控摄像头10个，坚持“六原则”抓实信访维稳，落实“五要求”，集中开展矛盾纠纷大排查14次，整治“村霸”和宗族恶势力专项行动1次，预防和处理群体性事件6次，累计化解社会矛盾纠纷188次（件），组织大规模普法宣传8次，发放宣传资料手册32000份，实现社会大局和谐稳定；落实安全生产责任机制，集中开展安全生产大排查2次，安全生产形势持续稳定。

五、脱贫攻坚有新举措

街道在市委、市政府的统一部署下，按照“便民修道路，富民输劳务，发展引项目，落实抓干部”的工作思路，取得阶段性成效，全年减贫167户、507人，为确保打好脱贫攻坚年度战役奠定坚实基础。主要措施有：一是强化基础保障，推进普惠性建设。一年来，累计投入206.4万元，用于基础设施建设。实现回龙山村、莲子塘村“村村通”工程，解决“行路难”；深入实施健康扶贫，全面实现大病救助，帮助贫困户解决住院基本报销168万元，解决“看病难”；做好辖区学校管理，义务教育入学率100%，实施雨露助学31名，挪穷窝，斩穷根，完成易地帮扶146户、418人，危房改造69户，解决“住房难”；完成部分村组农电网改造，解决“用电难”。全街道基础设施提质换挡，群众生活水平提高。二是抓产业帮扶，促农民增收。加快柑橘、蔬菜、藠头、枳壳、食用菌等特色资源的开发，成立产业合作社，吸纳贫困户入社务工，带动增收致富，拨付杨梅山村50万元专项扶贫资金用于光伏发电项目。同时，扎实开展贫困户实用技术和农民技能培训，造血式扶贫进行。三是抓政策落实，完善社会保障。认真贯彻执行各项富民惠民政策，广泛开展帮扶活动，每个结对帮扶人全年走访贫困户不少于12次。让贫困人口享受到改革与发展的成果。

六、环境治理有新成绩

全年街道认真贯彻建设美丽沅江“五位一体”的总体布局，立足胭脂湖实际，贯彻“一个抓手、两大建设、三个拆除、四个退出、五项治理”工作思路，推进生态文明建设。整治环境污染。一年来，河长制全面推行，污水处理厂和垃圾中转站积极筹建中，完成珍珠退养300亩、畜禽退养50000平方米，欧美黑杨1100亩目标任务砍伐清理完毕，5处砂石堆场均按要求整顿到位，浩江湖非法矮围网围拆除工作有序推进。积极组织实施美丽乡村创建活动。

图 1—图 8，胭脂湖街道“湖畔渔风”集锦　　（均由街道办公室提供）

新湾镇

【基本情况】

2017年，新湾镇辖6个村和振兴社区。总人口2.4万人，镇域面积56.5平方公里，全镇丘冈起伏，主产稻谷、柑橘、苎麻及杂果等。

【班子简况】

党委书记	李春华
党委副书记、镇长	汤国华
党委副书记	臧勇
党委委员、人大主席团主席	孙宗良
政协联工委主任、副镇长	李萍
党委委员、纪委书记	张辉德
党委委员、副镇长	周朝辉
党委委员	李毅辉
副镇长	张政新
办公室主任	傅美村

【工作概况】

一、党的建设加强

一是班子建设。坚持集中学习与个人学习相结合，坚持党政领导分工负责制，强化岗位职责、责任追究、个案督办等措施，形成分工合作、各负其责的工作格局。根据各自职责，带头服务一线，带头结对帮扶，带头落实项目，带头促进发展。二是组织建设。指导6村1社区顺利平稳完成“两委”换届工作；以支部为单位认真落实“三会一课”制和“党员活动日”；紧密与“党建+”工作结合，让全镇党员参与到镇、村经济社会各项事业发展中，做到一个党员就是一面旗帜。

二、镇域经济发展

一是经济指标全面提升。完成生产总值5.71亿元，同比增长10%；实现工业总产值3.24亿元，同比增长9%；其中规模工业产值1.5亿元；农业生产总值2.47亿元，同比增长11%；农村人均可支配收入1.87万元；完成招商引资8000万元。二是农业基础不断夯实。政府出资免费提供6000株良种柑橘苗，实施柑橘品种改良100亩；投入资金6万元，疏洗渠道8000米，修缮水利电排2处；完成防洪大堤堤面拓宽7.4公里，大堤压浸平台500米，内夹湖渍堤加固拓宽5880米；围绕发展现代农业，引导和推进农村土地集中流转，壮大有机蔬菜、花草苗木、水产养殖等特色产业，采取以奖代投、以奖代补的方式，鼓励支持本地农业公司、种养专业户和职业农民，建成千亩荷花基地、百亩油葵、百亩优质水稻、百亩有机蔬菜等规模化、标准化、生态化种养。三是镇区设施逐步完善。积极探索镇村共建模式，投入资金260万元，实施棚户区改造综合整治及镇区亮化、绿化和美化工程。投资360万元对沅南路、振兴路、康富路管网整治和立面改造，铺设人行道2160米、新增路灯50盏，维修道路3000多平方米，完善镇区基础设施建设。完成蠡山大道开发项目第二期工程，新增商品住房

60套、门面30间，总面积达18900平方米。启动蠡山大道开发第三期工程。

三、脱贫攻坚扎实

在开展精准扶贫工作过程中，主要坚持做到“三个精准”。

第一，识别精准。通过开展“大排查、大诊断、大整改”，对符合贫困户条件的做到应纳尽纳，对已纳入贫困户系统的“四类对象”等不符合贫困户条件的坚决清理，做到应出尽出。第二，帮扶精准。落实贫困户一对一结对帮扶全覆盖的工作要求，制定针对性的帮扶措施，并积极推动政策措施落实。一是充分利用政策资源，大力实施“雨露计划”，全年共补助67人次。二是组织50名贫困户劳动力开展贫困户就业培训，解决就业约40余人。三是注重救济救助。对老弱病残、无劳动能力的贫困户，在“五保”、低保政策兜底的基础上，根据家庭具体情况，给予适当的经济补助；针对汛期受灾情况，为51户贫困户发放抗洪救灾资金20400元；2017年为55户贫困户发放第一批危房改造补助资金共计85万元。为35户贫困户发放危房改造专项资金共计21万元。四是采取公司加农户的模式在畔山洲建起了药材种植产业扶贫基地，帮助新湾村38户贫困户走上产业脱贫的道路。五是实施易地扶贫搬迁，为9户贫困户提供住房保障，改善居住环境。第三，脱贫精准。严格按照“一超过、两不愁、三保障”的脱贫标准，按村民主评议、农户确认、村公示、乡镇入户核实、乡镇公示、县抽查复核及公告公示等程序，全镇118户317名贫困人口顺利脱贫；按照“一个确保、两个完善”标准（确保贫困发生率降至2%以下，基础设施基本完善和公共服务基本完善），贫困村（新湾村）实现脱贫摘帽目标。

四、生态环境改善

扎实开展矮围网围拆除、珍珠退养、内湖退出精养、黏土砖厂整治、非法砂石堆场整治、禁养区畜禽退养、牛羊退养等重点工作，推动河长制工作落实，深入推进洞庭湖区生态环境专项整治，整体生态环境得到保护。开展强制拆除行动2次，完成珍珠退养面积2300亩；因环评未达标，依法关停黏土砖厂2处；拆除非法砂石场3处，对镇域内9处300亩以上的内湖、河汊水域实施全面退出精养；完成禁养区畜禽退养31户、拆除养殖场地8470平方米；扎实推进湿地保护区牛羊退养工作，完成退养牛227头、羊1320只。设立有奖举报制度，充分发动群众加强对“两围”拆除工作监督，鼓励群众举报“两围”反弹线索。严格落实河长制工作要求，建立日常巡查制度，对镇域内河湖、山塘、沟渠具体情况进行摸底，为建立“一河一档、一河一册”收集资料。

五、旅游产业形成

一是成功获批湖南省第三批“湖湘风情文化旅游小镇”项目。通过充分挖掘整理本地历史、文化、传统等特色资源，收集浓厚的湖湘文化基因，独特鲜明的湖湘农耕文化使之具有较强旅游吸引力。获批该项目能够促进镇文化和旅游深度融合与发展，丰富我镇文化旅游休闲产品，加速镇旅游发展步伐。二是启动畔山洲万亩生态休闲观光农业示范园建设。结合新湾实际，坚持发挥资源优势和打造湖湘特色，通过多次调研论证，科学制定新湾镇农业综合体整体发展规划。根据规划，在畔山洲启动建设万亩生态农业休闲观光示范园。新建拓宽、硬化、绿化渍堤公路12公里；疏洗衬砌渠道12000米；对道路、沟渠、环境等基础设施提质改造。建成“万米荷花观赏走廊”、油葵基地、栀子花基地、瓜果蔬菜基地、稻蟹种养基地、优质水稻基地等。三是筹划“杨嗣昌”墓的修缮扩建工作。充分挖掘赤山岛人文资源，确立“杨嗣昌”墓为益阳市廉政教育基地的定位，取得益阳市纪委、沅江市纪委的大力支持，发改部门对“杨嗣昌”墓的修缮扩建工程立项，工程规划等前期准备已基本完成。四是宣传推广同步进行。“湖湘风情文化旅游小镇”、“商圣小镇”、益阳市“最美村镇”等新的旅游名片已经初步形成，良好的旅游形象在社会上逐渐得到推广，特别是万亩生态农业观光园已吸引不少游客前来观赏。

六、社会治理有效

一方面，始终贯彻“安全第一，预防为主，综合治理”的安全生产工作方针，认真贯彻落实上级安全生产工作文件精神和要求。健全安全生产台账，基本达到制度规范、执行有效、数据准确、痕迹清晰的工作要求；全面落实安全生产责任制，不断健全安全生产工作机制，定期开展安全生产大排查、大整治，及时消除安全隐患，实现全年安全生产“零责任事故”的目标，有效维护当前稳定发展的大好局面。积极创建益阳市安全生产示范乡镇并顺利通过考核验收，安全生产上新台阶。

另一方面，始终牢固树立抓稳定就是抓发展的思想，扎实推进“平安新湾”建设。投入资金69万元，在全镇新增60个高清监控摄像头，有效遏制偷盗现象的发生。坚持机关干部驻村办点制度，遵循“小事不出村、大事不出镇、矛盾不上交”原则，积极化解农村各类矛盾，力争把矛盾消除在萌芽状态。配齐配强综治力量，实行“综治、信访、司法、调解”四位一体工作机制。严格落实信访工作“五包一”要求，及时疏导信访群众心理情绪，针对长期缠访积极处置“4·28”职业中专学生死亡事件、“6·12”吊车侧翻安全事故和“9·8”轮胎爆炸事件等10余起突发性事件，通过及时介入、主动调解、闹访和非法上访对象适时监控和依法打击，确保信访秩序逐步正规。注重提高群众法律意识、增强法制观念，深入开展法制宣传教育，学法、守法、用法的良好氛围逐渐形成。

七、其他工作并进

防汛抗灾。年初投入资金近680万元，完成一线防洪大堤堤面硬化和压浸平台建设，完成镇防汛指挥所建设。成功打赢防汛抗洪保卫战，实现安全度汛，荣获“益阳市2017年度抗洪救灾先进集体”。文化事业。有序推进镇文化站建设，全面开展村文化阵地“六个一”工程建设。联合南嘴镇成功组织举办广场舞和电视歌手比赛，在新湾村组织2次送花鼓戏下乡活动，观演人数超过2000人次，较好地满足人民群众精神文化需求。社会保障体系逐步健全。扎实开展农村低保清理整顿、留守儿童困境儿童排查等工作，成功召开新湾镇第六届残疾人代表大会。落实城乡居民养老保险政策，新型农村养老保险参保率达90%以上，基础养老金发放率达到100%；巩固和发展农村新型合作医保，群众参保率100%。优抚金、救助金、慰问金足额发放到位。积极鼓励社会团体帮扶济困，新湾镇商会号召会员企业主及政协委员筹资12万元，慰问困难群众96户。计划生育。2017年，分别荣获益阳市、沅江市“计划生育工作模范单位”称号。教育事业。镇教育工作已进入沅江教育的先进行列，在迎接省教育厅督导组检查中获好评。

南嘴镇

【基本情况】

南嘴镇总面积73.4平方公里，镇区面积1平方公里，耕地面积50000亩，总人口21047人。2017年，辖7个行政村，新南社区1个社区，共计129个村民小组，5个镇直部门单位。特色经济产业有金太阳纸业、赤蜂农化、永丰化工，主要经济作物有柑橘、红薯、猕猴桃，西畔山洲村有机农业基地（是湖南仅有的几处通过国家有机认证的有机农业基地之一）。

【班子简况】

党委书记　肖晓红
党委副书记、镇　长　祝国光
专职党委副书记　李　亮（4月—　）
人大主席团主席、政法书记　曾定凡
政协联工委主任、副镇长　邬艳芝
纪委书记　谢秋华
党委委员　罗四维（4月—　）
副镇长　余得国（4月—　）
副镇长　周正军（11月—　）
党政办公室主任　肖山奇

【工作概况】

一、坚持强基固本，发展后劲不断增强

始终坚持项目建设不动摇，招商引资、争资立项，镇域经济发展后劲不断增强。2017年，完成招商引资任务4000万元，成功引进齐聚林业、新马制衣、华科电子等企业，金太阳纸业5万吨新制浆生产线、富民粮食烘干厂成功投产，目平湖现代农业基地与华清农业、通威集团、恒盛集团等公司有望在2018年下半年正式启动。始终围绕优化产业结构，进一步做强西畔山洲有机农业和目平湖稻虾共作基地，有机农业面积扩大有机果园近2000亩、有机杂粮300亩，稻虾共作面积4000多亩，优质水稻、油茶、柑橘等特色农业进一步推广。2017年，全镇完成工业总产值13.67亿元，其中规模工业5.47亿元，完成农业总产值2.8亿元，实现固定资产收益21.7亿元，完成国地两税309万元（不含规模企业税收），比上年增收108.2万元，增长47%，其中新引进投产的齐聚林业完成税收过100万元，特别是南嘴镇规模企业赤峰农化和金太阳纸业税收均过千万元，是沅江10家税收过千万的企业之一，成为沅江传统产业中的支持企业。

二、牢记主责主业，党建工作提档升级

镇党委坚持把政治建设摆在首位。一是扎实开展“两学一做”学习教育常态化制度化建设，深入学习宣传中共十九大精神，加强学习型党组织建设。二是通过主推“清单式”工作法，全年着力打造10个基层党建示范点，在全市镇场街道党（工）委书记抓基层党建述职评议考核工作中，南嘴现场核实获全市第一，党委书记述职获全市第二，党建民调获全市第一，三项综合排名全市第一。三是作为全市村（社区）换届选举试点单位，圆满完成“两委”换届选举工作，村级班子平均年龄下降2.4周岁。选聘8名优秀便民服务员，增强了基层党组织活力。

三、坚持改善民生，基础设施不断完善

一是大力推进特色小城镇建设，不断加大基础设施投入，逐步完善城镇功能，投入310多万元完成镇区目平湖移民点262户棚户区综合整治项目，投入60万元完成垃圾中转站建设，启动平湖路改造提质项目，投入资金300万元。加强镇区管理，着力改善居住环境，投入资金20万元新增标准化垃圾桶80个，投入21万元安装路灯49盏，投入12万元完善下水管网，组织拆除违章建筑36处，镇区脏、乱、差等问题得到一定程度改善。二是切实加强基层组织硬件建设，完成便民服务中心建设工程，投入350万元完成7个村的便民服务中心建设工程，所有村均按6室9有的标准完善功能，其中2个村新建村部办公楼。三是持续加强民生工程投入，镇卫生院投入500多万元，完成1400平方米的住院大楼和18套1080平方公租房建设，人民群众就医环境明显改善；投入40万元对全镇供水管网改造升级，新建取水井1口，供水能力有效提升；投入500多万元加强目平湖防汛抗灾体系建设，完成8600米一线大堤堤面硬化、赵公湖渍堤培修加固等工程；投入300万元加强电力和通信建设，完成7座变压器升级扩容，目平湖两个村首次实现通光纤、通自来水。四是切实强化民生保障，严格落实各项惠农政策，全年发放耕地地力保护补贴442.3万元，发放自然灾害生活补助、低保五保、残疾人两项补贴等各类民政资金220.27万元，救助共计2188人。文教卫事业全面推进，计划生育工作连续7年被评为益阳市双模单位。投入900多万改善办学条件，完成镇中学教学楼、余家村小学改造等项目，镇中心校省级教育工作“两项督导”评估被评为先进，初级中学中考连续6年获得市农村初级中学第二名，2017年上学期全市质量检测中，初中各年级均获得全市第一名。

四、坚持多措并举，精准扶贫扎实推进

始终把脱贫攻坚当作最大的政治任务，实现所有贫困村、贫困户对口帮扶全覆盖。一是坚持做细精准识贫，开展为期2个月的“大排查、大诊断、大整改”专项行动，核查清理退出“四类对象”13户、41人；开展低保线和贫困线“两线合一”专项行动，272名低保户纳入建档立卡贫困户。二是坚持做实产业帮扶，全年发放小额贷款230万元，发放财政贴息资金3.2万元；发展稻虾共作面积4000多亩，促进贫困户增收40多万元，引进新马制衣等企业，为19户贫困户、20人提供就业岗位。三是坚持筑牢政策兜底，完成44户贫困户危房改造，补贴22.8万元，完成2户异地搬迁，发放补助14万元，投入基建7万元；调动社会各方资源，落实教育帮扶计划，向贫困户发放助学金1.4万元，5名职业教育学子享受雨露计划补贴1万元，引进警校助学、企业助学扶贫等项目定向资助贫困学子30名，全镇无一学生因贫失学。四是加强基础设施建设，累计投入744万元，硬化村级、组级公路24.8公里，实现贫困村水泥路畅通率100%，投入13.6万元信息化建设资金，搭建电商平台，对接入宽带农户按200元/户标准补贴。2017年，镇顺利迎接国务院脱贫攻坚专项检查，接受省级第三方评估，均未发现问题，获得上级的高度肯定。百家沟村圆满完成整村脱贫摘帽目标。

五、坚持和谐发展，人居环境不断改观

一年来，严格贯彻落实市委制定的"12345"工作思路，全面打响洞庭湖生态环境保卫战。一是完成水域环境整治，完成畜禽退养，禁养区退养52户，退养牛347头、羊1100只，拆除养殖场地5480平方米；矮围、网围整治无一反弹。二是推进落后产能退出工作，依法关停2处因环评未达标的黏土砖厂，拆除烟囱3座，拆除非法洗砂设备4处，关停3处非法砂石堆场。三是加强面源污染防治，投入130万元推进农村"清洁工程"，共完成平湖路垃圾中转站建设，全年集中无害化处理垃圾5475吨；严格落实河长制工作要求，建立"一河一档、一河一册"工作台账，确保水资源治理的常态化、长效性。

六、坚持警钟长鸣，综合治理效果明显

树立"发展是第一要务、平安是第一民生、稳定是第一责任"的理念。一是狠抓安全生产，始终贯彻"安全第一，预防为主，综合治理"的安全生产工作方针，取缔1个非法灌气站，查处1起烟花爆竹超量储存，被评为沅江市安全生产先进模范单位。二是狠抓综合维稳，牢固树立抓稳定就是抓发展思想，坚持"六原则""五要求"抓实信访维稳工作，扎实推进"平安南嘴"建设。排查矛盾纠纷线索50条，现场化解30件，通过司法程序成功调处6件。认真做实社区矫正监管，在管对象无一人脱管、漏管。切实做好益南高速建设征地拆迁过程中的纠纷调处。三是狠抓安全度汛，年初投入500多万元加强目平湖防汛抗灾体系建设，汛期投入37万元用于防汛抗洪抢险，成功处置"1+7""管涌群"等险情隐患，确保2017年安全度汛，镇党委书记肖晓红被评为"全省防汛抗洪工作先进个人"。

草尾镇

【基本情况】

2017年，草尾镇镇域面积139.12平方公里，其中镇城区面积2.5平方公里；总人口为10.8万人，其中镇城区常住人口为2.6万人，全镇共辖20个村、1个社区。

【班子简况】

党委书记　　彭治才

党委副书记、镇　长　　沈　超

党委副书记　　刘哲安

党委委员、人大主席团主席

余进喜（2018.1— ）
党委委员、政协联工委主任
王　京（2018.1— ）
党委委员、纪委书记　黄　勇
党委委员、副镇长　张伟大
党委委员、武装部部长
孙　波
党委委员、组织委员　袁　芳
副镇长　刘伟云　邬春芳
党政办主任　温宏韬（2018.3— ）

【工作概况】

一、经济建设稳中有进

一年来，草尾镇积极开展农村土地自愿、有偿、有序流转，扶持农民专业合作社、家庭农场、种养大户，以土地流转为抓手，发展现代农业，农村土地流转面积9.25万亩，占耕地面积的61.7%。进一步加快全镇农业现代化进程。拥有农民专业合作社157家，家庭农场128户，种养范围涵盖小水果、蔬菜、水蛭、牛蛙等。30～200亩的种粮大户335户，200亩以上的种粮大户126户，稻虾种养大户139户。全年完成财政总收入7616万元，其中地方一般预算收入2553万元，超额完成市委、市政府下达的目标任务。累计完成工业总产值25.87亿元，工业固定资产投资2.18亿元，规模企业总产值22.67亿元，招商引资4500万元。经济运行良好，综合实力不断提升。

二、民生事业持续改善

一年来，镇始终坚持“以人民为中心”的发展理念，加大对各项民生事业的财政投入，群众获得感、幸福感持续提升。基础设施日臻完善。重点实施道路畅通工程、农村安全饮水工程、农村电网升级改造工程；加强交通、水利、电力等基础设施建设，全年共计硬化公路14.8公里，危桥改造8座，对镇区主干道振兴路、新建路“白改黑”提质改造，实施人行道、下水道改造工程和道路两旁绿化、亮化工程；对3条大型渠道东湖渠、八一渠、三码头电排渠，21条中型渠道高标准疏浚，共疏浚全长94公里，共浚洗土方65万方，完成瓦岗湖护坡2500米；投入资金240万元，对上码头村、四民村、人和村、人益村、长乐村、新安村、大福村的农村自来水管网延伸铺设，确保居民饮用水安全；投入近800万元，对立新村西湾洲片、上码头村福东片、熙福村裕和片、长乐村乐安片、人益村人义片农网升级改造，完善电力基础设施，切实改善人民群众的生产生活条件。脱贫攻坚精准有效。扎实开展脱贫攻坚突出问题“大排查、大诊断、大整改”专项行动，用心用情用力抓脱贫攻坚，全面完成“社会扶贫网”注册、对接等各项指标任务，全年共有180人申请扶贫小额信贷，发放扶贫小额信贷贴息18.76万元，共计332户、986名贫困人口实现脱贫。对全镇88户311人易地扶贫搬迁对象，于年底之前搬入新家；对全镇1829户扶贫对象重新安排帮扶责任人，2个省级贫困村全部由市直单位帮扶，其他面上村均安排驻村帮扶责任单位，帮扶责任主体明确，帮扶责任进一步压实；引进“新马制衣”就业脱贫项目，吸纳贫困户就业增收；同时扎实推进扶贫助学、产业扶贫、民政兜底脱贫等各项工作。农民集中居住区兴起。通过农民土地流转、利用国土增减挂钩项目、整合涉农资金，实施农民集中居住小区建设。镇已有新安、乐园2处集中居住区，其中乐园小区224套、新安小区292套已建成，并对小区进行道路硬化、绿化，铺设路沿石，合理规划给排水管网工程建设，配套设施进一步完善。民生保障兜底有力。全面实施“阳光民政”，严格实施低保动态管理，民主评议低保对象农村1184人、城镇771人；全年共计发放各类民政资金1283万元、办理城乡医疗救助金293人次，发放残疾人生活、护理补贴1342人次。城乡居民养老、医疗保险筹资工作扎实推进。针对筹资政策的变化，抓住国庆、中秋外出务工群众返乡的契机，做好政策宣传、解读工作，加大筹资力度，民众的缴费热情提高，全年共计完成78488人的城乡居民医疗、32800人的城乡居民养老保险的筹资任务。文教卫事业稳中有进。开展农村广播村村响、送戏下乡、农村书屋等工作，积极举办广场舞比赛；实行多元化的校车服务“草尾模式”正在向全市推广，投入749万元改善办学条件，对全镇各校进行墙面粉刷、旱改厕，配备电子白板，全镇各校教师均进入无粉笔上课时代，在湖南省教育督导评估中获得专家充分肯定，充分利用二中优越办学条件，整合资源，稳步推进沅江二中办学成功转型；推进农村医疗公共服务项目，农村居民医疗保健水平提高；无偿献血工作按质按量完成任务；开展食品药品专项整治行动12次，食品药品安全意识不断增强。人口与计划生育工作常抓不懈。落实计划生育动态管理，人口计生服务管理水平不断提升，低生育水平持续稳定。深入开展计划生育文明执法、优质服务，以服务促管理，以服务树形象，进一步提高计生工作整体水平。重点工程建设如火如荼。乐漉线拓宽工作全面动工，益南高速建设项目稳定推进。固体垃圾焚烧发电厂选址已确定，新安村的垃圾中转站项目建设已经竣工，正安装机械设备，不久将投入使用。污水处理厂开建，于2018年建成。生态环境专项整治卓有成效。全面打响洞庭湖生态环境保卫战，按照市委对环境整治提出的“12345”总体思路，建立镇村两级“河长制”责任体系；以河长制为抓手，全面推进截污纳管、河道清淤、农业面源治理、生活污水治理、排放口整治等“五大工程”；镇3处矮围、网围已全部拆除，并开展经常性的巡查、执法工作，有效遏制矮围、网围反弹。珍珠退养2处、畜禽退养72处、黏土砖整治2家，牛羊退养完成前期清查摸底，并与各养殖户签订退养协议，全镇共有牛752头、羊625只，已退养牛693头、羊549只。

三、社会大局和谐稳定

一年来，顺利完成两会中共十九大等特护期安保任务。信访维稳制度不断健全。坚持党政领导信访值班制度，压实村级信访责任，做到小事不出村、大事不出镇，及时有效地化解群众矛盾纠纷，切实维护群众利益。积极发挥村、组党员干部的带头示范作用，减少矛盾纠纷的发生。对重点涉稳群体，从生活上关心，从情感上关怀，从政策上关照，通过建立责任制，扎实做好稳控工作。治安防控力度逐步加大。组建2支义务治安巡逻队，开展重点区域的治安巡逻，着力提升群众满意度、确保社会大局和谐稳定。安全生产形势持续稳定。坚持把保证人民群众生命财产安全作为发展的前提，加大安全生产知识的宣传教育，强化安全生产的检查整改，建立安全生产网格化管理。全年未发生一起较大安全生产事故，加大隐患排查和处置力度，共投入专项资金20多万元，治理安全隐患6处，开展打非治违专项治理行动10次，举办各种安全知识培训班4期。特别是规范烟花爆竹的经营管理，对辖区内烟花爆竹实行专店经营，对符合条件的经营业主重新颁发经营许可证，同时，自2017年11月1日零时起，对镇规划区范围内实行烟花爆竹禁放管理。防汛抗洪战役取得全面胜利。全镇上下弘扬1998年抗洪精神、不忘1996溃垸伤痛，扎实做好防汛抗洪工作，严明防汛工作纪律，全力应对近20年特大洪水，确保安全度汛。2017年，镇获评“益阳市抗洪救灾先进集体”。

四、党的建设不断加强

一年来，镇始终把党建工作作为各项工作的重点工作来抓，通过抓党建统揽全局。村“两委”换届顺利完成。依法依规，按时保质完成21个村（社区）“两委”换届工作，选出总支部班子110人，村（居）委班子126人，各村（社区）均选入35周岁以下便民服务员，实现年龄结构优化、男女比例均衡、学识学历提升。换届中，遵循“两委”尽量交叉任职的要求，严格把控预备人选，配优“两委”班子。基层党员干部培养全面强化。坚持村干部培养，高标准组织集中开展农村党员冬春训，全年组织村干部培训3次，累计培训536人次。重视在农村发展党员，2017年，新发展的20名党员中各种先进分子12名、致富能手7名、社会组织1名。党建引领水平不断提升。全年组织召开12次党委会专题研究基层党建工作，将党建工作摆在突出位置。重点做好“两学一做”学习教育常态化制度化，组织日常工作不断规范。落实“三会一课”“主题党日”、党员积分管理等日常性工作。转变督查方式，以“益村”和“一网一云”平台为载体，从支部工作资料痕迹化管理逐步向时效性、实效性督查转变，确保支部日常工作落到实处。基层党风廉政建设不断加强。紧紧围绕市委、市纪委的部署要求，继续严格落实“两个责任”，完善“两个责任”清单管理制度。推进全面从严治党向村（社区）延伸，加大落实情况的监督检查，明确责任边界，强化压力传导，促进村（社区）进一步压实压紧全面从严治党主体责任。开展作风建设、组织查办违纪案件2起；开展“纠四风”“治陋习”专项整治工作，四风问题查处3人；严查懈怠促勤政，努力促进作风建设常态化、长效化管理。

阳罗洲镇

【基本情况】

2017年，阳罗洲镇辖13个农业村、1个社区，总人口5.3万人，镇域面积97.8平方公里，其中耕地面积6200公顷。全镇有54个党总支部，共有中共党员2044名。全镇有各类学校17所，学生3020人，有医院4所。2017年，全镇国民生产总值16.09亿元，人均年收入17200元，完成工业企业总产值14.01亿元。2017年，镇先后被评为“湖南省安全生产先进集体”“湖南省无邪教创建示范单位”“湖南省文明乡镇先进单位”“益阳市信访工作三无乡镇先进单位”“沅江市安全生产工作先进单位”“沅江市综治工作先进单位”等。全镇经济和社会各项事业实现持续、快速、健康发展。

【班子简况】

党委书记	曾维佳
党委副书记、镇长	张铁绵
党委专职副、书记	金 磊
党委委员、人大主席团主席	郭剑英
党委委员、政协联工委主任	沈 钧
党委委员、常务副镇长	王 浩
党委委员、纪委书记	郭 敏
党委委员、武装部部长	黄金安
党委委员、组织宣传委员	刘 莎
副镇长	刘剑丹
	李 滔
党政综合办、扶贫办主任	周 晗

【工作概况】

一、农林产业

常用耕地总面积80377亩，养殖总面积27564亩。农作物总播种面积220530亩，比上年同期增加6120亩，增长3.18%。其中：粮食面积154264亩，同比增加2205亩，增长2.16%；其他作物面积66266亩，同比增加3915亩，增1.02%。其他作物面积中：油料作物面积37140亩，棉花面积2826亩，苎麻面积625亩；蔬菜面积27950亩；瓜类作物面积4387亩；其他农作物面积25234亩。粮食总产量60880吨，同比增加15081吨，增长8.8%；油料总产量4941吨，同比增加154吨；棉花总产量355吨，同比增加64吨；瓜类产量17136吨，同比增加314吨；蔬菜总产量51386吨，同比增加2980吨。参加农村新型合作医疗43525人，享受居民最低生活保障2536人。农村固定资产投资额43156万元。

争取上级项目资金300多万元，用于兴林灭螺项目的建设和秀美村庄的建设。全年植树造林5500多亩，成立森林防火宣传领导小组和候鸟等野生动物保护领导小组。精心组织“3·12”植树节活动，发动和组织干部200余人次种植苗木500余株。

二、工业向好

完成工业增加值21698万元，同比增长14.89%；实现主营业务收入98011万元，同比增长7.9%；实现利润总额781万元，同比增长6.3%；上缴各项税金565万元，同比增长4.9%。其中规上工业完成工业总产值78012万元，同比增长14.12%，完成工业增加值17289万元，同比增15.89%。

三、畜牧水产

全镇年末大牲畜存栏3656头，出栏肉猪至50640头，猪肉产量3848吨；出笼家禽44万羽，禽肉产量667吨；出栏其他牲畜8267头，生肉产量260吨；水产品总产量23864吨。

四、招商引资

2017年，镇新引进企业3个，一是益阳辉晖生态养殖发展有限公司，由农业部项目支持，预计完成投资4000万元；二是益阳辉煌能源开发有限公司与浙江桑尼能源发展有限公司合作的瓦岗湖光伏发电项目，预计投资17亿元；三是注册资金为500万的口福旺食品有限公司。

五、基础设施

（一）城镇建设。按照努力打造湖乡宜居小镇和魅力水镇的战略定位，推进小城镇建设发展步伐。一是本着创建湖南省两型社会示范镇的目标，投入资金500多万元，完成卫星湖护坡工程、湖心路道路改造和环湖路人行道改造，环湖路的美化亮化的二期工程。二是跃进村村民集中居住项目第一期工程130户的集中居住已启动。三是城区卫生设施的改善，新建垃圾池并加大卫生整治力度。四是顺利完成阳罗大道南面遗留土地的开发，提高城北路的形象。

（二）水利建设。一是争取上级投资资金357万元，对全镇78.9公里渠道进行疏洗；二是争取小农水项目资金200余万元，完成以土包村为主，覆盖全镇的33处机埠和3000米衬砌渠道的新建；三是争取瓦岗湖渔村居民安全饮水工程，总投资70余万元，正在施工阶段,年后可解决1200人的饮水问题；四是投资18万多元，新建兴乐、土包2处可容300吨砂石的库围，签订5份代储合同，增强抗洪抢险能力。

（三）公路交通。一是争取上级投资357万元，对全镇78.9公里渠道疏洗；二是争取小农水项目资金200余万元，以友丰村、俩仪村、吕丰村为主，覆盖全镇的43处机埠和2000米衬砌渠道的新建；三是年内外湖大堤防汛11天，防汛工作取得圆满胜利，未发生重大险情。新硬化村级公路32.75公里，改造危桥4座，安装道路标识标牌163块。

六、民生工程

（一）精准扶贫。按照中央、省、市各级党委关于扶贫开发的相关工作要求，镇狠抓各项具体工作的落实。扎实开展为期两个月的"大排查、大整顿、大整改"工作，进一步确保对象的精准。认真开展农村低保标准和国家扶贫标准"两线合一"整改行动，共纳入低保贫困户77户、200人，"两线合一"重合率达标。全镇146户、243人进行兜底保障，共有48户贫困户完成危房改造，下拨扶贫专项危房改造资金200多万元。开展"情牵脱贫攻坚"主题活动，全镇共有33人享受到"雨露计划"，一年以来累计发放各类助学金近28万元。全镇23户、86名易地搬迁的贫困户每人给予不低于20000元的补助。全年发放小额信贷650万元,以强大的资金保障力助脱贫攻坚。所有建档立卡贫困户1568户、3537人建立"一户一档"资料。吼龙、大中作为省级贫困村，通过与上级部门对接，落实一大批资金和项目，村级集体经济和基础设施建设得到极大的改善，如期实现脱贫摘帽。

（二）社会保障。2017年，全镇累计发放资金1260多万元。其中发放城乡低保资金215.8万元，发放"五保"资金152.7万元，发放各类优抚金80万元，发放大病医疗救助和救灾救济资金53万元，争取上级关于镇第一和第二敬老院项目建设资金110万元。发放新型农村养老保险金826万元，受益人数8800多人。残疾人享受各项关怀资金32万余元，受益人数700多人。

（三）经管惠农。一是全面完成2016年度财务清理审计工作，共审计单位22个，审计资金1781.1万元，并及时张榜公示。二是认真开展减负工作，共集中填写并下发农民负担与补贴监督卡12187份，接受上级的抽样调查。三是扎实开展涉农资金专项整治行动，对涉农的农业保险资金进行全面的清理登记和处理。四是全面完成开展农村土地承包经营权确权登记颁证工作，全镇13个农业村、426个自然村民小组、44743人、11358户、79344亩耕地面积确权登记。13个村相关资料全部归档汇总，全部签订确权合同。年内新增土地流转户320户，新增土地流转面积2240亩；全镇共计土地流转户630户，土地流转面积35000亩，土地流转率41.83%。五是加强"互联网+"监督平台的建设。各村每季度的收支都在平台上全面公示，这一举措，从根本上加强和改进财务公开工作。一年来全镇共发放各类惠农补贴资金1300多万元，完成村级公益性项目建设28个。

（四）教育工作。切实抓好"两基"工作，巩固"普九"成果，严格控制辍学率，深化教育改革，推进素质教育，努力提高教学质量。小学教学质量稳步提升，中学中考成绩喜人。完成镇中学老师周转房建设，镇小学的新建正进行中。同时对学校及周边环境和校车安全进行综合整治。

（五）环境治理。继续推行市场化运作模式，将全镇的保洁清运任务以全年120万元的总价向社会整体打包购买。通过3年运行，农村环境卫生脏、乱、差的局面得到极大的改善，周边兄弟乡镇先后来镇学习借鉴。同时，镇先后投资50余万元对农村垃圾池全面的整修，巩固清洁卫生成果。

（六）文体卫生。文体。举办广场舞大赛1次，送电影下乡197场次，送戏下乡6场次。成立武术中心。完成广播室建设和广播村村响工程，覆盖率达100%，并顺利通过湖南省文明乡镇验收。新安装5个太阳能篮球架。

医卫。镇城乡居民享受新型农村合作医疗住院报销人数10059人次，报销金额1807.29万元。

（七）社会事业。计划生育。镇计划生育以争创市、县两级先进单位为目标，狠抓各项便民工作的落实。全镇符合政策生育率94.8%，综合节育措施落实率92.7%，流动人口采集和管理到位率100%。2016年度，资扶375人，2017年新增62人，2017年退出7人，2016年特扶25人，2017年新增7人。总资扶462人，特扶30人，2017年独生子女保健费人数356人。在"5·29"协会活动日，"7·11"世界人口日中发放宣传资料12000余份，慰问贫困学生现金1万元，贯彻落实市征信系统相关文件，继续征缴社会抚养费，完成社会抚养费征收132908元。

（八）安全生产。共投入专项资金130多万元，治理安全隐患7处，印发阳罗洲镇村（居）民安全公约12500份，开展打非治违专项治理行动12次，举办各种安全知识培训班4期。2017年，镇安监站被评为湖南省安全生产先进集体。

（九）综治维稳。建立和完善维稳工作应急处理预案，全面推进"三调联动"机制，落实书记、镇长交办制，强化农村警务室建设，维稳工作真正做到上下联动、群防群治、综合治理。一年来，扎实开展"五包一"活动，调处和化解矛盾纠纷80余起。

四季红镇

【基本情况】

四季红镇位于沅江市最北陲。辖内7个村、1个社区、111个村民小组，登记移民人口22412人，常住人口17286人，集雨面积2.2万亩，耕地面积16450亩。全镇共有21个党支部，631名中共党员，其中女中共党员79名。全镇有在职在岗干部职工42人，其中公务员23人。

2017年，全镇实现财政总收入1878万元，同比增长6%；完成国税70.2万元，地税43.3万元，财税7.6万元，超额完成税收任务；在农村公路、农田水利建设、农开项目、民生保障等重点领域立项争资1500万元；城镇居民可分配净收入达9383万元，同比增长11%；农民人均纯收入实现7080元，同比增长6%。

【班子简况】

党委书记　李　谋
党委副书记、镇　长　曹亮兵
党委专职副书记　刘　纯
党委委员、人大主席团主席　李骥翼
政协联工委主任　肖凤毛（2018年1月—　）
党委委员、纪委书记　陈　亮（4月—　）
党委委员、组织委员　张　恒
副镇长　陈小毛　吴志红
人大主席团副主席、民政办主任　夏海兵
办公室主任　徐志斌

【工作概况】

一、党建工作落实

一年来，该镇积极探索和丰富农村基层党建新思路，以树立良好政风、民风为重点，促使全镇各级党组织战斗力、凝聚力不断提升，服务水平不断提高。通过严格落实“以先进促后进”“三联一任”选派第一支书等专项活动，逐步扭转个别支部矛盾突出、群众意见大、社会不稳定的局面；健全7个村民服务中心建设，使村级组织建设更为规范化；召开“七一”党员表彰大会，表彰模范中共党员10名，优秀中共党员62名，有效促进全镇党员干部学习先进，为发展献言献策。

二、产业创新发展

一是创新发展腐乳传统产业。积极开展绿色、有机认证，统一规范腐乳生产质量标准；严格把好包装制作关，推广新包装产品；做好项目包装，加强与龙头企业对接，加快腐乳产业提质增效；加大宣传力度，发展“互联网+”，运用搜农坊等电商平台扩大对外宣传，适时召开推介会、展销会，提高“四季红镇腐乳”知名度和美誉度，进而拓宽销售渠道，全年实现销售收入3000万元。

二是大力培植现代新型产业。继续推广“稻虾”共作模式，巩固完善示范点，进一步加强技术指导及完善相关基础设施，同时，继续引进适合四季红镇发展的新型产业，拓宽资金争取渠道，带动劳动力就业，促进群众增收。

三、脱贫攻坚扎实

2017年，镇通过扎实开展脱贫攻坚突出问题“大排查、大诊断、大整改”专项行动，顺利迎接9月国务院及12月省市脱贫攻坚大督查。切实将群众期待作为发展目标，担当脱贫攻坚政治责任，坚持沉下身、沉下心，用心用情与群众结对子、抓帮扶，进村入户解难题、出点子，改作风、扎实工作。其中，易地搬迁工作稳步推进，全镇7户、26人实施易地搬迁工程，年内成功通过验收。低保户、贫困户“两线合一”工作取得长足发展，为贫困户脱贫致富解决后顾之忧，五保供养实现应保尽保。全年完成贫困户脱贫81户、233人。

严防返贫，产业帮扶促“造血”。产业建设是谋求发展的必要举措，也是以后争取项目的平台。把发展优势产业作为精准扶贫重要抓手，巧打产业扶贫这张牌，通过完善传统与新兴产业链条，加强同地方经济发展的深度融合，提高镇的“造血功能”，带动农民增产增收。2017年，镇小龙虾养殖面积达到20168亩（垸内6286亩、垸外13882亩），亩产小龙虾322.68公斤，实现养殖产值3226.8万元，带动二、三产业产值1.73亿元，综合产值规模突破3.46亿元。同时，镇的传统腐乳产业形成规模和品牌。2017年，总计生产100万坛，实现总产值1800万元，纯利600万元，人均增收350元。2017年10月，沅江四季红镇腐乳顺利通过国家地理标志登记专家评审，成为沅江市继“沅江芦笋”之后第二个国家地理标志产品，腐乳产业发展态势良好。通过创建就业绿色通道，助贫困户返乡乐业。2017年解决就业300多人，黄豆种植面积4000多亩，解决种植就业700余人。

四、生态建设有效

2017年，镇深入贯彻绿色发展理念，牢固树立“绿水青山就是金山银山”思想，以大通湖水环境综合整治为契机，围绕“退养、截污、净化、提水质”，扎实开展“两拆、两治、三退”整治工作，大通湖三角地带的网围全部清理。加强农村生活污染治理，推进农村生活污水、生活垃圾处理，做好垃圾中转站、污水处理厂的前期准备工作；开展畜禽污染防治，科学划定四季红镇畜禽禁养区、限养区、适养区；加大宣传力度，在辖区内大通湖沿岸安装大型宣传牌和警示牌，公布举报电话，加强环境执法，力促大通湖生态环境和水质尽快好转并长期保持。以“河长制”为总抓手，建立“政府主导、部门协作、公众参与”的河道保洁工作机制，按照“控源头、清河道、重监管”的要求，全面贯彻落实最严格水资源管理制度，严守“三条红线”。

五、综治维稳明显

*一是社会大局更趋稳定。*2017年，为全面贯彻落实中共十九大精神，四季红镇党委、政府按照信访工作“三无”创建工作部署安排，加强领导，创新机制，强化落实，先后获得益阳市信访“三无”乡镇创建工作先进单位、沅江市社会治安综合治理工作先进单位表彰。坚持信访“六原则”，妥善处置历史遗留问题，做到“四个到位”：诉求合理的问题解决到位，诉求无理的思想教育到位，生活困难的帮扶救助到位，行为违法的依法处理到位，解决信访维稳问题成效明显。2017年，共接待来访群众235余人次，受理群众反映的各类问题35余起。

*二是民意调查成效明显。*2017年，镇综治民调情况跃升20位排到了全市第四名。根

据市委、市政府统一安排部署，四季红镇党委、政府在全镇从8—11月为期3个月的“民情大走访”活动。通过广泛征求意见，全镇共走访1000多户，发放征求意见表1000多张，征求到意见、建议500多条，归类整理成110多条，干部深入基层摸排调处村级矛盾纠纷32起，化解30起，无一次性死亡3人以上的重大安全事故。公安派出所快速接处警，认真履行“首问负责制”，集中开展治安巡逻；各中小学发挥好法制副校长作用，引导中小学生学法守法、掌握安全应急知识和技能；充分发挥社区矫正职能，依法对监外服刑人员、刑释解矫人员进行矫正和监管，降低重新违法犯罪率。

六、其他工作推进

（一）民生救助。2017年，镇向省内外劳动力市场新输出农村剩余劳动力305人，新增城镇再就业人员50人；新增“五保”对象13人，临时救助2人，救助流浪人员7人；申请重度残疾人护理补贴381人、生活补贴98人，残疾车燃油补贴19人。全年走访慰问贫困户521余户，发放救助资金39万余元，救助93名大病医疗对象，解决特殊群体生活困难资金近28万元，有效地保障了农村困难弱势群体的基本权益。

（二）文化事业。为顺应群众的文化生活需求，镇党委、政府继续广泛引导、积极支持群众开展文体活动。9月，镇举办《欢乐潇湘、炫舞洞庭、幸福沅江》广场舞、歌手大赛，参赛队员热情洋溢，在沅江市决赛勇夺二等奖，深受上级领导和广大群众的认可；11月，结合市级花鼓戏送戏下乡活动，组织花鼓戏演出，观看群众达400多人次。同时，镇太极拳爱好团队积极参加市里的一系列活动，不断丰富群众生活，促进社会和谐，维护了社会稳定。

黄茅洲镇

【基本情况】

2017年，黄茅洲镇辖15个村、1个社区，总面积126.87平方公里，总耕地面积11万亩，总人口8.1万人，共有中共党员2837人，设17个党总支，73个党支部。

【班子简况】

党委书记	李选才
党委副书记、镇长	尹世清
党委副书记	聂灿
党委委员、人大主席团主席	郭胜平
党委委员、政协联工委主任	梁奇伟
党委委员、纪委书记	郭海鹰
党委委员、副镇长	傅大力
党委委员	罗亮
党委委员	巢建兰
副镇长	曹卓　廖学良
党政办主任	陈洪浪

【工作概况】

一、农业发展

（一）传统农业稳中提质。2017年，全

镇早稻种植面积 8 万亩，总产量 3680 万公斤；油菜种植面积 3.2 万亩，总产量 576 万公斤，总产值 2800 万元。

（二）新型产业稳健发展。全镇发展稻虾种养面积 0.6 万亩，亩产小龙虾 200 公斤，总产值1600万元；发展稻蔬种植面积1100亩，总产值500万元；发展民心村冬桃基地400亩，产业效益逐步体现。

（三）服务体系更加完善。一是抓技术配套，促科普兴农。利用宣传车、宣传资料、种植户微信交流群等多种方式开展农业政策与稻虾养殖、无公害蔬菜栽培等 7 项技术的宣传服务，使科技进农家。二是抓农民培训，促知识益农。选送新型职业农民参加省市培训并对其跟踪服务，举办 6 期大型农民田间学校和 16 期流动田间学校，培训 450 人。三是抓农业保险，促政策惠农。全年共完成早稻、晚稻政策性投保面积 16 万亩，为全镇生猪养殖户共 22908 头生猪投保。

（四）培育品牌引领先行。民心现代农业综合产业园、天艺蔬菜合作社、新河口村稻虾养殖基地、金华垸村双季优质水稻种植基地、子母城村双季机插水稻种植基地和黄栗塘村千亩双低优质油菜基地六大规模品牌充分发挥示范引领作用，350 户种植大户、110 户家庭农场和 25 户专业合作社展现强劲发展势头，全镇种植业新生力量逐步发展。新发展小龙虾规模养殖户 21 户，养殖面积 3455 亩。应平标准化生猪养殖场、三联湖水产养殖专业合作社和顺发生态农业专业合作社越办越好。

二、环境保护

（一）铁腕执法。开展两次矮围网围拆除专项行动，组织 200 余人异地作战，共拆除钢围水泥杆 2050 根，割除钢网 13600 米，功能性摧毁矮围土坝 31000 多米，恢复湿地面积 21000 亩；拆除河道、沟渠网围 32 处，地笼王 237 条，打击查处“电、毒、炸”鱼等严重破坏天然水域渔业资源的违法行为 5 起；养殖污染强治理。开展畜禽养殖污染整治专项行动，拆除栏舍 4384.77 平方米，任务完成率 92%。

（二）环境改观。改变垃圾填埋处理旧模式，全面实行无害化处理，实现镇内无填埋，垃圾中转站正在加速建设中。河长制工作有序推进。完成镇村两级河流名录编制，对全镇河流配备村河长，层层压实责任，34 块镇级河长公示牌安装到位。

（三）植树造林。春季义务植树 127810 株，完成造林面积 3185 亩。

三、民生优先

（一）脱贫攻坚。一是进一步从严落实整改，力求精准。逐村逐户识别复核，确保贫困户精准纳入、精准退出。经过严密排查，共清理出各类识别不准对象 920 人，新识别贫困户 468 户、1015 人。二是进一步压实工作责任，强化结对帮扶。镇村干部全部参与脱贫攻坚结对帮扶工作，各帮扶单位与镇人民政府签订结对帮扶责任状，确保脱贫任务不完成，帮扶力量不退出。三是进一步严格脱贫程序。坚持民主评议，公示公开。全镇年内脱贫 351 户、826 人，完成年初脱贫任务。

（二）社会保障。低保家庭实现应保尽保，通过一个多月的审核，动态调整 639 名农村低保对象，重新认定农村低保户 462 户、917 人，发放农村低保金 165 万元；发放各类救助金计 11.39 万元，惠及 80 户、234 人；农村五保供养保障有力，全镇共有“五保”户

882人，其中164人集中供养在镇敬老院和3个“五保”之家，共发放资金94.8万元，718人分散供养在各村，共发放资金287.2万元，分散供养标准达到4000元/人·年。

（三）创业就业。加强农民创业就业培训，新增农村劳动力转移410人。社会保险扩面成效显著，企业职工养老保险、新型农村社会养老保险、职工工伤保险分别净增236人、252人和298人。

（四）基础设施。水利工程：完成23处镇管机埠66台机组的维修、试车试水及垸内外涵闸的维修工作，做到汛期无一处险情发生，保障人民群众生命财产安全；疏洗渠道25条，总长度103.6千米；电力改造：投资217万完成户表集抄改造3100户；投资900余万元，启动子母城、河心洲等9个片区农网升级改造工程。完成城东、翠南等8个片区2018年的农网升级改造工程规划设计；交通建设：全力配合漉乐线改扩建工程建设，全面完成房屋拆迁105栋，完成南北两岸清表28千米，各项工作进度列第一；完成牛泗线、阳志线改造升级以及窄改宽4公里；完成沿河路道路改造投资63万元；船闸桥和污水处理厂等工程建设有序推进。

四、社会事业

（一）教育事业有发展。投资432万元用于建设子母城小学合格学校、中心小学教师公租房、大成学校新建厕所及危改、塞波中学和金南学校等围墙建设以及各校改厕建设；9月底，顺利通过省人民政府两项督导评估验收。

（二）卫计工作有突破。加强医疗质量管理，提高医疗服务水平，镇中心卫生院顺利通过湖南省“群众满意的乡镇卫生院”达标验收并报国家卫计委复评。扎实开展“流动人口计划生育服务活动月”专项活动，把计生政策和健康知识宣传到各村各户；为75户计生困难家庭发放慰问金6万余元；开展爱心捐款助学活动，筹得善款2万余元资助100名留守儿童。

（三）招商引资有成果。利用水稻、棉麻、蔬菜、园林绿化等方面的优势资源，支持黄栗塘村鼎禾高产优质水稻基地、志成垸村天艺蔬菜种植专业合作社、黄茅洲村沅江市永和建材商行有限公司等6个项目发展，总投资近4000万元，涉及棉麻纺织、农副产品生产销售、建材加工、花卉苗木种植等领域。

文化、老干、工会、共青团、妇联、残联、民族宗教、武装等工作取得新成绩。

五、社会稳定

（一）安全生产。一是烟花爆竹与危化品安全。完成全镇129家烟花爆竹门店零售换证工作，严格核减门店数量至49家，同步完成对129家烟花爆竹门店及7座加油站的专项排查和整治，落实隐患整治48处。二是食品安全。H7N9禽流感疫情和中考、高考期间，多次开展联合执法，有效规范集贸市场及学校周边生产经营行为。开展“食品安全示范街”创建活动，对所有食品经营户安装食品监管公示牌，提高食品经营单位的安全防范意识。三是校车安全。定期对校车安全运营情况进行检查，坚决打击校车超载以及其他违规运营行为。

（二）平安创建。利用政府微信公众号开展“平安黄茅洲·最美集体”投票评比活动，活动累计投票13万多次，点击量65.5万次。上半年，镇综治民调工作在沅江市绩效考核一类乡镇中位列第一名，全市第三名。下半年利用“益村”APP发布综治民调工作动态，提高民调工作参与度和“益村”APP注册使用率。

六、队伍建设

紧紧围绕建设服务型政府、法治政府的目标，依法履行政府职能，深入推进依法行政和政府职能转变，切实增强服务意识，优化发展环境，提高行政效能和服务水平。

圆满完成村（社区）“两委”换届选举工作。16个村（社区）选举产生村“两委”成员100人，两委班子成员文化素质提高、年龄结构更优，干部战斗力更强。举办新一届村（社区）干部培训班,通过培训强化村（社区）干部工作能力和业务水平，提升了基层组织建设水平和村（社区）干部队伍的整体素质。

【图说黄茅洲】

图1—图2：党员冬春训，被作为先进典型推荐至益阳市委组织部

图3—图4：镇纪委组织党政班子成员、各村（社区）支部书记及各站所负责人等共40余人到益阳市反腐倡廉警示教育基地参观学习

图5：镇政府邀请湖南师范大学专家组到镇开展田园综合体建设的整体规划与设计

图6：拆围队伍凌晨集结，远赴漉湖攻克反弹矮围

（图1—图6，均由黄茅洲镇办公室提供）

南大膳镇

【基本情况】

南大膳镇镇域面积169.7平方公里，耕地面积7135.4公顷，镇区面积4.18平方公里，户籍人口10.7万人。下辖21个行政村、1个社区。是国家重点建设镇、国家小城镇建设重点镇、国家小城镇特色产业项目镇、湖南省重点建设镇、湖南省生态乡镇、湖南省美丽乡镇。是乌鳢养殖重点项目示范镇，素有“乌鳢之乡”的美誉。

【班子简况】

党委书记	易　超
党委副书记、镇长	吴景军
党委副书记、团委书记	肖凤毛
党委委员、人大主席团主席	刘　广
党委委员、政协联工委主任	周爱华
党委委员、纪委书记	贺　令
党委委员、副镇长	孟凡明
党委委员、组织委员	李　佳
党委委员	周燕音
副镇长	汪华敬　刘志兵
办公室主任	杨江舟

【工作概况】

一、经济稳中有进

2017年，实现生产总值26.2亿元，同比增长11.5%。

（一）工业经济。全年完成工业总产值16.5亿元，同比增长13.8%，完成规模工业产值13.7亿元，同比增长1.5%。2017年新建新开工项目10个，其中工业项目7个。总投资2000万元的湖南家辉服装有限公司竣工投产，辰坤燃气镇区管道铺设完毕，已进入试运行，食全十味有限公司、南大德群食品公司建设快速推进。全市重点项目凯迪生物质发电项目，前期各项工作已基本完成，到位资金900万元已开始落地建设。

（二）农业生产。农业生产总值7.8亿元，同比增长8.3%，粮食总产量9900万公斤，“南大龙虾”“南大乌鳢”知名度、美誉度不断提升；开展新型职业农民培训5次，培训人数800人以上。新型农业经营主体不断壮大，现有家庭农场主105个，专业合作社103家。不断加强农产品质量安全监管工作，2017年，被评为“湖南省农产品质量安全监管示范乡镇”。

（三）商贸流通。商贸流通总值1.9亿元，商品交易额12亿元。西区大开发进一步推进，房地产市场稳健发展。依托“膳食文化”人文历史打造的南大膳镇文化美食街，采用仿宋建筑风格，主体工程全部完工。

二、基层治理加强

（一）完成“两委”换届。顺利完成22个村（社区）“两委”换届，选举后村“两委”班子成员共137人，其中支委成员108人，村委成员120人，村支“两委”交叉任职91人，交叉任职比例66.42%。村、社区中有18个单位有35岁以下的年轻干部进入“两委班子”，每村都配有便民服务员。

（二）深化“两学一做”。扎实推进“两

学一做”学习教育常态化和制度化，11名镇班子成员联系指导22个党支部（总支），严格按照“六个一”的要求,坚持每月集中学习，专题讨论4次，政治学习20次，党总支书记到支部上党课88场次。

（三）开展党员培训。立足于改善结构、发挥作用，做好党员发展教育工作，率先开展党员春训，参训党员80%，得到市委组织部的肯定；举办北部乡镇入党积极分子培训班，来自北部的6个乡镇、1个芦苇场选送的共141名入党积极分子和104名预备党员参加培训，2017年发展党员18名，预备党员如期转正23名。

（四）查办违纪案件。加强作风检查，通报批评7人。狠抓案件查办，立案5起，给予党内警告处分4人，降低岗位等级处分1人。在村（社区）“两委”换届中，信访件增多，对受理的群众信访举报，坚持速查速办，迅速反应及时反馈。在两委换届选举工作中，取消候选人资格3人，营造风清气正的换届环境。

三、开展环保攻坚

坚决贯彻落实沅江市委、市政府“12345”的总体思路，统筹推进洞庭湖生态环境专项整治行动。全镇22处矮围网围全部拆除、共摧毁网围13万米，摧毁泥围4000米，功能性摧毁闸口等建筑物16处；畜禽退养总面积2243平方米；自然保护区核心区3万余棵、面积达1474亩的欧美黑杨全部砍伐退出；拆除砂石场码头1处、混凝土搅拌设备2台、轮窑烟囱2座以及砂石搅拌场5家。

四、致力改善民生

（一）完善城镇建设

1. 基础设施。全力推进S322乐漉线、S217河南线建设，完成318栋房屋拆迁，S217河南线全线通车，S322乐漉线建设快速推进。投资400万元的京北线竣工通车。投入资金700万元，书院路、金牛路、膳食路、北大路完成白改黑工程；投入资金150万元，完成中山路与新南大道的贯通工程。对镇区主干道实施亮化、绿化、美化工程，镇容镇貌改善。

2. 农田水利。环洞庭湖土地整理及开发项目积极推进，小康村、华胜村、义南村等1200余亩土地整理验收；南丰垸村、同丰垸村等4000亩旱改水项目成功申报。水利设施不断完善，完成三八机埠、中心机埠、西刯机埠、中南机埠等设备的整险重建工作。农村饮水工程深入推进，双螺村、同丰垸村实现全覆盖，石东港村管网进一步延伸。沟渠塘坝清淤增蓄工作成效显著,疏浣渠道57条，全长178.18千米。

（二）注重民生民利

贯彻落实以人民为中心的发展思想，大力发展各项社会事业，群众获得感、幸福感不断提升。

1. 民生兜底。817名精准扶贫对象退出贫困序列，两个贫困村南渔口村、同丰垸村脱贫摘帽，产业金融扶贫：发放信贷746万元，扶持152户；扶贫助学工程：2017年共资助9名特困学生；雨露计划：2017年共有42名就读职业学校的贫困学生获得资助；易地搬迁：2017年确定易地搬迁对象20户（85人），其中依托小城镇搬迁安置18户（80人）、村内自建2户（5人）。核实低保对象918人，其中政策兜底59户、165人，共发放低保资金165.2万元;“五保”

户住院集中供养对象200人，分散供养579人，大病救助对象207人次，大病救助40万元；发放临时救助资金23万元；慰问退役军人1173人，发放慰问资金20万元；新农保缴费率、新农合参合率分别达85%、96%。

2. 扩大就业。新增城镇就业146人、4050人员再就业12人、农村劳动力转移就业353人。

3. 社会事业。办学条件不断改善；引进专业校车公司，全镇中小学、幼儿园实现专业校车接送全覆盖；中心校中考质量稳居全市先进行列。行政村卫生室覆盖率达100%，镇中心卫生院完成改扩建。

此外，坚持依法治理，安全生产、卫生和计划生育、社会治安综合治理等工作扎实推进。防汛抗灾工作获益阳市“先进集体”称号。坚持依法依规调处解决矛盾纠纷，没发生影响重大的群体性事件。

茶盘洲镇

【基本情况】

2017年，茶盘洲镇辖8个行政村和幸福港、南洲街2个社区，共有基层党组织63个，其中党总支11个，党支部52个，共有中共党员1723人。总面积6893公顷，耕地面积3119公顷，总人口3.1万人。

全镇有初级中学1所，完全小学1所，幼儿园2所，卫生院1所。主要工农业产品有建材、饲料加工、棉麻纺织、大米加工、稻谷、棉花、蔬菜、生猪、水产品。其中重点民营企业华康饲料投资2000万元完成技改项目，年产猪、鸭、鱼饲料10万吨，产值过亿元。年产值过300万的企业3家，分别为金洲建材厂、金源砖厂和建材二厂。全镇实现地区生产总值（GDP）7.59亿元；实现工业总产值14.3亿元，同比增长9%；完成招商引资3500万元；实现农业总产值4.91亿元，同比增长5%；完成国、地两税185万元，超额完成全年税收任务；农民人均可支配收入15983元。2017年，该镇先后被评为益阳市“平安乡镇”、信访“三无乡镇”、“防汛救灾先进单位”“安全生产先进单位”。

【班子简况】

党委书记、人大主席团主席	刘博文
党委副书记、镇　长	彭　龙
党委副书记	黄　浩
党委委员、人大主席	张亮军
党委委员、政协联工委主任	熊　英
党委委员、纪委书记	张卫东
党委委员、组织委员	冯琛瑶
党委委员	卜志萍
副镇长	郭茂林　汪世明
镇长助理	龙剑凡
党政综合办主任	罗加凯

【工作概况】

一、农业

该镇不断调整产业结构，巩固农业发展

基础。重点发展以水稻为主的农产品基地建设，扩大水稻种植面积和规模，2017 年，全镇水稻面积 36000 亩，较上年增加 3000 亩；全镇有各类专业合作社 36 家，经营面积 12000 亩，重点发展冬瓜、南瓜蔬菜、优质水稻示范基地；特种养殖发展，发展稻虾特色养殖 1500 亩；积极发展休闲农业，利用地利优势，将六合村 70 多亩水域以高价拍卖发展休闲农业；晚稻抛秧、机械播收等现代农业技术得到推广，提升农业科技含量，各类农作物产量和农民收入实现稳中有升。

二、工业

幸福米业、超腾棉麻等企业克服经济持续低迷不利因素，积极找准市场，实现稳中有进；三大轮窑积极采用新的生产工艺，投入资金引进环保设备，逐步实现转型升级；鼓励和支持“华康饲料”(湖南省著名商标)做大做强，力争实现年产鱼饲料 10 万吨，为镇工业注入新的活力。

图 1：农业喜获丰收，农民抢收晚稻

三、项目

一是完成保障性安居工程基础设施配套项目二期、三期、四期工程的幸福路、幸民路、南洲大道、人民路路面改造和相关辅助设施，实现经三路与幸民路贯通；完成六合桥建设，实现经三路与六合大道贯通，整个项目工程使镇区道路形成“四纵四横”的交通网络，提高了镇城镇承载功能和品味。二是积极实施棚户区改造。镇完成 200 户货币安置和 100 户实物安置任务目标，已完成棚户安置区招投标，即将进入具体实施阶段。三是稳妥推进征地拆迁工作。不断强化组织保障、纪律约束，积极推进安全垸建设征地拆迁工作。

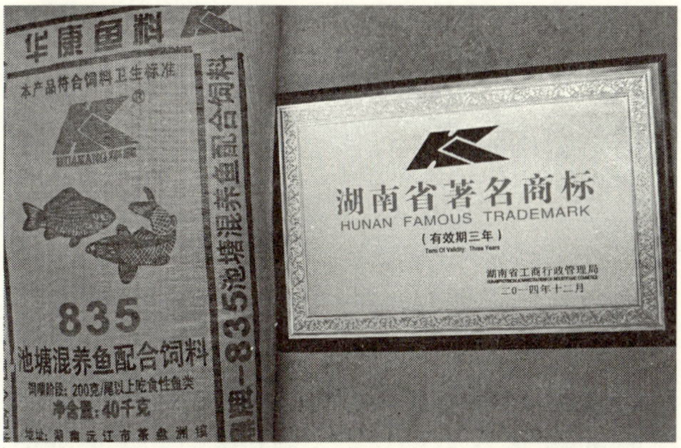

图 2：镇“华康饲料”获“湖南省著名商标”

（图 1—图 2，均为茶盘洲镇办公室提供）

四、环境

农村清洁工程深入推进，群众卫生意识不断加强，全镇 8 个行政村实现垃圾集中处理；群众自觉遵守“环境公约”，文明素质进一步提高；完成洞庭湖区养殖环境整治猪栏拆除 30900 平方米；撤除洞庭湖矮围矮网 6 处 4200 亩，并实行每天巡查制度，做到发现问题及时处理，有效防止矮围网围的反弹。珍珠退养采取自行拆除与强制拆除相结合的方式，11 月上旬全面完成内湖珍珠养殖退养任务；秸秆焚烧现象逐年下降，民生水厂水质达标率 95% 以上，全镇居民生产生活环境不断改善；渝湘化工于 2016 年 10 月实现全面关停，回应了群众的期盼，在群众心中赢得声誉和威信。积极落实启动河长制，成立机构，明确责任，以制度保障打造绿水青山的自然生态环境。

五、改革

全力推进“三大改革”取得实效。一是经营田收费改革。经营田收费改革在市委市政府的指导下，经过镇党委、镇政府大量艰辛工作和全体部门、村干群的共同努力，完成责任田和经营田全面清理、公示；注册成立茶盘洲镇国有土地资产经营有限公司；完成国有土地租赁面积收费价格制定；花果山村收费试点获得圆满成功。经营田收费改革2017年年底前全面完成，到时每个行政村能增加集体经济收入20万元以上。经济收入将全部用于村级基础设施建设和民生事业。二是电力体制改革。在市委、市政府的殷切关心和大力支持下，经过镇党委、镇政府前期大量工作，妥善做好15名工作人员安置和资产清理。同时积极与益阳、沅江电力等部门加强对接，沅江市政府成立茶盘洲镇电力体制改革领导小组，为顺利推进镇电力体制改革提供强有力地保障。三是自来水收费改革。强力推进科学合理收费机制，扭转民生水厂长年亏损的局面。改革前，民生水厂每年亏损20多万元，且由镇财政负担。2016年10月1日全面启动自来水收费改革，改革后民生水厂能够保证正常运转，并略有结余，确保民生水厂的可持续发展，保障全镇人民的用水需求。

六、抗洪

2017年，镇遭遇历史罕见的雨情汛情，洪水来势凶猛，镇一线防洪大堤出现多处重大险情，镇党委政府在市委市政府的科学指挥和调度下，带领全镇党员、干群，战胜“1+9”特大管涌群，确保了共双茶垸16万人民的生命财产安全。同时，面对严重的内涝灾害，党委、政府继续带领全镇广大干群，进一步弘扬农垦精神，动员全镇力量投入到生产自救上来。党委、政府一班人积极向外争取各界各级救灾支持；机关干部深入各村全面开展走访慰问；农业部门深入田间进行技术指导；民政部门如实核定灾情；群众积极开展田间生产自救。全镇上下团结一致，积极作为，确保了社会经济稳定发展。

七、民生

一是完善以社保工作为核心的社会保障体系，做好职工基本养老保险工作。党委政府从有限的财力中斥资129万元用于缴纳农牧职工单位部分，办理农牧职工退休145人；全镇有12800多人参加农垦职工基本养老保险，7546人参加城镇居民社会养老保险，累计已退休5428人，全年发放退休养老金1.2亿元。二是按政策严格落实城镇居民最低生活保障，积极实施社会救助，切实关心“五保”户、特困家庭、残疾人等社会困难群体的生产生活。全年申请城镇低保447户、656人，农村低保29户、45人，申报城乡大病医疗救助73人次，救助金10万元；争取自然灾害救济金36万元，全部实行社会化发放到受灾群众525人手中；全年发放特困救济金67万元，惠及726名困难群众。三是加强农村基础教育，加大财政投入，改善教学条件，提升了办学水平。

泗湖山镇

【基本情况】

2017年，泗湖山镇13个建制村、1个社区居委会，总面积124平方公里，集镇面积1.2平方公里，总人口6.5万人。镇党委下设15个党总支部、83个党支部，共有2370名中共党员。2017年，镇被评为“沅江市防汛抗灾先进单位”“沅江市综治维稳先进单位”等。

【班子简况】

党委书记	鲁克军
党委副书记、镇　长	尹　伟
党委副书记	楚　辉
党委委员、人大主席团主席	李中寅
党委委员、政协联工委主任	叶　钊
党委委员、纪委书记	曾庆华
党委委员、常务副镇长	陈志红
党委委员	黄爱民
党委委员	聂纯佑（　—3月）
	张　丹（3月—　）
副镇长	黄理峰（　—3月）
	聂纯佑（3月—　）
	孟友良
党政综合办主任	张　丹（　—3月）
	刘　洋（3月—　）

【工作概况】

一、经济发展取得新成效

遵循稳中求进的总基调，推动镇域经济发展。一是工业经济稳步上升。继续支持棉麻纺织、木材加工、芦笋产品研发生产、粮食蔬菜加工等企业发展，完成固定资产投资3.2亿元，实现工业总产值9.6亿元。二是各项经济指标平稳运行。上缴市财政46.6万元，非税收入完成110万元；国地税收缴模式有变，但态度与力度不减，任务按时入库；农民人均可支配收入正常增加，顺利实现年初制定的国民生产总值增长9.5%以上的目标。

二、现代农业激发新活力

积极推进农业供给侧结构性改革，扎实做大做强现代农业。一是加快调整农业产业结构。坚持稳定粮食油菜生产、适度发展特色蔬菜，大力推行“稻虾联作”生产新模式，现代农业发展初现亮点。现有稻虾养殖面积6000余亩，成功打造光复片朱冯村市级示范点，产生较好的示范和带动效应；加快粮食核心区建设，创建“千亩高档优质稻高产示范片”。二是认真做好农产品质量安全监管工作。专业技术人员多次深入田间地头和种植基地，实地指导与检测，确保农产品的质量安全。三是加强农技农机推广与服务。大力引进优质稻谷品种，积极推广商品化育秧，全面开展病虫害专业化防治，不断提高机耕、机插、机收、烘干等农机作业能力，确保农业发展实效。

三、城镇建设呈现新面貌

一是完善农业水利基础设施。扎实推进净下洲村、石子埂村涉及面积近万亩旱改水项目建设，完成华星村等高标准农田建设。完成78.92公里大中型渠道的疏浚，搞好东波电排改造及冬春季电排维修，对全镇水系意义重大的五格排水闸项目成功启动。二是加快道路桥梁及安保设施建设。镇区连接X009线的主干道迎春路拓宽0.5米，上堤干道光复路进行彻底改造，小康西路下水道建设完成，镇区道路建设提质提速。镇村公路建设完成近15公里，大堤安保设施完成10余公里，2座桥梁建设完成，镇村交通基础建设进一步改善。三是完成机关公租房一期、二期及现代灯光篮球场的建设，机关面貌焕然一新。

四、民生民利获得新改善

一是扎实推进精准扶贫。开展建档立卡贫困户精准识贫工作,着重清理“四类人员”；扎实做好低保户的清理评议整顿，缩减比例达50%；对22户贫困对象易地扶贫搬迁；为430户符合贷款条件的贫困户申请浦发银行贷款；完成“雨露计划”申报29人；全年全镇共有744户贫困户成功脱贫。二是全力做好防汛抗灾。该镇是全市防汛堤段最长、防汛任务最重的乡镇。面对来势迅猛，涨势飞速的洪水，从6月30日下午5点开始，干群昼夜坚守，连续奋战13天，做好清基扫障、安营扎寨、牵灯照明、巡逻查险、险情处置等工作，并积极动员广大群众抢排内渍，生产自救，减少垸内损失，取得防汛抗灾战斗的胜利。三是认真推进环保整治工作。认真落实中央和省市环保督察与整治工作，全面推行“河长制”，组织力量拆除垸外湖洲非法矮围、网围3处；全镇禁养区40户畜禽养殖户全部退出；完成全镇380亩珍珠退养和北港长河精养鱼退出；拆除1个20门砖窑厂，督促2个砖窑厂推行环保空心砖的生产。四是全面推动文化教育事业均衡发展。成功举办第六届全民健身广场舞电视大赛暨“我是达人”比赛，丰富群众的文化生活；完成镇中学教师公租房、冯家湾小学标准化食堂及中小学厕所改造等项目建设，校园环境发生较大变化。五是加强卫生和人口计生工作。中心医院和血防院公租房建设竣工，医院住宿条件得到较大改善；全面开展优质服务，加强流动人口管理，征收社会抚养费22万余元。此外，社会保障、民政救助、动物防疫及蓄洪安全项目建设等统筹推进，效果明显。

五、社会稳定开创新局面

一是坚持“六原则”抓实信访维稳工作。镇党委、政府班子成员分工协作，共接待上访群众65人次，调处矛盾纠纷37起，处理突发事故8起，提供法律咨询服务2起；落实“五要求”，依法依规处理农村综合配套改革分流人员、电排机手社保等历史遗留问题;落实“五包一”责任,努力做实维稳工作，确保大局基本稳定。二是切实抓好安全生产工作。建立“党政同责、一岗双责、部门联动、齐抓共管”的责任体系，每季度召开安全生产工作会议，开展“隐患治理年”“企业主体责任落实年”活动，推行“一单四制”制度，开展安全隐患排查整治行动10次，发出整改通知书20份，中小学（幼儿园）校车安全监管,镇域内安全生产形势稳定好转。三是开展“平安乡村”创建活动。以综治民调为抓手，广泛动员群众参与，发挥公安系统综合防治主体作用，加强综合治理，提高群众满意度。

六、党的建设再上新台阶

一是结合“两学一做”学习教育，对全镇所有党员开展党员家门贴牌亮身份活动，增强党员的荣誉感和责任感；组织千名党员开展党员春训，增强党员凝聚力；加强对软弱涣散村和村级集体经济的帮扶工作；召开“七一”党员表彰大会，表彰优秀党员。二是选优配齐村支“两委”班子。贯彻落实上级关于换届选举的法规、政策，确保各项“规定动作”一个都不少，实现新老交替，顺利交接。三是全面落实党风廉政建设责任。强化村（社区）、部门主要负责人党风廉政建设责任，看好自家门，管好自家人，做好自家事，建设一支守规矩的队伍。

共华镇

【基本情况】

共华镇共有一线防洪大堤 53.438 公里，总面积 150.6 平方公里，下辖 16 个行政村、共华渔场、八形汊渔场 2 个渔场、黄土包社区 1 个社区，203 个村民小组，总人口 7.8 万人。全镇共有党的基层组织 97 个。其中党总支 19 个，党支部 77 个，共有中共党员 3167 名。2017 年，荣获“沅江市环保先进单位”“益阳市综治工作先进单位”称号，全市绩效考核一等奖。

【班子简况】

党委书记	匡　正
党委副书记、镇　长	刘松武
专职党委副书记	刘国强
党委委员、人大主席团主席	冯晓曦
党委委员、政协联工委主任	王　猛
党委委员、纪委书记	杨志清
党委委员、副镇长	龙李志
党委委员、组织委员	成　琳
党委委员、政法书记	匡新安
副镇长	郭　雷　何功建
办公室主任	林　婕

【工作概况】

一、现代农业发展

一是着力发展规模农业。形成以八形汊为中心的万亩绿色水稻高产高效示范区，打造东合村稻虾、莲藕综合示范区、东合村农机合作社示范基地、宪成垸村高效农业生产基地、“群兴—紫红洲”万亩优质双低油菜基地等规模农业。二是着力确保农产品质量安全。全年共完成农产品质量取样检测 606 批次以上。强化农产品检测，加大督查、抽查力度，坚决杜绝高毒、高残留农药的使用。三是着力共华品牌湖鲜特色品牌创建。打造“湘仁”等共华芦笋品牌，11 月，“湘仁”芦笋参加特色农产品博览会。打造“锦荣”“云鼎”等共华蔬菜品牌，“安全”“双健”“栋粮”“春粮”等共华大米品牌。四是着力培育新型农业主题，加强新型职业农民的培训，全年已进行新型职业农民培训 2 次，认定新型职业农民资格 37 人。

二、加强环保整治

一是以河长制为抓手。成立共华镇河长

制工作委员会，制定并落实《共华镇河长制会议制度》《共华镇河长制信息通报制度》《共华镇河长制工作督办制度》《共华镇河长制工作考核办法》《共华镇河长制河湖巡查报告制度》等制度。二是强力推进各项整治。大宣传：在全镇范围内形成浓厚的环保氛围；强责任：将洞庭湖环境整治任务细分，设立八项环境治理整治小组，党政班子成员任组长；重整治：拆除白沙建材厂，共华建材厂停止生产，拆除生产用电，封存制砖模具。拆除10处非法砂石堆场。完成矮围网围拆除、退出水上湖泊精养、禁养区禽畜退养任务，获评沅江市环保先进单位。

三、搞好精准扶贫

一是扎实开展脱贫攻坚大排查、大诊断、大整改工作。识别出“四类人员”160人，其他原因识别不准的人员167人，拆分户需纳入人员372人。对符合条件的低保户、残疾人户、重灾户、移民户、大病重病户等类人群按照标准和程序应纳尽纳，新识别贫困人口921人。二是继续深入做好结对帮扶工作。全镇对3个贫困村和16个非贫困村（社区、渔场）实现驻村帮扶全覆盖，每个贫困村有1支市级驻村工作队，每村有1支镇级驻村工作队，镇级驻村工作队由镇干部、镇直部门干部组成。扶贫干部每年至少走访贫困户4次。四是举社会合力促脱贫攻坚。行业扶贫：2017年，完成社会扶贫网贫困户注册1419户，爱心人士注册1316人，发布贫困户需求2227条，成功对接1516次；教育助学：雨露计划共惠及全镇贫困中、高职学生18人，义务教育助学172人；危房改造：共有57户贫困户完成危房改造，改造资金提标24万元；易地搬迁：全镇共有7户贫困户申请异地搬迁，经过各级审核，已全面完成搬迁。五是全面完成年度脱贫任务。严格按照贫困户脱贫程序“七步三公开”，全镇2017年共脱贫352户、843人。

四、关注民生事业

一是取得防汛抗旱工作的全面胜利。二是“落实企业安全生产主体责任年”和“隐患治理年”，全面开展安全生产大检查、大排查、大整治，积极创建省级示范乡镇。三是积极做好各项民生保障工作。全镇共有分散供养“五保”户586人，集中供养“五保”户83人。依法依规做好农村低保和社会保障兜底脱贫对象认定清理整顿工作，纳入农村低保741人，城镇100人。对农村贫困提供更好的就业服务，完成60名贫困劳动力转移就业。深入开展留守儿童摸底工作，成功上报留守儿童825人，其中困境儿童55人。四是全面做好计生工作。2017年，全镇共出生1011人，其中政策内出生998人，符合计划生育率97.73%。新增奖励扶助对象59人，对历年511名奖扶对象进行复核和年审。五是综治民调工作获得好评。获得“益阳市综治工作先进单位”称号。

图1：防汛期间，共华镇干群开挖浸沟

五、坚持党建统领

一是队伍建设不断加强。强化班子责任。严格落实班子成员“一岗双责”，层层落实党建工作。厚植基层力量。严格按照法定程序，顺利完成17个村（社区）“两委”干部换届选举工作。补齐短板。按上级要求，建立非公企业党支部，补足“两新组织”党组织覆盖的短板。二是党员教育制度常态化。分片区集中开展党员冬春训，受训党员近2000人。结合“两学一做”学习教育常态化制度化，开展专题学习7次，集中讨论4次，领导干部和党组织书记讲党课各2次。三是党员管理不断加强。规范“红星云”“益村”等服务平台建设。开展党员信息采集工作，共采集党员信息3162条，清理已过世中共党员112名，摸清了党员的底子。严把关口，严格程序，严肃纪律，培训入党积极分子39人，发展新党员22人。四是基层组织基础不断夯实。紧紧围绕“以党建带扶贫、以扶贫促党建”的总体思路，推行“党建＋精准扶贫”模式；把党员干部教育培训作为脱贫攻坚的“练兵场”，提高党员素质和服务水平。在防汛大堤上，广大党员干部佩党徽，树党旗，用“党员＋防汛＋队员”的模式，将防汛作为践行“两学一做”的主战场，让大地充满红色力量。

图2：在防汛工地，党员重温入党誓词
（图1—图2，均由共华镇办公室提供）

漉湖芦苇场

【基本情况】

漉湖芦苇场总人口8271人，其中在册国家干部职工223人，退休国家干部职工73人，在册农牧职工2146人，退休农牧职工1381人。全场在岗干部职工126人，下辖8个管区，42个生产小组。全场共建有16个党支部，共有中共党员528人。

【班子简况】

党委书记	肖建宏
党委副书记、场长	李毅
党委委员、人大工委主任	朱德军
党委委员、政协联工委主任	王献军
副场长	易建明
场长助理	张立宏 肖治宇
党政办主任	张洋林

【工作概况】

一、社会大局稳定

2017年度综治工作被益阳市评为先进单位，民调工作获沅江市第二名。

二、民生支出保障

芦苇收入补贴按时足额发放，全年发放芦苇收入补贴5841人，芦苇资源补贴5156

人，两项发放资金共计632万元。

三、基层党建推进

认真履行管党治党职责，全面推进基层党建各项工作。2017年，基层党建工作全市考核第三名。党建情况综合调查核实全市第二名，民意调查全市第一名，现场测评全市第三名。对民主评议不合格的3名党员给予党纪、政纪处分。

四、脱贫攻坚开展

合兴洲管区如期摘帽，全年全场109户，309人贫困人口实现脱贫。下塞湖、合兴洲两个管区脱贫攻坚工作接受国检和益阳市检，得到上级肯定。

五、生态环境改善

遵循市委“12345”生态环境整治工作思路，突出以“河长制”为总抓手的工作重心。全面遏制“两围”及“迷魂阵”反弹，部署禁养区畜禽退养，彻底拆除两处非法洗砂场所，整治湖洲无序开发，全程监管砂石开采行为。生态环境整治成效初步显现，老百姓认同感、幸福感提升。

六、项目建设看好

林源纸业全年产值2.6亿元，实现税收710万元，发放工资2640万元；虹润风电项目加速推进，完成固定资产投资4.23亿元，第一期25个风机6月18日并网发电并安全运营；三一通达公司年产芦笋200吨，产值近700万元；漉乐线改造项目进展顺利；漉湖特大桥项目前期工作准备充分，省、市级规划即将向社会公布。

防汛抗灾，安全生产取得阶段性成果。其他各项工作获得多项荣誉。

【图说漉湖】

图1：场党员干部学习贯彻中共十九大精神：

图2：场脱贫攻坚专题业务培训

图3：“两围”撤除现场

图4：风力发电场景一角

（图1—图4，均由漉湖芦苇场办公室提供）

南洞庭湖芦苇场

【基本情况】

南洞庭芦苇场是一个政企合一的正科级单位，全场总面积18.6万亩。其中垸内集雨面积2万亩，有耕地、鱼池9750亩，辖永胜垸、新胜垸、澎湖潭垸3个独立垸，一线防洪大堤27.5公里；垸外湖洲面积16.6万亩，有效面积12万亩，苇山面积5万多亩。

全场总人口10215人，有农牧职工4103人，其中退休1596人，在册国家干部职工581人，其中离退休123人、在岗68人、分流390人。

全场共有党支部13个，有中共党员558人。机关内设科室12个：党政综合办公室、财务计划科、人力资源和社会保障中心、民政所、经济发展办公室、卫生和计划生育办公室、安全生产监督管理办公室、农水科、社会管理综合治理办公室、监察室、组织办、扶贫办；场直单位4个：街道管理站、芦林管理站、工贸公司、医疗卫生管理站，驻场单位4个：南洞庭中心校、南洞庭水利管理站、南洞庭派出所、南洞庭动物防疫管理站。有6个管区（五花洲管区、徐家岭管区、澎湖潭管区、东头嘴管区、永胜管区、车子岐管区），1个行政村（大码头村），1个渔场。

【班子简况】

党委书记	袁建胜
党委副书记、场　长	李　勇
党委副书记	高建明
党委委员、人大工作委员会主任	余进喜
党委委员、政协联工委主任	胡远利
党委委员、纪委书记	王　锋
党委委员、组织委员	杨志文
副场长	黄建武
办公室主任	刘乐春（～8月）
	徐进文（9～12月）

【工作概况】

一、场域经济运行平稳

2016年来，芦林市场持续疲软，加之国家实施更严格的环境保护制度，推动洞庭湖生态环境专项整治，“两围”全部拆除，欧美黑杨大面积砍伐，湖洲经营业主受损严重，洲土经营性收入大幅短收，场部经济运行面临严峻考验。为确保运转，场全力收取洲土租金，并多方筹资，保证群众收益性补贴、干职工工资待遇及时发放到位，场部，各管区、村、渔场、场直单位和驻场单位均运行正常。

（一）项目建设扎实推进。2017年，全场争资3000万元，改造旱地7000多亩，场域耕地质量提升；争取“三小”水利项目建设资金近1100万元，完成新胜垸1500米大堤防渗墙浇筑和永胜、新胜两垸22公里防汛大堤硬化；争取资金22万元，更换部分机埠的闸门、启闭机，完成大码头抛石工程；投入资金18万元，完成电排涵闸冬季检修。筹资200多万元，完成6.2公里道路硬化、子孙桥拆除重建、部分破损公路和危桥维修；总投资300多万元的易地扶贫搬迁集中安置项目已完成主体工程建设；争资200万元，高标准改造机关大院地坪和篮球场；争资200万元，启动公租房项目建设。

（二）环保整治成效明显。严格落实市委、市政府工作要求，着力解决环境突出问题：积极开展湿地保护行动，加大巡查力度，打击破坏湿地行为，确保“两围”无一例反弹；加大畜禽养殖污染整治力度，依法拆除8处影响群众生活的畜禽养殖场所；与经营业主积极沟通，提前完成南洞庭湖自然保护核心区所属11215亩欧美黑杨砍伐清退任务；落实“河长制”，明确辖区内所有河流、主干渠、村级小微型渠道河长、副河长，执行河长巡河制度；加强砂石堆场整治，拆除6处非法砂石堆场，重设2处合法砂石堆场；扎实做好湿地保护区牛羊退养摸底造册工作；抓好农村清洁工程，搞好清扫清运，新建垃圾中转站1个，将垃圾及时转运至市无害化垃圾填埋场。

（三）民生事业全面进步。关切民生民利。按政策核发各类惠民补贴资金；高标准完成两个水厂提质改造，改善群众饮水质量。关注困难群体。重新核定农村低保对象312人、城镇低保对象52人；积极筹措资金修缮敬老院，改善“五保”户居住条件；以社会化发放方式对75户受灾群众救助，为特困户、大病患者实施救助，对66户农村危房进行改造。深推脱贫攻坚。深化“大排查、大诊断、大整改”，加大帮扶力度，56人实现易地搬迁，33名贫困学生享受“雨露计划”补助资金，27户贫困户享受小额贷款贴息，264名贫困人口脱贫。狠抓卫计工作。加大食品药品监管力度，确保群众吃得放心。抓计生队伍培训，高度关注育龄妇女身心健康，聘请专家、医务人员来场开展健康知识讲座和免费体检。重视文化教育。农村群众健身文化娱乐设施、设备不断完善，全民健身活动深入开展。教学质量稳步提升，教学条件逐步改善，学校围墙、教学楼、食堂、厕所等设施逐一改造。

（四）社会大局和谐稳定。综治维稳。坚持“六原则”抓实信访维稳，落实“五要求”妥善处置历史遗留问题。实行党政领导带头接访制度，非法上访大幅减少。扎实开展平安创建活动，不定期组织派出所干警、治保主任开展治安巡逻。安全生产。严格执行渡船“六不发航”，渔船、农用船“四个一律”制度。狠抓烟花爆竹经营点整治，打击无证经营行为。抗洪救灾。弘扬1998年抗洪精神、不忘1996年溃垸伤痛，扎实做好防汛抗洪工作，经受特大洪水的严峻考验，确保垸内群众生命财产安全。

（五）党的建设不断加强。深入推进“两学一做”学习教育常态化制度化；精心举办农村党员冬春集中培训班，实现培训全覆盖；严格党员发展程序，培训入党积极分子7人，发展预备党员8人；严格按照换届纪律和工作要求，全面完成管区、村“两委”换届工作；认真采集全场558名党员基本信息，录入全国党员管理系统；利用“红星云”“益村”和远教平台加强党员教育工作，“红星云”党员注册率近90%，“益村”党员注册率100%。认真贯彻“一准则一条例”，严格执行“三重一大”“三不一末位”制度，确保党风廉政建设责任落到实处；狠抓案件查办，严厉惩处各种违纪违规行为。

2017年，场的抗洪救灾、综治维稳、人口和计划生育被评为“沅江市先进单位”。

金融业

中国人民银行沅江市支行

【基本情况】

2017年，中国人民银行沅江市支行有干部职工19人，其中中共党员13人，具有中级职称的8人。支行有固定资产470.7万元，房屋及建筑物6007平方米，其中办公楼面积1919平方米。

【班子简况】

行　长	文　祥
副行长	周应军　谭志高
纪检组长	洪　浚
办公室主任	阳　浩

【工作概况】

一、内控内管——夯实基础，真抓实干

（一）队伍建设。一是党建引领。着力构建“党建+”的工作格局，突出党建的统领保障，坚持意识形态“学用管建”结合。把学习领会党的十九大精神与“两学一做”学习教育常态化制度化结合起来，全面落实从严治党要求。二是班子建设。实行党组成员岗位分工AB制，细化责任分工。完善党组议事机制，“三重一大”事项由党组研究，行务会通过制度。在民主集中制基础上，探索形成“四位一体”（谋划—执行—反馈—提高）的工作推进机制，形成“议事讲流程，事务有记录,事后重反馈”的工作路径。三是“人本”管理。在党组织与广大党员干部中架起“连心桥”；向上级工会和当地总工会上报困难职工实际状况，开展职工体检等，进一步增强支行队伍凝聚力；组织支行参与中支第一届气排球比赛，荣获第一名。承办的中支第一届乒、羽联赛，支行斩获3个第二名，良好的竞技成绩反映出支行干部队伍的蓬勃朝气。

（二）内控制度。一是制度建设。由支行纪检牵头，按照“一个业务品种，一套业务流程、一套规章制度”的原则，共设行政后勤、安全保卫、财务管理、人员履职四大类共32项。新增岗位职责、工作制度、操作规程及流程7个、修订16个，并将完善后的制度整理成《沅江市支行制度汇编》。二是执行规定。深层次加强支行财务收支管理，从严管理的环境已经形成，与此同时，人民银行系统会计财务管理规范化、精细化和科学化要求已越来越高。按照中支党委巡察组巡察整改要求，支行对2015—2017年所发生的财务费用进行自查和整改，并接受了上级行的多次检查。三是安全体系。不断加强后勤保障、信息安全、应急管理、信访保密等各项基础维稳工作，着重加强重要、要害岗位人员管理和教育，突出对重要部门、重要岗位和重要业务的管理控制，强化内控制度与风险点的动态管理，认真落实社会治安综合治理责任制。

二、外部履职——业务规范，服务创新

（一）执行稳健的货币政策。一是制定指导意见。年初全盘掌握辖内金融运行情况。通过调查摸底，结合各行社的信贷政策，拟定2017年信贷规模。引导金融机构加大对“小微”“三农”实体经济的扶持，推动浦发银行成立小微客户服务中心，邮储银行成立“三农金融事业部”。二是加强监督管理。落实国家宏观调控精神，做好地方法人金融机构宏观审慎评估工作，按季收集并及时报送辖内地方法人机构MPA评估基础数据，加强对其经营行为的事中监测与事前引导。三是开展机构考核。首先将上级有关考核文件和要求传达给两家地方法人金融机构。再是及时报送两家法人金融机构资产置换和不良贷款核销情况，并对其报送资料进行核实。然后对两家机构考核“未达标”结果以工作联系函形式报送当地政府。四是开展效果评估。首先，召开金融机构联席会议。传达2016年湖南省涉农和小微企业信贷政策导向效果评估工作精神。其次，从金融统计系统采集涉农贷款数据导入涉农导向评估系统进行定量评估，再根据各单位自评报告及日常监测情况进行定性评估。再次根据定量和定性分值得出评估结果，对评估结果为“勉励”档的主要负责人约见谈话。

（二）“市级金融生态示范园区”创建。一是建立经济监测制度。按照企业类型设定相关经济金融指标，建立11家企业电子信息库。同时按照总行经济监测的指标要求，有针对性地选取4家企业，建立涵盖园区大、中、小微企业的经济调查和经济监测重点联系企业。二是推动金融产品创新。引导金融机构在“市级金融生态示范园区”创建过程中，开发一系列新的信贷品种。至2017年11月末，全市金融机构对船舶产业园发放各类贷款余额9.24亿元，年均增长85%。

（三）推进金融扶贫站建设。根据上级行工作要求，制定《沅江市金融扶贫服务站建站方案》，完成29个建站任务。至11月末，共发放扶贫小额信贷12111万元。

（四）打造金融“123”工程。一是明确“一”个目标。营造一个良好的金融生态环境。充分发挥沅江近年来园区经济迅猛发展的区位优势和船舶船业制造园金融资产保持“零不良”的生态示范效应，加快中小企业信用体系建设，营造良好社会信用环境，提升社会信用地位。二是搭建“二”个平台。以争创市级金融安全区为平台，提升沅江社会信用地位。船舶工业园被长沙中支确定为金融生态示范园区争创单位，并由益阳政府金融办和人民银行益阳市中心支行共同进行授牌。金融生态样板区建设试点园区已经落户沅江船舶制造产业园。三是践行“三”大措施。通过加大诚信宣传，营造诚实守信氛围。通过开展专项行动，打造良好司法环境。年内沅江市法院以“整治信用环境、防范金融风险”为主题开展为期1年的专项审判执行活动，一批金融债权成功追偿。加大对失信主体的约束和惩戒。

（五）管理与服务机制建设。金融监管与金融稳定等功能性工作进一步加强。一是加强金融服务与管理。加强存款准备金管理，发挥政策调控功能。二是做好存款保险制度实施。积极开展2016年度县域金融生态评估。加强辖内存款保险舆情监测。密切关注农商行改制工作。三是助推新业务系统上线运行。辖内金融机构均已加入ACS前置系统，且运行稳定。四是狠抓行政执法与风险监督。与5家代理银行重新签订《非税收入收缴业务清算协议》和《代理财政资金支付与清算协议书》，要求代理行依据协议规范代理行为，妥善保管好相关协议档案。着力创新和发展老百姓真正需求的支付方式；在农村地区加大手机支付服务业务的推广。全年共收缴假币241325元，兑换反宣币1606张，15462元，鉴定残损币178张，金额32150元。

图1：沅江支行职工之家

图2：支行廉政文化墙

（图1—图2，均由人民银行办公室提供）

中国工商银行沅江支行

【基本情况】

沅江工商银行2017年全行在编人数103人，其中：在职员工58人，离退休人员45人。沅江工商银行建党支部1个，中共党员55人，其中女中共党员17人。

【班子简况】

行　长　　吴　军

副行长　　匡连喜　胡晓云　彭志勋　胡　丹

办公室主任　　郭卫征

【工作概况】

一、狠抓各项存款

面对存款多年高位运行，同业竞争越演越烈的市场现状，坚持“发展是硬道理”和“存款是立行之本”的发展理念，求真务实谋发展，抢先抓早，整体联动发展存款业务。至

12 月 31 日，各项存款余额 207028.32 万元，比年初增长 11832.40 万元。

抢先抓早积极增存、稳存，锻造业务发展的市场领先力。创新发展理念，积极竞争同业存款，制订出各项存款增存任务目标，并具体分解到业务团队，落实到全体员工，督促员工抢先抓早揽储增存。

强力拓宽优质市场，集中精力增存、稳存。一是拓展沅江大型建设项目、公益与民生项目和招商引资优质项目，拓宽存款源头；二是行级领导挂帅，带领客户经理营销服务团队，深入高新区和各专业市场，开展“拉网式”的结算账户扩面活动；三是加强与工商行政管理部门联系，从源头进行结算账户扩面。同时，利用各乡镇工商联分会为平台，大力拓展农村存款资源。

从 2016 年 12 月初起，先后召开行务会、员工大会，把新年目标讲清、考核办法讲透，让全行上下知晓，让员工围绕支行指挥棒转，充分调动全体员工的工作积极性。

二、狠抓两项贷款

严格按照国家宏观调控的要求，创新发展“大资管”和“大零售”业务。及时调整信贷结构，强化信贷金融业务工作目标，加大市场拓展和贷款业务营销力度，不断提升贷款营销业务市场竞争能力。两项贷款业务稳步发展。两项贷款余额 136445.12 万元，比年初净增 21017.76 万元。其中公司贷款余额 77579 万元，比年初净增 19054 万元；个人贷款余额 58766.12 万元，比年初净增 1893.76 万元，本地市场同业占比第一，百分之百完成上级行的任务目标。

坚持以市场为导向，积极营销优质客户，促进信贷业务规模稳步发展。集中精力拓展优质客户，加速贷款业务发展。一是努力增加按揭资源，由行长带头，竞争沅江市的优质房地产开发公司楼盘按揭，加班加点组织按揭贷款资料，保证支行营销的按揭贷款及时发放；二是对沅江市的优质个体及私营企业、个体工商户、专业市场重点营销，发展个人贷款业务；三是积极拓展政府购买项目、上市公司和拟上市公司等优质企业；四是以乡镇工商联分会为平台，竞争乡镇优质个体工商客户。

三、抓资产管理

按照总行“支行抓客户维护和贷后管理”的部署，加强贷款的质量管理，严格控制新增融资质量；全力以赴开展不良贷款清收处置和信用卡不良清收压降。采取组织专业队伍清收；将任务落实到营销人清收；结合送金融服务下乡活动，深入乡镇上门清收三结合的办法。

用依法合规的经营理念和内控案防的要求发展信贷业务。对信用不良、资产质量低、不符合要求的对象坚决不支持，实现信贷规模和资产质量的同步发展。要求信贷员严把贷前调查、贷时审查、贷后检查关。明确规定公司贷款必须保持不良率为零，个人贷款的不良率必须保持在上级行控制标准以下。实行责任制管理。

采用行长亲自抓的办法，抓好逾期和潜在风险贷款化解，大力开展关注及不良贷款清收转化和压降，强化压降的措施，采取专人催收和通过电话联系、直接上门的方式，对存在逾期和欠息单位和个人进行催收。一是以个人金融客户经理为主力，成立专业清收队伍，清收不良贷款。二是支行上下整体联动，集中精力压降公司类不良贷款。三是积极与公安、法院、监管部门密切配合，依法处置抵押物，全力清收压降不良贷款。

四、抓创新发展

集中支行现有资源，运用联动营销的发展模式，全面推动新型业务发展。紧跟非金融交易、智能手机普及的新趋势，突出 B2B、B2C、融 e 联、工银 e 支付、融 e 行、网上融资等产品的营销推广，实现客户规模增长、客户结构优化；“一把手”挂帅，成立业务推进领导小组，实行全员抓创新，以创新推进发展的管理模式。支行客户经理营销服务团队，根据沅江辖内经济发展形势和优质客户所处的地理位置、业务特点等要素，仔细分析研究，制定业务产品营销目标，并分解到业务团队，强化督促完成，努力提升客户价值，做到全面发展；组织全行员工学习互联网金融业务方面新的文件、操作流程、办理程序等知识，掌握 B2B、B2C、融 e 联、工银 e 支付、融 e 行、网上融资等业务产品的功能和特点，大力提高全体员工对互联网金融业务的认识，做好全员体验、全员推广，加强新增客户的捆绑营销，推动支行互联网金融业务快速发展。

五、抓文明服务

进一步加强营业网点硬件建设，将各物理网点的营业环境进行美化，更新。加强企业文化上墙。同时，紧密结合沅江市区域特点和自身经营发展实际，采取“四步法”，提升网点服务效率和客户满意度明显提高。一是美化服务环境，为客户提供良好的服务平台。二是加大专业知识和营销技巧的培训学习。三是规范服务行为，提升服务技能。四是灵活设置弹性窗口。提高工作效率，缩短客户等候时间。

六、抓作风建设

支行坚持以考核为导向，进一步加强员工的作风建设，激发全员工作热情。加大金融产品营销力度，用最好的工作业绩，保持支行各项业务持续稳定发展，提高支行的市场竞争力。

强化合规文化建设和依法合规教育，构建内控合规常态化管理机制。要求全体员工在业务发展中必须自觉遵守各项规章制度，坚持严守职业道德，严格合规经营，确保全年业务发展安全无事故的基础上，全面完成和超额完成全年各项任务目标。

中国农业银行沅江市支行

【基本概况】

2017年，沅江市农业银行有员工 251 人，其中内退、退休 108 人，在职员工 143 人，营业网点 7 个，其中农村网点 5 个（沅江草尾支行、沅江南大支行、沅江黄茅洲支行、沅江阳罗分理处、沅江泗湖山分理处），市区网点 2 个（沅江支行营业部、沅江琼湖分理处），离行式自助柜员区 2 个，警银亭 2 个，支行本部内设机构 5 个（公司业务部、个人金融部、财会运营部、风险管理部、综合管理部）。

建党支部10个，其中老干支部1个，共有中共党员141人，其中在职中共党员77人，内退、退休中共党员64人。

【班子简况】

行　　长	贺　斌
副 行 长	张　帆　李　浪
纪委书记	张喜英
办公室主任	曾利民

【工作概况】

一、绩效情况

（一）负债业务稳定增长。2017年，各项存款净增2550万元，其中储蓄存款净增20134万元，储蓄存款时点和日平均完成年度计划，储蓄存款保持市场份额第一。

（二）资产业务实现突破。各项贷款净增19930万元，其中法人贷款净增18141万元，个人贷款净增1789万元。另外，沅江市五湖连通政府购买服务项目贷款1.4亿元于6月成功投放100万元。

（三）客户群体不断优化。个人加权贵宾客户净增1044户，完成计划的85%；掌银活跃客户净增7449户，个人消息及快e付签约客户净增14610户，信用卡有效客户新增2001户，同比多增620户；

（四）资产质量持续好转。全年累计清收各类不良贷款本息1245万元，不良农户小额贷款余额较年初下降198万元。年末，行不良贷款余额1507万元，比年初下降200万元，不良率2.2%，比年初下降0.2%。

（五）内控案防运营提升。行运营工作由年初考核全市最后一名，年末考核进入全市前四名；琼湖分理处以968分的高分顺利通过总行“三化三铁”的检查。全行全年未发生案防事故。

（六）基础管理工作夯实。加强基层党建工作，夯实网点管理基础；持续开展合规文化、违规案例警示教育和党风廉政建设等宣教活动，员工合规经营意识不断增强；“三线一网格”工作有序推进；强化监管和整改，加强沟通和疏导，全年没有发生一起非正常上访事件。

二、工作情况

年初，沅江支行党委认真分析研究上级行综合绩效考核办法及“春天行动”竞赛办法，并实际制定沅江支行春天行动竞赛办法；同时，根据上级行的统一安排，每季在全行开展季度竞赛活动，通过竞赛活动的开展，促进了业务的发展。

（一）*党建引领，提升发展能力*。加强班子建设，落实主体责任。认真履行党风廉政建设主体责任，强化党要管党、从严治党、从严治行的责任意识。要求党委成员履行好一岗双责要求，在抓好分管工作的同时，对分管条线的党风廉政建设和惩防工作不放松，做到有部署、常检查、重落实。认真执行民主集中制的要求，落实议事规则和决策制度，对“三重一大”决策事项，均由支行党委民主讨论、集体决策。

加强基层党建。支行制订《基层网点党建考核实施方案》，明确各网点按照“四个结合”的原则开展党建工作，将网点党建工作与网点重大事项决策机制紧密结合起来。做好基层党组织换届选举，实行网点班子与支

部班子的合二为一。开展支部书记抓基层党建述职评议工作，进一步强化网点负责人以党建工作推动业务发展、规范基础管理的意识。网点管理能力得到增强。

加强基础管理。2017年，继续加强内控基础管理，未发生一起案件或风险事故或上访事件。按照“强基础、抓执行、提质量、控风险”的总体思路，扎实做好三项重点工作。一是抓实支行自律监管和非现场监测。按内控一类行创建工作要求统领全年内控工作，定期发布风险提示函。二是抓透发现问题整改。年初各项检查发现问题13笔，已全部整改到位。三是妥善做好舆情和应急事件处置。做好农户小额贷款虚假担保等风险事件的处置工作，引导客户合理维权，确保不发生声誉风险事件。加强与各级政府、政法和上级行沟通对接，科学应对和化解各类舆情，妥善处理协解人员上访问题。

加强运营基础。配好、配强运营管理队伍，加强对网点运营工作的指导和督导，对运营工作质量低的网点进行深入分析，对违规问题多的员工诫勉谈话，做好三化三铁创建工作。针对制约支行运营考核得分提升的14项指标重点研究，提高效率，提升考核排名。

加强作风建设。一是明确责任清单和工作措施，层层签订党风廉政建设责任书和安全生产责任书，明晰责任，一级抓一级，层层抓落实。二是支行主要负责人及纪委书记分别对新提拔网点负责人任前廉政谈话。严格落实“两个责任”，对存在的主要问题和风险隐患要采取果断措施并及时向支行党委报告。三是加强思想教育，开展反腐倡廉主题学习教育活动。组织观看《永远在路上》《打铁还需自身硬》二部反腐题材专题教育片，以支部为单位组织学习《习近平总书记系列重要讲话读本2016版》《中国农业银行问责办法》。四是加强劳动纪律管理，发现苗头及时处理，对违反劳动纪律的按规定给予处罚。

严抓三线管理。一是加强队伍建设。纪委书记专职化，并配备纪检专干。二是加强系统培训。行在编员工132人已全部纳入网格化管理。三是运用系统成果。发现问题和苗头，露头就打。四是制定规范文件。《谈心谈话工作指南》下发各部门、各网点，规范、指导中层干部谈心谈话。五是发现身边典型。报道好人好事,传递正能量。支行“三线一网格”的推广工作得到市分行监察室的好评。

（二）拓展市场，发展负债业务。

完善政府对口营销服务体系，做好上门服务。一是加强对财政社保账户的营销对接。二是展开养老保险账户的营销。三是依托市分行信息支持，成功营销公安局的特殊经费专户。

提升网点服务水平，发挥好阵地作用。第一是组织好“春天行动”，支行本部和网点分别开展营销竞赛活动。第二是抓好春节期间网点服务，支行本部派出7个工作组到各网点加强大堂服务，增设柜台，对重点网点延长支援时间。第三是开展拜访客户活动，开展送金融知识上门等沙龙活动，期间共组织微沙龙活动近20多场，邀约客户300多人次。第四是抓产品交叉销售率提升。至12月末，支行交叉销售率较年初提升个百分点。

第五是扎实推进网点深化转型及绩效管理工作。从一季度开始，一对一帮助琼湖和阳罗网点建立一套完整的绩效考核表格；同时学习兄弟行的经验，结合本身特点做出网点产品计价分配模板，让员工体会到“多劳多得”的分配原则。

（三）积极营销，业务突破发展。积极营销，储备小微企业贷款客户。支行多次到工业园走访客户，把握园区企业动态，通过筛选甄别，在严格把控风险的前提下，储备一些小微企业客户，正在收集耘裕服饰的相关资料，准备授信500万元。同时做好一批存量楼盘的维护，提高按揭贷款办贷效率。

（四）多管齐下，做好“三农”工作。一是依托项目，回归服务“三农”的本源，解决农村金融服务“最后一公里”。重点做实民生代理项目。二是加强与农银人寿的协作，增强机具维护力量，加快实现“星火计划”。按照沅江人民银行的统一安排部署，在阳罗、南大共建立3个金融扶贫服务站，力促精准扶贫。开展金融知识下乡活动，向村民宣传假币识别、个人征信管理、行金融产品等知识，深受好评。抓大不放小，加大农户贷款投放力度。一是严格落实。2017年,已发放粮食贷、救灾贷888万元。二是大力营销养老贷。经与人社局联系，全市有9500人左右因修路等拆迁，将原新农保按政策转入企业社保，政府补贴3.3万元，自筹6.6万元。经调查，可贷款近1亿元。

（五）严格管理，提升风控能力。一是认真做好贷前调查，对金额较大的自然人贷款和法人贷款都由网点、支行相关人员组成联合调查组，严格按行信贷政策和管理要求准入客户。重新明确支行押品评估、审核岗位人员及流程，确保合规操作。二是按制度要求搞好贷后管理，特别是做好贷款到期前催收工作，严格按照市分行《关于进一步加强贷款到期管理和风险控制的实施意见》的要求，提前上门催收，落实还款资金来源，了解客户是否续贷等，明确后段工作措施，对未落实还款计划的客户均已提起法律诉讼。三是加大逾期贷款催收工作，重点客户、重点网点均由班子成员牵头或挂点清收，明确一户一策清收方案，加大司法清收力度。

（六）精细管理，夯实发展基础。一是内控形势整体稳中向好。二是问题主要集中在运营与三农版块。三是支行层面自查力度与能力不够。针对以上特点，加强内部自律监管，提高监管工作质量。一是加强风险管理部对支行整体风险状况的把控能力，明确风险部对支行各类风险状况的情况收集与各类风险控制指挥作用。二是风险部指导支行本部部门就各季度自律监管开展工作，明确各条线每季度自律监管的工作重点。三是上半年重点加强突击查库，由行领导亲自带队对各网点柜员与ATM现金进行定期与不定期核对。四是明确运营与安全保卫条线每周对网点调阅一次监控录像，发现问题以工作提示函的形式进行通报，对性质严重与累查累犯问题移送处理。

集中力量，攻克运营弱项指标。网银签约率一直是沅江支行运营考核落后的主要原因之一。一年来，支行集中力量，全力攻克该项指标，年内电子对账签约率已由79%提升到97%。

中国农业发展银行沅江市支行

【基本情况】

2017年，中国农业发展银行沅江市支行设有3个部室，即办公室、信贷业务部、会计结算部。年末，在职职工27人，内退2人，退休10人，中共党员26人（其中退休中共党员7人）。

【班子简况】

行　　长　　汤志宏

副 行 长　　彭国卿　刘征宇

办公室主任　　曾　青

【工作概况】

一、党建统领不断强化

通过全面落实从严治党的各项部署、狠抓“两学一做”及深入学习中共十九大会议精神，开展作风纪律整顿，全行上下抓党建谋发展的意识明显增强，行风行貌焕然一新。

二、业务指标实现突破

一是信贷业务有效发展。依托省、市、县农发行“三级联动”，先后投放农村路网贷款15000万元、土地整治贷款9000万元、棚改贷款20000万元。年底，各项贷款余额194076万元，比年初增加8390万元，增幅4.52%。

二是支农作用更加凸显。积极配合中储粮在行所辖5个乡镇、5个收购网点开展工作，全年累计收购最低价粮食2.79万吨。同时，行与两家储备企业共同克服储备粮增储、轮换时间紧、任务大的困难，圆满完成11.5万吨粮油增储、轮换任务。安排5名专职客户经理对所辖205栋仓库存储的47.3万吨粮油实行专人专管，行领导带头定期与不定期现场检查，全年未发现库存异动情况。

三是存款业务屡创佳绩。支行分析全年盈利目标增长点，制定分片包干揽存策略，全力推动行存款业务的发展。至年底，行对公存款日均余额53166万元，比年初增加27083万元，增幅103.83%；对公存款余额57298万元，比年初43552万元增加13746万元，增幅31.56%。

四是国际业务实现突破。2017年，国际结算业务完成49916.09美元，实现零的突破。

三、守住信贷风险底线

2017年，行多措并举做好客户维护和风险化解工作，未出现贷款逾期现象，3家自营性客户续贷工作实行“无缝对接”，特别是对风险企业陆续欠息情况，通过上下联动，成功收回风险企业积欠利息，年末不良贷款继续保持零余额。

四、经营利润大幅增长

全年剔除政策性利费补贴未到位以外的利息收回率100%，中间业务收入实现应收尽收，实现账面利润2700万元，比年初增加1940万元，增幅255.26%。

中国建设银行沅江支行

【基本情况】

建设银行沅江支行2017年有员工29人，中共党员12人，其中女中共党员5人。营业网点2个，另有两个离行式自助银行（庆云山离行式自助银行和人民医院自助银行）。

【班子简况】

行　　长　　汤伟军

副 行 长　　秦晓鸣　周洛夫

办公室主任　　胡静春

【工作概况】

一、业务情况

（一）存款。至2017年年末，一般性存款余额27.04亿元，比年初新增3.87亿元。

（二）贷款。各项贷款余额为13.36亿元，比年初新增2.05亿元。其中对公类贷款8.56亿元，新增0.17亿元；个人类贷款4.80亿元，新增1.88亿元。

（三）收入。实现中间业务收入1166万元。

（四）全年实现利润5871万元。

二、工作情况

（一）支持地方建设。湖南沅江金洲船舶制造产业开发有限公司

共投放基本建设贷款2亿元；沅江市经开区发放贷款2300万元；沅江纸业有限责任公司投放贷款1.3亿元；中小企业发放贷款677万元；小微快贷828万元。净投放个人贷款18856万元。

（二）内控管理到位。建行继续强化基础管理与基层管理，不断提升全行员工合规意识，全面夯实业务发展基础，内控管理得到进一步提高，2017年未发生各类案件。

中国银行沅江支行

【基本情况】

2017年，中国银行沅江支行下设1个综合管理部和3个网点，有在职员工43人，其中综合管理部6人；营业部16人，橘城路支行9人，中山路支行9人，建基层党支部3个，在职中共党员16人，其中女中共党员3人。

【班子简况】

行　　长　　何慧军

副 行 长　　王光武

纪检监察员　　熊建勇

办公室主任　　施文彬

【工作概况】

一、拓展资产营销

一年来，支行班子成员牵头，积极营销法人资产业务。至2017年年末，公司贷款余额64523万元，较年初净增25777万元，当

年投放45698万元，完成年任务的429%；银行承兑汇票签发18544万元；贴现发生额4069.12万元。积极营销国土项目，在“旱改水”项目取得突破性进展。

二、发展负债业务

沅江支行存款坚持“稳存量、拓渠道”的发展方向，各项存款取得较好效果，截至2017年末，支行各项存款余额为158264万元，时点较年初负增长6896万元，日均余额179385万元，较年初净增26459万元。其中：个人存款时点余额为110120万元，较年初净增7969万元，个人存款日均余额为110692万元，较年初净增10432万元；公司存款时点余额为48144万元，较年初负增长14865万元，公司存款日均余额为68693万元，较年初净增16027万元。

三、拓展各项产品

（一）个金产品。截至2017年年末，是年信用卡新发卡1884张，卡分期3784.82万元，电子银行新增7835户，重点基金销售125.55万元，贵金属销售439.64万元，新增代发薪单位5个，代发资金量22095万元。

（二）公司产品。截至2017年年末，结算账户新增加74户，完成率达120%；三方存管新增1608户，完成率达149%；企业网银新增70户 。

四、扩大网点客户

为增加网点辐射，扩大产品影响力，树立良好的品牌形象从而进一步增加中国银行沅江支行基础客户群，主要推动了以下几项工作：一是每年初通过渠道抓存款；二是利用股市进入牛市契机，适时举办资本市场投资报告会，引导投资客户开立三方存管购买基金；三是国库集中支付资格重新认定，通过多方努力再次成功取得国库集中支付资格；四是积极与政府人社局联系，走单位访社区，做好12个社区的社保卡发卡工作，五是公积金账户的开立；六是通过服务上门，将工业园区失地农民土地征收款转到支行代发。

五、强化优质服务

内强素质外塑形象，为做实服务，提高客户体验，坚持服务工作做到常态化，坚持每日晨训和晨会服务十分钟，固化流程导入，在大厅推行七步曲服务，员工服务理念、服务精神面貌得到提升，真正让客户高兴而来，满意而归，重奖重罚，加重服务在考核中的占比。不断丰富服务内容，创新服务形式。金杯银杯不如客户的口碑，通过全行共同努力，支行服务形象与员工服务素养得到行内外的一致好评。充分利用业务考核系统，对不同层级客户分级维护，让客户觉得在沅江支行受到重视从而提升客户对支行的忠诚度，有效地促进业务发展。

六、内控安全防范

牢固树立风险内控也是效益的思想，全行形成安全合规发展的内控风险文化。每年初与各部门及全行员工签订《安全责任状》，每周组织一次员工学习省行集中授权案例和风险内控50条等各类规章制度，确保依法合规经营。每逢重大节假日在全行进行安全隐患大排查，对员工进行各类安全提示，对检查出来的问题及时认真地整改，举办防爆炸、防抢劫、灭火应急预案演练，有效增强员工识别和控制各种突发事件的能力，创造良好的安全金融服务环境。

七、坚持党建引领

一年来，中国银行沅江支行始终坚持“党建引领促发展”的工作思路，扎实开展“两学一做”学习教育，积极开展系列党建活动，为各项业务健康发展提供保障。

中国邮政储蓄银行沅江市支行

【基本情况】

邮储银行是一家近百年历史的商业银行，其前身是1919年成立的邮政储金局，2007年3月，中国邮政储蓄银行股份有限公司正式成立。2016年9月28日成功在香港上市，目前是全国网点规模最大、覆盖面最广、服务客户数最多的商业银行。拥有营业网点近4万个，服务客户超5亿人，服务触角遍及广袤城乡，在“2016年全球银行1000强排名”中，邮储银行总资产排22位。是一家资本充足、内控严密、特色鲜明的大型国有零售商业银行。

邮储银行在沅江拥有网点23个，自助存取款设备47台，助农取款POS机372台，遍布各大社区及乡镇，加上行全方位的电子银行网络，服务便捷安全高效，优势突出，是真正贴近百姓的大众银行。

【班子简况】

行　长	殷丽君
副行长	周　科　万　勇
综合管理部经理	徐益原

【工作概况】

一、践行普惠理念

2017年，沅江邮储银行拥有储蓄基础客户群67万位，累计发卡50.53万张。每月承接社保民政养老金和低保金发放8.35万笔，日均单个柜台交易量600余笔，单台自助机具日交易量1200余笔。截至12月底，沅江邮储银行自营+代理居民两项人民币存款余额51.74亿元，为个人客户理财20.91亿元。累计向社会发放贷款8952笔，金额18.8亿元。对拉动地方经济发展做出较大的贡献。

二、加大“三农”服务

邮储银行高度重视“三农”金融服务工作，不断优化农村金融服务环境，为广大城乡居民提供基础金融服务，为服务农村经济提供强有力的金融保障。邮储银行陆续推出小额信用贷款、林权抵押贷款、再就业小额担保贷款、农户直补资金担保贷款、农机贷款等服务“三农”的贷款产品体系，以专业大户、家庭农场、农民专业合作社、农业产业化龙头企业等新型农业主体为重点服务领域，对渔业养殖、粮食种植、芦笋加工等地域特色行业予以重点支持。为更好助推农业现代化、新型城镇化发展，支持农业供给侧改革。8月29日，邮储银行“三农”金融事业部沅江营业部正式成立，为当地提供更专业更精细的“三农”金融服务。截至2017年12月底，邮储银行累计向沅江投放涉农贷款8840笔，金额13.45亿元。其中再就业小额担保贷款（又称创业贷款）累计投放 1131 笔，金额 9774.7 万元，结余金额 547 笔、金额 5345 万元。

三、推进金融创新

邮储银行针对中小微企业不同层次融资需求特点，相继创新推出多种企业贷款产品，设计额度循环支用的贷款使用模式和灵活的还款方式，最大限度地帮助小微企业节省利息开支，降低融资成本，有效满足其对资金需求“短、小、频、急”的特点。设计多种抵押担保方式，从单一的房产土地抵押，逐步增加多种担保及信用贷款模式。如对地方税收贡献评级较高企业给予信用贷款、政府采购项目中标方给予信用贷款、对污水处理厂、医院、加油站、幼儿园等经营权质押等多种担保方式相结合，解决一部分企业客户贷款担保难的问题。截至 12 月末，邮储银行沅江支行小企业法人贷款累计投放 150 笔，金额 4 亿元，结余 33 笔，金额 7691 万元；其他小微经营业主累计投放贷款 10067 笔，金额 8.99 亿元。

为进一步切合市场需求，邮储银行结合沅江区域经济特点，陆续推出工程船舶贷款、在建船舶贷款、船舶企业法人贷款等系列产品，为沅江船舶特色行业发展提供深度链式金融服务。截至 12 月末，邮储银行沅江支行累计投放船舶贷款 173 笔，金额 3.47 亿元，结余 99 笔，金额 1.47 亿元。

农村商业银行

【基本情况】

湖南沅江农村商业银行股份有限公司由沅江市农村信用合作联社改制成立，于 2017 年 6 月正式挂牌营业。公司下辖 47 个营业网点，其中，营业部 1 个，支行 18 个，分理处 28 个。共有在岗员工 475 人，其中：正式员工 404 人，留用工 71 人。退休员工 188 人。2006 年以来新招员工 114 人（含退伍安置和新老置换）。设基层党支部 17 个，共有中共党员 317 名，其中女中共党员 83 名。

【班子简况】

董事长　刘乐平
行　长　宋海强
纪委书记、监事长　王跃群
副行长　范文炳　谢　韬
办公室主任　曹毅娜

【工作概况】

一、完成经营指标

至 12 月末，全市农村商业银行各项存款余额 538117 万元，比年初净增 54211 万元，增长 11.2%，日均净增 27672 万元，总量和增量分别占市场份额的 25.25%、29.20%。各项贷款余额 225697 万元，比年初净增 16518 万元，增长 8.9；贷款总量和增量分别占市场份额的 23.97% 和 13.74%；累放贷款 215980 万元。实现财务总收入 30014 万元，其中营业收入 29722 万元，同比增加 5235 万元。实现经营利润 11387 万元，同比增加 1437 万元。

二、完成产权改革

6月26日，举行湖南沅江农村商业银行股份有限公司开业庆典，标志着市农村信用社产权改革工作圆满完成，正式步入农村商业银行转型发展的道路。一年来，总行党委始终把产权改革工作作为头等大事来抓。

（一）明确时间路线图。年初，由改革办牵头，根据《湖南沅江农村商业银行筹建工作方案》，制定详细的时间表路线图，对筹建准备、申请筹建、申请开业三阶段需要做的工作列出清单，明确工作内容、分管领导、牵头部门、办结时限等，确保每项工作落实到人，责任明晰。在全体员工的共同努力下，3月30日，获准筹建湖南沅江农村商业银行股份有限公司；5月18日，召开创立大会暨股东大会第一次会议；6月15日，获准开业，各项工作目标任务如期完成。

（二)明确责任主体。总行党委分工明确，改革工作重点难点问题做到集中研究，多次召开党委会、社务会，出台相关办法，制定工作措施，明确改革办、人力资源部、办公室、物业管理部等部门工作职责，加班加点完成了农村商业银行章程以及相关规章制度的制定；确定农村商业银行组织架构体系；选举产生董事、监事，召开董事会和监事会；通过议事规则和基本管理制度；选举和聘任高级管理人员，完成董事、监事、高管人员任职资格审查等前期工作；办理相关证照。

三、拓展业务规模

2017年，行一手抓改革的同时，一手抓业务拓展，为转型发展积蓄潜力。

（一）突出抓存款组织。一年来，全行早计划、早安排，利用人缘、地缘优势，充分发挥敢想、敢干、敢抢、敢夺、敢占的“敢”字精神，以“农村市场寸土不让，城区市场寸土必争”的勇气，参与市场竞争。通过对辖内城乡市场认真研究与详细分析，及时准确定位以辖内农村致富能人、城乡个体工商户、企事业单位为重点，一般城乡居民及周边区域为补充的增存揽储思路，不断加强客户资料的搜集与管理，逐步建立起农户、个体工商户和企事业单位档案，有效增强存款组织工作的针对性。一是大力实施分层营销，搭建领导班子、中层骨干、一般员工“三位一体”客户营销维护制度，对党政机关重要对象、重点个人客户和企事业客户，分工包户到人，采取上门服务、柜面差别化服务，进行营销攻关和维护。二是规范服务。实行明察暗访，监督“五心”“六个一样”文明规范服务，提升客户满意度。开展“普及金融知识宣传”，通过宣传板报、现场宣讲等形式，提高公众对反假币、反洗钱、防诈骗，防非法集资的能力。三是对存款利率上浮20%～40%，让客户享受到农村信用社的实惠，真正让利于客户，客户主动办理定期存款、手机银行、网上银行的热情高涨，提高客户的忠诚度。四是大力发展普惠金融。2017年，新设立9家“村口银行”，让农民足不出村能办理小额取款、转账等金融业务，大力推进普惠金融服务。

（二）突出抓贷款营销。一是推动评级授信全力支农。制定《评级授信工作方案》，将评级授信工作纳入绩效考核。确定各支行信贷服务区域，明确包片、包村客户经理，确保每个行政村都有包村责任人，将评级授信工作逐村、逐户落实到人，建立包村责任台账。总行党委成员、部室负责人以及各支行正副主任，每人具体联系1个行政村，担任评级授信工作的责任人，责任人每月深入联系点，推动评级授信工作，全年驻点联系的工作时间累计不少于30天，要求有工作日志备查，联系期间全程参与、指导、督促包村客户经理扎实开展评级授信工作，树立标杆村,以点带面推动此项工作。截至12月末，新增评级授信客户27639户。二是开展贷款营销活动。2017年，全行树立支农、支小的理念，针对农户、商户、小微企业三个层面，将客户信息采集和评级授信工作与扫街、扫楼，进村组、进社区、进门店、进园区、进楼宇“两扫五进”业务拓展活动相结合，与“六个一百”“六个一”金融服务示范工程相结合，做到每户1张《基础客户信息卡》，每社1本《信贷服务区域基本情况台账》，确保信息采集面、评级面分别达到100%，授信面达到50%。制定《2017年信贷营销激励办法》，对新增的黄金门面、房产、自卸船舶及“公诚薪”工资质押等符合条件的抵（质）押贷款、农户小额信用贷款（含贫困户小额信用贷款）和对公客户贷款，按2017年12月31日贷款余额的1‰计酬。对完成每月贷款净投任务的支行分别按标准计酬。截至12月末，营销贷款净增前三名分别为营业部、万子湖支行、城关支行，其营销贷款净增5187万元、3772万元、2279万元。三是大力拓展贷款客户。一方面，保持同老客户的回访联系，深化合作关系，挖掘信贷需求，确保优质的老客户能够稳得住，新的需求能够满足好;另一方面,积极拓展新客户。深入开展“两扫五进”活动，做实扫街扫楼扫村工作，借鉴优秀客户经理好的做法，全面、动态掌握辖内新型农业经营主体、种养大户、公职人员、个体商户、中小微企业、学校医院、行业组织协会等数量信息，找准目标客户，开展更有针对性的营销。城区支行积极拼抢城市金融业务，主攻基础设施、品牌企业、民生工程、居民消费等信贷市场，既抓大项目、好项目，又做商户、做小微，不断优化客户结构，提高客户总量，夯实发展基础。全行聚焦集镇，深入村组，大力拓展农户、商户和种养大户，扎实推进金融产业扶贫，巩固和扩大传统优势。同时，努力争取系统大户。在稳固基础客户的基础上，着力营销高端客户、优质客户、系统大户，培育中坚客户，调整优化客户结构，扩大农信系统的竞争力、影响力。对系统大户、行业大户和重点工程项目及民生工程、市域重点学校、医院，着力开展重点营销。2017年，全行净投放贷款16518万元，其中，9800多万元支持6000多农户生产生活，1500多万元支持12家农民专业合作社,1100多万元支持45个家庭农场，2100多万元支持16家小微企业（船舶产业），授信市级福康医院、人民医院1800万元、用信800万元，与沅江三中达成授信意向1000万元，政通实验学校用信50万元。逐步形成草尾镇蔬菜、南大膳镇水产养殖、泗湖山镇水稻种植、漉湖鲜鱼加工、四季红镇腐乳加工等特色农业、效益农业、生态农业。四是继续开展金融扶贫工作。进一步做好建档立卡贫困农户信息采集，确保建档立卡贫困农户评级授信“全覆盖”。截至2017年12月末，对17669户贫困农户建档立卡并评级，对符合“四有两好一项目”的2467户贫困农户进行有效授信，对有贷款需求的1029户贫困农户发放了贷款，累计发贫困农户贷款5650万元，贷款余额3924万元，为农民脱贫致富注入“金融活水”。

（三）突出抓电子银行。一是完成网点自助设备4台CRS的申报、审核和上线工作。这4台存取款一体机大大方便了客户的金融需求，也减轻了柜台人员的工作压力。二是加大手机银行，网上银行开户力度的宣传。2017年，全行由资金营运部的牵头下，各支行积极组织行内员工张贴横幅，分发宣传手册，同时深入校园、农贸市场等人口聚集地做好宣传工作。

（四）突出抓资金营运。一是看准市场行情，抓住机遇。2017年，行实现资金业务净利润9953万元，超过年初预计2453万元，完成考核任务的132.7%。二是积极组织员工参与培训学习。2017年，资金营运部与营业部分别派人奔赴北京、杭州、上海、广州等城市学习债券、票据、同业清算交易等业务，并取得债券托管结算业务培训证、上海清算所结业证、本币交易员任职资格证等相应证书，为行以后开拓票据业务打下基础。三是扩大同业资金存放业务的交易对手。一年来，行分别在长沙农商银行，渤海银行，恒丰银行等7家银行开立同业账户，其中与5家银行发生资金业务往来，截至12月31日，行已与17家同业机构建立资金业务关系，这加大了资金流向的可选性，增加了盈利空间。四是积极筹备线上资金业务。行产权制度改革成功后，一直与银监部门协商准备参与线上业务，力争在2018年1月通过监管要求，正式上线。

四、打造企业文化

（一）统一工作制服，提升整体形象。为规范员工统一着装，从2月起，总行启动对员工工装的制作，成立员工工装制作领导小组，制定采购工作实施方案，采用自主公开招标方式，分春夏装和秋冬装两个标段同时评标。中标商家在6月前，将工装制作到位，提振了员工的精神面貌。

（二）加大培训力度，凝聚企业文化。在农商行转型发展之际，总行党委审时度势，引进上海艾加国际金融服务集团进驻总行内部，通过前期调研走访，量身打造企业文化培训方案。6月2—4日，开展对中高层管理人员的品牌金字塔策略营训练，统一中层骨干的思想，形成总行统一的企业愿景、精神、使命等文化要素。8月2—7日，总行自上而下对所有员工开展6批次轮训，将企业文化灌输到每一位员工，达成统一共识。

（三）建设标杆网点，提升对外形象。8月2日和9月18日，在总行党委和人事部门的精心组织下，艾加咨询公司分别派出精干力量，进驻新湾、琼湖2家机构重点打造标杆网点建设，经过近2个多月的实战，2个标杆网点的“6S”管理取得好的效益，2个标杆网点的建设形成深远影响，总行党委精心布局，及时将这项工作向各支行延伸。10月10—29日，培训机构选派6名培训人员，分成2个工作小组，深入各支行现场开展高强度培训。通过培训和微信公众号宣讲，全员参与度迅速提高，优质文明服务上了新台阶。

沅江浦发村镇银行

【基本情况】

沅江浦发村镇银行股份有限公司（以下简称沅江浦发村镇银行）由上海浦东发展银行、湖南财信投资控股有限责任公司、湖南神斧投资管理有限公司、沅江污水处理厂等七家股东共同发起设立，注册资本为人民币5000万元，于2012年11月9日开业，主营人民币各类金融业务，是经中国银监会批准，具有独立法人资格的国有控股商业银行。沅江浦发村镇银行以建设全国一流精品村镇银行为战略目标，作为沅江本土的金融机构，以“立足沅江、服务‘三农’、支持小微”为办行宗旨,公开承诺是“服务更好,效率更高，成本更低”。是年，机构网点数为1个，机构设置为4部1室，员工33人。

【班子简况】

行　　长	吴　琨
行长助理	甘卫华　杨祝勇
综合管理部部门经理	彭　浩

【工作概况】

一、经营指标完成

截至12月末，全行总资产8.16亿元，各项存款时点余额7.16亿元，其中储蓄存款余额3.13亿元，占比44%，较年初增长1.39亿元，增幅80%，存款稳定性不断提升；存款日均7.87亿元，较年初增长2.51亿元，增幅47%;贷款余额3.49亿元,较年初增加1.15亿元，增幅49%。涉农及小微贷款余额3.22亿元，占比92%。存贷款结算客户26258户，累计发放银行卡19945张，客户基础不断夯实。不良贷款余额为455万元，不良率为1.31%，控制在年度目标之内。全年营业收入2641万元，净利润729万元。

二、主要工作措施

（一）创新扶贫贷款模式，精准扶贫成效明显。2017年年初，行正式启动金融产业扶贫小额贷款“分贷统还”项目，共走访沅江市黄茅洲、泗湖山、草尾、茶盘洲、共华5个乡镇50多个村，历时3个多月，发放扶贫小额贷款1510户、7550万元，为全行全年业务发展奠定坚实的基础。

（二）加大小额信贷投放，支农支小定位突出。2017年，行与益阳公积金中心在前期合作的基础上签订深度合作协议，重新确定公积金组合贷款和按揭贷款的发放目标。同时，行成立微客户服务中心，专注小额消费信贷市场，通过不断改善信贷流程、提升服务水平、加大考核力度等措施，小额消费贷款投放大幅提升。至年末，全行贷款余额比年初增长1.2亿元，其中小额消费贷款余额比年初增加10442万元，增幅为225%。贷款户数比年初增加1990户，户均贷款余额由年初的76万元继续下降至15万元，单户100万元以下的贷款余额为22900万元，占贷款总额的66%，支农支小定位更加突出，信贷风险进一步分散。

（三）深化信贷结构调整，加快风险资产处置。一是坚持贯彻小而分散原则。全年主动退出单户200万元以上的正常贷款21户6609万元，全力以赴做散做小，使户均贷款余额进一步下降。二是加大风险资产处置力度。在经历2016年的砂石禁采和益阳担保公司崩盘之后，行砂石行业贷款和部分担保公司担保贷款的风险终于全面显现。行逐户研究制定一户一策清收处置方案。运用现金清收、重组续贷、法律诉讼等多种措施，全力化解贷款风险。全年起诉风险客户6户，贷款余额1755.55万元。通过核销、清收，化解风险贷款超过900万元，在总行、分行的支持下转让化解1333万元，风险贷款得到有效控制，为今后的发展进一步夯实了基础。

（四）持续抓好队伍建设，团队素质不断提升。一是持续开展员工培训。严格落实年初培训计划，培训工作形成常态化。其中营业部持续开展技能强化训练，在湖南5家浦发村行运营技能竞赛中，夺得团体总分第一并包揽两个单项第一，在总行举行的28家村行技能竞赛中夺得团体第四和单项第二。同时，行对贷款三查、风险案例、安全案防等关键环节和重点领域持续开展专题培训，提升全员综合素质。二是积极做好人才储备。行制定《后备人才推荐管理办法》，建立后备人才库，实行动态管理和晋升制度。同时，完善《员工定级、转编管理办法》，全年对6名业绩优秀、综合能力强的员工给予职级晋升,3名表现良好的派遣制员工转为正式编制。

中国人寿保险沅江支公司

【基本情况】

中国人寿保险股份有限公司是一家大型国有控股保险公司。2017年，沅江支公司单位编制27人，成立1个基层党支部，中共党员13人，其中女中共党员4人。

【班子简况】

经　理	匡长清
副经理	王明党
办公室主任	黄　建

【工作概况】

一、基本情况

中国人寿保险股份有限公司是一家大型国有控股保险公司，它的前身是成立于1949年的中国人民保险公司。2017年沅江支公司单位编制人员27人，成立1个基层党组织，中共党员13人，其中女中共党员4人。

二、工作成绩

（一）年度任务超额完成。2017年，首年期交目标4775万，达成4121.69万，完成年度目标86.32%。短期险目标880万，达成799.15万，完成年度目标90.81%。

（二）注重人力资源培养。坚持人力发展专人专岗，让一批人专心队伍建设，从辅导到培育到追踪考核，环环有人抓、事事有人督，形成队伍良性常态发展，职场功能组健全，运转通畅。沅江公司人力由年初971人，达到年底 1089 人。

（三）市场竞争能力增强。瞄准主要竞争对手，持续充当市场双引领。沅江平安不足以对沅江国寿构成威胁，该校把太平洋列为城区主要对手，把新华列为农网主要对手，2017 年，该校无论从队伍规模还是首年期交，都是市场绝对第一，对手被该校甩开一个量级。

（四）政保业务提升很快。沅江紧盯政保业务发展，2017 年该校获得政府大病保险业务权，通过持续强化服务，获得政策相关部门高度认可。

中国人民财产保险股份公司沅江支公司

【基本情况】

中国人民财产保险股份公司沅江支公司，2017 年，下设综合科、南大营销服务部、草尾营销服务部、农险科、车商科、营销科、商业非车险科、电网销续保科、理赔分部和出单分中心共 10 个科室，人员配备齐全，是沅江历史最悠久、业务规模最大、综合实力最强的大型国有财产保险公司，保费规模稳居沅江财险市场第一。公司始终坚持“人民保险、造福于民”的经营宗旨，不断探索并秉承“以人为本、诚信服务、价值至上、永续经营”的经营理念，努力弘扬“求实、诚信、拼搏、创新”的企业精神，充分发挥市场、品牌、人才、技术、网络和服务等优势，为促进改革、保障经济、稳定社会、造福人民提供强大的保险保障。

【班子简况】

经　　理	任佳强
副 经 理	贾湘萍　王漫江
	彭　斌
经理助理	曹秀峰
办公室主任	易　静

【工作概况】

2017 年，沅江支公司实现保费收入 6640 万元，完成年计划的 99.62%，净利润 770 万元。

一、效益发展

渠道建设。公司建好销售渠道是短期有效长期有利的一条路子。首先，发搞好三农营销服务，提升服务水平，拓展农村市场，利用已有的南大、草尾营销服务部，人员配备全部到位，建设好三农服务队伍，发展营销人员、协保人员力量。其次，理顺银行渠道，增加和银行之间的联系往来，已联结建设银行、农村信用社等。再次，车商渠道，加强与个 4S 店的紧密联系，已明确 2 名店员，驻店经理新车业务。稳固的已有江军车行、长安润景车行、祥龙车行、中力车行 4 家汽车销售商，再发展 2 ~ 3 家新的合作伙伴，争取达到新车市场 35% 以上的份额。最后，探索电子商务，拓展新型渠道，如手机销售等，此外还与人保寿交叉互动等各方面的能增收保费的有效途径。

二、营销策略

一是守住农险市场，发展特色农险，增

加险种及农险保费规模。二是发展农险与政府建立的良好关系，加大非农险种业务，如，农房统保，大病等。三是依托相关部门，进一步发展学意险，医责险，燃气责任险，住建安责险，食品安全责任险、大病医疗保险等。

驻沅江单位（部分）

湖南省赤山监狱

【基本情况】

湖南省赤山监狱原名湖南省第一监狱，占地约78万平方米，建筑面积约13万平方米。监狱企业名称为湖南特种电机有限责任公司，2014年开始逐步退出电机生产经营，目前主要从事鞋类、箱包、手套、电子产品等劳务加工。

【班子简况】

监狱长			刘　斌
政委			周　勇
公司总经理			陈红辉
副监狱长	廖贵儒	陈　纯	杜群林
政治处主任			刘方明
公司副总经理	郭政军	龚　彬	李国华
纪委书记			彭重周
副处级干部			钟凤延
副调研员		张树鹏	邓　浩
办公室主任			银虎仁

【工作概况】

一、提升履职能力，队伍建设有新气象

政治过硬、堪当重任的队伍是监狱发展的迫切需要，监狱党委以全面提升履职能力为目标，针对问题，精准发力，实现队伍从履职尽责向可靠过硬的新转变。

（一）突出政治，筑牢根基。赤山监狱始终把政治坚定、对党忠诚作为引领实践的第一要义，推动队伍学深、悟透、做实中共十九大精神和习近平总书记新时代社会主义理论学习，严格落实中央政法委、司法部关于监狱工作的有关决策部署，深入开展“两学一做”常态化制度化教育实践活动。推动先进理论入脑入心。开展“贯彻发展新理念转型升级补短板”讨论活动，紧扣“五大发展理念”和创新引领、开放崛起战略，立足实际研讨，补齐了思想认识、业务发展、队伍建设、深化改革、基层基础等方面的短板。促进专项活动提质增效。

（二）提升能力，打造队伍。按照“五个过硬”队伍的目标要求，赤山监狱大力加强队伍正规化、专业化、职业化水平，为实现监管安全提供坚实保障。注重专业能力培养。注重警力配置优化。注重工作制度规范。全面提升执法管理规范化水平，提高警察职工履职执行力和职业素养。优化执勤模式，按照大劳务监区、小劳务监区、功能性监区的实际押犯规模和功能划分合理制定警察编制，有效解决了“忙闲不均”问题。

（三）文化引领，清润人心。监狱党委坚持“文化引领管理”的文化建设思路，充分发挥文化凝聚人心、引领发展功能，提升警察职工集体荣誉感、发展使命感、事业归属感。打造文化建设示范区。完成5个监区文化建设和办公楼办公区域、部分公共区域文化建设，将“敬业、守正、实干、图强”的监狱精神、积极向上的中外文化与具有指导性、操作性的一系列工作理念相糅合，促进警察职工核心价值体系落地生根。拓展监狱历史文化宣传渠道。建成监狱荣誉室，在青年警察公寓和监内新增电子显示屏等公共宣传平台，制作并投放一批以文明创建、党建、教育改造、生产经营为主题的监狱新版宣传片、宣传册，集中展示监狱历史文化和发展成果，推动广大警察职工形成“不忘初心，牢记使命”的荣誉感、使命感。开展丰富多彩文化活动。开展“讲奉献 有作为 我为创建添光彩”主题演讲比赛、学习张树俭先进事迹征文活动、“烽火岁月 荣辱见证 缅怀历史 勿忘初心”等红色教育。

二、落实安全监管，改造工作有新成效

认真贯彻落实治本安全部署，深化平安监狱创建，转变安全观念、改进工作作风、提升工作水平，初步实现由“治标”向“治本”转变。

（一）抓基础，保安全。坚持犯情日研判制度，健全风险评估和分级管理制度。突出重点管理，加强监管安全“四项核心制度”建设，扎实开展监管秩序整顿专项活动、AB门管控、“两违”物品专项清查活动等监管安全专项行动，重点落实罪犯“三不”管理，规范车辆、物品、人员进出管理，建立起违禁品防控工作长效机制，“无违”监狱基本形成。2017年共查获罪犯私藏“两违”物品120多人次，处警告处罚近40人次，为历年最低。

（二）严要求，重公正。大力清理整顿非生产性岗位罪犯，规范罪犯动态调配机制，按文化素质、改造表现、身体情况、技能特点等标准分层次进行配置。综合运用多种改造手段，推动劳动改造和思想改造深度结合，按时发放低报酬共计180万元，人均高达830元，调动罪犯改造积极性。罪犯“八项经费”全额到位。

（三）促转变，推治本。加强教育改造基础工作，强化警察基本功考核，考核成绩每月量化公示。完善警察个别教育谈话记录和罪犯接受警察谈话教育记录，月教育次数在省局要求基础上再提高，突出实效性和操作性。8月，全省监狱系统警察分组包干管教罪犯工作现场推进会在该狱召开。实施“文化育人”工程，开展“一区一品”监区文化建设。

三、推进综合治理，整体工作上新台阶

坚持内涵式发展的指导思想，立足现实、放眼未来，量力而行、尽力而为，促进“硬实力”与“软实力”的不断提升，全面推进监狱工作跨越式发展。

（一）企业经济稳中有进。努力克服宏观经济下行、政策激励有限、劳动力数量和质量持续下降、车间维修等不利因素，召开年度企业工作会、劳务生产座谈会、季度生产调度会等各类会议，明确目标，制订政策，理清思路，积极谋划，2017年实现劳务增加值5288万元，为集团公司年计划的120.18%，同比增长9.26%；实现累计月人均增加值2228元，同比增长8.08%。

（二）综合支撑日趋完善。围绕“智慧监狱”顶层设计，搭建大平台、推进大集成、实现大应用，推进视频全覆盖工作，使监狱工作向标准化设计、信息化管理、智能化应用加速迈进，实施基础设施改造，管理科技化水平大幅提高，为监狱安全提供坚强支撑。实施大小工程项目52个，改扩建工程竣工决算工作画上圆满句号。制定《湖南省赤山监狱招投标管理办法（试行）》，全年共招标126箱，节约资金140余万元。社会综治工作不断强化，被省局评为优秀。

（三）文明创建助推发展。2017年，按照《湖南省司法厅文明单位评分细则》的有关规定和“省级模范职工之家”的工作要求，制定创建工作方案，落实各项工作要求标准，抓工作作风转变，抓服务水平提高，抓督查工作落实，抓精神面貌改善，切实做到了以创建工作为契机，促进监狱各项工作迈上新台阶。规范业务台账，补齐资料内容不全、格式不统一的短板；制定并实行《赤山监狱文化建设方案》，全面引导警察职工认定正确的价值方向，促进身心健康，丰富文化生活，提升思想道德素质；编制发放《文明创建宣传手册》800份和文明创建工作纪实《逐梦前行》120套，拍摄创建宣传片《根植热土谱新篇》，宣传赤山监狱创建工作历程，展现赤山监狱新环境、新风貌、新气象，提升了警察职工的获得感、归属感、幸福感。

沅江纸业有限责任公司

【基本情况】

沅江纸业有限责任公司占地面积超过120万平方米，地处资源丰富的洞庭湖腹地，位于沅江市城区，地理位置优越。公路、水路交通运输十分便利，周边拥有芦苇、杨木等得天独厚的优良造纸原料资源。

公司坚持走“循环经济，绿色制造”发展之路，2017年，拥有1条制浆生产线和5条造纸生产线，配套有自备热电站和2套碱回收装置。同时，拥有处理能力55000立方米/吨污水处理系统，排放达到国家环保新标准要求。公司主要从事文化用纸、工业用纸的生产、销售，拥有自主品牌10多个品种的产品，畅销上海、广东、福建、浙江、湖北、湖南等国内10多个省市，年产能达到18万～20万吨。

公司始终秉承科学发展观，坚持新型工业化之路，立足优势精心打造自身发展特色的“林、浆、纸”一体化，新建综合技改项目，致力于打造极具竞争能力的制浆造纸生产基地。

【班子简况】

总　经　理、党委书记　白钦林

副总经理、党委副书记　夏　伟

副总经理　　赵凌泉　许　胜
办公室主任　　涂丽红

【工作概况】

2017年，是公司发展的“转折年”，在中国纸业、泰格林纸、岳阳林纸的正确领导下，广大员工通过夯实“四新”、锐意改革、苦练内功，成功地摘下公司亏损多年的帽子，实现扭亏为盈。

全年共产纸15.85万吨，较预算增加0.37万吨，预算完成率102.3%，较上年同期增加1.17万吨，增幅8%。实现利润687万元，较预算减少亏损4969万元，较上年同期减少亏损7952万元。产销率105%。货款回笼率达103%。

一、以转换观念为突破口，破局求变

2017年2月，公司组织召开党委中心组扩大会议，明确“深刻反思，破局求变，抢抓机遇，绝地求生”的总体思路，统一员工的思想认识，由此带动各生产经营管理环节的“破局求变”：实施中管一年一聘制。中管压力大大增强；推行“安全绩效工资”和“金牛奖”“蜗牛奖”等新举措，提高员工的安全意识；对各单位重新定编定岗，普遍推行“一人多岗”“一人多职”，劳动生产率提高61%，在岗员工收入人平增长25%；全年人工成本较上年减少500万元；推进机构改革，整合部分部室，提升管理效率。

二、以市场为导向，谋求效益最大化

2017年，公司“围着市场转，顺着市场干”，确保价格紧随市场并定位准确，同时坚持每月对订单评审与排产，对价格、克重、幅宽不达标的订单一律不排产。共淘汰17家销售客户，并新引进11家。通过努力，公司产品毛利率情况整体较好，平均毛利率13.9%，较上年同期上升9.2%。

三、以杨木浆投入为契机，调整结构

公司积极配合岳阳林纸沅江分公司化机浆项目开机，在人、财、物各方面全力支持，2017年5月，确保杨木化机浆生产线顺利稳定投产。年底，其配套项目热电“两炉两机”改造项目如期实现试运行。

化机浆开机后，公司及时调整浆料结构和产品结构：慢慢加大APMP浆的配比，在高白胶版纸中配比可达30%。在轻型纸中配比已达60%～85%。同时加大新产品开发力度，在三造开发不同松厚度标准的轻型纸；在六造、五造车间成功开发生产高松胶版纸，产品质量稳定且得用户认可。

四、以强化管理为抓手，提升效率

通过强力推行精细化管理等基础性工作，生产经营效率较往年有较大提升。其中三率积92.2%，较同期提高0.9%；时间效率94%，较同期提高3.7%；设备运转率96%，较同期提高4.3%。优等品率98.6%，较同期提高0.8%。产销率105.5%，较同期增长1.3%；货款回笼103.1%，较预算增长3.1%。

五、以推进治理为标准，优化流程

通过明确技术攻关课题，开展“金点子”征集活动等，积极鼓励员工创新，解决影响生产、成本、质量、环保等的一系列问题，使系统流程得到优化，管理水平得到提高。

2017年，公司达到“僵尸企业治理”标准，已经完全具备验收条件：一是2017年公司实现扭亏为盈；二是稳步推进人员优化工作，按中纸认可的途径，圆满完成人员优化任务；三是公司就债务重组向集团专题报告，截至12月底，公司资产负债率回归到正常水平。

六、以落实党建为引领，凝聚合力

认真落实“刚融相济、有效管用”的党建新理论，开展一系列强化党建工作。在党员干部的模范带头下，员工的精、气、神发生积极变化。一是召开第二次党代会。选举产生新的党委班子和纪委班子，明确党组织的领导核心和政治核心作用；二是完善党建基础设施，各基层支部相继建立标准统一的党员活动室，并按“三会一课”要求开展支部工作，三是成立“悦读思享会”，鼓励党员积极参与到读书活动中来；四是加强党风廉政建设，落实两个“责任”，公司管理团队落实“九不准”纪律要求等，工作和生活作风改善显著；五是强化督查督办工作，各单位的执行力有所提升。

七、以集团要求为目标，完成任务

公司“三供一业”分离改造走在集团前列。改造工程于4月正式启动，涉及沅纸及周边社区居民2337户，所需资金4969万元。相关人员克服牵涉面广、施工环境复杂，历史遗留问题较多，部分居民有抵触情绪等困难，于12月20日较计划提前11天圆满完成水电改造分离工作。此外，通过多次与市政府及相关单位洽谈磋商，在集团范围内率先与当地政府签订物业管理移交框架协议，制定物业改造初步方案。

八、以安全环保为底线，保障稳定

增强安全管理力量，全面强化各项安全、现场管理工作，加大安全投入力度，现场面貌发生明显改观。全年公司无重大伤亡事故；未发生一般火灾事故。

开展一系列环保优化工作，保障持续稳定达标排放和公司总体环保安全。完成化机浆开机的厌氧系统的调试及恢复开机的工作，实现过程平稳过渡，未造成环保事故。

湖南天下洞庭粮油集团

【基本情况】

湖南天下洞庭粮油实业有限公司是湖南省现代农业产业控股集团有限公司下国有独资大型粮油企业。经营范围涵盖粮油种植、收购、销售、储备、加工、期货、物流、粮油食品加工、粮油科研开发、现代农业投资和酒店经营管理等领域。公司占地近1000亩，注册资本1亿元，总资产10亿元。粮食仓容56万吨，年大米加工能力25万吨，年食品加工能力10万吨，有日处理能力1000吨的当前湖南规模最大谷物烘干中心。是省农业产业化龙头企业、郑州商品交易所早籼稻期货和晚籼稻期货交割库（全国六家、湖南唯一一家）、全国弘扬“四无粮仓”精神先进单位、全国仓储规范化管理示范库、全国放心粮油示范加工企业、全国放心粮油示范主食厨房、“全国粮食百佳企业”和“全国大米加工企业50强”。

【班子简况】

党委书记、董事长　　王伟宜

党委副书记　　王再清

常务副总经理		胡浩夫
副总经理、工会主席		曾达观
副总经理		李军华
副总经理、财务总监		张月娥
副总经理		吴爱民
纪委书记		邓湘文
副总经理	彭正阳	余国良
办公室主任		杨亦红

【工作概况】

2017年是天下洞庭发展的关键之年。在集团公司正确领导下，紧紧围绕年初确定的"四个坚持"（坚持"建设六个洞庭，打造粮油产业帝国"发展总目标；坚持改革创新、转型升级工作总基调；坚持以"双效"提高为突破口；坚持以党的建设带动企业改革发展）和12项重点工作，牢牢把握集团战略布局，抢机遇、提品质、创效益、促融合，企业综合实力得到大幅度提升。

一、经济效益实现"四连增"

2017年，公司经济效益逆势上扬，全年实现销售收入7.3亿元，较上年增长20%；实现净利润3301万元，较上年增长49.6%。经济效益自2014年以来连续四年实现大比例增长，盈利能力居同行业领先水平。

二、收储主业连创新高

2017年，累计收购各类粮食创历史新高；守住管好"天下粮仓"，确保公司库存粮油绝对安全；以高度的责任感克服重重困难，完成中央、省级储备粮轮换任务，超过历年最高2倍以上。早稻收购中，面对粮源减少、储备粮轮换任务加大、收购仓容紧张、资金缺口大、市场呈现抢购态势等多重不利因素，公司及早准备、主动作为，在各级各部门特别是集团公司大力支持下，做到"五有一无"收购，即有仓收粮、有钱收粮、有质收粮、有序收粮、有情收粮和无安全事故。

三、洞庭食品稳步推进

一是引入职业经理人机制，重新组建新的管理班子和销售团队；二是统一"天下洞庭"总品牌，对产品体系重新梳理和包装设计；三是丰富产品，开发出56种各类酥性饼干系列；四是加快终端网络建设，已开发终端网点近2万个，覆盖湖南、江西两省；五是食品产业园一期工程已基本建成，食品二厂建设已正式启动，2018年春节前后将建成投产。

四、现代农业初见成效

按照"一园区、一基地、一农庄、十分社"规划，主动对接沅江市人民政府，签订3000亩土地流转合同，新基地粮食生产全面铺开，所生产"玉针香""农香32"等顶级优质大米已逐步投放市场；制定现代农庄建设方案，选址在沅江市南嘴镇蠡施村花园嘴；与十分社签订合作协议，邀请省水稻所专家为分社成员讲授优质稻种植技术，效果良好。

五、品牌建设效果显著

2017年，成功申报湖南省高新技术企业，"赤湘"早籼米商标年内被认定为"湖南省著名商标"和"湖南省名牌产品"，已成为企业在两广、福建、云南市场的一张名片，"天下洞庭"食品母品牌的影响力正在持续扩张。

六、安全生产保障有力

坚持"三必"和"五同时"，即安全生产、综治维稳"逢会必讲、工作必讲、下基层必查”，安全生产、综治维稳与业务工作“同规划、同布置、同检查、同总结、同考核”。开展“安全生产月”“一规定两守则”全员培训及粮食安全隐患“大快严”集中整治行动等系列活动，全年实现“零事故”。2017 年洞庭湖遭遇历史高水位，公司确保不垮一栋仓、不损一粒粮；中共十九大特护期间，严格执行领导干部到岗带班和关键岗位 24 小时值班制度，营造良好的安全生产环境；积极配合集团公司挂牌组建，干部职工队伍人心稳定，生产经营井然有序。

七、党建工作常抓不懈

一是制度建设。把全面从严治党和全面从严治企结合，将党建工作作为“三重一大”的前置制度。二是开展活动。把开展好党建活动作为加强党建工作的一个主要载体，深入推进“两学一做”制度常态化。让“围绕发展抓党建，抓好党建促发展”成为常态。三是反腐倡廉。把检查、督查、问责、考核等作为重要抓手。

琼湖国家粮食储备库

【基本情况】

湖南益阳琼湖国家粮食储备库有限公司是湖南粮食集团下属的国有企业，是一家集粮食收购、储存、加工、贸易、物流为一体的综合性国有粮食企业。是湖南省骨干粮库网络建设重点企业。企业注册资本 9500 万元，固定资产净值 3675 万元，总资产 5906 万元。共有仓房 37 栋，其中房式仓 26 栋，拱形仓 7 栋，各类棚仓 4 栋，总仓容量 12.5 万吨，有效储粮仓容 10 万吨，同时拥有年吞吐量 20 万吨的专用吊车码头及与之配套的计量、运输、装卸等物流设施；2017 年，企业在岗人员 57 人，其中大中专以上学历 18 人，中级以上职称 8 人。

【班子简况】

总经理	李建波
副总经理	刘管安　朱建军　胡　萌
办公室主任	吴清波

【工作概况】

一、党建工作

2017 年，该库大力推进“两学一做”学习教育常态化制度化，狠抓党风廉政建设工作，全年没有任何违纪违规事件发生，粮库党建工作得到益阳市直工委的高度赞扬。

一是党委班子定期召开民主生活会，开展批评和自我批评，充分发挥党内民主，加强思想政治建设，保证党的路线、方针、政策和决议的贯彻执行。

二是召开廉洁履职集体约谈会。库领导班子与主管以上干部进行集体约谈，并签订《廉洁从业承诺书》。推进党风廉政建设工作的深入开展。

三是组织全体党员开展党课学习，学习中共十九大精神。通过专题学习，进一步增强党员的政治意识、大局意识、核心意识和看齐意识。

二、仓储主业

2017 年，保质保量完成各类储备粮轮

换工作，出入库共计74615吨，其中轮出37719吨，轮入36896吨。完成2014年超标粮监管出库11880吨，转化28879吨。并加强保防人员科学储粮培训，确保储粮安全。

（一）加强粮食保管。为确保储粮安全，库对保粮工作常抓不懈，切实落实各项保粮措施，严格执行储粮保管制度。通过采取有效措施，实现储粮保管安全无事故。

（二）圆满完成收购。2017年，库树立服务理念，增强服务意识，在全库各部门所有员工的密切配合和不懈努力下，完成2017年的轮换入库工作。轮入36896吨，圆满完成全年的轮换计划。

（三）做好保防培训。为确保粮食安全，提升保防人员技能水平，库经常开展保防人员培训学习，提升科学储粮水平。

（四）认真履行监管。库对派出监管人员进行政策教育和技术培训，在监管过程中不定期巡视监督，最大限度地确保监管工作的顺利进行。截至12月底，共监管出库11880吨，监管入库转化28879吨。

三、安全生产

2017年，狠抓安全生产，落实一岗双责制度，通过开展多种形式的宣传教育活动，加强安全生产检查，确保全年无任何责任事故发生。

（一）防汛工作。2017年，沅江汛期最高水位达36.43米，是20多年来的最高水位。全库干部职工齐心协力、全力以赴，确保粮库和周边人民群众生命财产安全。

（二）安全检查。为进一步加强粮库安全生产工作，落实各项安全生产制度，落实安全生产责任制，全年定期进行安全生产检查。

四、日常管理

2017年，各部门加强日常管理，严肃工作作风，提升工作效能，确保各项工作高效有序的完成。

（一）综合管理部。积极发挥综合协调、后勤服务等职能作用。在车辆管理上严格按照车辆管理规定申报用车；在招待用餐上提前填报《接待用餐申报单》；在用电管理上常抓不懈，加强电力管理，严格控制不合理电费支出。

（二）人事安保部。明确目标责任，进一步健全相关制度和措施；慰问困难职工、住院病人40余次；完成竞聘上岗工作，配置合适岗位；确保全年无任何安全事故发生。

五、培训学习

为提升职工的综合素质和个人能力，培养全方位人才，适应新时期发展，积极开展、参加各项培训学习。通过学习，提高职工的综合素养。

（一）读书活动。学习《竞争优势》《以奋斗者为本》等书籍，同时开展“读书分享会”进行学习分享，实现共同进步。

（二）消防安全。通过培训学习，使员工深刻地认识到消防安全的重要性和必要性，提高消防安全意识，增强员工防火安全方面的社会责任。

附　录

一、国学堂

大道之行　天下为公
——益阳社区大学沅江市红日国学院
简　介

红日国学院是2015年7月由李剑光发起创办的一所非营利性民办学院。学院旨在弘扬中华优秀传统文化，汲取古人智慧，促进社会协调发展。办学坚持公益性，全部免费。办学至今得到各级领导的重视和关怀并获得社会各界的一致好评。

学院地处沅江市琼湖东路18号。总建筑面积500平方米，总投资122万元。设施配套，功能齐全，一次能容纳120人授课。每年运转经费近50万元，由李剑光承担。

李剑光通过调查访问，请本市教育和行政界的有识之士、各方面代表60余人到国学院座谈，制定了红日国学院章程。

2017年2月，经有关部门批准，成立中共红日国学院支部、沅江市老科协红日国学院分会。在各级关工委领导的指导下，其工作已步入正常化、规范化运作。

国学院特聘德才兼备，乐于奉献，不计报酬的爱心人员组成。他们是中南大学博导、湖南国学践行教育基金会会长颜爱民指导。顾问周业贵（沅江市政协原主席）李惠芳（现任湖南广播电视大学、益阳教育学院副校长）。荣誉校长刘孝听，（湖南省社会主义学院原常务副院长、教授），为指导老师，讲师鲍寿康（沅江市成人中专原校长、沅江市人民政府教育督导、沅江市楹联协会会长）、黎梦龙（沅江市作家协会主席）等8人。关心下一代指导员万红桃（沅江市委组织部副部长、老干局长）等55人。志愿者义工教师杨腊明（沅江一中高级教师）等15人。志愿者义工王芝兰（现任沅江市婚调委主任）等26人。常年法律顾问肖延清（沅江市橘城律师事务所主任、湖南红网校园文化版版主）。

教学分三大板块。一块是中小学生的假期培养班。小学生开设《弟子规》《三字经》《孝经》，中学生开设《大学》《中庸》《论语》《孟子》。以学原文为主，强调诵读与践行。第二块进校园，与学生和家长集中宣讲。主要开设《孝亲尊师感恩励志》《思想品德培养》等专题。每个专题分若干小题，有针对性地讲课。第三块是进机关、进社区、进家庭专题讲座。联系实际，认真学习深刻领会《习近平用典》，把经典里的中国故事讲好讲活。这类专题包括道德修养与做人处事，诚信待人，做智慧型父母，法制与伦理，家风与家教，为政之美，心灵之美，朋友之道，处世之道，农耕之道，商务之道等。总的要求是“知行合一”。明大德、守公德、重品行、正操守、养心性。

近三年来，国学院通过“七进”，即进校园、机关、企业、乡镇、社区、家庭、网络。对中小学生、幼儿及社会团体机关人员共授课400多次。听课者达22000余人。通过讲国学，讲历史，讲故事，启发受众，教育格局呈立体形辐射，受教育者获益良多。

由于办学效果显著，赞评如潮，先后前来考察调研的有：中共湖南省委组织部副部长、老干局局长崔永平，中共益阳市委常委、政法委书记董岚，益阳市关工委主任陆国柱，副主任陈恒祥，益阳社区大学党委书记、校长曹卫兵，副校长李惠芳，沅江市委副书记、市长杨智勇，沅江市委常委、组织部部长雷越毅，沅江市委常委、宣传部部长涂正坤，副部长唐顺祥、姚小满及其他相关党政领导。

国学院将进一步坚定正确的办学方向，加大办学力度，扩大办学规模，使之成为全市的青少年思想道德品行教育示范基地，国学研发基地，国学文化传播基地，国学师资培训基地，德育教学示范基地，国学文化展览基地，百姓正心修身基地。

图1：沅江市关工委，老科协会长周业贵一行到红日国学院指导工作，观看汇报专题片

图2：李剑光在益阳市一中与全体学生干部主讲《人生六层次规划》，激发人生动力，为报效祖国而读书

图 3—图 4：2017 年 12 月 21 日，湖南省关心下一代工作委员会主任杨泰波，益阳市关工委主任陆国柱，益阳市委秘书长孙达良，沅江市委书记陶德保到红日国学院调研指导工作，并听取院长李剑光的汇报

（图 1—图 4，均由红日国学院办公室提供）

二、沅江诗韵

由市诗词协会和本鉴编辑部联合组编的以反映沅江住建系统人文风貌的“沅江诗韵”，现刊登如下，编者旨在丰富年鉴收录的内容，也增加了年鉴的可读性。

（一）诗

宜居沅江

漫步新城景卓然，川流百姓倍情牵。
五湖浥秀迷人眼，绿树藏楼映月圆。
流水带花穿巷陌，霓虹耀彩漾金田。
舒心最是临高处，灯火阑珊别有天。

曹涤环

登高喜看橘城

登高远眺楚江天，一览橘城景色鲜。
梦里窄街存记忆，儿时陋巷化云烟。
亭台楼阁似春笋，湖汉河湾变乐园。
我驾轻车何处去？ 山水田园任休闲。

张万豪

三春九夏听花声

凌云塔上眺沅城，几多楼宇如日升。
古镇千年缠绶带，新区百花沐熏风。
酣梦紧抱琼湖月，弄潮长歌碧水情。
绿色沅江彩虹路，三春九夏听花声。

黄有为

赞沅江城区建设

忆昔河街吊脚楼，木房傍水过轻舟。
卅年沧海桑田变，百里农民闹市谋。
大厦遮云穷碧落，小车横路满平畴。
行人莫话从前事，喜眺环城碧水流。

沅江市区纵笔

高楼如笋耸琼湖，往日京华愧不如。
十里长街穿过客，万家商店迎名姝。
条条大道公车过，线线柳枝堤外舒。
城建工程犹未已，更添大厦入云翥。

徐渐昌

夜美琼湖

绵绵秋意欣然迎，柳岸琼湖美画屏。
九曲回廊连远色，万家帘幕映银觥。
凉风拂拂清香溢，碧水悠悠火树明。
歌乐喧天入云汉，广场漫舞正怡情。

刘剑萍

逛沅江新城有感

一

洞庭水渚腾新城，鳞次栉比竞高峰。
广阔云梦苇荡近，曲径琼湖楼影横。
不恋杭州千层景，爱赏橘城万般甍。
建工多是豪情客，牵手白云唱大风。

二

沅江建工夙愿勤，壮志豪情揽白云。
一座琼台耸湖岸，半方瑶池掩橘林。
常爱牵星为远照，每喜邀月作近邻。
民众安逸多美梦，水城故事最温馨。

三

楼房林立参差群，大街曲巷车辚辚。
三水入湖砚溢墨，双塔描天笔蘸金。
一城橘柚飘馨香，七分山水散氤氲。
砌刀涂抹好颜色，安全帽现当恭禽。

曾平阳

沅江住建颂

（一）

早迎朝霞晚数星，机器轰鸣近彩云。
漫道秋风无出息，我安广厦惠万民。

（二）

琼湖美景不胜收，凭栏远眺似梦游。
满天星月无颜色，水乡十里尽蜃楼。

（三）

高低错落排闼开，亭台水榭巧安排。
省评宜居数第一，都是尔等精心裁。

（四）

两个“规划”已批文,铁卷丹书至“三零”。
大道通衢九千里，群星拱月十八城。

注：“三零”指湖南省人民政府关于《沅江市城市整体规划（2011—2030)的批复》。

王友达

（二）词

水调歌头·沅江城建美

一望豪庭立，城内四时青。闹市车流涌动，飞驾任西式东。大道通联四海，入夜霓灯闪烁，当槛月依人，街舞歌声袅，悦目最怡神。

转朱阁,诗墙美,意多吟。登高览胜丽景，浑如七彩虹，挹秀五湖靓色，放眼楼台迤逦，笑挽故园云。旭日临空照，齐赞廿年功。

曹涤环

浣溪沙·橘城新貌

油路宽舒不染尘，五湖合璧水常清。园林诗苑景迷人。

玉阁琼楼如画境，廉租商品漾歌声。宜

居城市冠湖滨。

陈业正

鹧鸪天·沅江美

一

四水滔滔入洞庭，同流合奏大江东。清歌一曲家乡美，湘北明珠享盛名。

妆靓丽，势恢宏。湖光山色暗香凝。从前都说苏杭好，今日天堂拜下风。

二

街道交通品味升，市容整洁百花荣。五湖澄碧城中绕，妙谛钟声响景星。

湖水阔，绿荫浓。亭台阁塔画图中。高楼别墅安居乐，无限风光在橘城。

黄德容

蝶恋花·魅力沅江

栉比高楼群策力。巨匠精英，共创千秋绩。跨越时空寻旧迹。今朝最喜琼湖丽。

水映橘城波影碧。五路三湖，默默含新意。紫阁兰亭飞燕急。沅江美景游人羡。

刘丰春

临江仙·沅江颂

独踞洞庭腹地，名传湿地风光。湖风水韵壮沅江。人文千古粹，岁月更奇观。

蠡岛神奇传说，重华遗址悠长。琼湖八景美名扬。诗仙留绝唱，帝相赐华章。

吴开君

望海潮·琼湖秋色

融融秋暖，湖光摇荡，垂杨两岸苍青。戏楫彩舟，松亭竞秀，葱葱橘树园林。宝塔入凌云。对洞庭烟淼，波光粼粼。三五渔舟，晚来归岸夕阳明。

琼湖景色迷人，且风流人物，灿若群星。小镇昔年，街坊简陋，而今已变新城。高厦立如林。柜窗成霞彩，景象繁荣。敢说前程似锦，明日更峥嵘。

叶国琼

（三）赋

沅江建设者赋

序：古镇琼湖，俗称沅江。县治之谓，市辖之坊。江南销魂镇；云梦摄魄庄。东土威尼斯；南国水滟方。湖岸：樟松成行成荫；橘柚成片成园，一年景色常绿；湖面：鲤鲫或沉或浮，燕雀或掠或翔，四季宜人风光。碧水曲岸，小径幽亭；嫩草繁花，高阁轩窗。湖城景之典范，水云居之高仿。处处皆景，曲巷回廊，视若仙境；步步览胜，浅水流泉，疑为神觞。顾盼而不愿回程；驻足而不思返乡。建设者匠心独具之硕果，精心打造之辉煌。欲歌其之美丽，必先颂建设者之作为与担纲。

远引浩荡之沅江奔泻；近牵曲折之资水逢迎。外眺茫茫兮洞庭洞天出岫；内观漾漾之琼湖琼楼叠影。资水、沅江汇合裹挟之隅；琼湖、洞庭相拥触碰之滨。云霞蒸蔚，山色霞岚安逸之恬静；烟波浩渺，湖光波影飘洒之律动。

濒水而聚人气，立岸而为蜃景。唏嘘！当年难忘：围垦石矶而成开局；草创馨园而涉初衷。记忆犹新：湘北市场始发地产；银光大道已具雏形。噫嘻！叹过往，才历十载：展豪情兮而精描蓝图；抒壮志兮而傲立巅峰。看未来，刚跨世纪：乘东风兮而驰疾帆；洒热血兮而牵彩虹。

设计师，胸怀如砼罐，肚大，吞吐间座座高楼大厦；建筑人，骨气胜纹钢，腰硬，挺拔处个个劲竹苍松。七尺儿郎，形如塔吊，顶天立地；一双大手，力胜钢钳，劈砖抻筋。心有凌云，眼里自有巍峨；眼无荒野，心中更无蔽壅。汗水和谐砂浆；智慧砌垒墙瓴。胭脂薄施，水乡无限潋滟；浩江长润，橘城更加葱茏。利用地势，曲合勾连，架桥铺路；妙就水势，直辟贯通，整流汇泓。三纵三横，路如蛛网；五湖五状，水若镜明。手中砌刀，如画家之笔，肆意捭阖，任尔涂抹出彩；脚下钢架，若登天之梯，着力攀越，随君搭建凌空。琼楼叠嶂，如块垒嵯峨列阵；玉树生熠，若兵将逶迤成营。趣味浓浓，寻趣而登斯楼哉，推窗临风：近观水碧草绿，林茂花红，一城春色披锦绣；兴致勃勃，就兴而攀高峰也，倚栏把盏，远眺路阔车涌，商繁贸荣，满街欢愉醉酩酊。

为民造福，水蕴瑶池，瑞气氤氲东方名居；为城争荣，橘香琼台，仙风缭绕金烨豪庭。杨柳山庄美世界；橘城世家新时空。威尼斯、盛世华府，彰显安家特色有形有款；新外滩、水岸琼湖，流露宜居魅力无限无穷。和畅家园，观岛、湾、湖景；汇富铭都，赏日、月、星辰……

资江水边旧街；洞庭湖畔新城。陋巷已成过往，难闻木屐踏石板叩叩之音节；旺城正值当今，不绝车轮吻沥青滋滋之声韵。花，蜂彩蝶舞；林，叶茂根深。水，碧波荡漾；桥，拱脊玲珑。园，曲径幽远；楼，错邸峥嵘。禅乐悠悠，飘荡于琼湖；寺院深深，隐潜于晚钟。鳞次栉比耸立于团山；参差巍峨秀姿于苍穹。鱼翔浅底，鸟鸣浓荫。舟逸湖面，人栖花丛。千顷波涛映古埠；百里葱郁掩新郡。这真是，橘城水城千般美景；却难离，职工员工一份辛勤。待赞沅江之硕美，先歌建设之群雄：安全帽遮黝黑之面庞，工作服裹粗犷之仪容。仰视敬畏行注目之礼，大美沅江兮尔乃功臣。诗云：

洞庭水渚腾新城，鳞次栉比竞高峰。
阔水云梦舟浪近，曲径琼湖楼影横。
不恋天堂千种美，爱赏橘城万般甍。
建工多是豪情客，牵手白云唱大风。

万船歌